한국어학사의 인물을 찾아서

한국어학사의 인물을 찾아서

姜瑋의 한국어학 / 이종일과 諺文義解 / 林圭 / 惠齋 魚允迪

朝鮮佛敎通史의 諺文 / 가나자와 쇼자부로 / 백악춘사 장응진

북우 계봉우 / 尤史 金奎植 / 白夜 李常春 / 열운(洌雲) 장지영 / 국어 민족주의자, 신명균 / 이규영의 문법론

이현희
시에리
김태우
최 진
김정주
최보람
요시모토 하지메
김태인
김송희
장후이젠
김수영
린위팅
최종원
이영환
진하이진

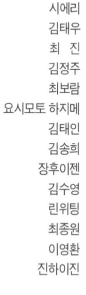

역락

한국어학사의 인물론 단상

이 책은 2014년 제2학기에 내가 담당하였던 서울대학교 대학원 국어국문학과 강의 "한국어학사연습"에 제출되었던 기말보고서를 다듬은 논문들을 수록한 것이다. 13명의 수강생과 1명의 청강생의 것이 대상이 되었다. 몇 명의 논고가 사정상 빠진 것이 아쉽다.

그 학기에 제공되었던 강의계획서의 내용은 아래와 같다.

1. **수업목표**: 이 강의는 개화기 및 식민지 시기(특히 1930년대에 이르기까지)의 한국어학사와 관련된 중점적인 사항들을 천착하고 분석하기 위하여 마련된 것이다. 수강생들로 하여금 특히 개화기의 국문 논의, 식민지 시기의 어문 문제, 1910~1920년대의 한국어학자 등에 대한 심화된 학습을 꾀할 수 있게 함을 목표로 한다.

2. **교재 및 참고문헌**

(1) 단행본

   01. 송철의·김명호·양승국 외(2013), ≪한국 근대 초기의 어문학자≫, 태학사. (1, 2, 3장)

   02. 이기문(1970), ≪개화기의 국문 연구≫, 일조각. (본문 전부)

03. 이응호(1975), ≪개화기의 한글 운동사≫, 성청사.

04. 황호덕(2005), ≪근대 네이션과 그 표상들: 타자·교통·번역·에크리튀르≫, 소명출판. (본문 전부)

05. 임상석(2008), ≪20세기 국한문체의 형성과정≫, 지식산업사.

06. 고영진·김병문·조태린 편(2012), ≪식민지 시기 전후의 언어 문제≫, 소명출판.

07. 윤여탁·김광해·신현숙·민현식·김창원·최영환·허재영·윤금선·이지영·김혜정·조희정·김양희(2006), ≪국어교육 100년사(I), (II)≫, 서울대학교출판부. (제1부의 II, III; 제2부의 II, III; 제4부의 II; 제5부의 II)

08. 이병근·송철의·정승철·임주탁·류양선(2005), ≪한국 근대 초기의 언어와 문학≫, 서울대학교출판부. (어학 관련 부분)

09. 이병근·송철의·정승철·이종묵·임주탁·류양선(2007), ≪일제 식민지 시기 한국의 언어와 문학≫, 서울대학교출판부. (어학 관련 부분)

10. 김병문(2013), ≪언어적 근대의 기획: 주시경과 그의 시대≫, 소명출판. [참조: 김병문(2012), <주시경의 근대적 언어 인식에 관한 연구>, 연세대학교 대학원 박사학위논문.] (본문 전부)

11. 김영민(2006), ≪한국의 근대신문과 근대소설≫, 소명출판.

12. 송호근(2011), ≪인민의 탄생: 공론장의 구조 변동≫, 민음사.

13. 황호덕·임상석·류충희 옮김(2010), 사이토 마레시 지음, ≪근대어의 탄생과 한문: 한문맥과 근대 일본≫, 현실문화.

14. 임경화·고영진 옮김(2013), 미쓰이 다카시 지음, ≪식민지

조선의 언어 지배 구조: 조선어 규범화 문제를 중심으로≫, 소명출판.

15-1. 고영진·임경화 옮김(2006), 이연숙 지음, ≪말이라는 사상: 근대 일본의 언어 인식≫, 소명출판.

15-2. 이재봉·사이키 카쓰히로 옮김(2012), 이연숙 지음, ≪말이라는 환영(幻影): 근대 일본의 언어 이데올로기≫, 심산.

(2) 자료

01-1. 하동호 편(1985), ≪국문론집성≫, 역대문법대계 [3]06, 탑출판사.

01-2. 연세대 언어정보연구원 HK사업단(2010), ≪풀어쓰는 국문론집성: 근대 계몽기 국어국문 담론의 현대적 해석을 위하여≫, 박이정.

02. 허재영(2010), ≪근대 계몽기 어문 정책과 국어 교육≫, 보고사. [부록] 국문 관련 논설 자료. 246~460면

03. 서민정·김인택(2009), ≪근대 지식인의 언어 인식: 언어 관련 저서의 머리말 역주를 통해≫, 박이정.

(3) 논문

01. 최경봉(2010), <국어학사의 서술방법론에 대한 비판적 고찰: 근대국어학사의 서술 문제를 중심으로>, ≪국어학≫ 59.

02. 이기문(1977), <19세기말의 국문론에 대하여>, ≪어문론집≫ 19·20, 고려대.

03. 이기문(1984), <개화기의 국문 사용에 관한 연구>, ≪한국

문화≫ 5.

04. 이병근(1986), <開化期의 語文政策과 表記法 問題>, ≪국어생활≫ 4.

05. 이병근(2003), <近代國語學의 形成에 관련된 國語觀: 大韓帝國 時期를 중심으로>, ≪韓國文化≫ 32.

06. 조태린(2009), <근대 국어 의식 형성의 보편성과 특수성>, ≪한국언어문화≫ 39. [(1) 단행본-06에 수정되어 재수록됨]

07. 강명관(1985), <한문폐지론과 애국계몽기의 국한문 논쟁>, ≪한국한문학연구≫ 8.

08. 노연숙(2007), <개화계몽기 국어국문운동의 전개와 양상: 언문일치(言文一致)를 둘러싼 논쟁을 중심으로>, ≪한국문화≫ 40.

09. 김영민(2008), <만세보와 부속국문체 연구>, ≪대동문화연구≫ 64.

10. 김인선(1999), <개화기 이승만의 한글 운동 연구>, 연세대학교 박사학위논문.

11. 양근용(2010), <근대국어학 형성기의 언어의식 연구>, 인천대학교 박사학위논문.

12. 이지원(2002), <1910년대 新知識層의 國粹觀과 國粹保存運動>, ≪역사교육≫ 84.

13. 이현주(2000), <사회혁명당과 '상해파 내지부'에 관한 연구>, ≪한국학연구≫ 11.

그 외, 담당교수가 지정하는 논문.

3. **발표 방식**: 위 '(1) 단행본' 가운데 지정된 것과 '(3) 논문' 가운데 지정된 것을 요약하여 발표한다. 반드시 발표자의 평가를 덧붙이도록 한다. 위 '(2) 자료'의 논설 및 서문을 요약하여 발표한다(현대식으로 채록한 02.에 01.-1 및 01.-2의 것들이 포함되어 있다. 02.에는 誤字가 많으므로 유의하여야 한다. 먼저 01.-2.의 것들을 요약하여 발표하고, 그 다음에 02.에 포함되어 있는, 01. 이외의 글들을 요약하여 발표하되, 매주 4편씩 발표한다).

4. **중간보고서**: 10월 2일(목)까지, ① 아래 <1>의 논쟁을 비판적인 안목으로 평가하는 글을 작성하여 제출하며, ② 아래 <2>의 두 ≪국문정리≫를 비교 및 대조의 관점에서 분석한 글을 작성하여 제출한다. 전자파일과 출력물을 다 대표에게 제출한다.

〈1〉 논쟁 분석

1. 고영근(1983), <'한글'의 유래에 대하여>, ≪백석조문제교수화갑기념논문집≫. [고영근(2008), ≪민족어의 수호와 발전≫, 제이앤씨, 142~154면에 재수록됨]
2. 임홍빈(1996), <주시경과 "한글" 명칭>, ≪한국학논총≫ 23.
3. 고영근(2003), <'한글'의 작명부는 누구일까: 최남선 소작설과 관련하여>, ≪새국어생활≫ 13.1. [고영근(2008), ≪민족어의 수호와 발전≫, 제이앤씨, 155~177면에 재수록됨]
4. 임홍빈(2007), <'한글' 명명자와 사료 검증의 문제: 고영근(2003)에 답함>, ≪어문연구≫ 135.

〈2〉 비교 분석: 리봉운(1897), ≪국문정리≫; 리규대(1897), ≪국문정리≫

그 외, '상상의 공동체 '민족' 논란', '언문일치 논란', '사대주의 논란', '조선중화주의 논쟁', '풍토불이론 논쟁' 등에 대한 수시과제가 주어진다.

5. **기말보고서**: 다음 <목록>의 인물 가운데 한 사람을 택하여 200자 원고지 60매 이상 분량의 학자론을 작성하여 12월 18일(목)까지 전자파일과 출력물을 담당교수에게 제출한다.

학자론 대상 목록

01. 이능화	02. 유길준	03. 어윤적
04. 김규식	05. 이종일	06. 이승만
07. 남형우	08. 이상춘	09. 신명균
10. 이규영	11. 이병기	12. 이은상
13. 임 규	14. 장지영	15. 계(桂)봉우
16. 강 위	17. 최광옥	18. 장응진
19. 김진호	20. 이 기	

한 학기 동안 다 다루기에는 벅찼기 때문에 실제로는 1/2 정도만 다루어진 점도 무척 아쉽다. 미처 다루어지지 못한 것들은 수강생들이 추후에 독습으로라도 공부하기를 바랐기 때문에 강의계획서는 의욕을 가져 보았던 것으로 기억한다.

나 개인적으로는 이승만이나 이은상 같은 사람들도 한 번쯤은 다루어 보아야 하지 않는가 생각하고 있다. 정치적인 상황과 맞물려 도외시되고 있는 점이 안타깝다. 실제로 이 글을 '이은상의 한국어학적 연구'에 대한 내용으로 채우려고 하였으나 의도대로 되지 못하였다. 그의 연구는 특히 속담과 관련하여 곱씹어 볼 만한 내용이 많다.

아주 오래 묵은 원고들을 이제야 출간하는 것은 오로지 나의 게으름 때문이다. 이 책의 출간을 기다려 주셨을 많은 분들에게 송구함을 전하면서 이만 글을 줄인다.

2020년 10월

이 현 희

차례

한국어학사의 인물을 찾아서

姜瑋의 한국어학 업적에 대한 再考

시 에 리(謝禮)

1. 서론

본고에서는 姜瑋(1820~1884)의 한국어학 업적을 다시 고찰하는 것을 목적으로 한다. 漢學者로서 이름이 알려진 강위는 한국어학 업적을 많이 남기지는 않았다. 그러나 이 많지 않은 어학적 업적을 고찰한 기존 연구들 간에 합의되지 못한 부분이 적지 않았다. 본고에서는 이와 관련된 기존 연구를 참고하면서 그동안 합의되지 못한 부분에 대해 다시 정리·분석하고자 한다.

강위의 한국어학 업적에 관한 기존 연구는 주로 두 가지로 나누어질 수 있다. 하나는 강위의 저술인 「東文字母分解」에 관한 것이고, 또 하나는 문체에 대한 주장과 신문의 창간 여부에 관한 것이다. 이에 본고는 우선 2장에서 강위의 생애 및 저술에 대해 간략하게 소개하고, 3장에서는 「동문자모분해」에 관한 몇 가지 논쟁에 대해 다시 검토한다. 4장에서는 문체 및 신문 창간에 관한 문제에 대해 논의하고 5장에서는 논의를 정리하면서 간단하게 결론을 내린다.

2. 강위의 생애 및 저술

1) 강위의 생애[1]

강위(1820~1884)는 조선 말기의 한학자이자, 金澤榮(1850~1927, 號 滄江), 黃玹(1855~1910, 號 梅泉)과 함께 韓末의 三大詩人으로 이름이 널리 알려져 있다. 그의 이름은 瑋 이외에 浩, 性澔도 사용하였고, 字는 仲武, 堯章, 韋玉, 號는 秋琴, 慈屺, 聽秋閣, 古懽(歡)堂 등을 사용하였다. 1820년에 경기도 광주군 中部面 福井里에서 가난한 武官 公州 營將 鎭華의 차남으로 태어났고 1884년 4월에 65세로 별세하였다.

강위는 14세인 1833년에 서울 鄭健朝(1823~?)의 집에 유숙하면서 그를 따라 공부하였다가, 24세인 1843년에 실학자 杞園 閔魯行(1782~?)에게 수학하였으며, 27세인 1846년에 제주로 가서 귀양중인 阮堂 金正喜(1786~1856) 문하에서 공부하기 시작하였다. 30세쯤에 스승의 곁을 떠나 노숙을 하면서 전국의 명산 오지를 두루 유람하였는데, 이 과정에서 시를 짓는 것을 낙으로 삼아 많은 작품을 후세에게 남겨주었다.

외교 활동에 참여하면서 해외 방문도 많이 한 편이었다. 1873년 冬至使 정건조에 따라, 1894년 동지사 書狀官 李建昌(1852~1898)을 따라 淸國(중국)에 다녀왔다. 또한 1876년 江華條約의 全權大使인 申櫶

---

1) 강위의 생애에 대해서는 李光麟(1976)의 「姜瑋의 人物과 思想」을 참고할 수 있다.

의 伴倜으로 보좌하였고, 1880년 金弘集(1842~1896)을 따라 일본에
다녀왔다. 그 후에도 金玉均(1851~1894) 등과 함께 일본에 갔다가 청
국 上海에 갔었다. 강위는 이 과정에서 시를 매개로 하여 중국 문인
들과 교류 활동도 전개하였다.[2]

2) 강위의 저술[3]

강위는 한학자이자 시인으로서 시와 글을 많이 남겼다. 대표적인
저술은 역시 그의 문집인 『古歡堂收草』를 꼽을 수 있다. 이 저술은
詩 17卷 3冊, 文 4卷 2冊, 모두 21卷 5冊으로 구성되는데, 한국 최초
의 근대식 민간 인쇄소인 廣印社에 의해 간행되었다. 시집 17권 3책
은 강위가 별세한 다음 해인 1885년에 간행되었고, 문집 4권 2책은
그로부터 4년 뒤인 1889년에 따로 간행되었다.[4]

위에서 소개된 『고환당수초』에 수록되지 않은 저술도 있다. 주승
택(1991)에 따르면, 그 수록되지 못한 저술들은 강위의 曾孫인 姜範植
이 필사한 『고환당수초』와 『古歡堂集』, 그리고 傍孫인 姜斗植이 소
장한 『古歡堂東遊詩草』에서 확인할 수 있다. 강범식본 『고환당수초』
는 시를 수록한 것이고, 『고환당집』은 문을 수록한 것이다.[5] 이에 비

---

2) 중국을 방문하면서 중국 지식인들과 인연을 맺은 것에 대한 논의로는 주승택(2006)의
「강위(姜瑋)의 연행시(燕行詩)에 나타난 한중(韓中) 지식인의 교류 양상」을 참고할 수
있다. 일본에서 중국인 시인이자 외교관인 黃遵憲과의 교류에 대한 논의는 주승택
(2002)의 「姜瑋와 黃遵憲의 비교 연구」와 「姜瑋와 黃遵憲의 만남」이라는 글들을 참고
할 수 있다.
3) 강위의 한국어학적 저술도 있기는 하나 이에 대한 상세한 고찰은 본고의 3장과 4장에
미루고, 여기서는 문학적 저술을 위주로 소개하고 어학적 저술은 이름만 언급하겠다.
4) 이광린(1971)에서는 광인사본 『고환당수초』가 1889년에 간행되었다고 보았으나, 주승
택(1991: 93-94)에서는 그 중 시집은 1885년에, 문집은 1889년에 간행되었다고 보았
다. 본고에서도 주승택(1991)의 주장에 따르기로 한다.

해 강두식본『고환당동유시초』는 강위가 1880년부터 1882년까지 일본 및 중국을 여행했을 때의 기행시를 모은 것으로,「東遊草」와「東遊續草」,「遠遊草」가 수록되어 있다.

강위의 저술이 굉장히 풍부한 만큼, 광인사본『고환당수초』와 강범식본『고환당수초』,『고환당집』, 강두식본『고환당동유시초』에 수록되지 못한 저술도 있다. 이러한 저술들은 李建昌이 필사한『聽秋閣收草』, 申樂熙의 시집인『溪堂詩草』, 조선 후기 시인들의 詩選集인『八家精華』에서 많이 확인된다.

이외에 문학적 저술과 거리가 멀어 보이는 글도 있는데,「동문자모분해」가 대표적인 것이다. 이에 대해 후술하겠지만 강위의 한국어학적 지식과 관심을 잘 보여주는 글이라고 평가된다. 또한 아직 알려지지 않은 저술도 있는데「經緯合璧」과「孫武子批評」가 여기에 속한다.

이로써 강위의 생애와 저술에 대해 간략하게 소개하였다. 강위가 시인으로서 많은 작품을 완성했을 뿐만 아니라, 외교 활동과 해외 방문에도 적극적으로 참여하였고, 모국어인 한국어에 대한 관심도 컸다는 것이 확인되었다.

3. 강위의 「東文字母分解」에 대하여

앞에서 서술하였듯이, 강위의 저술은 대부분이 문학과 관련된 것이고, 어학적인 저술은 비교적 적은 편인데「동문자모분해」가 그 대

---

5) 『고환당집』은 주승택(1991)의 「姜瑋의 著述과『古歡堂集』의 史料的 가치」라는 글에서 처음으로 학계에 알려졌고 이 책의 사료적 가치에 대해서도 상세하게 논의한 바 있으니 참고할 수 있다.

표적인 것이다. 그러나 이 거의 유일한 어학적 저술에 대한 기존 연구에서조차 합의되지 못한 부분이 존재한다. 이것은 원본이 부재하고 필사본들만 전해져 있기 때문인 것으로 보인다. 따라서 본 장에서는 이 「동문자모분해」에 관한 논쟁에 대해 다시 살펴보고자 한다. 구체적으로 보면, 먼저 「擬定國文字母分解」가 강위의 「동문자모분해」의 필사본인가에 대해 검토하고, 이어 강위의 「동문자모분해」의 異本들의 내용에 대해 논의하고자 한다.

1) 「의정국문자모분해」가 강위의 「동문자모분해」의 필사본인가?

지금까지 한국어 학계에서 강위의 「동문자모분해」의 필사본으로 간주되어 왔던 이본이 두 가지 있는데, 하나는 李能和(1907)의 「의정국문자모분해」이고, 또 하나는 金允經(1938)의 「동문자모분해」이다. 이 두 이본의 가장 큰 차이는 초성에 'ㅈ', 'ㅊ'도 포함되는지 하는 점에서 기인한 것이다. 즉 전자는 'ㅈ', 'ㅊ'을 포함하여 十八初聲체계를 언급한 반면, 후자는 'ㅈ', 'ㅊ'을 포함하지 않는 十六初聲체계를 먼저 언급하고, 그리고 나서 이 두 초성을 포함한 十八初聲체계에 대해서도 간단하게 언급하였다.

그러나 權在善(1986)에서는 「의정국문자모분해」[6]가 강위의 「동문자모분해」의 필사본의 이본이 아니고, 아예 별개의 저술이라고 강력하게 주장하였다. 권재선(1986)에서는 우선 김윤경(1938)의 「동문자모분해」 안에 있는 東文三十五字母圖와 東文三十七字母圖의 체계를 비

6) 권재선(1986)에서는 「의정국문자분해」와 「의정국문자모분해」의 약칭인 「國文字母分解」를 묶어서 논의한 것이다. 또 이들 저술은 37字母體系를 가지는 것으로서 강위의 저술이 아니라고 주장하였다.

교 및 분석을 하였다. 그 결과로 "金允經이 소개한 東文字母分解에
실린 35字母體系와 37字母體系는 서로 다른 내용을 갖고 서로 다른
독립된 編體의 글로서, 한 著書의 글로 볼 수 없고, 다른 著書로 된
것을 合本하여 같은 東文字母分解라는 이름으로 하여 合本한 것으로
보인다"[7][8]는 주장을 내세웠다. 이어 35자모체계와 37자모체계 중에
어느 것이 「동문자모분해」이고 어느 것이 「의정국문자모분해」인지를
밝히기 위해, 小倉進平의 『朝鮮語學史』에서 인용된 「의정국문자모분
해」와 周時經의 國文硏究所 報告書에서 언급된 「國文字母分解」의 내
용을 확인하였다. 그 결과 35자모체계가 원래의 「동문자모분해」이며,
37자모체계가 「의정국문자모분해」라고 주장하였다. 또한 37자모체계
의 「의정국문자모분해」의 완성 연대와 저자에 대해서도 고찰하였는
데, 그 결과 「의정국문자모분해」의 완성 연대는 太皇帝(高宗)元年 甲
子인 1864년이 아닌 太皇帝(光武)元年 甲午인 1897년이라고 주장하였
고, 따라서 강위의 저술이 아니라고 지적하였다.[9]

　그러나 권재선(1986)을 제외한 나머지 기존 연구에서는 한결같이
두 글을 모두 강위의 「동문자모분해」의 필사본으로 간주하였고, 또
한 두 가지 이본 간에 차이가 존재하는 것을 인정하였다. 다만 필사
본들에 1864년(太皇帝元年 甲子)과 1869년(李太王六年 高宗六年 己巳 同治八
年)이 적혀 있는 경우가 모두 존재한다는 점을 고려해서, 「동문자모
분해」 저술의 완성 시기를 넓게 1860년대(1864~1869)로 보는 게 좋다

---

7) 권재선, 앞의 논문, 25면.
8) 본고에서는 본문이나 각주에서 문헌이나 논문을 인용할 때 원문의 한자를 그대로 노출
　하고 기호도 그대로 유지하기로 한다.
9) 권재선(1986: 34)에서 이에 대한 구체적 설명은 "筆寫本의 흘림글씨에서 「午」와 「子」
　는 비슷해질 수 있으므로 太皇帝 元年을 高宗 元年으로 잘못 이해하면 「午」를 「子」로
　판독할 수밖에 없다"와 같이 제시된다.

고 주장하였다. 이것은 실증되지 않은 부분이 있기 때문이라고 하였다.

본고에서는 실증되지 못한 것에 대해 과도하게 단정할 수 없다는 태도를 취해 위의 논쟁에 대해 재고하기로 한다. 우선 「의정국문자모분해」도 강위의 「동문자모분해」의 필사본의 이본 중의 하나인지에 대해 검토하겠다. 「의정국문자모분해」나 「국문자모분해」를 기록한 문헌들을 연대순으로 정리하자면 다음과 같다.

〈표 1〉 「의정국문자모분해」나 「국문자모분해」를 기록한 문헌

출처	내용
李能和(1907), 『國語研究案』卷2	最近古歡堂姜瑋擬定國文字母分解 合三十七子母音
魚允迪(1909), 『國文研究』	擬定國文字母分解 姜氏瑋 分解 四二二年甲子 太皇帝元年 太皇帝御世之初古歡懽堂又號秋琴氏瑋著擬定國文字母分解未刊行
周時經(1909), 『國文研究』	姜公瑋撰國文字母分解에도象形說이有홈 姜公瑋國文字母分解稿에는…
魚允迪(1915), 『東史年表』	檀君紀元四二〇二 朝鮮開國四七八 己巳 太皇帝六 〇 姜瑋著擬定國文字母分解 同治八 西曆紀元 1869
李能和(1918), 『朝鮮佛教通史』(下)	李太王殿下六年己巳姜瑋著擬定國文字母分解
小倉進平(1920), 『朝鮮語學史』	姜公瑋の「國文字母方解」10)(李太王元年)
小倉進平(1940), 『增訂 朝鮮語學史』	(五) 擬定國文字母分解 姜瑋 同治八年

10) 1940년의 증정판을 보면 여기의 '方解'가 '分解'의 잘못인 것으로 판단될 수 있다.

위의 <표 1>에서 이탤릭체로 된 부분에서 보듯이, 「의정국문자모
분해」나 「국문자모분해」를 기록한 문헌들에는 모두 명확하게 '姜瑋
(강위)'란 정보가 들어갔다는 것이 확인된다. 물론 필사 과정에서 저
자에 대한 정보를 잘못 기록했을 가능성도 철저히 배제할 수는 없다.
그러나 당시에 이 글이 正音에 관한 많지 않은 글들 중의 하나로서
중요한 지위를 가지고 있고, 또한 필사자들이 이 중요한 글의 저자를
확인하지도 않고 무책임하게 '강위'의 저술이라고 판정할 가능성이
거의 없었을 것이다. 이러한 점을 감안해서 본고에서는 「의정국문자
모분해」나 「국문자모분해」가 강위의 저술이라는 판단을 거의 사실과
가까운 것으로 보고자 한다. 그러나 <표 1>에서 보듯이, 「의정국문
자모분해」나 「국문자모분해」의 저술 시기는 太皇帝/李太王元年 甲子
인 1864년으로 기록된 것도 있고, 太皇帝/李太王六年 己巳 同治八年
인 1869년으로 기록된 것도 있다는 점을 고려해, 본고에서는 이 저술
의 시기를 일단 1864~1869년으로 넓게 잡고자 한다.

위의 논의를 정리하자면 본고에서는 「의정국문자모분해」도 강위
의 「동문자모분해」의 필사본의 이본 중의 하나이고, 또한 그 저술 시
기를 1864~1869년으로 넓게 보고자 하는 입장을 취하였다.

2) 강위의 「동문자모분해」의 이본들의 내용

우선, 김윤경(1938)의 「동문자모분해」 필사본 안에 있는 내용에 대
해 비교 및 분석을 하고자 한다. 김윤경(1938)의 「동문자모분해」에 기
술된 큰 표제 항목은 다음과 같다. 논의의 편의를 위해, 여기서는 번
호를 붙이는 방식으로 표제 항목의 출현 순서를 표시하기로 한다.

〈표 2〉 김윤경(1938)의 「동문자모분해」의 표제 항목

① 東文字母分解	
② 東文三十五字母圖	㉟ 初中終三音成字圖
③ 東文三十五字母分解	㉔ 東文三十七字母分解
④ 初聲十六[象形說 내용 포함]	
⑤ 初聲十六音	㉕ 初聲十八
⑥ 中聲十一音	㉖ 中聲十一
⑦ 終聲八音	㉗ 終聲八
⑧ 初中二聲合音	㉘ 初聲中聲二合音
⑨ 初中終三聲合音一	
⑩ 初中終三聲合音二	
⑪ 初中終三聲合音三	
⑫ 初中終三聲合音四	㉙ 初聲中聲終聲三合音
⑬ 初中終三聲合音五	
⑭ 初中終三聲合音六	
⑮ 初中終三聲合音七	
⑯ 初中終三聲合音八	
⑰ 初中聲合音成字後復與中聲合音	㉚ 初聲中聲中聲三合音
⑱ 四合音	㉛ 初聲中聲中聲終聲(中聲?)[11]四合音
⑲ 五合音	㉜ 初聲中聲中聲終聲(中聲?)終聲五合音
	㉞ 初聲中聲中聲終聲終聲五合音[12]
⑳ 六合音	㉝ 初聲中聲中聲終聲(中聲?)終聲終聲六合音
㉑ 東文集音九十九韻	
㉒ 辨異	
㉓ 辨訛	
	㊱ 東文字母分解 終

11) 여기의 괄호 및 그 안에 있는 내용은 김윤경(1938)의 필사본에 원래 있던 내용이다. 이것은 아마도 필사자가 필사하는 과정에서 의문이 들었던 부분인 것으로 보인다. 본 고의 추측으로는, '初聲中聲中聲終聲四合音'의 예인 '괘꽤궤궤'에서 확인되듯이, 네 번

<표 2>에서 제시된 번호는 김윤경(1938)의 「동문자모분해」의 구성
순서를 의미한다. 내용상에서 보면 김윤경(1938)의 「동문자모분해」는
크게 두 부분으로 나누어질 수 있다. 첫 번째 부분은 <표 2>에서 굵
은 틀로 표시된 영역의 왼쪽에 있는 東文三十五字母分解이고, 두 번
째 부분은 굵은 틀로 표시된 영역의 오른쪽에 있는 東文三十七字母
分解이다. 전자는 초성을 16개(ㅇㅎㄱㄲㅋㅅㅆㄴㄷㄸㅌㄹㅁㅂㅍㅍ)로 주
장하고 따라서 전체 자모의 수는 35개이다. 후자는 초성에 'ㅈ', 'ㅊ'
을 포함시켜 18개 초성(ㅇㅎㄱㄲㅋㅅㅆㅈㅊㄴㄷㄸㅌㄹㅁㅂㅍㅍ)을 주장
하고 따라서 전체 자모의 수는 37개이다.

이 큰 차이 이외에는 두 부분의 체계가 大同小異라는 것이 확인된
다. 두 부분의 공통점은 두 체계에서 각 체계의 初·中·終聲에 대해
먼저 소개하고, 이어서 合音의 구체적인 상황을 설명하는 순서로 구
성된다는 점이다. 차이점은 이 소개하는 과정에서 순서상에 약간의
차이를 보이기도 하고, 또한 東文三十五字母分解에 있는 항목 중에
일부 항목이 東文三十七字母分解에 빠져 있다는 것이다. 세부적으로
살펴보면, 순서상의 차이에 관해서는 왼쪽의 東文三十五字母分解에
서는 五合音(⑲)을 먼저 소개하고 그 다음에 六合音(⑳)을 소개하고
있는 반면, 오른쪽의 東文三十七字母分解에서는 五合音(㉞)의 일부를
六合音(㉝) 뒤에서 소개하고 있다. 東文三十五字母分解에 있는 항목
중 일부가 東文三十七字母分解에는 빠져 있다는 경우는 東文三十五

째 音이 모두 'ㅣ'이고, 저자인 강위가 이를 '終聲'으로 보았지만 필사자인 김윤경은
이를 '中聲'으로 보았기 때문에, '(中聲?)'처럼 표시한 것이 아니었을까 싶다. 아래 ㉜
의 경우도 마찬가지이다.

12) ㉞의 '初聲中聲終聲五合音' 항목 밑에 구체적인 예가 없어서, 앞의 ㉜의 '初
聲中聲中聲終聲(中聲?)終聲五合音'에 비해 어떠한 차이를 보여서 두 개 항목을 나누어
설명하였는지는 알 수 없다.

字母分解에서 이탤릭체로 된 '初聲十六'의 象形說 부분(④)과 '東文集
音九十九韻'(㉑), '辨異'(㉒), '辨訛'(㉓)가 東文三十七字母分解에는 없
다는 것을 확인할 수 있다.

한편, 내용이 빠졌다는 것에 대해서는 다음과 같은 측면에서 생각
해 볼 수 있을 것이다.13) '초성에 대한 象形說'은 東文三十五字母分
解와 東文三十七字母分解에 모두 적용될 수 있는 내용이라서, 글의
간결함을 위해 東文三十七字母分解 부분에서 생략된 것으로 보인다.
'東文集音九十九韻' 부분도 같은 이유에서 생략된 것으로 판단된다.
'辨異' 부분은 舌頭音인 'ㄷ', 'ㅌ'과 舌上音인 'ㅈ', 'ㅊ'의 혼돈에 유
의하여, 특히 '다'행과 '타'행을 본래의 설첨음으로 발음할 것을 주장
하였다. 이것은 'ㅈ', 'ㅊ'의 설정을 주장한 東文三十七字母分解에는
적용이 안 되는 부분이라서 당연히 빠져야 한다. '辨訛' 부분은 된소
리를 '된ㅅ'으로 쓰는 것의 잘못과 모음 아래아의 음가 문제, 그리고
종성 'ㄷ', 'ㅅ'의 구별 등을 주장하였다. 이것 역시 東文三十五字母分
解와 東文三十七字母分解에 모두 적용될 수 있는 내용이라서, 글의
간결함을 위해서 東文三十七字母分解 부분에서는 생략된 것으로 보인다.

이상으로 김윤경(1938)의 「동문자모분해」 필사본의 내용에 대해 비
교 및 분석을 해보았다. 이어서 김윤경(1938)의 「동문자모분해」 필사
본과 이능화(1907)의 「의정국문자모분해」 필사본을 비교할 차례이다.
두 필사본 안에 기술된 표제 항목은 다음과 같다. 위와 마찬가지로
논의의 편의를 위해 번호를 붙이는 방식으로 표제 항목의 출현 순서
를 표시하였다.

---

13) 순서상의 차이에 대해서도 분석할 필요가 있는데, 지금으로서는 적절한 설명을 이루
   지 못하였다.

〈표 3〉 김윤경(1938)의 「동문자모분해」와 이능화(1907)의 「의정국문자모분해」의 표제 항목 비교

김윤경(1938)의 「東文字母分解」	이능화(1907)의 「擬定國文字母分解」
①東文字母分解	
②東文三十五字母圖	
③東文三十五字母分解	
④初聲十六[象形說 내용 포함]	①初聲十八字母字體及發音 *[象形說 내용 포함]*
⑤初聲十六音	
⑥中聲十一音	
⑦終聲八音	
⑧初中二聲合音	
⑨初中終三聲合音一	
⑩初中終三聲合音二	
⑪初中終三聲合音三	
⑫初中終三聲合音四	
⑬初中終三聲合音五	
⑭初中終三聲合音六	
⑮初中終三聲合音七	
⑯初中終三聲合音八	
⑰初中聲合音成字後復與中聲合音	
⑱四合音	
⑲五合音	
⑳六合音	

㉑東文集音九十九韻	⑬國文集音九十九韻
㉒辨異	⑮辨異
㉓辨訛	⑭辨訛
㉔東文三十七字母分解	
㉕初聲十八	②初聲十八音
㉖中聲十一	③中聲十一音
㉗終聲八	④終聲八音
㉘初聲中聲二合音[예: 가, 갸]	⑤初中二聲合音[예: 애]
㉙初聲中聲終聲三合音[예: 각, 간]	⑥初中終三聲合音[예: 악, 애]
	⑦初中終終四聲合音[예: 앍, 앤]
	⑧初中終終終五聲合音[예: 앎]
㉚初聲中聲中聲三合音[예: 과, 궤]	⑨初中中三聲合音[예: 와]
㉛初聲中聲中聲終聲(中聲?)四合音 [예: 괘, 궤]	⑩初中中終四聲合音[예: 왁, 왜]
㉜初聲中聲中聲終聲(中聲?)終聲五合音 [예: 괠, 궴]	⑪初中中終終五聲合音[예: 왊, 왠]
㉝初聲中聲中聲終聲(中聲?)終聲終聲六合音 [예: 괢, 궶]	⑫初中中終終終六聲合音[예: 왦]
㉞初聲中聲中聲終聲終聲五合音	?14)
㉟初中終三音成字圖	
㊱東文字母分解 終	

14) 각주 12에서 말했듯이, '初聲中聲中聲終聲終聲五合音' 항목 밑에 구체적인 예시가 없
   어서 ⑪에서 제시된 '初中中終終五聲合音'과 무엇이 다른지 알 수가 없다. 따라서 김

<표 3>에서 왼쪽과 오른쪽에 제시된 번호 순서는 각각 김윤경
(1938)의 「동문자모분해」와 이능화(1907)의 「의정국문자모분해」의 구
성 순서를 의미한다. <표 3>에서 보듯이, 이능화(1907)의 「의정국문
자모분해」에서는 18개 초성을 가지는 三十七字母分解의 내용만 수록
되어 있다. 이에 비해, 앞에서 소개된 것처럼 김윤경(1938)의 「동문자
모분해」에는 東文三十五字母分解와 東文三十七字母分解가 모두 수록
되어 있고, 다만 東文三十七字母分解에 東文三十五字母分解와 중복
되거나 잘 맞지 않는 부분은 생략되어 있다. 그럼에도 불구하고 이능
화(1907)의 「의정국문자모분해」의 東文三十七字母分解는 김윤경(1938)
의 「동문자모분해」의 東文三十七字母分解와 다른 면을 보인다. 이는
이탤릭체로 된 부분을 통해 확인할 수 있다.

우선, 우측의 「의정국문자모분해」 東文三十七字母分解에 있는 초
성 상형설 내용(①)과 '東文集音九十九韻'(⑬), '辨訛'(⑭), '辨異'(⑮)가
김윤경(1938)의 東文三十七字母分解에는 없었고, 오히려 앞부분인 東
文三十五字母分解에 출현한다. 김윤경(1938)의 「동문자모분해」에서는
東文三十五字母分解와 東文三十七字母分解를 모두 수록하여 東文三
十五字母分解에서 언급한 부분을 東文三十七字母分解에서 다시 진술
하지 않기 때문이다. 반면, 이능화(1907)의 「의정국문자모분해」에는
東文三十七字母分解만 수록되어 있기 때문에, 내용의 완전성을 고려
해서라도 해당 부분을 언급해야 했던 것이다.

한편 '辨異'와 '辨訛'의 출현 순서가 다르다는 점도 주목할 만하다.
이능화(1907)의 東文三十七字母分解에는 '辨訛'→'辨異'의 순서로 되
어 있지만, 김윤경(1938)의 東文三十七字母分解에는 '辨異'→'辨訛'의

윤경 필사본의 '初聲中聲中聲終聲終聲五合音'가 이능화의 필사본에서 빠졌는지 알 수
없으니, 일단 물음표로 표시하기로 한다.

순서로 구성되어 있다. 이러한 차이점이 필사자의 어떠한 판단을 반영하는지를 생각해 볼 필요가 있다.

이러한 차이점 이외에도 김윤경(1938)의 東文三十七字母分解에 없었던 내용을 이능화(1907)의 東文三十七字母分解에 추가한 부분도 눈에 띈다. '初中終終四聲合音'(⑦), '初中終終五聲合音'(⑧)이 이에 해당한다. 따라서 이능화(1907)의 「의정국문자모분해」에는 더 많은 합음 유형이 제시되어 있음을 알 수 있다.

이로써 김윤경(1938)의 「동문자모분해」와 이능화(1907)의 「의정국문자모분해」 간의 차이점은 三十五字母分解의 수록 여부와, 일부 항목의 배정 순서, 그리고 합음 유형의 數라고 말할 수 있다. 공통점은 모두 東文三十七字母分解를 수록한다는 점이다. 구체적으로 보면 초성 상형설, 구개음화의 잘못, 쌍성 '된ㅅ'의 잘못, 아래아의 음가, 종성 'ㄷ'과 'ㅅ'의 구별, 딴이의 잘못을 모두 포함한다는 것이다.15) 이러한 점도 「의정국문자모분해」나 「국문자모분해」를 모두 강위의 「동문자모분해」 필사본의 이본으로 볼 수 있다는 주장을 뒷받침해 준다.

이상으로 「동문자모분해」를 둘러싼 논쟁들을 검토하였다. 구체적으로 보면, 우선 「의정국문자모분해」나 「국문자모분해」가 「동문자모분해」의 필사본인지에 대해 살펴보았다. 주로 관련된 내용을 기록한 문헌들을 확인함으로써 「의정국문자모분해」나 「국문자모분해」가 「동문자모분해」의 필사본이라는 것을 확인하였다. 이어 「동문자모분해」의 필사본의 이본들의 내용에 대해 비교 및 분석을 해보았다. 즉 김윤경(1938)의 「동문자모분해」와 이능화(1907)의 「의정국문자모분해」의 차이점과 공통점을 밝혔다. 두 이본의 차이점은 三十五字母分解

15) 이 부분에 대한 상세한 설명은 김민수(1981: 143-146)를 참고할 수 있다.

의 수록 여부와, 일부 항목의 배정 순서, 그리고 합음 유형의 수 등에
서 확인할 수 있었다. 공통점은 두 이본이 모두 東文三十七字母分解
를 수록한 것으로서, 초성 상형설, 구개음화의 잘못, 쌍성 '된ㅅ'의
잘못, 아래아의 음가, 종성 'ㄷ'과 'ㅅ'의 구별, 딴이의 잘못 등에 대
해 설명하였다는 점이 있었다.

4. 강위의 신문 창간 여부에 대하여

신문을 매개로 한 문체 운동이 활발하게 진행된 개화기에 강위가
한학자이자 시인으로서 신문 창간을 발기하였는지에 대해서도 탐구
할 여지가 있는 것으로 보인다. 본 장에서는 주로 이러한 측면에서
논의를 진행하고자 한다.

우선, 신문 창간의 발기를 인정한 기존 논의부터 살펴보겠다. 대표
적인 논의는 崔埈(1960)과 주승택(2004)이다. 최준은 『韓國新聞史』(1960)
에서 다음과 같이 지적한 바 있다.[16]

> (1) 『漢城週報』가 한번 國漢文 섞어쓰기 記事를 채용하자 일반
> 독자도 많이 읽게 되었고, 특히 이와 같이 한글을 쓰도록
> 하게 한 高宗을 찬양하는 소리도 나와 그 반향은 자못 좋
> 았다. 이처럼 『漢城週報』에 한글을 섞어쓰기 시작하기까지
> 에는 강위(1820~84)와 博文局員, 그리고 宮中의 內官들의
> 숨은 공을 잊을 수가 없을 것이다.[17] 특히 외국인인 福澤諭
> 吉과 井上角五郎의 熱意를 높이 평가해야 될 것이다.

16) 최준, 앞의 책, 28면.
17) 여기의 밑줄은 필자가 논의의 편의를 위해 표시한 것이다. 아래의 경우도 마찬가지이다.

앞에서도 기록한 바와 같이 開化派의 先覺者들이 日本에 건
너가서 新聞創刊에 관하여 福澤諭吉과 의견을 주고받았을
때 이미 그는 민족 고유의 文字의 보급만이 일반 대중을
계몽하는 데 가장 利器가 된다는 점을 指摘하였었다. 이 때
開化派 有志들도 원칙적으로 이에 찬동하였으나 곧 실시하
기에는 준비가 있어야 된다고 하여 이를 연구 과제로 하였
다. 그리하여 漢文만의 『漢城旬報』를 발행해 가면서 이 國
漢文 섞어쓰기 記事體의 연구에 착수하였다. <u>이를 도맡아
본 이가 姜瑋였다. 그는 宦官을 통하여 內人들이 所藏하고
있던 여러 가지 諺文책을 참고로 하여 國漢文 섞어쓰기의
새 文體를 만들었다.</u> 이것이 또한 宮中에까지 들어가서 좋
은 評을 얻게 되었다. 이 때 博文局員들도 이에 찬동하였으
며 특히 井上角五郎은 金允植의 적극적인 찬동을 얻어 마침
내 高宗의 允許를 얻게 되었다.

이렇듯 최준의 논의를 따르면 강위는 『한성주보』의 국한혼용문체
의 창안자이고, 『한성주보』의 창간 활동에 적극적으로 참여한 것으
로 보인다. 이에 대해 주승택은 다음과 같이 지적하였다.[18]

(2) 국한혼용문체는 조선 후기에 널리 간행된 각종 諺解類 서
    적에 쓰이던 문체로서 한문에 익숙한 사대부계층에게 결
    코 낯선 문제가 아닌 것이다. 또 吏讀를 섞어 쓴 吏文이나
    구결을 단 懸吐體 한문 역시 국한문혼용체의 한 형태임을
    감안하면 국한문혼용체가 『漢城週報』에 처음 채택된 혁신
    적인 문체라는 기존의 관념은 맞는 점도 있지만 틀린 점도
    있다. 곧 정부기관지나 다름없는 『한성주보』에서 한문이

---

18) 주승택, 앞의 논문, 292면.

아닌 다른 문체를 선택했다는 점은 획기적인 일이지만 <u>이</u>
<u>때 선택된 국한문혼용체가 새롭게 창안된 문체라는 생각</u>
<u>은 잘못된 것이다.</u>

주승택(2004)은 국한문혼용체가 이전부터 이미 있었던 문체라서 강위가 이 문체를 창안하였다고는 볼 수 없다고 지적하면서, 『한성주보』의 가장 획기적인 변화는 국한문혼용체의 채택이 아니라 순국문체의 채택에서 찾아야 할 것이라고 주장한다. 왜냐하면 『한성주보』는 흔히 한국 언론사에서 순국문체의 채택이라면 가장 먼저 연상되는 『독립신문』보다도 석 달이나 먼저 순국문체를 선보였기 때문이라고 한다(『한성주보』는 1886년 1월 25일에 창간되었고, 『독립신문』은 1886년 4월 7일에 창간되었다). 물론 국한문혼용문체와 마찬가지로 순국문체도 조선 후기에 널리 쓰이던 문체로, 문체 자체로는 별로 새로울 것이 없고, 다만 이를 『한성주보』라는 정부의 공식 간행물에 채택하는 데는 상당한 결단과 준비가 필요하였을 뿐이라고 지적하였다. 그렇지만 주승택(2004)에서는 이 순국문체의 채택에서 핵심적인 역할을 한 것이 강위였음이 전해진다고 언급하였으며 다음과 같이 논의하였다.[19)]

(3) 그런데 『한성순보』를 장차 국한문이나 순국문으로 발행하기 위한 준비를 맡은 姜瑋는 비록 博文局에 소속되기는 하였으나 당시 이미 화갑을 넘긴 노인으로 박문국 실무인인 高永喆, 呂圭亨, 鄭萬朝 등은 모두 姜瑋를 우러르고 따르던 弟子나 다름없는 인물들이었다. 당시 강위는 형식상 박문국의 직원이었지만 실질적으로는 한국 실정을 잘 모르는 井上角五郎을 위하여 조정에서 배치해 준 개인교사였다. 강

---

19) 주승택, 앞의 논문, 296면.

위는 金正喜의 마지막 제자로서 당대를 대표할 만한 漢文學
의 大家였지만 국문에도 관심이 커서 「東文字母分解」라는
국문 연구논문을 남기기도 하였다. 강위가 他界하기 직전
에 마지막으로 심혈을 기울인 것이 신문에 쓰일 국문문체
를 개발하는 일이었는데 궁녀들이 읽는 諺文책을 주요 참
고자료로 하였다는 점으로 미루어 국한문체보다 순국문체
의 개발에 더 역점을 두었음을 알 수 있다. 왜냐하면 궁녀
들이 읽는 언문책이란 현재 낙선재문고로 알려져 있는 국
문소설들일 것이기 때문이다.

(3)의 밑줄을 친 부분에서 보듯이, 주승택(2004)에서는 강위가 국한
혼용문체가 아닌 순국문체의 채택에서 핵심적 역할을 발휘하였다는
주장을 가지고 있다.

그러나 이에 비해 강위가 『한성주보』와 아무런 관련이 없다고 주
장한 논의도 보인다. 대표적인 논의는 이광린(1976)과 김민수(1981)이
다. 이광린(1976)에서는 (1)에서 제시된 최준(1960)의 논의를 거론하면
서 다음과 같이 지적하였다.[20]

(4) 여기서 漢城週報는 姜瑋가 死亡한 지 約 2年뒤인 1886年 1月
    에 發刊되었던 것이므로 솔직히 말해 姜瑋와 漢城週報와는
    아무 關聯이 없다. 그러므로 위의 引用文은 信憑할 만한 內
    容이 못된다고 할 수 있다.

이광린(1976)과 동일한 주장을 가진 김민수(1981)는 다음과 같은 내
용을 제시하면서 논의하였다.[21]

---

20) 이광린, 앞의 논문, 12면.

(5) 그런데, <u>그가 1886년 1월에 다시 창간된「漢城週報」의 國漢文混用體나 1898년 9월에 창간된「皇城新聞」의 발기인에 참여할 수 있는 가능성은 없다.</u> 1883년 10월에 창간된「漢城旬報」에 종사치 않았는데, 더구나 전자는 그가 서기한 지 약 2년 후에, 후자는 약 14년 후의 일이었기 때문이다. 實學者로서 正音에 깊은 관심을 가졌던 관계로 그런 추측이 난무한 것으로 짐작된다.

이와 동시에 김민수(1981)도 각주에서 앞의 (1)에서 제시된 최준의 주장을 거론하면서 "그 근거가 무엇인지 알 수 없고, 그런 文體는 그 이전에도 있었다. 또,「독립신문」(1896.4)이나「황성신문」(1898.9)의 발기인이 될 수도 없다"고 지적하였다.

이상으로 강위의 신문 창간 여부 및 그 문체에 관한 주장을 논의한 기존 연구들을 정리하고 분석하였다. 최준(1960)과 주승택(2004)에서는 모두 강위가 신문 창간에 적극적인 역할을 발휘하였다는 관점을 취하되, 다만 어떠한 문체를 추구하였는지에 대해서는 의견 차이를 보인다. 즉 최준(1960)에서는 강위가 국한혼용문체를 창안하였다고 지적한 반면에, 주승택(2004)에서는 국한혼용문체가 아닌 순국문체를, 그리고 창안이 아닌 채택을 했다고 주장하였다. 이에 비해 이광린(1976)과 김민수(1981)에서는 강위가 신문 창간과 아무런 관련이 없다고 주장하였다.

본고에서는 이광린(1976)과 김민수(1981) 등의 주장을 따르기로 한다. 이 주장이 정확한 연대 기록을 바탕으로 한 것이기 때문에 더욱 바람직하다고 판단되기 때문이다. 또한 최준(1960)과 주승택(2004) 등

---

21) 김민수, 앞의 논문, 139-140면.

처럼 臆測으로 한 사람의 업적을 고평가하는 태도는 바람직하지 않다고 본다.

5. 결론

본고에서는 한학자이자 시인으로서 이름이 알려진 강위의 한국어학 업적에 대해 다시 고찰하는 것을 목적으로 하였다. 우선 2장에서는 강위의 생애 및 저술에 대해 간략하게 정리하였다. 이어 3장에서는 강위의 대표적인 한국어학적 저술인 「동문자모분해」를 중심으로 살펴보았다. 이 글은 강위의 유일한 어학적 업적임에도 불구하고 이를 둘러싼 기존 연구에서조차 합의되지 못한 부분이 적지 않았다. 따라서 본고는 먼저 「의정국문자모분해」나 「국문자모분해」가 과연 강위의 「동문자모분해」 필사본의 이본들 중의 하나인지에 대해 살펴보았다. 주로 관련된 문헌에서 나온 기록을 정리함으로써 「의정국문자모분해」와 「국문자모분해」가 강위의 저술인 「동문자모분해」의 필사본임을 재확인하였다. 이어 김윤경(1938)의 필사본인 「동문자모분해」의 내용과 이능화(1907)의 필사본인 「의정국문자모분해」의 내용에 대해 각각 살펴보았고, 이를 바탕으로 비교 작업도 진행함으로써 양자 간의 차이점과 공통점을 지적하였다.

4장에서는 기존 연구에서 합의되지 못한 부분 중의 하나인 강위가 신문 창간을 발기했는지 여부에 대해 살펴보았다. 최준(1960)과 주승택(2004)에서는 강위가 신문 창간에 적극적으로 참여했다고 주장하였고, 다만 전자는 국한혼용문체를 창안했다고 지적하였고, 후자는 국한혼용문체가 아닌 순국문체를, 그리고 창안이 아닌 채택을 했다고 주장하였다. 이에 비해 이광린(1976)과 김민수(1981)에서는 강위가 신문 창간과 아무런 관련이 없다고 주장하였다. 본고는 후자가 타당하다고 판단해 이에 따르기로 하였다.

참고문헌

權在善, 姜瑋의 東文字母分解와 擬定國文字母分解의 別書 考證,『한민족어문학』13, 한민족어문학회, 1986.

金允經,『朝鮮文字及語學史』, 京城(서울): 朝鮮紀念圖書出版館, 1938.

김민수, 姜瑋의「東文字母分解」에 대하여,『국어학』10, 국어학회, 1981.

김민수, 김윤경,「朝鮮文字及語學史」(1938)의 역사적 가치와 평가,『語文硏究』23-4, 韓國語文敎育硏究會, 1995.[『어문연구』통권 제88호, 1995.12, 285-289]

김현기, 姜瑋(1820-1884)의 開化思想硏究, 경희대학교 대학원 석사학위논문, 1984.

小倉進平,『朝鮮語學史』, 京城(서울): 大阪屋號書店, 1920.

小倉進平,『增訂 朝鮮語學史』, 京城(서울): 刀江書院, 1940.

魚允迪,『國語硏究』寫本, 1909.[李基文의『開化基의 國文硏究』(1970)에 影印 수록]

魚允迪,『東史年表』, 京城(서울): 寶文館, 1915.

李光麟, 姜瑋의 人物과 思想: 實學에서 開化思想으로의 轉換의 一斷面,『동방학지』17, 연세대학교 국학연구원, 1976.

李基文,『開化基의 國文硏究』, 서울: 一潮閣, 1970.

李能和,『國文硏究案』卷2, 影印, 1907.

이능화,『朝鮮佛敎通史』下篇, 京城(서울): 新文館, 1918.

이헌주, 姜瑋의 開國論 硏究, 고려대학교 대학원 박사학위논문, 2005.

이헌주, 1880년대 초반 姜瑋의 聯美自强論,『한국 근현대사 연구』39, 한국근현대사 학회, 2006.

이훈종, 강위(姜瑋)의 생애(生涯)와 그 업적(業績),『국어국문학』23, 국어국문학회, 1961.

장선희, 韓國 近代의 漢詩 硏究: 姜瑋의 詩 活動을 중심으로, 전남대학교 대학원 박사 학위논문, 1997.

주승택, 姜瑋의 開化思想과 外交活動,『韓國文化』12, 서울대학교 한국문화연구소, 1991.

주승택, 姜瑋의 著述과『古歡堂集』의 史料的 가치,『규장각』14, 서울대학교 규장각 한국학연구원, 1991.

주승택, 姜瑋와 黃遵憲의 만남,『국제학술대회』8, 중한인문과학연구회, 2002.

주승택, 姜瑋와 黃遵憲의 비교 연구,『大東漢文學』17, 대동한문학회, 2002.
주승택, 국한문 교체기의 언어생활과 문학활동,『大東漢文學』20, 대동한문학회, 2004.
주승택, 강위(姜瑋)의 연행록(燕行詩)에 나타난 한중(韓中) 지식인의 교류양상,『한국
          문학연구』17, 이화여자대학교 한국문화연구원, 2006.
周時經,『國語硏究』寫本, 1909.[李基文의『開化基의 國文硏究』(1970)에 影印 수록]
崔 埈,『韓國新聞史』, 서울: 一潮閣, 1960.

이종일과 「諺文義觧」

●

김 태 우

1. 이종일의 국문 활동

이종일(李鍾一, 1858~1925)은 1858년 12월 6일 충청남도 태안군 원북면 반계리에서 출생하였다. 본관은 성주(星州)이고 호는 묵암(默庵)과 옥파(沃坡)이며, 도호(道號)는 천연자(天然子)이다. 이종일은 대한제국 말기에는 국권 회복을 위한 계몽운동에 힘을 썼고, 국권 피탈 이후에는 독립운동에 투신한 대표적인 민족운동가 중 하나이다.[1] 그는 1896년 독립협회의 설립에 주도적으로 참여하였고, 민권운동단체인 대한제국민력회를 조직(1898년)하여 회장을 역임하였다. 또한 『뎨국신문』을 창간하기도 하였다. 그는 교육을 통해 국민을 계몽하여야 강한 나라가 될 수 있다는 의식을 가지고 있었는데, 이에 따라 흥화

---

[1] 이종일의 민족운동가적 면모는 추현진(2006), 김정남(2001), 정영희(2004), 길창근(2000), 전기영(1986) 등을 참고할 수 있다.

학교를 설립하고, 보성학교 교장을 역임하였다.

이종일의 민족운동가적 면모는 널리 알려져 있으나 국어 연구자 및 교육자로서의 면모는 크게 주목을 받지 못하였다. 그러나 그는 1902년 국문학교를 설립하였고 1907년 9월 23일부터 학부의 국문연구소 연구 위원을 하였으며,[2] '한글'이라는 말을 처음으로 사용한 사람이라는 이야기[3]도 있는 등 국어의 연구에 힘을 쓴 사람이다. 물론 이 시대의 민족운동가 중 국어 연구를 안 한 사람이 어디 있겠냐마는, 그의 국어와 한글에 대한 인식은 제법 심도가 있었던 것으로 보인다. 이에 본고에서 이종일의 국어와 한글에 대한 인식이 잘 드러나 있는 「언문의해」를 소개하고자 한다.

이에 앞서 이종일의 국문 관련 활동을 간단히 살펴볼 필요가 있다. 우선 그는 한글의 우수성을 믿고 있으며 한글 보급에 많은 노력을 정주한 것으로 보인다. 『뎨국신문』을 순국문으로 창간하여 한글을 보급하려 한 일이 대표적이고, 다음과 같은 글들을 통해 한글의 우수성을 거듭 강조하였다.

> [전략] 당초에 글 만들던 본의를 궁구 ᄒᆞ게드면 지금 우리 한국에셔 쓰는 국문이 틱고 썩에 <u>한문보다 대단이 편리 ᄒᆞ고 지이 홀 쓴더러 졍작 힝용ᄒᆞᄂᆞᆫ 일노 말 ᄒᆞ더리도 빅화셔 알기도 쉽고 세상 쳔만스를 긔록 ᄒᆞ지 못 홀것도 업기가 한문보다 빅빅가 편리 홀거슨 이무가론이오</u> 세계각국 글중에 뎨일 묘흔 글이라 젼국 사름이 국문에 힘을 써셔 연구ᄒᆞ야 졈졈 발명 ᄒᆞ게드면 편리

---

2) 이때 이종일과 함께 국문위원으로 위촉된 사람은 이억(李億)·윤돈구(尹敦求)·송기용(宋綺用)·유필근(柳苾根)이다. 그러나 국문연구안에 유필근과 이종일의 이름은 전혀 나타나지 않아서, 이종일이 국문연구소의 위원이었던 사실은 상대적으로 잘 알려져 있지 않았다. 이에 대해서는 이기문(1970, 1991)을 참조할 수 있다.

3) 고영근(2003) 참조. 이에 대한 비판은 임홍빈(2007) 참조.

흔 법이 세계 만국 글즁에 뎨일 긴요흔 글이될거시어늘 우리나
라 사룸들은 빈호기 어렵고 알기도 어렵고 마음대로 말을 만들
기 어려온 한문만 글노 알고 <u>빈호기 쉽고 알기 쉽고 못홀말 업시</u>
<u>흐기쉬운 국문은</u> 글노 아지도 아니흐고 녀인들이나 빈홀 거시라
고 흐며 등한이 넉이고 쳔 흐게 넉여셔 무슴 문ᄌ로 치부를 흐던
지 통신흐는 일갓흔 쳔만ᄉ를 넉넉지 못흔 한문으로만 긔록흐고
<u>쉬은 국문은</u>쓰지 아니 홀쑨더러 또 여간 짐작흐고 국문을 쓰는
사룸들도 국문을 만든 리치와 말 만드는대 고하ᄌ와 경위를 분
변치 아니흐고 되는대로 횡셜 슈셜흐게 써셔 남이 그 글을 보고
도 알수가 업시 만드는 사룸이 만으니 엇지 개탄치 아니 흐리오
대데 나라마다 그 나라 글이 잇는고로 굴ᄋᄃᆡ 국문이라 흐나니
가령 흔문은 쳥국 국문이오 영셔는 영국 국문이오 언문은 우리
나라 국문인대 [후략] [밑줄: 인용재[4](대국신문 1900년 1월 10일
자 1면)

한글의 우수성에 대한 인식은 1908년, 국문연구소 연구 위원으로
있을 때 『大韓協會會報』에 실은 「論國文」의 다음 부분에서도 드러난다.[5]

　[전략] 惟我國文則徒以 二十八字로 能成千言萬語之奇文이오. 其
學法이 亦易흐야 無過一二日四五日內에 能曉其義흐야 對卷輒讀흐
ᄂ니 <u>其 便宜易曉之術이 可居於世界國文中 第一地位也오</u>. 且論 運用
之方而較諸國漢文則其孰勝孰負ᄂ 不待問而自明矣라. [생각건대 우
리 국문은 겨우 28자를 가지고서 능히 천 가지, 만 가지 말의 기
이하고 묘한 문장을 이룰 수 있다. 그 배우는 방법이 또한 쉬워
서 1~2일, 4~5일을 넘기지 않고도 능히 그 뜻을 깨달아 책을 대

---

4) 이 글의 앞부분에는 문자의 존재 이유에 대해 설명하고 있으며, 뒷부분에는 한글의 운
　용 원리를 설명하고 있다. 띄어쓰기는 본래 신문의 것을 따랐다.
5) 번역은 연세대 언어정보연구원 HK사업단(2012)을 따랐다.

하여 쉽게 읽으니, 이용하는데 편리하고 쉽게 익히는 것이 가히 세계에 있는 국문 중에 으뜸이다. 또 운용의 방법을 가지고 논하여 국문과 한문을 견주어 보아도 어떤 것이 뛰어나고 어떤 것이 그렇지 못한지는 굳이 물어보지 않아도 자명하다.] [후략] [밑줄: 인용자] [대한협회회보 2호(1908년 5월 25일)]

이상의 두 편의 짧은 인용문에는 한글이 쉽게 배울 수 있기 때문에 우수한 문자라는 이종일의 생각을 엿볼 수 있다. 우수한 문자를 두고 한문만 사용하는 세태를 비판하고, 한글이 만들어진 이치를 정확히 알고 사용해야 함도 역설하였다. 한글을 사용해야 하는 목적은 위의 인용문 마지막에 간략히 나와 있다.

> [전략] 국문을 등한이 녁이고 힘쓰지 아닐거시 아니기로 두어 마듸 셜명 흐거니와 국문이 발달되는 날口야 우리 대한이 세계에 독립 부강국이 될줄노 짐작 흐노라. (뎨국신문 1900년 1월 10일자 2면)

이종일은 문자를 민중 계몽의 도구로 보고 있으며, 한글을 사용함으로써 국민이 모두 문자 생활이 가능해지고, 나아가 국가의 발전을 이룰 수 있다고 보는 것이다. 『諺文義觧』는 이종일이 이러한 생각을 바탕에 두고 행한 한글에 대한 연구의 결과물이다.

2. 「諺文義觧」 소개

「언문의해」는 大正 2년 10월 15일, 『천도교회월보(天道敎會月報)』 제

39호의 25면부터 34면에 실린 글이다. 천도교회월보는 민중 계몽의 성격을 띤 잡지로 1906년 6월 17일 창간되어 이듬해 6월 29일자로 폐간된 신문인『만세보』에 이어 천도교가 1910년 8월 15일자로 창간한 천도교의 기관지이다. 「언문의해」가 수록된 제39호는 일부 글자가 방향이 비뚤어져 인쇄되어 있는 것으로 보아 연활자본인 것으로 보인다. 초창기의 내용은 교문정의(敎門訂議), 교리부(敎理部), 잡조(雜俎), 휘보(彙報)로 이루어져 있고, 휘보의 뒤에 언문부(諺文部)가 따라 나온다. 언문부는 잡지의 내용을 언문으로 쓴 부분으로, 「언문의해」는 여기에 수록되어 있다.

「언문의해」는 이종일이 한글(이종일의 용어로는 諺文)에 대해 설명을 한 글이다. 상하 2단으로 글이 쓰여 있으며 원칙적으로 세로읽기를 한다. 예시를 드는 부분도 위에서 아래로 읽도록 구성되어 있다. 국한문혼용체로 되어 있으며, 짧고 난해한 글이다. 하지만 여기에는 한글에 대한 이종일의 독특한 인식이 숨어 있다. 이 글은 다음과 같이 아홉 개의 절로 이루어져 있다.

「언문의해」 목차

'1. 총론'은 앞으로 진행될 논의와 관련된 문제를 제기하는 부분이다. 문자에 대한 일반론으로 시작하여 초성, 중성, 종성을 天音, 地音, 人音으로 나누어 설명하고 각 글자의 제자 원리를 밝히고 한글 학습에 대한 자신의 생각을 간략히 덧붙이고 있다. '2. 三音以漢字音辨解'는 한자를 이용하여 天·地·人音의 음가를 보이는 장이다. '3. 正謬辨解'는 '1. 총론' 부분의 설명 부분으로, 훈민정음으로 치자면 '解'에 해당하는 부분으로 볼 수 있다. 특히 이종일의 한글에 대한 인식은 부록으로 붙어 있는 '훈민정음 예의'와『화동정음통석운고』에서 온 것이 많은데, 이로부터 달라진 인식을 그 이유를 들어 설명하고 있다. '4. 敎授方法'은 한글을 어떻게 가르쳐야 하는지를 설명한 부분이다. '5. 三字合音'은 낱자들을 합쳐 글자를 이루는 방법을 설명한 것이다. '6. 合音取義'는 제5절의 연속이라고도 할 수 있는 절로, 글자들이 합쳐져서 하나의 의미를 나타낼 수 있음을 짧게 보인 것이다.[6] '7. 天地音 經緯圖'는 우리가 흔히 말하는 반절(反切)을 나타낸 것이다. 그런데 이종일의 반절 순서는 우리가 일반적으로 접할 수 있는 반절과는 그 순서가 다르다. 순서가 다르게 된 경위는 제3절에서 자세히 설명하였다. 제8절과 제9절은 각각 「훈민정음 예의」와『화동정음통석운고』,『훈몽자회』를 옮겨온 부분이다. 아래에서는 「언문의해」의 내용을 간단히 살펴보며, 이종일의 한글에 대한 인식을 살펴보도록 하겠다.

---

6) 이종일은 한글은 소리글자이기 때문에 뜻글자인 한문과는 본질적으로 다르다고 본다. 한 글자가 의미를 담는 한자와는 달리 한글은 합음을 하여야 의미를 가질 수 있다고 보았다. 제5절은 바로 이런 내용을 담고 있는 장이다.

3. 「諺文義鮮」 해설

● 제1절 총론(25-8면)

총론부에서는 이종일의 문자관이 드러나고, 이어 한글의 초·중·종성에 대한 설명을 하고 있다. 그리고 다음으로 한글의 우수성을 설명하고 있다.

이종일은 문자란 각 지방의 말을 본떠서 만들어진 것으로, 사적(事跡)을 기록하는 도구로 보고 있다. 그런 의미에서 한글을 조선 언어를 대표한다[此諺文者는 卽朝鮮言語之代表也]라고 보고 있다. 여기서 '조선 언어의 대표'라는 표현은 말과 문자를 혼동한 표현이 아니라, '조선 언어를 본떠서 만들어진 글자'라는 의미로, 바로 앞의 "文字는 (…)撮影言語之範型也오"에 이어지는 표현이다.

다음으로는 한글에 天·地·人의 세 개의 음이 있음을 설명하고 있다. 이는 각각 초·중·종성에 해당하는 것인데, 天·地·人이라는 것은 천도교적인 관점에서 설명을 시도한 것이라고 볼 수 있다. 이 세 가지의 모양이 궁을(弓乙)의 모습을 하고 있다는 기술을 보면 이는 더욱 확실해진다. 궁을은 천도교에서 영부(靈符) 모양을 형상화한 것으로 동학의 본질인 천심(天心)의 심(心) 자를 표현한 것이기 때문이다. 앞의 두 음(초성과 중성)이 합해져야 완전한 몸[完體]이 되고, 완전한 소리[全音]이 된다고 보고 있으며, 종성이 합쳐지지 않으면 도를 행할 수 없다고 하여, 천·지·인음의 중요성을 강조하고 있다.

다음으로는 자모를 설명하고 있다. 초성, 종성, 중성의 순서로 설명을 하였다. 우선 天音(초성)을 모두 24자로 보고 있는데, 궁상각치우의 순서로 제시하였다. 후음에 관한 것만 보이면 다음과 같다.

宮土喉音	ㅇ ㆆ ㅎ ㆅ	像喉而音出喉中
	ㅇ ㆆ ㅎ ㅆ	

먼저 오음(五音)과 오행(五行)의 어떤 방위에 대응하는지를 먼저 보인
후, 낱자를 보이고 왼쪽에 모음을 넣어 소리나게 하여 그 음을 제시
하고 있대[傍註其音].[7) 위의 예에서 볼 수 있지만, 각 기본자의 모양
을 발음기관을 상형한 것으로 보고 있다.

喉音	像喉而音出喉中
齒音	像齒而音出齒間
牙音	像牙而音從牙邊
舌音	像捲舌而掉舌成音
脣音	像脣而動脣作音

훈민정음이 발음기관을 상형한 것이라는 인식은 『세종실록』을 비롯
하여 곳곳에 나타나 이미 알고 있었을 것이지만, 시기상 제자해는 접
하지 못하였을 것이므로 해례의 설명과 비교했을 때 많이 소략하다.
설음의 설명은 제자해의 설명과 비슷하지만, 어금니를 닮았다는 아
음의 설명은 훈민정음의 설명과는 차이가 크다.

---

7) 이미 최현배(1942)에서 제기된 문제이지만, 『훈민정음 해례본』에 나타난 오행(五行)과
오음(五音)의 대응은 후대의 오행과 오음의 대응과 다르다. 즉, 『훈민정음 해례본』에서
는 순음(脣音)이 오행으로는 토(土), 오음으로는 궁(宮)에 대응하고, 후음(喉音)이 수(水)
와 우(羽)에 대응한다. 그러나 후대의 문헌에서는 순음에 수(水)와 우(羽)가 대응하고 후
음에 토(土)와 궁(宮)이 대응하는 양상을 보인다. 언문의해에서도 마찬가지로 후음이 궁
토에 대응하고 있는 것을 확인할 수 있다. 이 문제에 대해서 성원경(1970)은 중국 운서
들에서 나타난 서로 다른 대응의 양상을 밝혔고, 이현희(1994)는 역리(易理)와 악리(樂
理)에 따라 오행-오음의 대응이 다를 수 있음을 지적하였다. 『언문의해』는 후음에 궁
을 대응시킴으로써 『훈민정음 해례본』의 그것과 대응 방식이 다르다.

초성의 설명에서 특이한 글자가 몇 개 보이는데 다음과 같다.

△ ◇ ㅁ

◇ ㅅ ㅁ

△은 반치음이고, ◇는 순음에서 다루고 있으며『화동정음통석운고』에 나타난 글자라고 하고 있다. ㅁ은 아음으로 ㄱ 안에 ㄴ이 들어가 있는 형태이다. 그런데 △의 소리는 [◇]으로 주음되어 있고, ◇는 [ㅅ]로 주음되어 있는데, 이는 단순한 인쇄 상의 오류는 아닌 것으로 보인다. 이 부분에 대해서는 뒤의 '합음'의 '양자합음' 부분에서 다시 살펴보도록 하겠다.

이 책의 주음법에서 특이한 점은 초성의 모양은 각자병서를 택하면서, 그 음을 설명하는 부분은 합용병서를 쓰고 있다는 점이다.

ㆅ ㅆ ㅉ ㄲ ㄸ ㅃ

ㅊ ㅆ ㅉ ㅅ ㅉ ㅆ

이는 이종일이 쓰고 싶었던 합자의 방식과, 종래 사용되어 오던 된소리에 대한 표기의 차이에서 말미암은 것으로 볼 수 있다. ㄲ을 예로 들자면, 이 글에서 'ㄲ'이라고 쓰는 글자(이종일은 이것을 雙書라고 표현한다)는 일반적으로 'ㅅ'이라고 쓰고 읽는 소리와 같다는 의미인 것이다.

이들 글자 중 ㅇ, ㅅ, ㄱ, ㄴ, ㅁ의 다섯 자를 기본자로 보고 있으며, 여기에 한 획을 가획하면 ㆆ, △, ㅈ, ㅋ, ㄷ이 되고, 또 가획하면 ㅎ, ㅊ, ㅌ이 된다고 보고 있다. 즉, 초성자의 모양에 따른 계열을 다음과 같이 파악하고 있는 것이다.

<표 1> 이종일이 파악한 초성자 계열

	기본자	1획 가획	2획 가획
궁(宮)	ㅇ	ㆆ	ㅎ
상(商)	ㅅ	△ ㅈ	ㅊ
각(角)	ㄱ	ㅋ	
치(徵)	ㄴ	ㄷ	ㅌ
우(羽)	ㅁ		

특이한 점은 순음 계열의 관계를 가획이라고 보지 않았다는 점이다. 대각선 방향으로 돌리면 ◇이 되고, 위쪽을 열면 ㅂ이 되며 옆쪽을 열면 ㅍ이 된다고 보았다. 한편, ㄹ은 ㅌ의 왼쪽 위의 두 획을 종으로 연결한 것으로 보고 있다.[8]

다음으로 地音(중성) 11자를 설명하고 있는데 순서는 다음과 같다. 당시 통용되고 있던 모음의 순서와 다르다. 이 순서의 경위에 대해서는 다음 절에서 설명한다.

· ㅣ ㅡ ㅗ ㅜ ㅏ ㅓ ㅛ ㅠ ㅑ ㅕ
ㅇ 이 으 오 우 아 어 요 유 야 여

11자 중 기본자는 1획의 글자인 'ㅣ'와 'ㅡ'로 보고 있으며, 여기에 '·'가 ㅣ와 ㅡ의 상하좌우에 붙어 각 글자를 만든다고 보았다.

---

8) 이렇게 볼 수 있는 것은 ㅌ을 ㄷ 위에 가로선을 하나 그은 것으로 보기 때문이다.

다음으로는 人音(종성)에 대해 다루고 있다.

ㅇ ㅅ ㄱ ㄴ ㄷ ㄹ ㅁ ㅂ
응 웃 윽 은 읃 을 음 읍

종성자는 천음의 부분인데, 다만 그 소리가 다를 뿐이라고 하고 있다.

다음은 총론을 정리하는 부분이다. 천음자는 기본자 다섯 개에서 나왔고, 지음자는 기본자 두 개에서 나와 모양을 한 번 변화시켜 35자(천음 24자 + 지음 11자)가 되고, 다시 한 번 변화시키면 43자(천지음 35자 + 인음 8자)가 된다고 하였다. 또한 발음기관을 상형하였고 오음에 어울리기 때문에 특수한 지역의 말과 새·짐승의 말도 쓸 수 있다고 하였다. 다음으로는 한글을 배우기가 매우 쉬움을 이야기하고 있다. 동시에 장단 때문에 글을 배우기가 어려움이 있다는 점도 이야기한다. 자신이 국문위원이었다는 사실도 언급하고 있다. 마지막으로 천도교의 교조인 최제우가 순한글을 자주 사용하였음을 언급하며, 천도교 신도들에게 한글 사용을 독려하고 있다.

● 제2절 漢字音辨解(28-9면)

제2절에서는 각 낱자를 음가를 한자를 이용하여 보이고 있다. 각 음을 나타내는 한자는 ㅈ(卽)을 제외하고는 훈민정음 예의의 한자와 모두 다르다.

ㅇ(應), ㅎ(興), ㅅ(勝), ㅈ(卽), ㅊ(層), ㄱ(克), ㄴ(能),
ㄷ(得), ㅌ(特), ㄹ(凜), ㅁ(墨), ㅂ(北), ㅍ(豊)

된소리의 주음은 훈독자를 이용하였다. 주지하다시피 『훈몽자회』에서 ㅋ(箕), ㄷ(末), ㅅ(衣) 등을 이용한 예가 보이기는 하지만, 여기에서는 초성만을 고려하였기 때문에, 된소리와 'ㅋ'에 대해서 훈독자를 사용하였다.

ㅋ(大, 크-), ㅆ(苦, 쓰-), ㅉ(蒸, 찌-), ㄲ(末, 끝), ㄸ(浮, 뜨-),
ㅃ(角, 뿔)

이들의 앞에는 훈독을 하라는 안내가 '俚語初發羣'이라고 붙어 있다.9)

다음으로 현재 한국어(現時方言)에서는 사용되지 않는 다섯 개의 글자를 소개하고 있다. ㆆ은 후음으로서 '으흐'의 간음(間音)으로 보았다. ㅿ는 '르즈' 혹은 '으즈'의 간음10)으로 일본어의 ズ[z] 발음과 같다고 설명하고 있다. ㅸ는 '브으'의 간음인 순후음으로 일본어의 バ[v] 발음과 같고, ㅁ은 '으그'의 간음으로 일본어의 ガ[g]와 같은 소리라고 하였다. ㆅ은 ㅎ의 격촉음(激促音)으로 보고 있다.

중성의 설명에 사용된 한자는 『화동정음통석운고』과 동일하다.

종성의 설명에 사용된 한자는 ㅇ(應)을 제외하고는 『훈몽자회』와 동일하다. 다만 ㄷ과 ㅅ에 대해 부연설명을 하고 있는데, 종성에서 ㅅ이 ㄷ과 발음이 같아서 본래의 소리를 잃은 것이 아닌가 의심된다는 것이다[ㅅ未得其詳, 與ㄷ倣似, 疑失其本音]. 이종일의 언어에 대한 감각을 엿볼 수 있는 대목이다.

---

9) 여기에서 사용된 羣은 인쇄 시 오식으로 인한 聲의 오자로 보인다.
10) 『화동정음통석운고』에서 '수'는 '수우'의 간음이라고 기술되어 있다. [z]라는 소리가 /ㅅ/과 /ㅈ/ 중 어느 소리에 더 가깝게 느껴졌는지가 당시의 음운 체계와 관련이 있다는 사실을 암시한다.

● 제3절 正謬辨解(29-31면)

정류변해부는 총 10개 항목으로 이루어져 있으며, 이종일의 언문에 대한 인식이 잘 드러나는 장이다.

첫 번째 항목은 쌍서(雙書)에 관한 조항이다. 'ㆅ, ㅆ, ㅉ, ㄲ, ㄸ, ㅃ'의 여섯 자는 초성에도 종성에도 포함되지 못하였는데, 이는 옳지 않다고 보고 있다. 이에 이 여섯 글자를 천음(초성)에 포함시켜 35자 43음의 자모를 만든다고 하였다. 우리는 여기서 이종일이 문자와 소리를 철저하게 구분하고 있음을 알 수 있다. 즉, 종성은 비록 글자는 초성과 동일한 것을 쓰지만 그 소리는 다르다는 것을 인식한 것이고, 이 글을 통틀어서 字와 音은 철저히 구분되고 있는 것이다.

두 번째 항목은 초·중·종성이라는 말 대신 천·지·인음이라는 용어를 사용하는 이유를 밝히고 있다. 종성의 두 자를 합음하여 쓰지 않는 일이 많아 초·중·종성이 공평하지 못하므로 천·지·인음이라고 설명하고 있다. 초·중·종성이라고 쓰는 것은 세 종류의 글자를 평행선에 놓은 것인데, 실제로는 그렇지 않으므로 초·중성을 천·지라고 하여 조금 더 상위의 지위에 두고, 종성을 조금 낮은 인음의 위치에 두는 것으로 해석된다.

세 번째 항목은 훈민정음 예의와 『화동정음통석운고』에서 사용한 한자 주음들을 비판하고 있다. 훈민정음 예의의 한자는 논리가 없이 골라진 글자라고 하며[本無倫脊ㅎ야 實多未詳],[11] 『화동정음통석운고』의 한자는 합음하는데 어려움이 있다(不暢)고 보아 '으스그느' 주음법을 사용하는 것이라고 하였다.[12]

---

11) 그러나 널리 알려진 대로, 예의에서 자모의 설명을 위해 선택된 한자는 치밀한 계산에 바탕을 두고 있다. 이에 대해서는 안병희(2002)를 참고할 수 있다.

네 번째 항목은 'ㅏ'와 'ㆍ'에 대한 이야기이다. 두 글자의 소리가 같아서 'ㆍ'를 폐지하자는 논의가 많으나 이 둘을 모두 사용하는 것이 바람직하다고 말한다. 이에 대해 다음과 같은 두 가지 논거를 들고 있다. 첫 번째 논거는 장단의 차이를 'ㆍ'를 이용해서 나타내면 편할 것이라는 주장이고[蓋顧其義에 非徒有長短淸濁之別이라 其在合音之地에 不無以·以ㅏ之便否ᄒ고],[13] 두 번째 논거는 서로 다른 글자가 같은 음을 나타내는 문자가 많으므로 그것이 문자 폐지의 이유가 될 수는 없다는 점이다.

다섯 번째 항목은 현재의 반절의 순서에 의문을 제기하는 것이다. 우선 '가나다라' 순서의 근원을 알 수 없어, 궁상각치우의 순서대로 사용하겠다고 한다. 또한 '아야어여'의 순서는 입에는 미끄러지는 듯하여 편하지만, '아'와 '야', '어'와 '여'의 나뉘어짐을 깨닫는 데는 어렵기 때문에 'ㆍ', 'ㅣ'를 시작으로 하여 획을 점점 더해가며 순서를 정한다고 하고 있다. 이렇게 정해진 순서는 다음과 같다.

> 자음: ㅇ ㅅ ㄱ ㄴ ㅁ ㆁ ㅿ ㅈ ㅋ ㄷ ◇ ㅂ ㅎ ㅊ ㅁ ㅌ ㅍ ㄹ
> ㆅ ㅆ ㅉ ㄲ ㄸ ㅃ
> 모음: ㆍ ㅣ ㅡ ㅗ ㅜ ㅏ ㅓ ㅛ ㅠ ㅑ ㅕ

이를 보면 모음자는 ㆍ, ㅣ, ㅡ를 기본자로 하여 가획이 상하우좌의 위치에 이루어진 순서로 제시되고 있다.

여섯 번째 항목은 ㅁ에 대한 설명이다. 이 글자는 원래 ㅇ인데, 모

---

12) 자음 아래에 모음 'ㅡ'를 넣는 주음 방식은 국문연구소 『국문연구안』 券 2의 '初聲 十八字母字體及發音'에 나타난 주음 방식과 동일하다.
13) 총론에서 장단이 표기에 반영되지 않으므로 夜栗足簾의 구별이 어려움을 이야기하였다.

양이 ㄱ자에서 가획한 것이라고 보이지 않고 ㅇ자에서 가획한 것으로 보이기 때문에 모양을 고친다고 하였다. ㆁ의 음가를 ㄱ 계열로 본 것은 훈민정음에서 ㄱ, ㅋ, ㆁ을 묶어서 설명하였기 때문으로 보인다. 다만, 이를 비음 계열로 보지 않고 유성음 계열로 보았다는 점이나, 불청불탁 계열이 가획되지 않은 가장 기본적인 글자를 쓰고 있음에도 불구하고 ㅁ이라는 가장 복잡한 글자를 제시하였다는 점 등의 한계가 있다.

일곱 번째 항목은 쌍서를 하는 이유에 대해 설명하고 있는데, 자음의 옆에 '〻' 같은 부호를 이용하는 것은 원래의 의미를 흐릴 염려가 있어, 각자병서를 사용하는 것이라고 하였다.

여덟 번째 항목은 장단의 표시에 관한 항목이다. 예로부터 점을 사용하는 방법은 성조 표시에 이용되었기 때문에 다른 방법으로 장음을 표시한다고 하였다. 이에 대한 예는 제5절 '합음'절에서 제시된다.

아홉 번째 항목은 한글의 소리글자적 특성에 관해 설명하는 부분이다. 한글은 소리글자이기 때문에 여러 자가 모여야 뜻을 나타낼 수 있는데, 이는 독서하는 사람들의 속도를 저하시키는 요인이라고 한다. 그래서 한문의 밑에 한글로 음을 달아두어 공부하는 사람에게 참고가 될 수 있게 한다고 하였다.

열 번째 항목은 종성 8자의 모양이 초성과 같아 글을 처음 배우는 사람[蒙學輩]이 착각할 수 있으므로 모양을 바꾸어 가르쳐도 좋다고 하였다[宜略異其形而敎之可ᄒᆞ니라].

• 제4절 敎授方法

여기에서는 한글을 어떻게 가르쳐야 하는지를 말하고 있다. 종래의 방식대로 '가갸거겨' 식으로 가르치면 안 되고, 우선 천지음 30자를 먼저 가르쳐야 한다고 하였다.[14] 30자를 가르치는 방법도 예시하고 있다. 즉, 2~3자를 예로 삼아 읽게 하여 숙지시킨 후, 천음과 지음의 합음을 가르치라는 것이다. 합음을 가르칠 때도 예를 들어 설명하여 'ㅅ+ㅓ=서', 'ㄴ+ㅜ=누'와 같이 보인다면, 어리석은 자라도 두세 자의 합음을 보면 스스로 알게 될 것이라고 하였다(雖愚者라도 敎之於數三字而自通ᄒᆞ고].

천음과 지음의 합음법을 가르친 후에는 인음 8자를 가르치는 방법을 소개하고 있다. 여기에서도 예전의 방식처럼 ㄱ '기역', ㄴ '니은'과 같은 방식을 사용하지 말고, 앞에 소개된 한자를 이용하여 ㄱ '윽', ㄴ '은' 등의 음을 숙지시킨 후, 삼자합음(천+지+인)을 가르치되 역시 예를 들어 가르치라고 하고 있다. 이와 같은 방식으로 가르치면 그 효과가 예전 방식에 비해 배가 된다고 말한다[如此敎授則其功이 倍於舊式也니라].

• 제5절 合音

합음부는 兩字合音, 三字合音, 四字合音, 五字合音, 六字合音, 長短音의 區別로 나누어져 있다. 兩字合音은 천음 하나와 지음 하나의 합음(하, 사, 표 등), 三字合音은 천음 하나와 지음 두 개의 합(와, 궈, 궈 등), 혹은 천음 두 개와 지음 한 개의 합(봐), 혹은 (예에는 안 나와 있으나) 천음, 지음, 인음의 합이다. 四字合音은 三字合音에서 천음이나 인

---

14) 여기서 30자란 사용하지 않는 글자 6개를 뺀 것이라고 하고 있다. 그런데 사용하지 않는 글자는 ㆆ ㅿ ㆁ ㅁ ㆅ의 다섯 개이다. 또한 천음은 24자이고 지음은 11자이므로 5자를 빼야 30자가 되는 것이 맞다. 이종일의 착각으로 보인다.

음이 추가된 것(왜, 괄, 늵, 붥 등)이다. 五字合音은 四字合音에 천음이
나 인음이 더해진 것이고(왝, 굶 등), 六字合音은 五字合音에 인음 하
나를 더한 것(욃, 쉞 등)이다.

　여기서 兩字合音 부분에 아래와 같은 기술이 포함되어 있다.

ㅂㅇㅜ 붕卽與수同音

‘ㅂ’과 ‘ㅇ’을 합쳐 쓴 ‘붕’의 음가에 대해 설명한 부분이다. ‘붕’와
‘수’의 소리를 같다고 보고 있는데, 순음 ‘ㅂ’이 들어간 글자와 반치
음 ‘ㅿ’을 같은 소리로 본 것에 의문이 들 수 있다. 그런데 이 기술은
두 가지로 해석될 수 있어 보인다. 하나는 ‘붕’의 음가를 반치음 [ㅿ]로
보는 것이다. 다른 한 가지는 총론의 ‘ㅿ’의 음을 [◇]라고 주음하였
다는 사실에 주목하는 것이다. ‘ㅿ’는 ‘으즈’ 또는 ‘르즈’의 간음을 나
타내는 글자로 보면서 [◇]를 사용했으므로, 발음 기호로서 ◇는 [ㅿ]음
이 된다. 한편, ‘◇’은 브으의 간음이므로 발음 기호로서 ㅿ는 순음
계열의 음이 된다. 따라서 위의 ‘수’를 발음 기호를 나타내는 ‘수’로
본다면 이 설명을 ‘붕’가 순음 계열의 소리라는 의미로 해석할 수도
있는 것이다.[15)]

　장단음의 구별에서는 正謬辨解의 8번째 항목에 대한 예시를 보이
고 있다. 기본적으로 단모음자를 겹쳐 씀으로써 장음을 표시하는 방
법을 제시하였다. 단, 장모음 /ㅏ/의 경우에는 ‘밤(栗)’과 같이 ‘ㆍㆍ’를
이용해서 적는다. 단모음을 어떤 방식으로 겹쳐 써야 하는지에 대해

<hr>

15) 그러나 이 두 해석 모두 그렇게 자연스러운 것은 아니다. 위 어구의 의미는 “‘붕’라는
　　글자와 ‘수’라는 글자의 음가가 같다”라고 해석하는 것이 가장 자연스럽기 때문이다.
　　총론에서 보이는 ㅿ와 ◇의 교차적 주음과 함께 여기의 것까지도 단순한 인쇄 상의
　　오류일 가능성이 커 보인다.

서 여러 가지 고민을 한 흔적이 보인다. 한글의 기본 모양인 정방형
(正方形)을 맞추기 위해 겹쳐지는 모음들의 위치를 아래와 같이 조정
한 것이다.

〈그림 1〉 장모음 표기법 예시

자음의 옆에 쓰는 모음들(ㅏ, ㅑ, ㅓ, ㅕ)는 종성이 있을 때나 없을
때나 옆으로 나란히 쓴다. 자음의 아래에 쓰는 모음들(ㅗ, ㅛ, ㅜ, ㅠ)
은 종성이 있을 때와 없을 때 적히는 위치가 다르다. 종성이 없을 때
는 자음의 아래에 세로로 적히지만, 종성 자음이 있을 때에는 마치
어말 자음군을 적듯이 종성 자음의 옆에 적는 것이다(〈그림 1〉 참조).
그런데 '蜂'의 표기를 보면 두 번째 'ㅓ'가 〈그림 1〉과 같이 모음의
하단에 들어가 있어, 자음의 옆에 쓰는 모음에 있어서도 자형을 맞추
기 위해 고민을 한 것이 아닌가 생각된다.[16]

---

16) 이는 조판 시에 생긴 단순한 오자일 가능성도 있다. 그러나 '蜂'에 사용된 두 번째
'ㅓ'의 크기가 작다는 점에서 이는 의도적인 것으로 봄직하다. 자음 옆에 쓰이는 모
음들의 예시를 보면 두 번째 모음은 새로 활자를 만든 것이 아니라, 원래 있는 동일
한 크기의 활자를 옆에 붙여서 쓴 것으로 보인다. 그런데 이 경우에는 두 번째 'ㅗ,
ㅜ'와 같이 본래 모음보다 작은 크기의 활자를 새로 만들어 썼기 때문이다.

● 제6절 合音取義(32면)

이 부분은 正謬辨解의 아홉 번째 항목과 관련된다. 즉, 한글은 글자 여러 개가 합쳐져야 뜻을 표시할 수 있다고 하였는데, 그 예들을 몇 개 들어 보인 것이다. ᄋ바(父), 어ᄆ(母), 사ᄅ(人) 등을 예로 들고 있다.

● 제7절 天地音 經緯圖(32-3면)

이 장은 반절자를 제시하고 있다. 正謬辨解의 다섯 번째 항목에 설명한 순서대로 제시하고 있다. 그런데 반절에 포함된 글자의 종류가 낱자마다 조금씩 차이가 있다. 'ㅇ, ㅅ'이 같고 'ㄱ, ㄴ'이 같으며 'ㅈ, ㄷ'이 같고 'ㅁ, ㅋ'이 유사하다. 그 외의 글자는 모두 동일하다. ㅎ에 제시된 득, 독은 오자로 보인다. 각 부류에서 한 개씩 예를 들면 아래와 같다.

ㅇ	ᄋ 아 ᄋ 오 우 아 어 요 유 야 여 와 와 워 워 의
ㄱ	ᄀ 기 그 고 구 가 거 교 규 갸 겨 과 과 궈 궈
ㄷ	디 드 도 두 다 더 됴 듀 댜 뎌 돠 둬 되 뒤
ㅁ	ᄆ 미 므 모 무 마 머 묘 뮤 먀 며 뫄 뭐 매 메
ㅋ	ᄏ 키 크 코 쿠 카 커 쿄 큐 캬 켜 콰 퀴 캐 켸
ㅎ	ᄒ 히 흐 호 후 하 허 효 휴 햐 혀 의 득 독

앞부분은 모든 글자가 동일하다. 뒤의 오係 이중모음이 포함된 부분이 다른 것이다. 그런데 'ㅇ, ㅅ', 'ㄱ, ㄴ', 'ㅈ, ㄷ', 'ㅁ, ㅋ'이 소리에 있어 어떤 음성·음운론적 공통점을 찾을 수 없기 때문에 이는 임

의적인 선정으로 보인다.

● 제8절 훈민정음 예의

훈민정음의 예의 부분을 전재하고 있다.

● 제9절 화동정음통석

이 부분은 五音初聲, 諺文初中終三聲辨, 漢文七音分母의 세 부분으로 이루어져 있다. 五音初聲은 박성원(朴性源, 1697년~1767년)이 1747년 지은『화동정음통석운고』의 범례 부분의 오음초성 부분을 전재한 것이고, 諺文初中終三聲辨은 최세진(崔世珍, 1468년~1542년)의『훈몽자회』의 諺文字母 부분을 가져온 것이다. 漢文七音分母 부분은 아, 설, 순, 치, 정치, 후, 반설반치의 일곱 개의 성모에 대해 한자를 들어 설명한 부분이다. 뒷부분의 내용을 보아 사마광의『切韻指掌圖』계통의 한국 운서에서 가져온 것으로 보이지만,『화동정음통석운고』나『훈몽자회』에 이런 내용은 보이지 않는다. 이처럼 여기에 포함된 내용은『화동정음통석운고』에서만 가져온 것이 아니라, 다른 여러 가지 책도 참고한 것으로 보인다.

4. 결론

이상으로 이종일의 「언문의해」에 대해 간략히 알아보았다. 그는

1907년부터 국문연구위원이 되면서 1차로 선임된 7명의 국문위원(윤치오, 장헌식, 이능화, 현은, 권보상, 주시경, 상촌정기)와 자신과 함께 선임되었던 나머지 4명의 국문위원(이억, 윤돈구, 송기용, 유필근) 등과 국어와 한글에 대해 함께 논의하였을 것이다. 그의 국문 연구 목적은 일차적으로 민중계몽에 있었던 만큼 「언문의해」는 연구적 목적과 더불어 실용적 목적(교육)으로 이루어진 글로 보아야 할 것이다. 『묵암비망록』에 수록된 다음의 일기가 그의 국어 연구의 동기와 국어에 대한 인식의 바탕을 잘 드러낸다고 생각된다.[17]

생각하건대 무술년인 1898년에 특기할 만한 일은 신문동지 다수의 합심합력으로 순국문 한글판 제국신문을 창간하여 여성계몽지로 달성시킨 일이라 하겠다. 그것이 손색이 없지는 않으나 우리나라의 사명 의식에 더욱 활력을 더해 줄 수 있었고, 또 민중을 불러 일으켜서 계도했다는 사실이다. 우리들을 포함하여 민권운동을 계속 밀고 나간다면 조선 말 실학사상의 한 갈래를 실현시킬 수 있을 듯 하다. 그러므로 우리들의 사명감을 더욱 생계의 경지로 활성화하여야 한다. 내년의 전망은 신명을 바쳐 사회 정의 구현을 달성하고자 하니, 이에 도움을 주는 각계 각층은 이 일이 성취되기를 기대한다. [묵암비망록 1898년 12월 31일 아래]

---

17) 박걸순(1997)의 현대어역을 따랐다.

참고문헌

고영근(2003), '한글'의 작명부는 누구일까: 최남선 소작설과 관련하여, 『새국어생활』 13.1. [고영근(2008), 『민족어의 수호와 발전』, 제이앤씨.에 재수록됨]

길창근(2000), 옥파 이종일의 교육사상에 대한 고찰, 사회과학연구 9.

김두식(2008), 『한글 글꼴의 역사』, 시간의물레.

김용호(1984), 『옥파 이종일연구: 신촌정신·선개정신의 제창자』, 교학사.

김정남(2001), 이종일의 민족운동 노선과 활동, 한양대학교 사학과 대학원 석사학위논문.

박걸순(1997), 『이종일 생애와 민족운동』, 독립기념관 한국독립운동사연구소.

성원경(1970), 훈민정음 제자이론과 중국운서와의 관계(기일)-절운지장도와 광운을 위주로, 『건국학술지』 11.

안병희(2002), 『訓民正音』(解例本) 三題, 『진단학보』, 93.

연세대학교 언어정보연구원 HK사업단(2012), 『풀어쓰는 국문론집성』, 도서출판 박이정.

이기문(1970), 『開化期의 國文研究』, 일조각.

이기문(1991), 국문연구소, 『한국민족문화대백과사전』 3.

이현희(1994), 討論, 진단학보 77.

임홍빈(2007), '한글' 명명자와 사료 검증의 문제: 고영근(2003)에 답함, 『어문연구』 135.

전기영(1986), 옥파 이종일의 교육사상, 중앙대학교 교육대학원 석사학위논문.

정영희(2004), 묵암 이종일의 근대교육운동, 『실학사상연구』 26.

최현배(1942), 『한글갈:정음학』, 정음사.

추현진(2006), 이종일의 생애와 교육사상, 순천대학교 교육대학원 석사학위논문.

林圭에 대한 한국어학사적 연구

"「한글 마춤법 통일안」에 對한 批判 及 感想: 主로 用言에 對하야"를 중심으로

●

최 진

1. 서론

『한국민족문화대백과사전』의 '임규(林圭)' 항목을 보면 주로 3·1운동에 참여한 독립운동가로만 기술되어 있다. 그러나 임규는 한국어와 한글, 일본어에 대한 다양한 저술을 남기기도 하였다. 이 글의 목적은 바로 임규가 가진 어학 관련 저작들을 일별하고, 그 가운데 1934년『正音』의 창간호에 실린 그의 글 "「한글 마춤법 통일안」에 對한 批判 及 感想: 主로 用言에 對하야"를 바탕으로 임규가 가진 한국어학사적 의의를 조명하는 것이다.

2. 해방 이전까지의 행적[1]

임규의 생애에서 어학사적으로 중요한 시기는 해방 이전까지이다. 그의 어학 관련 저술은 1938년까지만 나타나고, 그가 마지막으로 활동하였던 어학 관련 학술 단체 朝鮮語學硏究會는 1941년까지 활동하다가 해방 이후에 재결성되지 못하였다.

임규의 생년에 대해서는 다소 이견이 존재한다. 정후수(1993: 34-35)에서는 임규의 문집에 나타난 기록과 3·1운동에 대한 재판 기록을 근거로 1866년 9월 23일이라고 주장한다.[2] 그런데 『민족문화대백과사전』에서는 1867년으로 기록하고 있고, 공훈전자사료관의 독립유공자 공훈록[3]에서는 1863년 9월 23일이라고 되어 있다. 몰년은 1948년이다.

임규는 어려서 익산 군수의 通引으로 있었다고 한다. 서른 무렵인 1895년 일본으로 건너가서 동경 慶應義塾 중학교 특별과를 졸업한 뒤 경응의숙 專修學校 經濟科를 졸업하였다. 이후에도 계속 일본에 머무르면서 조선인 유학생들을 대상으로 일본어를 가르쳤다.[4] 그러다가 1908년 즈음 崔南善과 함께 조선으로 귀국하여[5] 新文館에서 서적 편찬 사업을 함께 하며 4권의 일본어 교재를 펴냈다.[6] 이 무렵인

---

1) 이 장은 정후수(1993)에 크게 의지하였다.
2) 정후수(1993: 35)에 따르면 『한국인명대사전』과 『全羅北道의 脈과 全北人物』에는 1863년으로 기록되어 있다고 한다.
3) 공훈전자사료관(https://e-gonghun.mpva.go.kr) 독립유공자 공훈록의 '임규' 항목(관리번호: 8860).
4) "東京에 在한 韓人 太極 光武 同寅 三學校는 (…) 合同하기로 決定하고 (…) 合成校名은 靑年學院이라 稱하야 (…) 敎師는 (…) 林圭 (…) 等 諸氏가 敎鞭을 執하고 (…)" 『太極學報』 13(1907. 9. 24)(정후수 1993: 38에서 재인용)
5) "本會 會員 林圭 氏는 (…) 今月에 崔南善 氏와 同伴하여 歸國하니 (…)" 『大韓學會月報』 (1908. 5. 25)(정후수 1993: 40에서 재인용)

1910년에 최남선이 朝鮮光文會를 설립하였는데, 이 단체는 다양한 한국 고전을 간행하는 동시에 조선 지식인들이 교유하는 자리이기도 하였다. 최남선과 함께 신문관에서부터 출판 사업을 함께해 왔던 임규 역시 조선광문회와 인연을 맺고 있었을 가능성이 높다.[7] 만일 그렇다면 임규는 이곳에서 조선광문회에 출입하고 있던 周時經, 金枓奉, 權悳奎, 韓澄, 李允宰 등의 한국어학자와 사귀었을 것으로 보인다. 이밖에도 1910년대는 임규가 학교에서 교편을 잡고 있었음이 확인된다.[8]

1919년 3·1운동 때 중앙지도체 49인 중의 1인이었으며, 조선 독립에 대한 의견서와 통고문, 선언서를 일본에 전달하는 역할을 맡았다. 이 일로 말미암아 투옥되어 1년 7개월간 옥고를 치렀다.[9] 석방 직후의 행적은 확실하지 않다.

1921년 박승빈, 최남선 등 33인의 지식인이 발기하여 啓明俱樂部가 조직된다. 임규는 1927년 무렵 계명구락부에서 활동하기 시작한 듯하며 계명구락부의 기관지인 『啓明』이 1933년 폐간될 때까지 편집부원으로 근무하였다(정후수 1993: 53). 임규는 계명구락부에서 '조선

---

6) 일본어 교육의 필요성에 대한 임규의 생각은 그가 1909년에 펴낸 일본어 교재 『日文譯法』 범례에서 다음의 대목 "今日 我 韓의 人士−上下 京鄉을 勿論하고 日本語를 必要로 認하디 아니할 이 無하며 精粗優劣은 不同하나 日本語의 使用을 誇하디 아니하는 이 無하니(…)"에 잘 드러난다.

7) 정후수(1993: 44)는 임규가 조선광문회 모임에 "상주하다시피 단골 손님"이었다고 소개하였다. 실제로 그러한지 확인할 길은 없으나 적어도 조선광문회에서 펴낸 책의 印刷所, 發售處가 신문관이었다는 점에서 임규는 조선광문회의 존재를 알고 있었음에 분명하다. 게다가 독립운동을 하였던 임규였으므로 조선광문회의 설립 취지에 공감하고 적극적으로 참여하였을 가능성이 매우 높다.

8) 정후수(1993: 48)는 1915년부터 1917년 사이에 普成學校에서 근무한 흔적이 있음을 지적하고, 3·1운동 당시에는 普成法律商業學校 강사였음이 『普成 89年史』에서 확인된다고 하였다.

9) 『한국민족문화대백과사전』 '임규' 항목 참조.

어사전' 편찬에 관한 업무를 수행하였다.[10]

계명구락부 해체 이후 임규의 다음 행적이자 해방 이전 마지막 행적은 조선어학연구회 활동이었다. 조선어학연구회는 1931년 12월 10일 박승빈이 조직한 학술단체로, 그 설립 동기는 조선어학회에서 추진하던 '한글 마춤법 통일안'에 대한 반대 운동에 있다. 이 반대 운동은 박승빈의 학설을 중심으로 전개되었다.[11] 임규 역시 조선어학연구회에서 활동하며 그 기관지인 『正音』에 조선어학회의 '한글 마춤법 통일안'이나 '한글派'에 대한 비판을 담은 글, 일본어 假名字에 관한 글 등을 기고하였다. 그러나 임규의 어학 관련 저술 활동은 1938년까지만 발견될 뿐, 그 후로 더 이상 보이지 않는다.

3. 임규의 어학 관련 저술 활동

세간에 알려진 임규의 글로는 주로 논설문이나 수필 및 漢詩와 문집 『北山散稿』 정도가 꼽힌다. 그러나 이밖에 어학사적 업적으로 꼽을 수 있는 저술이 적잖이 남아 있다. 본고가 임규의 어학사적 의의에 주목하는 만큼, 이 장에서는 그가 남긴 어학 관련 저술의 목록을 소개할 것이다.

그런데 임규는 일본어를 가르치고 일본어 학습서를 편찬한 일이 있다. 따라서 그는 일본어 문법에 익숙한 인물이다. 이 점은 임규가 가진 한국어나 한글에 대한 견해를 이해하는 데 중요한 단서라고 생

---

10) 임규는 계명구락부의 기관지인 『啓明』 22·23호에 '조선어사전' 편찬에 대한 글을 기고한 일이 있다(정후수 1993: 54).
11) 『한국민족문화대백과사전』 '조선어학연구회' 항목 참조.

각된다. 외국어의 문법에 익숙한 점이 임규의 모국어 문법 또는 철자법에 대한 견해에도 영향을 끼쳤을 수 있기 때문이다. 따라서 임규의 일본어 관련 저술도 함께 제시한다.

3.1. 한국어 관련 저술

임규가 남긴 한국어 관련 저술 목록은 아래와 같다.[12][13]

> 朝鮮語辭典編纂事業에 대하여, 『계명』 제22호(1932. 7)
> 조선어사전편찬의 여섯돌을 마지하면서, 『계명』 제23호(1932. 12)
> 「한글 마춤법 통일안」에 對한 批判 及 感想: 主로 用言에 對하야, 『정음』 창간호(1934. 2)
> 朝鮮語學會 公開狀 檢討, 『정음』 제8호(1935. 5)
> 朴勝彬 先生의 '朝鮮語學'을 닑고, 『정음』 제12호(1936. 2)
> 周時經論, 『정음』 제15호(1936. 8)

모두 그가 활동하였던 단체의 기관지에 실려 있는데 2장에서 살펴본 임규의 행적과 일치하고 있다.[14] 『계명』은 계명구락부의 기관지이고, 『정음』은 조선어학연구회의 기관지이다.

---

12) 『계명』에 실린 글에 대한 정보는 정후수(1993)을 따랐다.
13) 『정음』 제6호(1935. 1)에 실린 '學者의 權威와 良心'은 한국어 관련 저술이 아니기에 목록에서 제외하였다.
14) 『계명』과 『정음』에는 조선어학회의 의견과 대립하는 질의·응답 난이 있는데, 정후수 (1993: 55-56)는 이 난의 응답을 맡은 인물이 임규일 것이라 추정하고 있다.

3.2. 일본어 관련 저술

임규가 남긴 일본어 관련 저술 목록은 아래와 같다.[15]

『日文譯法 上』, 신문관(1909. 2)[16]

『日本語學文典篇』, 신문관(1912. 5)[17]

『日本語學音·語篇』, 신문관(1912. 7)[18]

『日本語學書翰篇』, 신문관(1913. 10)

『日本語學作文篇』, 신문관(?)

『日本語學體用篇』, 신문관(미간)

『日本語學俗語篇』, 신문관(미간)

假名字音論(一), 『정음』 제23호(1938. 3)

假名字音論(二), 『정음』 제24호(1938. 5)

假名字音論(三), 『정음』 제25호(1938. 7)

假名字音論(四), 『정음』 제26호(1938. 9)

假名字音論(完), 『정음』 제27호(1938. 11)

『漢和鮮新字典』, 以文堂(1938. 11)

역시 2장에서 살펴본 임규의 행적과 일치하고 있다. 신문관은 임규가 최남선과 함께 일본에서 귀국한 후에 서적 편찬 사업을 하던 곳이며, 『정음』은 임규가 마지막으로 활동하였던 한국어 관련 단체의 기관지이다.

그런데 『일본어학서한편』과 『일본어학작문편』에 대한 기록에 문

---

15) 정후수(1993)과 『정음』, 『日本語學音·語篇』에 대한 백두현의 해제 및 『日本語學音·語篇』의 광고면을 참고한 결과를 종합하였다. 광고면에 대해서는 후술된다.

16) 『歷代韓國文法大系』 第2部 第24冊에 수록되어 있다.

17) 『歷代韓國文法大系』 第2部 第28冊에 수록되어 있다.

18) 『歷代韓國文法大系』 第2部 第28冊에 수록되어 있다.

제가 있다.『일본어학음·어편』의 광고면을 보면(그림 1), 임규가 저술한 일본어학 총서를 소개하는 면이 있는데, 이 지면에는 당시 이미 간행돼 나온『일본어학문전편』,『일본어학음·어편』과 함께,『일본어학작문편』과『일본어학체용편』·『일본어학속어편』이 각각 近刊과 將刊으로 소개되어 있고『일본어학서한편』은 나타나지 않는다. 그러나 오늘날 실제로 남아있는 임규의 저술은『일본어학문전편』,『일본어학음·어편』과『일본어학서한편』이다. 광고면에서 근간과 장간으로 거론된 책은 실제로 간행되지 않은 대신, 아무런 소개도 받지 못한 책이 현재 남아 있는 것이다. 이에 대해 이경현(2013: 92)에서는 기획 단계에서는『일본어학작문편』이었다가 발행 단계에서『일본어학서한편』으로 제목이 대체되었다고 추정하였다. 1년 차이를 두고 광고면에서 서명이 대체되었기 때문이다.

〈그림 1〉『일본어학음·어편』의 광고면

4. 임규의 한국어학적 견해 검토

이제 본격적으로 임규의 한국어학적 견해를 살펴볼 것이다. 이 글에서는 『정음』의 창간호에 실린 "「한글 마춤법 통일안」에 對한 批判及 感想: 主로 用言에 對하야"(이하 '임규(1934)'라 칭함)를 중심으로, '「한글 마춤법 통일안」과의 비교', '한국어 문법 지식의 발로', '일본어 문법 지식의 영향', '박승빈의 영향'이라는 네 가지 측면에서 그의 한국어학적 견해를 검토하고자 한다.

임규(1934)는 조선어학연구회의 기관지인 『정음』의 창간호(1934. 2)에 실린 글이다. 박승빈의 학설을 중심으로 조선어학회 및 「한글 마춤법 통일안」(1933. 10. 29)에 대한 반대 운동을 전개한 단체답게, 조선어학연구회의 기관지인 『정음』은 조선어학연구회의 그러한 입장을 반영하는 글로 채워져 있다. 임규(1934)의 논조 역시 그러하다. 임규(1934)가 내린 「한글 마춤법 통일안」에 대한 총평을 살펴보자면,[19]

> 所謂 統一案이라는 것이 마침내 한글波 學者 몇몇 분의 統一案에
> 그치고 마라씀에야 [……] 이 統一案이 全體를 通하야 矛盾 撞着이
> 너무나도 심한 것은 或 그네들의 偏見 曲解가 度를 지나 도로혀
> 正確을 일흔 듯도 시프다.(上, 19)

라 하여 「한글 마춤법 통일안」이 ①뭇 사람의 동의를 얻지 못한 점과, ②논리에 모순이 있음을 지적하였다.[20] 이에 임규는 "語, 文의 가

---

19) 이하 본고에서 임규의 글을 직접 인용하는 경우, 한글 표기는 원문을 따르되 띄어쓰기는 독해의 편의를 위해 오늘날의 관행을 따랐다. 숫자는 아라비아 숫자로 고쳤으며, 필요한 경우 기호를 사용하기도 하였다. 면수 표기는 조선어학연구회 편(1978)의 수록면으로 표기하였다.

장 重要한 部分을 차지한 第3章 第2節 第8項의 用言으로브터 逐次 淺評"(上, 19)을 시작한다.

글은 「한글 마춤법 통일안」의 원문을 제시한 뒤 그에 대한 비판을 제시하는 방식으로 진행된다. 임규(1934)에서 비판하는 「한글 마춤법 통일안」의 조항을 제시하면 다음과 같다.

第3章 文法에 關한 것
第2節 語幹과 語尾
第8項
第3節 規則 用言
第9項
第4節 變格 用言
第10項
第6節 語源 表示
第12, 22, 25, 27項

이제부터 임규(1934)의 견해를 네 가지 측면에서 살펴보자.

---

20) 이에 더하여, 임규는 「한글 마춤법 통일안」이 표기를 정함에 있어 그 근거를 제시하는 일이 없이 규정(혹은 그네들의 주장)만을 나열하고 있음에 불만을 가지고 있었던 것은 아닌가 한다. 『정음』 제6호(1935. 1)에 실린 '學者의 權威와 良心'에 아래와 같은 대목이 나온다.

그네들은 一向 覺醒이 업고 도로혀 잇는 대로의 惡宣傳을 하야 가면서 우리의 말조선어학연구회의 말 — 필자 注을 反駁한다. 그리하야 그 所謂 反駁이라는 것은 제법다운 學理를 드러 어찌하니 自己네 學說 니를 터이면 雙書 雙바팀 같은 것이 올타는 말은 한 번도 업다. 또는 너의 學說은 어찌하니 그것이 文法, 音理에 틀린다는 正確한 論據가 업다.(上, 473)

4.1. 「한글 마춤법 통일안」과의 비교

임규가 「한글 마춤법 통일안」(이하 '「통일안」'이라 칭함)에 가하는 비판은 용언에 대한 분석이 싱이한 데에서 비롯된다. 임규와 「통일안」의 용언 분석을 비교해 보자.

> (1) a. 먹다   먹고   먹으니   먹어서   먹은   먹을
>   먹+다   먹+고   먹+으니   먹+어서   먹+은   먹+을
>   b. 먹다   먹고   머그니   머거서
>   머+ㄱ+다   머+ㄱ+고   머+그+니   머+거+서
>   머근   머글
>   머+그+ㄴ   머+그+ㄹ

(1a)는 「통일안」에 따른 표기 및 분석이다. 어간 '먹'에 어미 '다, 고, 으니, 어서, 은, 을'[21]이 붙은 것으로 분석하고, 어간과 어미를 구분하여 적고 있다. (1b)는 임규의 견해에 따른 표기 및 분석이다. 어간 '머'와 어미 '그(ㄱ), 거',[22] 토 '다, 고, 니, 서, ㄴ, ㄹ'로 분석된다. 여기에서 「통일안」과 임규의 견해가 가장 큰 차이를 보이는 지점은 ① 용언의 활용형을 분석하는 방식과 ②어간, 어미, 토로 지시하는 대상에 있다.

임규(1934)는 어간, 어미, 토를 다음과 같이 구분하고 있다.

---

21) 의존형식임을 나타내는 '-' 기호를 편의상 생략하여 제시한다. 이하 마찬가지.

22) 임규에 따르면 어미는 다시 두 가지로 나뉘는데 하나는 原段이고 다른 하나는 變動段이다. 어간 '머'에 대해서라면 어미 '그'는 원단, '거'는 원단이 변한 변동단이 된다. 그리고 어미 '그'의 'ㅡ'가 줄어들어 남은 'ㄱ'이 어간에 받침格으로 되면 '먹'으로 된다 하였으므로, '먹'은 '머+그'가 '머+ㄱ'로 된 것을 말하는 것이다. 임규가 이를 설명한 대목이 (3b)에 제시되어 있다. 이와 관련된 내용은 본고의 4.3도 참조.

(2) 用言의 變하디 아니하는 部分을 語幹, 變하는 部分을 語尾라
하고 그 變하는 것을 活用이라 하는 것이니(上, 20)

(3) a. 사람이라는 名詞의 아래에 '도, 은, 을, 이' 等의 토가 부
터 '사람도, 사람은, 사람을, 사람이'라 하면(上, 20)

b. 原段 '그'[임규에게 있어 용언의 어간+어미 형태인 '머+
그'의 '그' ― 필자 注]에는 '나, 니, 마, 며, 면, ㄴ, ㄹ' 等
의 토가 부터 '머그나, 머그니, 머그마, 머그며, 머그면,
머근, 머글'로 되는 것이오, 變動段 '거'[임규에게 있어
용언의 어간+어미 형태인 '머+거'의 '거' ― 필자 注]에
는 '도, 라, 서, 야' 等의 토가 부터 '머거도, 머거라, 머거
서, 머거야'로 되는 것이며 쏘 語尾의 原段 '그'의 'ㅡ'가
約되고 'ㄱ'이 치부터 바팀格으로 된 '먹'에는 '게, 고,
나, 는, 다, 든, 세, 소, 자, 디' 等의 토가 부터 '먹게, 먹
고, 먹나, 먹는, 먹다, 먹든, 먹세, 먹소, 먹자, 먹디'로 되
는 것이다.(上, 20)

(2)에서 보는 바와 같이 임규는 용언의 어간은 변하지 않는 부분, 어
미는 변하는 부분이며 어미가 변하는 것을 활용이라 정의하고 있다.
그러므로 (1b)를 예로 들어 '食'의 의미를 가진 용언의 활용 양상을
기술하자면 변하지 않는 어간 '머'에 어미가 '그(ㄱ), 거'로 변하여 붙
는 활용을 한 결과 '머그(먹), 머거'가 되는 것이다. 이러한 원리에 따
르면 '머그(먹), 머거'는 어간 '머'와 어미 '그(ㄱ), 거'로 분석된다. 반면 「통
일안」은 '食'의 의미를 가진 용언의 활용형에 대해서 어간 '먹'을 분석
한 뒤 나머지를 대개 어미로 분석한다. 이로 인해 어간이라는 용어로
임규는 '머'를, 「통일안」은 '먹'을 분석하는 차이가 발생하는 것이다.
임규가 생각하는 토는 (3)의 기술로 미루어 보았을 때 용언의 활용

형 '머그(먹), 머거'에 붙는 요소 '나, 니, 마, 며, 면, ㄴ, ㄹ, 도, 라, 서, 야'인 듯하다. 반면 「통일안」에서는 '다, 고, 으니, 어서, 은, 을'을 어미로 보았고, 용언에 대해서 '토'라는 용어를 사용하지 않고 있다.[23] 관련되는 것끼리 비교하기 위해 같은 음상을 표기한 '머그니/먹으니'를 예로 들어 살펴보자면, 임규는 '머그니'로 표기하고 '머(어간)+그(어미)+니(토)'로 분석하는 반면, 「통일안」은 '먹(어간)+으니(어미)'로 분석한다. 이렇게 되면 「통일안」의 '으니(어미)'에 대해서 '으'는 임규에게는 어미의 일부이고, '니'는 토가 되고 만다. 이처럼 똑같은 용언의 활용형을 두고 「통일안」과 임규가 같은 용어를 가지고서 다른 분석을 행하여 혼란이 생기는 것이다.

임규가 가진 어간·어미·토의 개념과 그 지시대상이 「통일안」의 그것과 다른 것은, 임규가 「통일안」의 어간·어미 분석을 비판하는 근거가 된다. 다음의 예들도 어간과 어미의 개념이 서로 다름으로 인해서 임규가 「통일안」을 비판하는 경우이다.

		甲	乙	ㄱ
(4)	a.	넘어지다	너머지다	너머+디+다
	b.	돌아가다	도라가다	도라+가+다

		甲	乙	ㄴ
(5)	a.	불거지다	불거디다	불거+디+다
	b.	나타나다	나타나다	나타+나+다

---

23) 「통일안」이 체언에 붙는 것을 토, 용언에 붙는 것을 어미로 구분하는 데 대해 임규 (1934)는 "그네들이 어쩌하야 다른 品詞에 붙는 토는 토라고 하면서 用言에 붙는 토만은 語尾라고 하는가? 토는 토라도 方便에 짜라 名稱을 달리 할 수 잇다는 解曰인가?" (上, 20)라고 하며 비판하고 있다. 이러한 논리에는 방편, 즉 용법이 다르더라도 형식이 같으면 동일하게 다루어야 한다는 임규의 생각이 숨어 있다. 임규는 예컨대 체언에 붙는 조사 '도'나 용언에 붙는 어미 '아도'의 일부인 '도'를 다 같이 토로 보려는 것이다.

(4)~(5)는 「통일안」 제8항에 대한 附記 조항이 다루는 대상으로, 이 조항은 'V₁+아/어+V₂'와 같은 통사적 합성어인 용언의 표기 문제를 다룬다. 'V₁+아/어' 부분에 대해서 「통일안」은 어원의 분명성을 기준으로 어간(V₁)과 어미 '아/어'를 구분할지 말지를 정하여 甲열의 표기형을 취하고 乙열의 표기형을 버렸는데, (4)는 어원이 분명한 경우, (5)는 불분명한 경우이다.

같은 단어에 대해 임규는 'V₁+아/어+V₂'의 전체로서 분석하였다. (4)~(5)의 ㄱ열이 그 결과인데,[24] '어간+어미+토'로 분석하였다. 이러한 분석은 (4)~(5)의 용언이 합성이라는 형태론적 과정을 거쳐 형성되었다는 사실은 고려하지 않았음을 보여준다. 그러나 임규는 이들 용언의 의미가 두 가지 의미의 복합이라는 것을 인지하고는 있었다. (4b)의 '도라가다'에 대해서 "漢字의 '回去'의 (…) 複合動詞"(임규 1934/上, 22)라고 지적하고 있기 때문이다. '도라가다'의 V₂인 '가'가 '去'에 대응된다고 명시적으로 밝히지는 않고 있지만 그렇게 생각하였을 개연성은 충분히 있다. (5b) '나타나다'의 V₂인 '나'에 대해서 "漢子의 '出, 生'에 該當한 말"(임규 1934/上, 22)이라고 지적한 것으로 미루어 짐작할 수 있다. 그럼에도 (4b), (5b)의 V₂인 '가'와 '나'는 모두 어미로 처리되었고, "語尾의 活用이 업슴"(임규 1934/上, 22)이라는 기술이 덧붙어 있다. 이는 임규가 'V₁+아/어+V₂'와 같은 복합동사를 그 전체가 활용하는 모습에 대해서만 어간, 어미, 토로 분석하였기 때문으로 여겨진다.

피·사동 의미를 나타내는 파생용언의 표기에 대한 견해도 어간 분석 방식이 다르기 때문에 차이가 발생한다. '맡기다'를 예로 들자면,

---

24) 임규는 'ㅣ' 모음 앞에서 'ㄷ'이 'ㅈ'으로 되는 구개음화를 표기에 반영하지 않고 있다.

「통일안」에서는 어간 '맡'에 뜻을 바꾸는 "다른 소리"인 '기'가 결합한 것으로 보았다면(한글학회 편집부 1934: 387) 임규는 어간 '마'에 어미 '트'가 변동된 'ㅌ'가 받침격으로 줄어 붙은 '맡'에 變動態 助用詞 '기'가 결합한 것으로 보았다. 「통일안」의 '쫓기다'에 대해서도, 어간 '쪼'에 변동한 어미 'ㅊ(←츠)'가 받침격으로 붙은 '쫓'에 변동태 조용사 '기'가 결합하였다고 보았다.

파생용언의 표기에서 새롭게 발견되는 「통일안」과 임규의 견해 차이는 오늘날의 피·사동 접미사에 해당되는 대상을 어떻게 인식하였느냐는 점이다. 그 대상을 통일안에서는 그저 뜻을 바꾸는 다른 소리라고 하는 데서 그쳤다면[25] 임규는 그것을 受動, 使役의 뜻을 표하는 요소로 인식하여 변동태 조용사로 명명하였다. 그리고 이러한 변동태 조용사가 결합하는 규칙까지 제시하는 데에 이른다.

불규칙 활용을 보이는 용언에 대한 「통일안」 제4절 제10항과 비교해 보면, 임규의 용언 분석은 「통일안」에 비해 합당하다고 볼 수 있기도 하다. 임규에게 있어 자신의 용언 분석의 가장 큰 장점은 어간은 절대로 변하지 않는다는 점이기 때문이다. 반면 「통일안」에서는 어간이 변하기도 하는 불규칙 용언의 경우가 다루어져 있다. 이는 임규의 입장에서 어간을 잘못 파악한 결과 번거로운 해결책이 제시된 것으로 이해되었을 것이다.

오늘날 'ㄷ' 불규칙 용언이라 부르는 용언에 대해서「통일안」과 임규의 견해를 비교해 보자.

---

25) 「통일안」이 학술 목적의 글이 아니기 때문에 자세한 원리를 설명하거나 전문 용어를 사용하지 않았을 가능성도 고려해야 한다.

(6) a. 듣다　　　　　　　들어　　　들으니
　　　듣+다　　　　　　들+어　　　들+으니

　　b. 듣다　　　　　　　드러　　　드르니
　　　드+ㅼ(←르)+다→듣다　드+러　　드+르+니

(6a)처럼 「통일안」은 '聞'이라는 의미를 가진 용언의 어간이 '듣'이나 '들'로 분석된다. 반면에 (6b)의 임규의 분석은 용언의 어간이 항상 '드'로 동일하다. 따라서 어간의 불규칙성을 논하지 않아도 그 자신의 어간·어미·토의 분석 방식으로 한결같이 분석된다. 그러나 '듣다'의 '듣'에 대한 분석은 상당히 복잡한데, 어간 '드'에 대해서 어미 '르'가 'ㅼ'로 줄어 합친 뒤 'ㅼ'이 'ㄷ'이 되는 변화, 즉 "音便上再轉"(임규 1934/上, 26)하여 '듣'이 된다고 하였다. 이 과정에서 어미 '르'가 어째서 'ㅼ'으로 줄어드는지 제대로 설명을 베풀지 않고 있다.

　오늘날 '르' 불규칙 용언에 대한 경우를 보자.

(7) a. 이르다　　　　　이르러　　　　　이르렀다
　　　이르+다　　　　이르+러(←어)　　이르+렀(←었)+다

　　b. 이르다　　　　　이르러　　　　　이르렀다
　　　이르+∅(←르)+다　이르+러(←르)　　이르+러(←르)+ㅆ+다

「통일안」의 처리인 (7a)를 보면, 어간 '이르'에 대해서 '어'나 '었'이 결합할 때 '러', '렀'으로 변하므로 그 변한 대로 적을 것으로 규정하고 있다. 임규는 어간 '이르'와 어미 '르' 또는 '러'를 분석해 냈는데, '다, 고'라는 토 앞에서 어미 '르'는 줄어들고, '르'가 변동하여 '러'가

된다고 하였다. 특기할 만한 대목은 어미 '러'에 연결된 'ㅆ'을 분석한 뒤 "過去의 뜻을 表하는 助用詞"(임규 1934/上, 26)로 정의한 부분이다. 「통일안」은 '었(렀)'에 대해 단순히 "어간 아래에 오는" 것이라 처리하였다면[26] 임규는 과거 시제를 나타내는 요소라 명시한 것이다.

「통일안」 제6절 제12항은 용언이 명사나 부사로 전성한 경우 그 어원을 표시하는 방법을 제안한다. 다음은 「통일안」 제6절 제12항의 전부를 제시한 것이다.[27]

> 語幹에 '이'가 붙어서 名詞나 副詞로 되고, '음'이 붙어서 名詞로 轉成할 적에는 口蓋音化의 有無를 勿論하고 그 語幹의 原形을 變하지 아니한다.
> 例1. 먹이, 벌이, 길이, 갈이, 울음, 웃음, 걸음
> 例2. 미닫이, 개구멍받이, 쇠붙이, 굳이, 같이(한글학회 편집부 1934: 368)

제12항의 例1은 '이'나 '음'이 붙어서 용언이 명사로 전성한 예를 보여준다. 例2는 구개음화가 발생하는 단어만이 제시되었는데, '미닫이, 개구멍받이, 쇠붙이'는 '이'가 붙어서 명사로 전성된 것이고 '굳이, 같이'는 '이'가 붙어서 부사로 전성된 것이다.

이 조항에 대해서 임규는 한 가지 오해를 하고 있다. 例1만을 빌려 오고는, 제시된 예에 부사가 없다고 지적한 것이다. 그 결과 한글파 사람들은 부사가 무엇인지도 알아볼 줄 모른다는 비판을 하게 되었다. 그러나 부사는 임규가 제시하지 않은 例2 부분에 있다. 임규는

---

26) 각주 25)와 마찬가지의 이유 때문일 것이다.
27) 例를 편의상 例1과 例2로 구분하였다. 例1은 임규가 비판의 대상으로 다룬 것이고 例2는 임규가 다루지 않은 것이다.

이것을 주의 깊게 살피지 못한 모양이다.

한편 임규는 자기주장에 경도된 모습도 보인다. '웃음'에 대해서 어간을 '웃'으로 삼게 되면, 명사로 전성한 경우('웃음')에는 그 어간이 '웃으'가 되고, 형용사로 전성한 경우('우습다')에는 그 어간이 '우스'가 되어, 같은 '笑'의 의미를 지닌 용언의 어간이 제각각이 된다는 문제를 제기한다. 그러나 이러한 어간 분석은 「통일안」을 마련한 한글파가 직접적으로 주장한 것이 아닌 임규의 자의적인 분석이다. 임규 자신이 명사로 전성하는 요소는 'ㅁ', 형용사로 전성하는 요소는 'ㅂ'이라 보고서 '웃음'과 '우습(다)'로부터 이 요소들을 기계적으로 제거하여 '웃으'와 '우스'를 각각 얻어낸 것이기 때문이다. 만약 한글파의 견해를 제대로 이해하고 분석하였다면 이들 단어는 각각 '웃+음'과 '웃+읍(+다)'로 분석되었을 것이고, 이에 따르면 '笑'의 의미를 가진 용언의 어간은 한글파에서도 한결같이 '웃'이 된다.

지금까지 살펴본 내용을 종합하자면, 「통일안」을 마련한 한글파와 임규는, 용언에 대한 분석 및 어근·어간·어미·토라는 용어 사용에서 큰 차이를 보였다. 이것이 「통일안」과 임규의 견해가 달라진 가장 큰 이유로 보인다. 「통일안」과 임규의 용언 분석 과정에서 드러난 임규의 학문적 엄밀성을 따져보자면, 임규의 용언에 대한 분석은 자신의 논리에 따라 정연하게 정리되어 「통일안」의 그것보다 일면 더 간명한 지점도 있고 상당한 수준의 관찰·기술을 보이는 부분도 있다. 그러나 동시에 자신의 용어로 「통일안」의 분석을 비판하는 오류를 범하거나, 설명이 필요한 부분임에도 제대로 설명하지 않고 얼버무린 부분도 있었다. 임규가 「통일안」을 오독한 것으로 보이는 부분도 적잖이 눈에 띄었다.

4.2. 한국어 문법 지식의 발로

당대의 한국어학자들이 주축이 되어 마련한 「통일안」에 대해 조목
조목 비판을 할 수 있을 정도라면, 임규의 한국어학 지식도 상당한
수준이었으리라 짐작할 수 있다. 이 절에서는 임규(1934)에 드러난 임
규의 한국어학 지식의 一端을 살펴보고자 한다.

임규(1934)의 논의에는 그가 가진 한국어 음운사적 지식이 드러나
는 대목이 있다. 'ㅿ, ㅸ, ·'에 대한 이해가 오늘날의 수준에 상당히
근접해 있다. 불규칙 용언을 다루는 「통일안」의 제4절 제10항을 비
판하는 대목을 살펴보자.

(8) a. '잇다, 이어, 이으니, 낫다, 나어, 나으니' 等은 '이으(續),
　　　나으(癒)'의 '으'가 本來 半齒音 'ㅿ'임은 그네들도 잘 아
　　　는 바이다. 半齒音은 '사', '아'의 間音으로 그 音이 淘汰
　　　되야 或 '스'로 或 '으'로 갈린 것이니 그럼으로 '이어,
　　　이으니, 나어, 나으니'는 쏘한 '이서, 이스니, 나서, 나스
　　　니'로도 發音하는 것이다.(上, 25)
　　a'. 用言뿐 안이라 名詞의 '가을(秋)'을 '가슬', '머음(雇工)'을
　　　'머슴'이라 하는 것도 다 이 種類에 부튼 것이니(上, 25)
　　b. '돕다(助), 도와, 도우니, 곱다(姸), 고와, 고우니, 눕다(臥),
　　　누워, 누우니, 춥다(寒), 추워, 추우니'의 'ㅂ'은 本來 脣輕
　　　音 'ㅸ, ㅸ'의 'ㆍ'는 'ㅡ'에 合倂되고 'ㅸ'는 '우'에 歸屬되
　　　야 '도ㅸ'가 '도우', '고ㅸ'가 '고우', '누ㅸ'가 '누우', '추
　　　ㅸ'가 '추우'로 되고 그 變動段 '도바, 고바, 누버, 추버'가
　　　濃淡音의 關係로 因하야 '도와, 고와, 누워, 추워'로 된 것
　　　이오 [……] '도우, 고우, 누우, 추우'는 '도, 고, 누, 추'는
　　　語幹, '우'는 語尾의 原段, '와, 워'는 語尾의 變動段이오

'우니'의 '니'는 토이다.(上, 26)

(8a), (8a')은 '△'이 소실음이라는 점을 인식하고 있었음을 보여준다. '△'의 음가를 추정함으로써 과거에 '△'을 지녔던 단어에 대해서 복수의 형태('이어~이서, 이으니~이스니, 가을~가슬' 등)이 존재하는 당시의 상황을 설명한 것이다. (8b)는 'ㅸ'과 'ㆍ'도 소실음이라는 점을 인식하고 있었음을 보여준다. 오늘날의 'ㅂ' 불규칙 용언에 해당되는 용언들이 그러한 모습을 가지게 된 이유를 'ㅸ'과 관련지어 설명하였다. 또한 'ㆍ'가 소실되면서 'ㅡ'로 합류되었다는 사실을 지적하고 있다.

다음으로는 '고르다(選), 누르다(壓)' 등 용언을 비교하면서, 이들 용언이 '고+쓱/싸, 누+쓱/써'와 같이 분석되며, 그 어미의 변동단이 각각 '싸', '써'의 두 종류로 나타나는 이유를 "濃淡音의 關係로 '써'가 '싸'로 變하는 것"(임규 1934/上, 27)으로 설명하고자 하였다. 이는 임규가 한국어의 모음조화 현상에 대해 희미하게나마 인식하고 있었음을 보여주는 것으로 생각된다. 그러나 이러한 현상을 어간 모음과 결부시켜 서술하는 데에까지는 이르지 못하였다.

「통일안」의 제6절 제12항을 비판하는 대목에서는 용언이 전성하는 방법에 대한 임규의 인식을 엿볼 수 있다. 그에 따르면 한국어의 용언이 명사로 전성하는 방법에는 두 가지가 있었다. 하나는 '기'나 'ㅁ'이 붙는 것이고 다른 하나는 용언 "어미의 原段音이 가튼 줄의 'ㅣ'列로 變하"(임규 1934/上, 28)는 것이다.[28] 전자의 예에는 '기'가 붙은 '가기(往), 놀기(遊)', 'ㅁ'이 붙은 '우름(泣), 우슴(笑)'이 있고 후자의 예에는 '머그(食)→머기, 버르→버리,[29] 기르(長)→기리, 가르(摩, 耕)→

---

28) '列'의 개념에 대해서는 본고의 4.3을 참조.
29) '버르→버리'에 대해서는 의미를 나타내는 한자가 병기되어 있지 않다.

가리'가 있다.

「통일안」의 제6절 제25항에 대한 비판을 하면서는 어간에 붙어 의성·의태 의미를 가진 용언을 만들어주는 요소에 「통일안」이 제시한 '이' 외에도 '거리', '대'가 있음을 지적하고 있다. 임규는 이러한 요소를 어미로 부르는데, '움즉X다'에서 X의 자리에 오는 것을 말한다.

「통일안」의 제6절 제22항에 대한 비판에서 임규는 '착하다, 싹하다, 급하다, 속하다'의 '하'와 '운동하다, 의론하다'의 '하'가 서로 다르다는 견해를 드러낸다. 그는 전자는 본래 어미로서 활용하는 것인 반면, 후자는 용언 '하다(爲)'에서 비롯되었고 다른 명사 아래에 붙어 복합용언으로 만드는 것이라 파악하면서 이러한 복합용언을 'X를 하다'에서 토 '를'이 줄어 된, 동사에 상당하는 것("動詞格")으로 기술하였다.

4.3. 일본어 문법 지식의 영향

임규는 일본에서 유학한 뒤 오랫동안 일본어를 가르쳤고, 신문관에서 여러 권의 일본어 문법서를 편찬한 인물이다. 따라서 그가 한국어를 바라보는 방식은 일정 부분 일본어 문법에 빚을 지고 있었을 것이라 추측할 수 있다. 실제로 임규(1934)에 등장하는 용어나, 동사의 활용을 설명하는 방식은 임규가 이전에 저술하였던 일본어 문법서의 내용과 유사한 부분이 많다.

먼저 용언과 그 하위 부류를 나누는 방식을 임규(1934)와, 그가 1912년에 편찬한 일본어 교재 『일본어학문전편』(이하 '『문전』'이라 칭함)의 내용을 통해 비교해보자.

(9) a. 대개 朝鮮語의 用言은 形容詞·動詞·助用詞를 勿論하고 그
活用의 規則이 一致井然하야(上, 27)
b. '死に'는 用言(動詞·形容詞·助動詞)에 連합에 用하는 形인
故로(문전, 19)

서로 비교해 보니, 임규는 한국어와 일본어의 用言을 매우 평행하게
파악하고 있다. 차이점이 있다면 한국어의 '助用詞'와 일본어의 '助動
詞'인데, 이 두 대상은 상당히 유사한 성격을 지닌 것으로 이해된다.
4.2에서도 언급되었듯이 임규(1934)에서 조용사는 오늘날의 '피·사동
접미사' 기능을 하는 요소이거나 '었'과 같은 시제를 표시하는 요소
를 지시하는데 사용되고 있는데, 『문전』을 보면 조동사는 "動詞에 結
하야 意義를 添하야 그 作用을 完全히 하는 語"(문전, 44)라고 정의되
었으며 조동사에는 '受身의 조동사, 使役의 조동사, 時의 조동사' 등
이 있다고 하였다. 여기에서의 '受身'은 그 내용상 피동 의미에 가깝
고 '使役'은 사동 의미에 가깝고 '時'는 시제와 관련된 것이다. 따라
서 임규에게 한국어의 조용사와 일본어의 조동사는 동일한 기능을
수행하는 용언의 일부로 인식되었던 것으로 보인다.
다음으로는 어간, 어미에 대한 정의를 비교해보자.

(10) a. 用言의 變하디 아니하는 部分을 語幹, 變하는 部分을 語
尾라 하고 그 變하는 것을 活用이라 하는 것이니 用言
은 卽 活用言의 주린 말이다.(上, 20)
b. 動詞에는 다, 活用이 有하니 (…) 一語의 中에서 變하지
안이하는 部分과 變하는 部分이 有하야, 그 變하지 안이
하는 部分을 語根이라 謂하고 變하는 部分을 語尾라 謂
하니(문전, 6-7)

(10a)는 임규(1934), (10b)는 『문전』의 내용이다. 여기에서도 용언을 분석하는 태도가 한국어와 일본어에 대해서 평행함이 드러난다. 즉 용언에서 변하는 부분과 변하지 않는 부분을 나누어 각각 어미와 어간·어근이라 구분하고 있다. 용언의 변하지 않는 부분을 한국어에 대해서는 어간, 일본어에 대해서는 어근이라 부르고 있지만, 이러한 차이는 단순히 용어 선택에 대한 입장 변화에서 말미암은 것으로 보인다. 이는 임규(1934)의 다음과 같은 대목을 참조된다.

> (11) 日本語文典에 用言의 變하디 아니하는 部分 卽 '그(往)ク, ㅋ(讀)厶' 等의 '그, ㅋ'를 語根이라 하야쓰나 語根은 英語文法 '루트Root'의 意義에 該當하야 語幹과 그 意義가 달름으로 우리는 이것을 語幹이라고 일컫는다(用言에 限하야).
> (上, 29)

즉, 일본어의 용언에서 변하지 않는 부분을 어근이라 일컬었지만 어근이 영어 문법에서는 이와 다른 의의를 가지기 때문에 우리말의 용언에 대하여 변하지 않는 부분을 어근이 아닌 어간으로 부르겠다는 것이다.

임규가 한국어의 용언 활용을 설명하는 과정에서 '어미의 原段', '어미의 變動段', '列'과 같은 용어를 사용한 일이 있다.[30] 여기에서 보이는 '段'이나 '列'은 일본어의 五十音圖에서 あ(a)段이니 い(i)段이니 하는 것과 관련되는 듯하다. 일본어에 오십음도라는 문자표가 있듯이 한국어에도 反切表가 있어 한글 학습에 활용되었기 때문에 임규가 한국어와 일본어의 용언 활용을 설명하는데 평행한 용어와 논

---

30) 각주 22)와 4.1의 (3b)의 내용을 참조.

리를 동원할 수 있었던 것으로 보인다. 예를 들면 이런 식이다. 일본어 용언 활용형 '書く(kaku), 書き(kaki), 書け(kake)'에서 어간 '書(ka)'를 제외한 나머지 부분이 'く(ku), き(ki), け(ke)'와 같이 변하는 것을, 같은 か(ka)行에 대해 う(u)段, い(i)段, え(e)段에 해당하는 것으로 각각 변하는 것으로 설명한다면, 한국어 용언 활용형 '머그, 머거'에 대해서도 어간 '머'를 제외한 나머지 부분이 '그, 거'로 변하는 것을, 같은 'ㄱ'行에 대해 'ㅡ'列과 'ㅓ'列에 해당하는 것으로 각각 변한다고 설명하는 것이다.[31] 그리고 'ㅡ'列과 'ㅓ'列에 原段과 變動段이라는 이름을 부여하였다고 보면, 임규가 한국어 용언 활용을 분석하고 설명하는 데에서도 일본어 문법 지식을 적극적으로 사용하였음이 드러났다고 볼 수 있다.

4.4. 박승빈의 영향

마지막으로 임규(1934)가 박승빈으로부터 어떤 영향을 받았는지 살

---

31) 일본어 오십음도 가운데 か(ka)行과, 반절표에서 'ㄱ'行이라고 볼 수 있는 부분을 아래에 간략히 제시한다. 반절표는 장서각 디지털아카이브(http://yoksa.aks.ac.kr/)에서 원문 이미지를 제공하는 『新訂尋常小學』 권1 앞부분에 수록된 반절표를 참고하여 그린 것이다. 본래는 없던 'ㄱ行'이나 'ㅏ列, ㅑ列, ……' 등은 이해의 편의를 위해 필자가 임의로 제시한 것이다.

표 1. 일본어 오십음도의 か(ka)行

	あ(a)段	い(i)段	う(u)段	え(e)段	お(o)段
か(ka)行	か(ka)	き(ki)	く(ku)	け(ke)	こ(ko)

표 2. 한국어 반절표의 'ㄱ'행

	ㅏ列	ㅑ列	ㅓ列	ㅕ列	ㅗ列	ㅛ列	ㅜ列	ㅠ列	ㅡ列	ㅣ列	·列
ㄱ行	가	갸	거	겨	고	교	구	규	그	기	ᄀᆞ

펴보자. 임규(1934)에는 직접적으로 박승빈의 학설을 좇았다는 대목이 등장한다.

> (12) '우나, 우니, 기나, 기니, 놉니다, 갑니다, 노오니, 가오니'
> 는 '우르나, 우르니, 기르나, 기르니, 노릅니다, 가릅니다,
> 노르오니, 가르오니'라고도 하는 것인즉 'ㄹ'는 間音 'ㄹ'
> (朴勝彬 氏 學說에 조츰[밑줄 필자])의 'ㅡ'列 音으로 或 줄
> 수도 잇고 或 줄디 아니할 수도 잇는 것이오(上, 25)
> (13) '고르다, 골라, 골랐다, 오르다, 올라, 올랐다, 누르다, 눌
> 러, 눌렀다, 흐르다, 흘러, 흘렀다' 等은 本來 '고쓷(調), 오
> 쓷(上), 누쓷(壓), 흐쓷(流)'의 語尾 原段 '쓷'가('쓷'는 硬音
> 'ㄹ'의 'ㅡ'列이니 朴勝彬 氏 學說에 조츰[밑줄 필자]) 變動
> 段 '써'도 되아(上, 27)

(12)~(13)의 밑줄 친 곳에서 보듯 임규는 박승빈의 학설을 수용하는 모습을 보여준다.

그러나 박승빈의 학설과 견해를 달리한 지점도 발견된다.

> (14) 敬語 助用詞 '오'(朴勝彬 氏는 '오'를 토에 編入하얏대[밑줄
> 필자])에 '니'가 부튼 '오니'가 오는 째에(上, 25)

(14)는 '노오니(遊), 가오니(往)'에서 나타나는 '오'에 대한 처리에 있어 임규가 박승빈과 견해를 달리 하였음을 보여준다. 박승빈은 이 '오'를 토로 본 반면 임규는 경어 조용사로 보고 있다. 이는 임규의 입장에서 '노오니'는 어간 '노'와 토 '니'를 가진 형태이고, 따라서 이미 '토'를 가지고 있기 때문에 '오'까지 토로 인정하기는 어려웠을 것이

다. 임규는 '노니'와 달리 '노오니'에는 '오'가 있으므로 '노니'와 다른, 공손한 표현이 되었음을 주목한 듯하다. 그리고 바로 이 공손을 나타내는 용언의 갈래로는 일본어의 조동사가 있었고, 앞서 살펴보았듯이 일본어의 조동사는 임규에게 한국어의 조용사에 대응되었다. 그러므로 임규에게 이 '오'는 조용사로 처리됨이 자연스러운 귀결이다.

지금까지 살펴본 것처럼, 임규는 박승빈과 같은 편에 서서 「통일안」과 한글파, 즉 조선어학회를 비판하는 목소리를 냈지만, 박승빈의 학설을 전면적으로 수용하였다기보다, 때로는 그에 대립되는 자신의 견해를 드러내기도 하였다. 그리고 이러한 견해는 그가 일본어와 일본어 문법에 대해 아는 바가 많은 데에 힘입었던 것으로 보인다.

5. 결론

결론은 이 글의 핵심이라 할 수 있는 4장의 내용을 간단하게 요약하고 이 글의 의의를 밝히는 것으로 대신하고자 한다.

이 글은 임규(1934)를 대상으로, '「한글 마춤법 통일안」과의 비교', '한국어 문법 지식의 발로', '일본어 문법 지식의 영향', '박승빈의 영향'이라는 네 가지 측면에서 검토를 수행하였다. 그 결과 임규가 한국어를 어떤 식으로 분석·기술하였는지를 알 수 있었다.

우선 「한글 마춤법 통일안」과 비교하였을 때, 한국어의 용언 활용을 분석하는 데 사용한 용어가 「통일안」의 저자들과 상이하였다는 점이 가장 큰 차이로 여겨진다. 「통일안」은 용언의 활용형을 어간과 어미로 분석하였지만, 임규는 같은 활용형에 대해서 어간, 어미, 토로 분석하였다. 그 결과 같은 용언의 활용형을 두고서도 분석 결과가 달라지게 되었다.

'듣다, 드러' 등에 대해, 「통일안」에서는 불규칙 용언으로 처리한 것을 임규는 자신의 분석을 근거로 들어 불규칙 용언이 아니라고 주장한다. 그에 따르면 '듣다, 드러'는 '드+ㄹ\(←르\)+다'와 '드+러'로 분석되어 어간은 어느 경우에도 '드'로 변하지 않기 때문이다.

임규(1934)에는 임규가 가진 한국어학적 지식이 드러나 있기도 하다. 'ㅿ, ㅸ, ㆍ'와 같은 소실음에 대해 상당한 이해를 보이고 있고, 그러한 이해에 기반하여 한국어 용언 활용을 설명하려 하였다. 이밖에도 명사·형용사 파생 접미사나 '하다(爲)' 용언에 대해서도 상당한 수준의 분석을 행하였다.

임규(1934)가 가진 견해는 일본어 문법 지식에 상당히 기대고 있음을 알 수 있었다. 그도 그럴 것이, 임규가 저술한 일본어 학습서의 용언 활용 분석·기술과 평행한 지점이 다수 발견되었기 때문이다.

임규는 박승빈이 주도한 학파의 일원으로 활동하였던 만큼, 박승빈의 견해를 따르는 모습을 보인다. 하지만 박승빈의 견해를 무비판적으로 수용하기만 한 것은 아니었다. 그는 자신의 분석에 어긋나지 않는 방향으로, 박승빈의 견해와 다른 주장을 펼치고 있기도 하다.

이 글은 기존에 독립운동가로만 알려져 온 임규가 가진 한국어학사적 의의를 조명하려는 목적에서 시작하였다. 비록 임규(1934)라는 글 한 편만을 분석의 대상으로 삼았다는 한계가 있지만, 이 글을 통해서 일본어학이나 박승빈의 학설 등에 기대어 한국어의 현상을 분석하고 기술한 그의 관점을 엿볼 수 있었다. 아울러 지금까지 한국어학사에서 조선어학회에 반대하였던 조선어학연구회 및 여기에 속한

인물들의 활동에 대해서는 폭넓게 다루어지지 못한 측면이 있다. 그
런 점에서도 그간 한국어학사에서 주목하지 않은 부분을 다루었다는
데 이 글의 의의를 찾을 수 있다.

참고문헌

1. 논저

국립국어연구원(1997), 한글 맞춤법,『한국어 연수 교재』, 국립국어연구원.
유은정(2005), 한글 맞춤법과 표준어 규정의 형성 과정에 관한 연구, 전북대학교 교육
    대학원 석사학위논문.
이경현(2013), 1910년대 新文館의 문학 기획과 한국 근대문학의 형성, 서울대학교 대
    학원 박사학위논문.
이윤재(1934), 한글 마춤법 통일안 제정의 경과 기략,『한글』10, 한글학회, 381-383.
정후수(1993), 林圭의 近代文化史的 役割,『東洋古典研究』1, 東洋古典學會, 33-64.
한글학회 편집부(1934), 한글 마춤법 통일안 全文,『한글』10, 한글학회, 383-399.

2. 영인 자료

金敏洙·高永根 編(2008),『歷代韓國文法大系』第2部 第24冊, 박이정.
金敏洙·高永根 編(2008),『歷代韓國文法大系』第2部 第28冊, 박이정.
朝鮮語學研究會 編(1978),『正音』上·中·下, 반도문화사.

3. 전자 자료

공훈전자사료관(https://e-gonghun.mpva.go.kr).
백두현,『日本語學音·語篇』해제, 국립중앙도서관(http://www.dibrary.net).
장서각 디지털아카이브(http://yoksa.aks.ac.kr).
한국민족문화대백과사전(http://encykorea.aks.ac.kr).

惠齋 魚允迪의 國語學的 業績에 대한 再照明*

●

김 정 주

1. 들어가기

惠齋 魚允迪(1868-1935)은 개화기 시기의 문신·학자로서, 국문·역사·철학 등에 관심을 갖고 여러 활동을 하고 저서를 남겼다. 어윤적은 개화기시기에 국문 연구에만 주력한 사람이라고 하기는 어렵다. 하지만 그는 국문연구소 개설 초기부터 국문 연구에 적극적으로 활동하였으며, 국문에 관련된 여러 논설들을 남겼다.

일찍이 일본으로 관비 유학을 떠났던 그는 20대 중반부터 대한제국 관료로서의 길을 걷기 시작한다. 1907년 대한제국 학부 편집국장으로서 국문연구소 개설에 참여하면서 그는 주시경, 지석영 등과 함께 「국문연구」, 「국문연구소의정안」을 통하여 국문에 대한 견해를 세우고 그러한 점들이 받아들여졌다는 점에서 국어학의 발달에도 일

* 이 글은 같은 제목으로 『진단학보』 128호(진단학회, 2017: 99-124)에 수록되었다.

조하였다고 할 수 있다.

본고에서는 어윤적의 생애와 더불어 그가 국문에 관심 갖고 일조한 바에 대하여 살펴보고자 한다. 다음으로 살펴볼 2절에서는 그의 생애에 대하여 자세히 분석해보고, 3절에서는 「국문연구의정안」에 수록된 그의 보고서인 「국문 연구」에 대하여 파악해 볼 것이다. 뿐만 아니라 그가 국문에 관련하여 기술한 여러 논설들을 살펴보고 어떠한 내용들을 담고 있는지에 대하여 알아볼 것이다.

2. 어윤적의 생애

어윤적(1868-1935년)의 자는 穉德, 호는 惠齋이며, 본관은 咸從(지금의 평안남도 강서군)이다. 그는 일찍 일본으로 유학을 가서 게이오의숙(慶應義塾)에서 수학을 하였으며, 역사와 철학과 더불어 국문에도 많은 관심을 갖고 있었던 것으로 보인다. 그는 친일적 입장에서 한국 유학사를 서술하려고 하였던 대표적인 인물이기도 하였다(이승률 2004).[1] 그가 국어학적 업적을 남기기 시작하는 시기는 1907년 학부 편집국장이 된 후인 것으로 보이며, 국문연구소 개설을 주도하여 주시경, 지석영, 이능화 등과 함께 국어학에 중요한 업적을 남겼다. 그가 일본으로 유학을 가는 시기부터의 생애를 살펴보면 다음과 같다.[2]

어윤적은 1868년(고종5) 參奉 昌愚의 3남 2녀 중 장남으로 태어났

---

1) 朝鮮總督府 中樞院參議로 있을 때 오다 쇼고(小田省吾)와 조선문묘급승무유현(朝鮮文廟 及陞廡儒賢)(1924), 조선승무유현연표(朝鮮陞廡儒賢年表)를 저술한다.
2) 이는 국사편찬위원회에서 제공하는 한국학데이터베이스와 규장각한국학연구원에서 제 공하는 자료들을 중심으로 하여 정리한 것이다.

다. 그는 유길준, 김옥균에 이어 일찍이 일본으로 관비 유학을 떠난
다. 하지만 유학 중간에 발병하여 잠시 귀국하였다가 1895년(고종32)
에 다시 국가로부터 유학비용을 제공 받고 1896년(고종33) 1월 大君主
의 命에 의하여 대원군의 손자 이준용이 수행원 어윤적, 박용화 등과
함께 다시 일본 유학길에 오르게 된다.3) 2월 유학생 최초의 잡지인 「친
목회회보」4)가 간행되기 시작하였는데, 제2호 <친목회일기>(1896년 3
월 15일)에는 어윤적이 회장으로 취임하였음이 기록되어 있다. 이듬해
1898년(광무2)에 그는 이미 그가 맡고 있던 外部繙譯官補에 더하여 軍
法起草委員으로 임명된다. 하지만 1899년(광무3)에는 農商工部勸業위
원으로 발탁되어 임명되면서 軍法起草委員 겸임을 해면하게 된다.
외부번역관보 직무에 소홀한 어윤적은 1900년(광무4)에 견책 처분을
받고, 1904년(광무8)에 外部繙譯官으로 임명된(9품) 그는 總領事館을
겸임하게 된다. 이후 1907년(광무11)에는 그는 學部編輯局長으로 임명
되고 奏任官 1등에 서임된다. 學部編輯局長으로 임명된 어윤적은 국
문연구소 개설에 적극적으로 참여하고 국문에 대하여 본격적으로 관
심을 갖게 된다.

　1908년(융희2)에 그는 한성사범학교 교장으로 임명되었고, 東洋拓殖
(株)5) 총무과장을 역임하게 된다. 당시 學部大臣이었던 이재곤은 먼

---

3) 본국의 단발령 발포를 듣고 즉시 단발할 것임을 본국으로 전보하고 수행원들과 함께
　근처 이발관에서 이발을 하고 양복으로 갈아입었다고 한다.
4) 「親睦會會報」는 1896년 2월 15일자로 '大朝鮮人 일본유학생 친목회'에서 창간한 회원
　잡지로서, 우리 최초의 잡지로 꼽는다. 일부에서는 1896년 11월 30일자로 창간된 독립
　협회 기관지인 「大朝鮮獨立協會會報」를 내세우기도 하지만, 한국잡지협회는 학계의 의
　견을 수렴하여 「親睦會會報」를 우리 잡지의 효시로 삼고 1996년을 '한국 잡지 100년
　의 해'로 선포, 기념행사를 한 바 있다.
5) 이 회사에서는 1908년에 설립되어 조선 및 외국에서 다음 업무를 운영하며, 회사의 대
　표는 高山長幸이다. 척식의 필요한 자금의 공급, 척식의 필요한 농업 수리 사업 및 토
　지의 취득 경영 처분, 척식의 필요한 이주민의 모집 및 분배, 이주민의 필요한 건물의

저 일본에 가서 황태자의 수학을 陪觀하라는 명을 받드는데, 그때 학부편집국장으로 있던 어윤적도 수행원으로 함께 출발하였다.[6] 6월에는 서울에서 <대한어자흥학회>가 발기되는데, 윤치오와 어윤적 부부가 이에 참여하였다.[7] 1910년(융희4), 그는 勅任官 三等으로 승격되고 조선총독부의 명에 따라, 학부편집국장 겸 관입한성고등여자학교장을 맡게 된다. 1911년(융희5)에는 조선어 조사위원으로도 위촉되어 철자법에 대한 자신의 견해를 제시하였다. 1914년(대정3)에는『조선도서해제』 사업의 촉탁직원으로 임명되었고,『조선어사전』 심사위원 및 구관조사사무 촉탁 직원으로 임명된다. 1917년(대정6)에 參事官室에서『조선도서해제』[8] 사무 담임으로 임명된다.[9] 이듬해 1918년(대정7)

축조 매매 및 대차, 이주민 또는 농업자에 대한 척식의 필요한 물품의 공급 및 그 생산하는 물품의 분배, 위탁에 의한 토지의 경영 및 관리, 기타 척식의 필요한 사업의 경영, 정기 예금 등의 업무를 한다.

6) 이 외에도 일본에 유학하게 될 귀족 자제 14명도 동행한다.

7) 공립신보 1908년 6월 24일 기사의 내용이다.

8) 당시 조선 도서는 널리 세상에 알려지지 않아서, 책 이름만으로 직접 그 내용을 알 수 있는 것이 적으며 또 이를 해제한 것이 없기 때문에 보고 읽는 데 불편이 적지 않다. 이에 1911년(명치44) 6월 取調局에서는 도서정리 부속사업으로 本府 소장의 조선도서 전부의 해제 작성을 7명의 촉탁에게 착수하도록 하였다. 同年 11월에는 草場謹三郎을 촉탁하여 사업을 진행했지만 완결하지 못하고 1912년(명치45) 4월 관제의 개정으로 인해 參事官室로 그 사무가 이관되었다.
參事官室에서는 이미 작성된 원고를 다시 고쳐 바로잡아 하나의 책으로 만들어 1913년(대정2) 3월 1,121종에 대해 일단 완결을 고하고 원고의 작성을 종료했다. 그러나 기술이 아직 충분하지 않았고 또 집필자가 여러 사람이어서 통일성이 결여되어 補正의 필요가 생겼기 때문에 보수에 착수하였다. 同年 7월부터 담임자 1인을 정하여, 千葉 촉탁을 주임으로 이를 전임시키고 鄭萬朝, 鄭丙朝 양 촉탁, 金徹福 寫字生으로 개정에 착수하였다. 조선판 經과 史의 2部는 鄭萬朝, 子部는 千葉, 集部는 鄭丙朝가 담임하여 12월에는 이미 그 전부를 완료하였다. 그리고 도서해제의 재조사 사무는 1913년(대정2)에 계속하고, 1914년(대정3)에도 주로 馬場 屬 및 魚 촉탁이 이를 담임하고 조선인, 일본인 雇員 각 1명을 보강하여 새롭게 더해진 조선도서의 해제를 합하여 1,468종의 탈고를 하기에 이르렀다. 이를 다시 부문으로 나누어 編次하고 1915년(대정4) 3월 이를 하나의 책으로 인쇄하여 각 방면의 필요한 사람에게 배부하였다.

9) 그 외에 具義書, 鄭丙朝, 鄭萬朝도 사무 담임으로 임명한다.

에는 조선총독부 中樞院 副贊議를 맡고 있던 그를 『조선어사전』심
사위원으로 촉탁하였으며,10) 임명된 위원들은 조선어사전 편찬 과정
에 있어 검토할 사무를 분담하게 된다. 어윤적은 국문연구소 개설에
참여하는 것을 기점으로 국문연구에 대한 참여와 더불어 조선총독부
에서 진행하는 도서 편찬 사업들에 적극적으로 참여하게 되었던 것
으로 보인다. 뿐만 아니라 그는 중추원 편찬과에서 <반도사> 역사편
찬을 담당하였는데, 어윤적은 이를 지휘하는 역할을 하였다. 1920년
(대정9)에 그는 <대동사문회>11)의 主要 發起者로서 역할을 하였고,
1921년(대정10)에는 조선총독부 중추원 임원으로 임명되었다. 『조선어
사전』의 완성에 따라 學務局에서는 3월에 綴字法祖師會를 설치하고
學務局案을 심의하여 「보통학교용 언문철자법대요」를 확정하는데,
이 과정에서 어윤적, 권덕규 등의 주장이 상당한 영향을 끼쳤다. 이
어서 9월 <대한민국대표단>에 선출되었다. 나아가 그는 1922년(대정

---

10) 『조선어사전』은 내국인의 손으로 편찬케 하여 주석을 日語로 번역한 사전이다. 비록
　　日語로 주석되었으나, 최초의 본격적인 국어사전이며, 그 편찬 경과를 살펴보면 당시
　　국문연구소위원이었던 어윤적은 稿本訂正(1918년 1월-1919년 3월) 작업에 참여하였
　　다(김민수 1980: 244).

11) 1919년 발족된 대동사문회는 魚允迪·宋之憲이 일본을 시찰하고 돌아와 東京斯文會와
　　연계하기 위해 조직을 추진한 것이요, 회장에 尹用求, 총무에 어윤적이 추대되었다.
　　대동사문회는 일제의 재정적 뒷받침과 보호 하에 친일유림의 역할을 수행하여, 경학
　　원의 석전제와 강연회에 적극적으로 참여하며 일제의 정책에 협조하였다. 그리하여
　　그들의 석전제향에는 상당히 많은 사람이 일제에 의해 동원되었다. 1920년 발족된 유
　　도진흥회의 지회창립대회에는 도지사·군수·경찰간부·헌병대장·학교장 등의 지방관이
　　동참하는 등 적극적 지원을 받았다. 이러한 친일유림단체의 활동은 한편으로 지방의
　　유림들을 끌어내어 지조를 꺾어 친일세력으로 포섭하며, 다른 한편으로 회원들에게
　　"國憲을 존중하여 국법에 따르고 生民에 복리를 생각할 것"과 "世運의 進展에 뒤지지
　　말아야 할 것이요, 평상시에 大局에 착안하고 가볍고 조급하게 불온한 행동을 삼가하
　　여 일반 民人의 모범이 될 것"을 요구하였다. 이것은 사실상 일제의 식민통치정책에
　　순응하고 적극적으로 참여하는 집단으로 길들여 동원할 수 있는 체제를 만들고자 하
　　였던 것이다(『齋藤實文書』9, 162-163면, 「朝鮮儒道振興會 經過狀況報告書」).

11)에 <대동사문회>의 代表를 맡게 되고, <교과서조사위원회> 위원 촉탁뿐 아니라 <조선사편찬위원회> 위원으로도 임명되었다. 이듬해 1923년(대정12)에는 <조선사하회> 위원으로 임명되었고,12) 1925년(대 정14)에는 <조선사편수회> 위원으로 임명되었다. 어윤적은 <조선사 편수회>의 주요 인물이었다(政務總監13); 從四 勳三). 1926년(대정15) 10월 9일에 청년회관에서 가갸날을 紀念하여 어윤적은 "歷史와 訓民正音" 이라는 주제로 강연을 하였다.14) 11월에는 조선어연구회·신민사 주 최로 훈민정음반포 제8회갑 기념식이 식도원에서 거행되었고, 이날 을 '가갸날'로 제정하는 동시에 俗稱 언문의 명칭문제와 그 선전방책 에 관한 문제를 一任하기 위한 자리에 어윤적도 선출된다.15) 12월 1 일 <정음회> 창기에도 참여하였다.16) 이후 1927년 그는 경성제국대 학 법문학부 강사가 되었고, 6월에는 京畿道參與官(二等)으로 임명되 었다. 1930년에는 總督府中樞院參議 被仰府 勅任待遇로 임명되었고 명륜학원의 강사가 되었다. 이듬해 1931년 <조선유림연합회>의 회 원이 되었고, 1932년 12월 중추원참의로서의 임기가 만료된다. 그는 말년에는 경기도 참여관을 지내었으며, 1935년 68세의 나이로 세상 을 떠났다.

이상으로 살펴본 그의 일생을 살펴보면, 그는 매우 이른 시기에 국

---

12) <조선사학회>는 <조선사편찬위원회>의 주요 멤버를 포함하여 당시 정계, 재계, 관 계, 학계의 최고권위자들로 구성되어 있었다.
13) 일제 강점기 시기에 조선 총독부의 총독에 버금갔던 관리이다.
14) 당시 동아일보 1926년 11월 9일자 신문에 기술된 내용이다.
15) 권덕규, 김영진, 송진우, 민태원, 홍승구, 홍병선, 이종린, 권상로, 강상희, 현은, 이윤 재, 윤치호, 박승빈, 어윤적, 이상협, 지석영, 박희도, 이긍종 등이 선출된다(『東亞日報』 1926년 11월 4일).
16) 훈민정음을 반포한 날을 기념하기 위하여 만든 날이다. 어윤적도 지석영, 현은, 박승 빈 등과 함께 <정음회> 위원으로 활동한다(동광 제8호, 1926년 12월 1일)

비로 일본유학을 간 사람으로서 귀국 후 조선총독부에 소속되어 있
던 중에 국문연구소 사업에 참여하게 되었다. 그리고 이것이 국문에
대한 연구 및 참여를 활발하게 하게 되는 중요한 시작점으로 보인다.
뿐만 아니라 그가 기술한『국문연구의정안』,『국문연구』가 국문연구
소에서 주시경, 지석영 등의 학자들의 논의들과 함께 평가되고 받아
들여지면서 그는『조선도서해제』와『조선어사전』편찬에 참여하게
되었고, <교과서조사위원회>, <조선사편찬위원회>의 위원으로도 활
동하였다. 이후 그는 <정음회> 창기에도 참여하였으며, 여러 언론 매
체에 국문에 대하여 사설들을 기고하였다. 그가 국문 연구에 기여한
업적에 대해서는 다음 장에서 구체적으로 살펴보고자 한다.

3. 어윤적의 국문에 대한 연구

어윤적의 국문 연구에 대한 내용은 국문연구소의 「국문연구의정
안」의 「보고서」[17])에 기록된 것을 통하여 확인하고 파악할 수 있
다.[18]) 이 「보고서」는 국문연구소의 연구결과를 정리하여 학부대신에

---

17) 이 「보고서」는 1968년 가을 이기문 교수님에 의하여 일본 동경대학도서관 소창문고
에서 발견됨으로서 비로소 세상에 알려지게 되었다. 따라서 이 보고서는 한일합방 후
총독부 관사였던 小倉進平에게 어떤 방법으로든 입수되었을 것으로 짐작된다(김민수
1986). 이는 융희 원년(1907) 9월부터 융희 3년(1909) 12월까지 총 23회의 회의를 거
쳐 보고서를 제출하게 하였던 것을 정리한 것이다.

18) 어윤적의 저서들을 통하여 국어학적인 측면에서 논의하기는 어려운 것으로 보인다.
그의 글들은 모두 한문으로 기술되어 있기 때문이다. 그의 대표적인 저서로는『東史
年表』(1915),『朝鮮陞廡儒賢年表』(1928)가 있으며, 윤희구의『于堂文鈔』(1928)를 편집
하였다.『東史年表』(1915)는 단순한 연표로 간주할 성질의 책이 아니며, 당시 다른 저
서들과 달리 이 책은 국내에서 공개적으로 출간이 되었고 당시 사람들이 구입하여 읽
었다. 국내에서의 보급과 영향력이라는 측면을 본다면『東史年表』(1915)는 민족사학

게 보고한 것으로서 국문연구소의 총결산이라 할 수 있다(신창순 2001: 15).「보고서」를 작성한 사람들 중 어윤적, 이능화, 주시경의 연구안은 가장 많은 분량을 차지하고 있으며, 그 내용도 훌륭하여 당시 국문 연구를 대표하고 있다고도 할 수 있다. 어윤적은 당시 학부 편집국장으로서 사실상 국문연구소 개설 초기부터 주동적인 위원으로 활약하며 자신의 연구결과를 토대로 하여 국문에 대한 견해를 밝혔다. 그는 국문연구소에 제출한 그의 최종 연구안에서 국문연구소의 개설에 대하여 다음과 같이 설명한다. 그 내용은 즉 "국문은 오랫동안 한문에 눌려 왔으나 '甲午維新'으로 공사문서에 통용되게 되고 비로소 국문이 귀함을 알게 되어 이를 연구할 필요를 다투어 말하게 됨에 이능화·주시경·지석영 등이 나왔고, 이로 말미암아 국문의 빛이 다시 밝아지게 되었으나 여러 학자의 학설이 각기 달라 그 폐해가 크니 그것을 통일하는 방법을 모색하지 않을 수 없었다."는 것이다. 그리고 이것이 바로 학부에서 국문연구소를 설치한 이유라고 언급하고 있다(국사편찬위원회 1974).

1911년 7월부터 조선총독부 학부국이 「보통학교용 언문 철자법」을 마련하였는데, 국문연구소 연구 위원이었던 어윤적도 현은과 함께 조사 위원으로 위촉되었다.[19] 「국문연구의정안」의 「보고서」에 기록된 각 학자들이 기술한 「국문연구」 중에서 어윤적의 글이 맨 앞에 실려 있다는 것과 그의 견해가 「국문연구의정안」에 가장 많이 반영되었다는 점도 간과할 수 없는 사실이다.

자들의 저서들보다 유리한 위치에 있었다(정욱재 2003). 이들 저서들은 모두 한문으로 기술되어 있으며, 국문연구소의 「국문연구」(보고서)는 국한문으로 기술되어 있지만, 別表 부분들은 모두 한문으로 되어있다. 따라서 이 글에서 그의 저서 또는 글에 기술된 내용들은 한글로 번역하여 간략하게 소개하는 정도로만 제시하고자 한다.
19) 조선총독부, 『普通學校用諺文綴字法緖言』.

3.1. 어윤적의 「국문 연구」

어윤적은 국문연구소에 마지막까지 남은 사람으로서[20] 국문 연구 및 정리에 매우 적극적으로 참여하였던 인물이다. 국문연구소는 학부 안에 1907년(광무 11년) 7월 8일에 개설되었으며, 7월 12일에 윤치호 위원장을 비롯하여 위원, 간사, 서기 등을 임명하였다. 어윤적은 국문연구소가 개설된 후 약 한 달 정도 후에 장헌식[21]과 교체되어 국문연구소 위원으로 임명된다.[22]

---

20) 국문연구소의 마지막까지 남은 사람은 위원장 윤치오과 위원은 어윤적, 이능화, 권보상, 주시경, 윤돈구, 송기용, 지석영, 이민응 등의 8인이었으며, 처음부터 열의가 별로 없었던 현은, 이종일, 유필근 등은 1909년 10월에 해임되었다.
21) 장헌식[1869(고종 6)- ?] 조선 말기의 문신·친일 관료이다. 1895년(고종 32) 관비유학생으로 일본으로 건너가 게이오의숙(慶應義塾) 보통과와 동경제국대학 법과대학 선과(選科)를 각각 졸업한 후에 행정법 전문가로 일본 대장성 총무국에서 견습근무하였다. 관립한성외국어학교의 교장, 한성부윤 등을 역임하였다. 국권피탈 후 충청북도·전라남도의 지사 등을 지내고, 조선총독부 중추원의 참의를 7회에 걸쳐 중임하였다. 개화기 시기 친일파로 활약하였던 사람이었던 것으로 보이며, 관비유학생으로 일본에 건너가는 시기와 더불어 한국으로 돌아온 후의 활동을 살펴보면 어윤적과도 상당한 친분이 있었을 것으로 보인다.
22) 국문연구소의 연구원 구성은 아래의 표와 같다(박태권1976: 93).

발령 연월일	이름	직책	담당	비고
1907. 7. 12.	윤치오	학부 학무국장	위원장	
1907. 7. 12.	장헌식	학부 편집국장	위원	
1907. 7. 12.	이능화	관립 한성 법어학교장	위원	
1907. 7. 12.	현은	정3품	위원	(청원)
1907. 7. 12.	권보상	내부 서기관	위원	
1907. 7. 12.	주시경	국어 연구가	위원	
1907. 7. 12.	우에무라	학부 사무관	위원	
1907. 7. 12.	유기영	학부 시학관	간사	
1907. 7. 12.	백만석	학부 주사	서기	
1907. 8. 19.	**어윤적**	**학부 편집국장**	**위원**	**(장헌식과 교체)**
1908. 9. 23.	이종일	정3품	위원	(청원)
1908. 9. 23. 1909. 8. 7. 사임	이 억	정3품	위원	(청원)

국문연구소에서 간행한 「국문연구의정안」의 「보고서」는 어윤적을
포함하여 마지막까지 남은 여덟 명의 위원들에 의한 최종 연구안으
로 이루어져 있다.[23] 1909년 최종적으로 정리된 「국문연구의정안」은
다음과 같이 10개의 의제로 결정되었다.[24]

(1) 「국문연구의정안」 10題
一. 國文의 淵源과 字體及 發音의 沿革
二. 初聲中 ㆁㆆㅿㅇ ㅁ ㅸ 풍 ㅹ 八字의 復用 當否
三. 初聲의 ㄲㄸㅃㅆㅉㆅ 八字 並書의 書法 一定
四. 中聲中 ·字 廢止, =字 刱製의 當否
五. 終聲의 ㄷㅅ 二字 用法及 ㅈㅊㅋㅌㅍㅎ 六字도 終聲에 通用
　　當否
六. 字母의 七音과 淸濁의 區別 如何
七. 四聲票의 用否及 國語音의 高低

1908. 9. 23.	윤돈구	정6품	위원	(청원)
1908. 9. 23.	송기용	전교관	위원	
1908. 9. 23.	유필근	정9품	위원	(청원)
1908. 1. 21.	지석영	경성의학교교장	위원	
1908. 5. 30.	이민응	간사 (유기영의 후임)	위원 (감사겸직)	

23) 국문연구소에 관련된 또 하나의 중요한 것으로 「국문연구안」이 있다. 이는 고려대학
교 부설 아세아문제연구소에 귀속된 육당문고에 보관되어 있었던 것이다. 이 「국문연
구안」은 국문연구소 위원들이 약 2년 반 동안 연구하고 토의한 과정에서 제출하였던
연구안이나 議案들을 모아놓은 것이다. 이 「국문연구안」綴은 주시경이 자신에게 배포
된 것을 모두 모아 7冊으로 엮어둔 것이며, 이 문서들은 「보고서」에 관한 일을 제외
한 국문연구소의 모든 문서를 포함하고 있다고 할 수 있으며, 대략 400페이지 정도
이루어져 「보고서」와 비슷한 분량으로 이루어져 있다. 「국문연구안」에 어윤적이 기술
한 내용들은 「보고서」에 기술된 내용들과 거의 흡사하기에 이 글에서 따로 제시하지
는 않는다.
24) 국문연구소는 본래 10회에 걸쳐 14의제를 연구한 것으로 되어 있다. 하지만 1909년
에 들어 재정리하면서 10의제로 최종 결정하였던 것이다(박태권 1976: 95).

八. 字母의 音讀一定

九. 字順의 行順의 一定

十. 綴字法

「국문연구의정안」의 10제는 국문연구소의 위원장인 윤치호와 간사의 이름으로 학부대신에게 보고되었으며(1909년 12월 28일), 각 항목의 의제에 대하여 논의를 하여 「국문연구의정안」을 만든 뒤 각 위원들이 자유롭게 작성한 것이 「국문연구」이다. 「국문연구」는 총 4책으로 되어 있으며, 어윤적·이능화·주시경의 글이 각각 1책으로 되어있고, 그 외 다섯 명의 위원의 글이 1책으로 이루어져 있다.

이를 통하여 어윤적은 다른 위원들보다 뚜렷하게 그의 학설을 가장 많이 제시하였음을 알 수 있으며, 이는 즉 그의 견해가 국문연구소에 큰 영향을 끼쳤을 것이라고 생각할 수 있다. 당시 그의 주요 관심사는 국문보다는 역사에 있었으나, 국문에 대한 관심과 조예도 깊었던 것으로 보인다. 어윤적의 「국문연구」에 대해서는 이기문(1970), 신유식(1989), 국사편찬위원회(1974)에서도 간략하게 연구된 바 있다. 이 글은 기존의 논의들을 전체적으로 종합하는 것을 바탕으로 하여 「국문연구」에 대하여 언급하고, 一題에 첨부한 別表에 대한 설명을 덧붙이고자 한다. 일반적으로 「국문연구」라 하면 주시경의 논의가 대표적으로 언급되었다. 하지만 어윤적의 「국문연구」 또한 그 내용과 분량의 측면에서 보았을 때, 그가 국문에 대하여 지니고 있는 철학을 파악할 수 있으며, 다른 학자들에게도 큰 영향을 주었을 것으로 보인다. 뿐만 아니라 위원들에게 공통적으로 제시된 연구 항목 외에 別表를 추가하여 상세하게 기술하고자 한 시도는 그의 「국문연구」가 다른 위원들의 「국문연구」와 차별화되는 점이다. 더불어 이러한 점은 그가 적극적으로「국문연구」에 참여했음을 뒷받침할 수 있는 근거가 될 것이다.

어윤적의「국문연구」의 목차는 다음과 같다.

(2) 어윤적의「국문연구」목차

一. 淵源及 字體 發音의 沿革

- 緒言
- 淵源
- 字體
- 發音
- 結論
- 引用及 參考書目
- 別表第一種「國文源流年表」
- 別表第二種「國文字體及 發音沿革一覽表」
- 別表第三種「語書散出國文字母一覽表」
- 別表第四種「諸書字母圖同異一覽表」

二. 初聲中 ㆁㆆㅿㅿ◇ㅱㅸㆄㅹ 八字의 復用 當否

三. 初聲의 ㄲㄸㅃㅆㅉㆅ 八字 竝書의 書法 一定

四. 中聲中 ·字 廢止, =字刱製의 當否

五. 終聲의 ㄷㅅ 二字 用法及 ㅈㅊㅋㅌㅍㅎ 六字도 終聲에 通用 當否

- 名詞
- 形容詞
- 動詞

六. 字母의 七音과 淸濁의 區別 如何

七. 四聲票의 用否及 國語音의 高低法

八. 字母의 音讀一定

九. 字順 行順의 一定
十. 綴字法

어윤적의 「국문연구」는 약 90장에 달하는 분량이다. 여러 위원들의 「국문연구」들 중에서 그가 기술한 내용이 가장 앞서 위치하고 있으며, 이는 그가 국문연구소에서 상당히 중요한 역할을 하고 있고 국문연구에 적극적이었음을 뒷받침하는 근거가 된다. 실제로 주시경 다음으로 많은 분량의 내용들을 기술하였다는 데에서 그의 국문연구에 대한 적극성을 확인할 수 있다. 위 (2)에 제시한 「국문연구」의 목차를 살펴보면, 어윤적은 특별히 一題에 중점을 두고 연구하였음이 파악된다. 다른 학자들과는 달리 하위 목차를 설정하였으며, '引用 及 參考書目'도 제시하였다. 뿐만 아니라 四種의 別表를 추가적으로 기술하고 있다.

이 절에서는 의정안의 내용을 바탕으로 하여 각 의제에 대하여 어윤적이 언급한 내용들을 간략하게 살펴보고 이어서 각각의 별표들의 특징과 내용에 대하여 알아보고자 한다.

먼저 一題의 淵源及 字體 發音의 沿革에 대한 의정안의 내용에 대하여 살펴보고자 한다. "本題에 對한 各 委員의 硏究案을 査閱혼즉 淵源은 大概 一致ᄒᆞ고 字體發音은 大同小異홈"으로 시작하고 있음을 통하여 의정안에서는 이 부분에 대한 내용들이 다른 위원들의 뜻과 대략적으로 일치한다는 것을 밝히고 내용을 기술한다. 본문의 서두에서 다음과 같이 시작되고 있다.

(3) 本邦을 剏達ᄒᆞ신 檀君時代에는 文獻이 無微ᄒᆞ야 文字의 有無
　　를 考據홀 通가 無ᄒᆞ고 箕子時代에는 箕子가 支那人으로 本

邦에 來王ᄒ시니 漢文이 隨入ᄒ야 政令事爲에 自然히 需用ᄒ
지라 此로 因ᄒ야 言文이 二致ᄒ고 又 漢文이 國語에 混用된
者가 多ᄒ며 三韓時代를 歷ᄒ야 三國時代에 至ᄒ야는 新羅의
鄕歌가 漢字의 音 或 訓을 取ᄒ야 歌曲을 記ᄒ고 新羅統一時
代에는 薛聰이 又 漢字를 假借ᄒ야 吏讀를 作ᄒ야 官府와 民
間에 通用ᄒ니라
盖箕子以後로 政令事爲에 漢文을 通用ᄒ야 一般國民이 普通
行用에 窒澁혼 弊가 有ᄒ더니 新羅의 鄕歌와 薛聰의 吏讀가
漢字를 始借ᄒ야 音符와 如히 代用ᄒ얏으나 尙且窒澁無稽의
歎을 未免혼지라 雖然이나 此가 足히 國文을 造作홀 思想의
胚胎라 ᄒ깃고

위 (3)에서는 단군시대에는 문자의 유무를 살필 근거가 없고, 기자
시대에는 支那人으로부터 한문이 들어온다고 언급한다. 한문이 수용
되어 언문이 二致하고 한문에 국문이 혼용된 것이 많았으며, 삼국시
대에 이르러서 신라의 향가가 한자의 음이나 훈을 취하여 가곡을 만
들고 통일신라시대에는 설총이 한자를 가차하여 이두를 만들어 군부
와 민간에서 통용하였다고 기술하고 있다. 하지만 한문을 통용하여
일반 국민이 통용하기 어려운 점이 많아 새로운 국문을 만들어야 한
다고 보는 것이다. 그래서 만들어진 것이 훈민정음인데, 다음의 (4)에
서 그 내용을 확인할 수 있다.

(4) 本朝에 至ᄒ야 世宗大王게ᄋᆞᆸ셔 卽位二十五年癸亥 【開國五十
年이오 隆熙元年前四百六十四年】 에 國文二十八字를 新制ᄒ
시고 鄭麟趾 申叔舟 成三問 崔恒 等을 命ᄒ야 解釋을 詳加ᄒ
야 一書를 成ᄒ니 訓民正音이라 命名ᄒ시고 越三年 丙寅에

民間에서 頒布ᄒ시라

위의 내용은 세종대왕이 훈민정음을 창제하시고 반포하였다는 것이다. 이렇게 國文의 淵源에 대한 내용에 이어서 國文의 字體와 發音에 대하여 설명한다. 이들은 훈민정음의 이론을 그대로 인정하고 있다(신유식 1989). 자체는 초성자와 중성자에 대하여 나누어 살펴보고 있다. 종성의 경우 復用初聲을 확인할 수 있는 예들이 있는데, 초성 17자를 종성에 통용하였으나, 이후 ㄱㄴㄷㄹㅁㅂㅅㆁ 여덟 자만 초성과 종성에 통용하고 나머지는 초성에만 사용하는 것이 적절하다고 본다. 그리고 이 통용자 중에서도 ㄷ은 ㆁ 초성의 承接을 제외하고는 ㅅ자와 발음이 상이하기 때문에 俗語에서 ㅅ자로만 쓴다고 하였다. 字母의 발음에 대해서는 다음과 같이 설명하였다.

(5) 字母는 初聲 中聲 終聲의 三種이 有ᄒᆫ바 其 發音은 訓民正音에 漢字의 音을 切取ᄒ야 某某 字의 初聲 或 中聲과 如ᄒ다 ᄒ셧더니 訓蒙字會에 ㄱ을 其役 ㅏ를 阿 等으로 名呼ᄒ야 諸書가 一遵ᄒ고 國文字母 分解에 更히 ㄱ을 그윽이라 改稱ᄒ딕 行用됨이 無ᄒ고 中聲은 改稱홈이 無ᄒ니라

위의 (5)는 字母의 발음을 훈민정음 한자의 음을 절취하여 정하였다고 하면서, 훈몽자회에서 名呼하는 바와 같이 발음한다고 하였다. 이와 더불어 四聲과 방점에 대한 설명도 한다.

(6) 平上去入四聲의 別이 有ᄒ야 字의 左傍에 点의 有無多少로 准ᄒ앗으나 國語音에는 如此ᄒᆫ 細別이 無ᄒ고 但 高低二音 으로 票ᄒ니 低音 卽 平聲은 無点이오 高音 卽 上去聲은 一

点 을 左加ᄒ엿잇고 挽近ᄒ야는 書寫上에 不便홈을 因ᄒ야 廢
止ᄒ니라

위 글은 중국어의 四聲은 글자의 왼쪽에 점을 찍어 표시하였으나
국어음에는 그렇게 상세하게 구별할 것이 없는데, 높고 낮은 음으로
표시할 수 있다는 것이다. 그리하여 낮은 음은 평성이며 점이 없고,
고음 즉 상거성 점 하나를 글자 왼편에 찍어 알기 쉽게 하였으나 글
을 쓸 때 불편함이 있기에 폐지한다고 한다. 一題에 대하여 의정안에
기술된 있는 내용들이 어윤적이 기술한 내용에도 포함되어 있다. 이
에 더하여 字體와 發音에 대한 상세한 내용들까지 언급하고 있는데,
그러한 내용에 대해서는 후술할 二~十題에 대하여 살펴볼 때에 함
께 언급하고자 한다. 어윤적은 一題의 결론에 國文源流年表 외 그가
첨부한 別表에 대하여 간략하게 설명하고 있다. 그는 別表第一種인
國文源流年表에 대하여 "自檀君紀元으로 至隆熙元年히 其有關係於國
文及國語等事 則 ——採集ᄒ야 編成年表ᄒ니 此以國文源流之考로 爲
主也라"와 같이 언급한다. 단군기원부터 융희원년까지 국문 및 국어
등에 어떠한 일들이 있었는지를 일일이 수집하여서 연표를 만들었다
는 것이다. 別表第二種인 國文字體及發音沿革一覽表에 대해서는 字母
와 字體의 발음에 대하여 설명하고 한데 모아놓은 일람표를 만들었
다고 설명한다. 別表第三種인 諸書散出國文字母一覽表에 대해서는
訓民正音, 訓蒙字會 등의 문헌들을 抄集하여 字母를 分解하여 모든
문헌에서 다루어지고 있는 字母와 俗用되는 國文字母들을 정리하고
字體의 同異함에 대하여 살펴보았다고 하였다. 마지막으로 첨부되어
있는 別表第四種는 諸書字母圖同異一覽表이다. 이에 대해서는 別表
第三種에서와 유사하게 몇몇 문헌에서 다루어지고 있는 字母圖에 기

술된 字母들 간에 同異한 점들에 대하여 기술한 것이라고 하였다. 이상으로 一題에 첨부되어 있는 四種의 別表에 대한 설명을 살펴보았는데, 결론 부분에는 別表第五種, 別表第六種으로 여겨지는 내용이 추가되어 있다. 하지만 실질적으로 이 두 別表는 어윤적의 「국문정리」의 본문에는 수록되어 있지 않다. 이 내용들이 본래 존재하였으나 누락된 것인지, 목차에만 기술되고 실제 내용은 빠져 있었던 것인지 현재로서는 알기 어려운 것으로 보인다. 본문의 내용은 확인할 수 없지만, 이 두 別表는 무엇이며 어떠한 내용으로 기술되어 있었는지 간략히 살펴본다. 別表第五種은 國文關係各國文字一覽表이며 漢字와 梵字, 蒙文의 字頭綴字와 日文字에 대하여 수집하여 표로 만들어 각국 문자의 자체를 한 눈에 볼 수 있도록 하고자 한다고 기술하고 있다. 이어서 別表第六種은 國文正俗草各體一覽表로 국문의 正體와 俗體, 그리고 草體를 함께 나열하여 표로 만들어 그 글자가 어떠한지를 살펴보고자 하는 것이라고 하였다. 결론의 마지막 부분에는 목차에서 살펴보았던 것과 같이 引用及參考書目을 추가하였다는 점을 언급하였다.

이상으로 살펴본 1題는 전체 분량의 3분의 2를 차지하는 만큼 어윤적의 國文字母의 紀元과 字體, 發音에 대하여 상세히 살펴보는 것 이상으로 그것을 정리하고 체계화시키고자 하였던 것으로 보인다. 이를 통하여 그가 국문연구에 대하여 얼마나 심혈을 기울였는지 파악할 수 있으며, 여느 학자들에 비하여 국문을 역사적인 관점에서 연구하고자 하는 태도가 분명하였다는 것을 알 수 있다.

이어서 어윤적이 의정안의 二~十題에 대하여 어떠한 태도를 보였는지에 대하여 간략하게 살펴보고자 한다. 二題는 初聲 中 ㅇㆆㅿ ◇

ㅁㅂㅍㅃ 八字의 復用當否에 대한 것이다. 어윤적은 이 여덟 글자의 복용이 부당하다는 결론을 내리고 있으며, 의정안에도 다른 위원들 또한 동일한 견해를 지니고 있다고 언급하고 있다.[25] 다음은 어윤적이 이 의제에 대하여 언급한 내용의 결론이다.

> (7) 愚意 則只用 ㅇ자 ㅎ야 通用於異 初聲凝終聲ㅎ고 其他 ㅇㆆㅿ
> 及ㅁㅂㅍㅃ 七字는 不須復 用이오 ◇ 字는 卽 ㅁ之變體니 無
> 容別論이라 ㅎ노라

위 (7)에서는 ㅇ자는 초성에서와 종성에서 달리 쓰이며, 그 외에 ㅇㆆㅿ와 ㅁㅂㅍㅃ 7자는 복용할 수 없고, ◇ 자는 ㅁ가 변한 글자이니 달리 논할 것이 없다고 하였다. 이를 통하여 이 시기에는 실용적이고 실질적으로 문자를 사용하는 것에 중점을 두고 있음을 파악할 수 있다.

三題는 初聲의 ㄲ ㄸ ㅃ ㅆ ㅉ ㆅ 六字 並書의 書法一定에 대한 것이다. 의정안에서는 이에 대해서는 모든 위원들의 의견이 일치하지는 않았다고 기술하였다.[26] 어윤적은 이에 대하여 同字 異字를 병렬

---

25) 이에 대한 「국문연구의정안」의 내용은 아래와 같다.

ㅇㆆㅿ 三字 中 ㅇ는 現用ㅎ는 者이오 ㆆ字가 見廢ㅎ 者이니 玆에 ㅇㆆㅿ로 訂正ㅎ야 復用當否를 論ㅎ노라 [중략] ◇ 字는 卽 脣輕音 ㅁ字의 變體니 本字 ㅁ가 旣有ㅎ즉 此의 復用當否는 下述에 讓ㅎ노라 ㅁㅂㅍㅃ 四字는 脣輕音理에는 適當ㅎ나 國語音에 는 無ㅎ니 復用ㅎ이 不當ㅎ도다

위의 내용은 ㅇㆆㅿ ◇ ㅁㅂㅍㅃ이 復用不當한 이유에 대한 설명이다. 이 자모들이 국어에서 사용되는 것이 적절하지 않다는 것이 그 이유이며, 이는 즉 글자를 실용적이고 현실적으로 사용하는 것을 목표로 한 결과이다. 이에 대해서는 어윤적을 포함한 모든 위원들의 견해가 일치하였다.

26) 이에 대하여 「국문연구의정안」에 기술된 내용은 아래와 같으며, 어윤적의 견해와 거의 일치한다.

하여 쓰는 것은 훈민정음의 並書例에 이미 존재하고, 발음이 다르니 편할 대로 사용하는 것이 무방하다는 태도를 보인다.

> (8) 愚意 則 同字並書 及 異字竝書가 正音에 俱有其例ㅎ고 異字竝
> 書所發音에 亦有同字並書音ㅎ니 今可兩存其例ㅎ고 不必强行
> 一定ㅎ야 使學者로 隨意活用이 實屬善義라 ㅎ노라

(8)에서는 동자병서(각자병서)와 이자병서(합용병서)가 정음(훈민정음)의 예에 나타나 있으며, 이자병서와 동자병서 모두 지금도 그 예가 존재하니, 그것을 사용하는 학자들이 수의적으로 활용하는 것이 좋다고 하였다.

다음으로 四題는 中聲 中=字 剏製와 ·字 廢止의 不當에 대한 것이다. 이 題는 지석영 위원에 의하여 언급된 것이며, 「국문연구의정안」에는 =를 剏製하는 것은 不當하고 ·는 사용하는 것이 옳다고 하였다.[27] 어윤적은 =은 ·의 음가가 ㅣㅡ 의 합음이기 때문에 =로

此 六字의 同字竝書는 訓民正音에 其 發聲의 例ᄭᅵ지 特揭ᄒᆞ셧은즉 實로 制字의 本義
오 音理의 原則이어늘 初聲合用 則 並書例와 如히 或 ㅂ字를 左加ᄒᆞ여 或 ㅅ字를 左
加ᄒᆞ야 俗語에 된시옷이라 稱ᄒᆞ야 行用ᄒᆞ니 此는 並히 音理에 不當홈으로 訓民正音을
遵ᄒᆞ야 同字의 竝書로 一定홈이 可ᄒᆞ노라

위의 내용은 ㄲ ㄸ ㅃ ㅆ ㅉ ㆅ와 같이 동일한 글자로 이루어진 병서(각자병서)는 훈
민정음에서까지 언급되었던 것만큼 制字의 본래 뜻이고 音理의 원칙이라는 것이다. 그
러나 초성을 합용하는 것과 같이 ㅂ자나 ㅅ자를 좌측에 결합하여 병서를 만드는 것은
音理에 어긋나니, 훈민정음에 따라 同字로 병서하는 것만 가능하다고 한다. 뿐만 아니
라 이들 六字 중에서 ㆅ은 국어음에 ㅎ자로만 쓰여도 되니 복용한 글자는 불필요한
것이라고 기술하였다.

27) 이 의제에 대한 「국문연구의정안」의 내용은 아래와 같다.

 ·字는 其 本音이 ㅣ加 ㅡ의 字와 如ᄒᆞ더 今에 ㅏ 字體音으로 行用됨이 訛誤오 更히
ㅡ字의 拗音 卽 ㅣ加 ㅡ의 音과 如홈으로 ·를 廢ᄒᆞ고 其 代에 =를 剏製ᄒᆞ얏으나 ·

적으면 ·의 음가가 ㅣㅡ의 합음인 것이 잘 드러나지 않기 때문에 =의 존재가 무의미하다고 언급하였다. 만일 ㅣ와 ㅡ가 합음이 된 것을 표기한다면 'ㅗ'가 된다고 언급한다. 뿐만 아니라 이러한 견해를 반영하여 '둘(月)'과 '달', 'ᄒᆞ야'와 '하야', '여ᄃᆞᆲ(八)'과 '여닮', '여닯', '여ᄃᆞᆲ' 등과 같이 서로 혼용되어 쓰이는 글자들을 그림으로 나타내어 중간 부분에 첨부하고 있다. 그는 制字上 ·를 중성의 근본이라고 보았으며, ·가 모음들 중에서 가장 자연스럽게 나는 음이라고 하였다. 그리고 이러한 이유 때문에 ·가 다른 모음들과 쉽게 혼돈된다고 언급한다. 그는 ·가 ㅣㅡ의 합음이라는 주시경의 견해는 부정하였지만 ·자를 폐지하자는 점에 있어서는 주시경과 동일한 견해를 내보인 것이다.

五題는 終聲의 ㄷㅅ 二字用法 及 ㅈㅊㅋㅍㅎ 六字도 終聲에 通用當否에 대한 내용이다. 이에 대하여 어윤적은 "初聲諸字를 皆用於終聲則品詞記法이 畫然一致ᄒᆞ야 言文之文明을 燦然可睹오"와 같이 기술하였다. 이는 즉 초성에 쓰이는 글자는 모두 종성에서도 쓰일 수 있고, 이는 즉 품사기법과 일치하여 언문의 문명이 찬란한 빛을 보게

의 本音이 ㅣ加 ㅡ의 합 中聲으로 天然作字의 例가 自在ᄒᆞ즉 = 字는 剏製ᄒᆞᆷ이 不當ᄒᆞ며 ·字는 ㅏ홈과 混疊ᄒᆞ얏으나 製字ᄒᆞ신 本義와 行用ᄒᆞ든 慣例로도 廢地ᄒᆞᆷ이 不當ᄒᆞᆯ 쑨 不是라 法令公文에 一切 慣用하고 一般 人民이 信手輒書ᄒᆞ니 實際로도 廢止ᄒᆞᆷ이 不可能ᄒᆞ니 其 用法만 區別ᄒᆞ야 一定ᄒᆞᆯ지오 廢止ᄒᆞᆷ은 不當ᄒᆞ도다

위에서는 ·가 ㅣ에 ㅡ를 더한 것과 같은 것인데, 현재 ㅏ 자의 음으로 사용되는 것은 그릇된 것이라 한다. 그래서 ·를 폐지하고, 그 대신에 =를 만들어 쓰고자 하였다. 하지만 ·의 본음이 ㅣ에 ㅡ를 더한 중성이었던 것에 비하여 = 자는 이러한 음을 나타내지 못하니 부당하기 때문에 이것이 ·를 대신하기는 어렵다고 한다. 따라서 ·가 ㅏ 자와 섞여 쓰였으나, 그 문자들의 本義와 사용되는 관례에 따라 폐지하는 것은 부당하고, 일반 사람들도 ·를 사용하는 것에 익숙하니 실질적으로 폐지하는 것이 불가능하고, 용법에 따라 ·와 ㅏ를 잘 구별하여 사용해야 한다고 하였다.

될 것이라는 말이다. 그는 이 의제에 대한 내용에 덧붙여 명사, 형용
사, 동사에 '承接詞'(조사 또는 어미)[28]가 붙는 몇몇 예들을 제시하고
있다.[29] 이 경우 이들의 표기를 항상 고정되게 하려면 ㅈㅊㅋㅌㅍㅎ
과 같은 받침도 써야 한다고 하였다. 이러한 그의 견해는 이후 그가
1911년 조선어에 관한 조사와 맞춤법 제정 활동을 할 때 언급하는
내용들과 일치하는 것이다. 이러한 그의 주장에는 모든 자음을 받침
에도 사용하여 형태소 경계를 명확하게 하고, 발음과 표기를 일치시
키고자 하는 사고가 바탕이 되어 있다는 것을 생각할 수 있다.[30]

다음으로 六題는 字母의 七音과 淸濁의 區別如何이다. 이에 대하여
어윤적은 七音은 정음에서 소위 牙 舌 脣 齒 喉 半舌 半齒 등의 음을
말하는 것이니, 초성에서 구별하는 것이고 그 중성 종성은 실제로 그
것 자체로는 구별하는 것이 불가능하다고 언급한다. 牙音은 ㅇㄱㅋ,
舌音은 ㄴㄷㅌㄹ, 脣音은 ㅁㅂㅍ, 齒音은 ㅅㅈㅊ, 喉音은 ㅎ이라고 기
술하고 있다. 이어서 淸濁의 淸은 全淸, 次淸이 있고, 濁은 全濁, 次濁
이 있고, 不淸不濁도 있는데 이들 간의 구별이 가능하고 서로 同異한
점이 있다고 한다. 淸音은 ㅇㄱㄴㄷㄹㅁㅂㅅㅈㅎ, 激音은 ㅋㅌㅍㅊ,
濁音은 ㄲㄸㅃㅆㅉ라고 기술하고 있다.

---

28) 이 '承接詞'라는 용어는 어윤적만이 제시한 것이다.
29) 신유식(1989)에서는 이 부분을 국문법 연구와 관련된 것으로 다루고 있다.
30) 그는 조선어 조사회의에서도 이와 관련하여 다음과 같은 발언한 바가 있다(미쓰이 다
    카시 2013: 87-88).

    저는 종래에 세간에서 통용되는 글쓰기에 익숙해져 그것에 얽매어 있었기 때문에 이
    제 와서 받침을 복구하면 잠시 이상한 느낌이 들겠지만, 이것은 일시적인 것입니다.
    초학 아동이라면 하등 이상한 느낌이 들지 않을 것이고 또한 발음과 표기가 완전히 일
    치하기 때문에 오히려 학습하기가 쉬울 것입니다. 본래 이 문제는 언문 가나 표기법에
    서 가장 중요한 점인데, 이것을 단연코 복구시켜야만 비로소 언문 가나 표기법에 일대
    진보를 인정하게 될 것입니다.

七題는 四聲票의 用否 及 國語音의 高低法이다. 이에 대한 어윤적의 견해는 「국문연구의정안」의 내용과 동일하다. 의정안의 내용과 다른 부분은 '特於長音에 左加一點ㅎ야 以爲區別이 實屬妥便이라 ㅎ 노라'의 내용이 추가되어 있다는 것이다. 이는 즉 그는 특별히 장음 왼편에 점을 찍어 구별이 용이하게 한다는 것이다. 八題는 字母의 音讀一定에 대한 것이다. 어윤적은 이에 대하여 一題의 부록에서 살펴본 別表第二種을 재언급하며 글자의 音讀方法은 훈몽자회를 바탕으로 하고 있다. 그는 字母를 ㅇ(이응), ㄱ(기윽), ㄴ(니은), ㄷ(디읃), ㄹ(이을), ㅁ(미음), ㅂ(비읍), ㅅ(시읏), ㅈ(지읒), ㅎ(히읗), ㅋ(키윽), ㅌ(티읕), ㅍ(피읖), ㅊ(치읓), ㅡ(으), ㅣ(이), ㅗ(오), ㅛ(요), ㅏ(아), ㅑ(야), ㅜ(우), ㅠ(유), ㅓ(어), ㅕ(여)로 音讀하였다.

다음으로 九題는 字順行順의 一定에 대한 것이다. 그는 이와 관련하여 一題의 別表第三種를 언급하였다. 내용에 이어서 字順과 行順을 기술해 놓았다. 마지막 의제인 十題는 綴字法에 대한 것이다. 철자법은 訓民正音例義에 규정한 三聲結合法을 가리킨다. 중성은 초성의 오른쪽에 세로로 쓰고, 가로로 된 것은 초성의 아래에 기술하며, 초성합용, 즉 병서를 하면 ㄲ ㅼ ㅽ 등과 같은 모양이고 중성합용, 즉 그 발음에 따른 先後에 있는 글자와 합하면 ㅐ ㅚ ㅑ ㅡ ㅐ ㅖ와 같다고 하였다. 종성은 초·중성의 아래에 기술하여 '각 간 간 갈 감 갑 갓 갖 갛 갘 갚 갛' 등과 같은 모양으로 쓰이고, 종성 위치에 합용병서가 쓰여 '흙 젊 엷' 등과 같이 쓰인다고 하였다.

이상으로 어윤적의 「국문연구」에 대하여 살펴보았다. 그의 국문에 대한 견해와 철학은 「국문연구의정안」에도 상당한 영향을 끼쳤지만, 이후 조선어 철자법 제정에 있어서도 그는 자신의 언어관을 명확하게 드러냈다.[31] 國語 字母를 실용적으로 사용하고 현실적으로 발음하기 쉽게 하기 위한 연구의 결과였던 것이다. 국문에 대한 그의 사고와 논리는 여느 학자들에 비하여 분명하였던 것으로 보인다.

이와 더불어 살펴볼 것은 그의 「국문연구」에서만 나타나는 특징은 四種의 別表이다. 어윤적의 「국문연구」에서 一題에 대한 내용에 이어서 四種의 別表를 부기하였다는 특이한 점이 발견된다. 이기문 (1970: 78)에서는 이에 대하여 자료 정리, 특히 年表에 익숙한 그의 솜씨를 보여주고 있다고 한다. 위의 (3)에서 이미 언급한 바 있지만 四種의 別表를 아래와 같이 재언급한다.

(9) ㄱ. 別表第一種 「國文源流年表」
　　ㄴ. 別表第二種 「國文字體及 發音沿革一覽表」
　　ㄷ. 別表第三種 「語書散出國文字母一覽表」
　　ㄹ. 別表第四種 「諸書字母圖同異一覽表」

(9ㄱ)의 「國文源流年表」는 43페이지에 달하는 많은 내용들로 이루어져 있다. 이 「국문연류연표」는 檀君朝鮮 이래 國文과 관련 있는 사건과 韻書, 譯書, 著書 등을 연도순으로 정리한 것이다(신유식 1989: 19).[32] 이기문(1970: 82)에서는 別表들에 대해서는 매우 정성스럽게 작성된 것이라는 것 외에 별로 할 말이 없다고 언급한다. 오늘의 관점에서 이들은 별로 이용될 만한 가치가 없는 것이 사실이며, 이들이 가치가

---

31) 조선어 철자법 제정 시 어윤적은 『훈민정음』例義에 따라 모든 자모의 첨삭을 인정하지 않는 규범주의적이고 전통주의적인 언어관과 음성주의적 관점을 가지고 있었다(미쓰이 다카시 2013: 129).

32) 이 논문에서 국문연류연표가 처음 언급된 것으로 보이며, 이에 대해서는 일부의 목차만 제시하고 있다.

있다면 당시에 이 방면에 알려진 자료의 윤곽을 알려주고 있다는 점
이라고 한다. 하지만 국어사 자료를 전반적으로 살펴보았을 때, 이와
같은 결과물은 없는 것으로 보인다. 「國文源流年表」는 "此爲國文源流
考據而作故以國文初作之年卽本朝 世宗大王二十五年癸亥爲國文紀元…"
과 같은 문장으로 시작하고 있으며, 이는 "국문원류를 참고하고 증거
로 삼아 쓰는 것은 고로 국문을 처음으로 제작한 시기로 즉 우리 세
종대왕 25년 계해년에 국문이 기원하여…"와 같이 해석할 수 있다.
箕子朝鮮의 檀君元年을 시작으로 하여, 箕子元年, 文惠王, 孝宗王, 英
傑王, 三老王, 哀王에 이어 마한, 신라, 고구려, 백제, 고려시대까지
우리의 역사의 흐름에 따른 중국·일본의 역사와 문자의 변화에 대하
여 간략하게 기술하고 있다.[33] 고려 공민왕에 이어서 세종25년 훈민
정음을 창제한 것과 관련하여 "모든 나라가 각 문자를 지어 그 나라
의 방언을 기록하니…자모28자를 창제한 것은 언문(諺文)개국을 한
것(諸國各製文字以記其國之方言…創製字母二十八字名曰諺文開局)"과 같이 언
급하며 훈민정음 창제를 기술하고 있다. 뿐만 아니라 세종28년 "정인
지가 서문을 지어 한 책을 만들었으니, 이를 훈민정음이라고 명한다
(鄭氏麟趾작序文成一冊命名曰訓民正音)"이라 하며, 훈민정음의 창제 목적
과 字母에 대하여 요약·정리하여 제시하였다. 이어서 終聲復用初聲
에 대하여 언급하고, 鄭麟趾의 序文을 기술하였다. 세종 이후 세조,
성종, 중종에 이어 광무11년, 즉 고종이 퇴위하는 시기를 마지막으로

---

33) 당시 일본의 식민사학자들은 고조선을 고려 때 만든 신화로 간주하고 역사상에 실재
했던 국가로 인정하지 않고 있었다. 하지만 어윤적은 그런 일본의 식민사학자들의 역
사인식에 동조하지 않았다. 그는 고조선을 우리나라 역사의 시발점으로 인정하고 「동
사연표」에서 여러 참고 자료를 내세워 실증적으로 밝히고 있다(정욱재 2003: 124). 國
文源流年表는 「동사연표」보다 일찍 작성된 것이기에, 이때부터도 역사에 대한 의식이
확고하였고 이후 「동사연표」에서 더욱 확실하게 드러났다고 할 수 있다.

마무리된다. 광무 11년에 대해서는 "七月八日學部大臣以國文研究所設寘事經議奏 裁"와 같이 기술하였다.

(9ㄴ)은 제목 그대로 國文字體와 發音沿革을 한눈에 살펴볼 수 있도록 만들어 놓은 표이다. 8가지 유형으로 나누어 각 유형에 해당되는 字母字를 나열하고, 그에 대하여 설명하고 있다. 첫째는 初聲及終聲復用初聲例(ㅇㆆㅎㆁㄱㅋㄴㄷㅌㅅㅈㅊㅁㅂㅍㄹㅿ), 둘째는 初聲同字並書例(ㆅㄲㄸㅆㅉㅃ), 셋째는 ㅇ連書脣音下則爲脣輕例(ㅱㅸㆄㅹ), 넷째는 初聲合用則並書終聲同例(ㅥ ㄴㄱ ㄷ ㄹ ㅅㄱ ㅅㄷ ㅅㅂ ㅇㅅ ㄱㅅ ㄴㅅ ㄹㄱ ㅁㅅ ㅂㅅ ㄹㄱ ㄹㅐ ㅅㅐ ㅁㅐ ㅁㅅ ㄹㅁ ㅁㅈ ㅂㅈ ㅂㄷ), 다섯째는 正音後加設初聲諸字(ㄴㄷㅌㄸ ㅁㅂ ㅅㅈㅊㅆㅉㅅㅈㅊㅊㅆ), 여섯째는 中聲諸字(ㆍㅡㅣㅏㅑㅓㅕㅗㅛㅜㅠ), 일곱째는 合中聲重中聲諸字(ㅘㅝㅢㆍㅣ), 마지막 여덟째는 正音後加設中聲諸字(ㆍㅡ)로 이루어져 있다. 어윤적은 각각의 字母字가 그것이 속하는 유형에서 어느 위치에서 어떠한 발음으로 쓰이는지까지 상세하게 설명해 놓았다.

(9ㄷ)는 諸書散出國文字母一覽表이다. 이는 모든 문헌에서 國文字母가 쓰이고 있는 모습을 한데 모아 정리해 놓은 표이다. 字母字를 산출한 문헌은 訓民正音, 訓蒙字會, 三韻聲彙, 訓民正音圖解, 芋束正音通釋韻考, 經世正音圖說, 眞言集, 字母分解, 俗用國文이며, 각 문헌에서 다루고 있는 字母字들을 나열해 놓았다. 이 또한 동시대 문헌에서 각기 字母字를 어떻게 달리 기술했는가를 보여주는 중요한 자료인 것으로 보인다.

마지막 (9ㄹ)은 諸書字母圖同異一覽表이다. 이는 광운의 36자모, 운회의 35자모, 훈몽자운의 31자모, 훈민정음도해의 36자모 등을 바탕으로 표를 만든 것이다. 각 문헌에서 쓰이는 字母가 漢文字母, 淸濁,

七音, 五行, 五音을 기준으로 하였을 때 각기 어떻게 다루어지고 있는지 정리하고 있는데, 이를 통하여 國文字母가 문헌에 따라 달리 정의되고 있다는 것을 한 눈에 살펴볼 수 있다는 것이 매우 큰 장점이다.

이상으로 어윤적의 「국문연구」의 1題에 부록과 같이 첨부되어 있는 四種의 別表에 대하여 살펴보았다. 그는 國文에 대한 역사와 國文字母의 발음, 형태, 특성에 대하여 연구하고 기록하고자 하였다. 그는 우리나라 文字의 역사적 사실을 잘 이해하고 기억할 수 있도록 하기 위하여 이러한 작업을 하였던 것으로 보인다.[34] 1907년 학부 편집국장에 임명된 후에 많은 자료를 접하고 열람하였을 가능성이 크며, 그때부터 국문에 대한 관심이 상당히 커졌다고 할 수 있을 것이다. 어윤적은 일제의 검열을 피하기 위하여 연표의 형식으로 우리나라 역사를 기록한 문헌과 자료들을 남겼는데(정욱재 2003), 이 四種의 別表는 이러한 작업을 시작하는 단계에 있었던 자료였다.

3.2. 국문과 관련된 논설

어윤적의 국문에 대한 관심은 그가 게재한 논설을 통해서도 알 수 있다. 논설들의 목록은 아래와 같다.

(10) ㄱ. 敎育界 迷惑解(『기호흥학회월보』 1908년 9월 25일)

---

34) 1915년에 간행되는 어윤적의 「동사연표」의 서문에서 그는 우리나라의 역사적 사실을 잊어버리지 않고 잘 기억하게 하며 이것이 검색한 편리한 자료가 되어 연대와 사실의 이해에 참고하도록 하는 것이「동사연표」의 간행 목적이라고 언급한다. 비록 그 자신은 친일파라고 해도 당시 여건이 허락되는 범위에서 가급적 주관적인 서술은 하지 않고 객관적인 사실들을 나열하여 자국민에게 올바른 자국의 역사를 알리려 의도하였다(정욱재 2003: 116). 그의 이러한 사고와 철학 속에서 「국문연구」가 완성되었고 이후 『동사연표』가 만들어지게 된 것이다.

ㄴ. 世子東宮時代 - 光武外交의 實際와 其終幕(『신민』제14
   호 1926년 6월 1일)

ㄷ. 歷史와 訓民正音(『동아일보 1926년 11월 9일)

ㄹ. 正音의 故典(上)(『동아일보 1926년 11월 14일)

ㅁ. 正音의 故典(下)(『동아일보』 1926년 11월 15일)

ㅂ. 正音頒布紀念講念錄 - 正音의 史的考察(『신민』제20호
   1926년 12월 1일)

ㅅ. 正音制定頒布, 金汶植氏 論文에 對하야(『동아일보』 1926
   년 12월29일)

ㅇ. 正音制定頒布日, 金汶植氏 論文에 對하야(『동아일보』 1926
   년 12월 30일)

그가 논설을 게재한 시기들을 살펴보니, (10ㄱ)을 제외하면 모두
1926년에 게재한 것들이다. 1926년을 전후로 그의 행적을 살펴보면
<조선사학회>와 <조선사편수회> 등에서 주요인물로 자리한 시기
이다. (10ㄴ)과 같은 글에서는 당시 그의 사회적 지위에 의하여 정치
적 성향이 묻어나기도 하지만, 그 외의 글에서는 그가 훈민정음, 국
문에 대하여 얼마나 관심 갖고 연구했는지를 확인할 수 있다.

(10ㄱ)에서는 교육에 대한 강조를 하면서 자녀들을 교육하는 것과
어린 아이들을 교육하는 태도와 방법에 대하여 언급하고 있으며, 이
논설은 현재 볼 수가 없다.[35] (10ㄴ)은 총 6페이지로 구성되어 있으
며, 광무2년 기해년부터 광무9년 을미년까지 7년 동안 外部에서 참조
관의 1인으로서 교섭국 제2과장을 맡으며 광무년 동안 外交實際에

---

35) "夫 學問은 爲人之道오 敎育은 成人之義라. 故로 爲己而研究 日 學問이오 對他而訓迪
   日敎育이니 斯有學問者則必有敎育者라."와 같은 글귀로 이 글을 시작하고 있으며, 학
   문하는 사람은 반드시 교육자이기도 하다는 점을 강조하고 있다.

대하여 기술하고 있다.[36] (10ㄷ)은 어윤적이 1926년 11월 4일에 최초로 가갸날(한글날)을 축하하는 자리에서 발표하였던 글의 제목으로, 글의 내용은 현재 확인하기가 어렵다.[37] (10ㄹ)-(10ㅁ)에서는 훈민정음의 창제 과정에서 발생한 이야기들을 기술하고 있다. "只今發起人이 나다려 정음에 대한 고련을 이야기하라 하시니 暫間正音의 尊崇받든 일과 賤待와 驅逐當 하든 일을 間斷히 말슴하겟소"와 같은 글귀로 글을 시작하고 있다. 세종대왕은 건강이 악화되었음에도 불구하고 정음 창작에 전념하였음에 대하여 숭배하고, 최만리가 상소한 내용들이 기술되어 있다. 반면에 폐비윤씨의 사사사건이 발생한 것과 더불어 정음이 배척당하게 된 연유와 이에 대한 안타까움을 표현하고 있다. (10ㅂ)의 글은 현존하지 않는 것으로 보인다. (10ㅅ)-(10ㅇ)은 어윤적이 정음반포기념 축하 강연에 대하여 동아일보에 김문식이 게재한 글[38]에 대하여 비판 및 답변하는 글이다. 장문을 나누어 게재한 것으로, 김문식이 어윤적이 언급한 정음을 제정·반포한 날에 대하

---

36) 국회도서관에서 원문을 확인할 수 있다.

37) 3·1운동으로 日帝의 억압이 다소 완화된 후 내국인 국어학자들의 민간학회가 결성되었다. 어윤적도 이에 포함되어 있었던 인물이다. 1921년 12월 3일 조선어연구회가 발족하였고, 이들은 초기에는 동지적 모임으로서 가갸날을 축하 강연을 하고, 1927년 2월에 同人誌「한글」을 9호까지 냈다. 1931년 1월에 조선어학회로 개칭하고, 이듬해 5월에 기관지「한글」을 창간하여 약 10년 만에 자리를 잡았다. 이후 이 학회는 朝鮮語文의 연구와 통일을 목적으로 하고, 월례발표회와 강연강습회 등을 통하여 힘든 운동을 전개하고 조선어사전 편찬을 목표로 활동한다. 저항기의 國語整理는 통치자 일제에 의하여 진행되었고,「조선어사전」(1920),「언문철자법」(1930)이 그 중요한 결과였다. 조선어학회는 집단적으로 國語統一運動을 전개하여 뜻있는 업적을 쌓았으나, 일제의 조선어학회사건으로 학회는 사라지게 된다. 조선어학회의 일원이었던 어윤적도 이러한 과정을 겪었을 것으로 보인다. 더욱 자세한 내용은 김민수(1980: 242-248)을 참고

38) 김문식은 훈민정음 제정·반포에 관하여 다음과 같이 동아일보에 두 차례로 나누어 논설을 게재되었다.
  ㄱ. 正音을 制定頒布한 날은(上)(『동아일보』 1926년 12월 8일)
  ㄴ. 正音을 制定頒布한 날은(下)(『동아일보』 1926년 12월 10일)

여 반박한 점에 대하여 다양한 근거를 제시하여 재반박하고 있다.

이상으로 살펴본 어윤적의 논설들은 대체로 正音에 대한 내용으로 이루어져 있음을 알 수 있다. 이를 통하여 어윤적도 훈민정음에 대한 이해와 철학이 있었던 것을 확인할 수 있으며, 그러한 점들 때문에 그도 동시대의 여느 국어학자들과 함께 국문에 관심을 갖고 연구하였던 학자라고 할 수 있는 것이다. 그의 논설을 제시하면 다음과 같다.

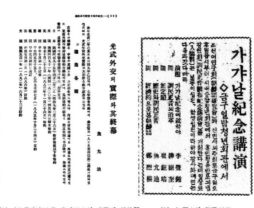

(10ㄴ)世子東宮時代-光武外交의 實際와 其終幕　　(10ㄷ) 歷史와 訓民正音-
　　　　　　　　　　　　　　　　　　　　　　　가갸날 紀念講演

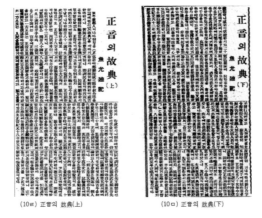

(10ㄹ) 正音의 故典(上)　　　　　　(10ㅁ) 正音의 故典(下)

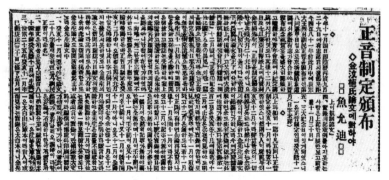

(10ㅅ) 正音制定頒布, 金汶植氏 論文에 對하야

(10ㅇ) 正音制定頒布日, 金汶植氏 論文에 對하야

4. 나가기

어윤적은 개화기 시기의 문신으로서 역사·철학에 관심을 갖고 연구 활동을 하고 정치가적인 면모도 지니고 있었다. 당시 지식인으로서 대한제국의 관료로서 중요한 직위들을 역임하는데, 국문연구소 개설이 국문연구에 관심을 갖고 본격적인 연구를 시작하게 되는 동기가 되었던 것으로 보인다. 「국문연구의정안」에 수록된 어윤적의 「국문연구」는 그가 국문에 대하여 연구한 초기의 업적임에도 불구하고 그 내용은 당시 최고의 국어학자인 주시경, 지석영 등의 견해에 버금 갈 만큼 높은 가치를 지닌다. 의정안의 十題에 대하여 기술한 내용을 살펴보았을 때 가장 눈에 띠는 점은 一題에 대한 상세하게 기술한 것이다. 그는 여기에서 국문의 字體와 發音의 源流에 대하여 언급을 하면서 역사적 사실에 상당히 많이 주목하였다. 그의 글에서만 나타나는 특기할 점은 一題의 본문에 이어서 四種의 別表를 수록하였다는 점이다. 이 표들은 국문의 역사를 이해하기 위한 중요한 참고서라 할 수 있다.

그의 논설들에서도 국문에 대한 관심과 참여를 확인할 수 있다. 논설들을 작성하고 수록된 시기가 특정한 시기에 집중되어 있는 것이 눈에 띠며, 교육과 국문의 역사에 대한 내용들로 이루어져 있다. 그는 국문에 대한 그의 철학과 견해가 분명하였으며, 이는 후대에 국어 철자법 제정에 있어서도 큰 영향을 끼쳤다. 그의 국어학적 업적은 개화기 시기의 국문의 역사의 흐름을 한눈에 살펴볼 수 있을 정도로 방대하다. 이상으로 이 글은 어윤적이 개화기 시기의 국문 연구에 공헌하였던 중요한 국어학자였음을 증명하고 확인하였다는 데에 의의를 두고자 한다.

참고문헌

고영근(1983ㄱ), 「개화기의 국문연구단체와 국어보급운동」, 『한국학보 30』, 일지사.

고영근(1983ㄴ), 『국어문법의 연구』, 탑출판사.

고영근(1985), 『국어학연구사』, 학연사.

국사편찬위원회(1974), 『한국사 20: 근대: 근대문화의 발생』, 국사편찬위원회.

국사편찬위원회(2003), 『한국사 45: 신문화운동』, 국사편찬위원회.

김민수 외(1986), 『역대한국문법대계-제3부 제6책/제3부 제8책』, 탑출판사.

김민수(1977), 『주시경연구』, 탑출판사.

김민수(1980), 『新國語學史(改訂版)』, 일조각.

김삼웅(1987), 『금서』, 백산서당.

김선득(1995), 「김윤경: 조선문자 급 어학사」, 『새국어생활 5-3』, 국립국어연구원, 3-24면.

미쯔이 다카시 지음, 임경화·고영진 옮김(2013), 『식민지 조선의 언어 지배 구조: 조선어 규범화 문제를 중심으로』, 소명출판.

박태권(1976), 「주시경 선생과 국문연구소」, 『又村 姜馥樹博士 回甲紀念論文集』, 우촌 강복수박사 회갑기념논문집 간행위원회.

박찬승(2001), 「1890년대 후반 관비유학생의 도일유학」, 『근대 교류사와 상호인식1』, 고려대 아세아문제연구소.

신유식(1989), 「어윤적의 국어학연구-국문연구소의 보고서 중심으로」, 『어문논총 6·7』, 청주대학교, 135-160면.

신창순(2001), 「국문연구소 「국문연구의정안」의 검토」, 『어문논집 44-1』, 안암어문학회, 5-49면.

윤대원(2013), 「『純宗實紀』의 고종시대 인식과 을사늑약의 외부대신 직인 '강탈' 문제」, 『규장각 43』, 서울대 규장각 한국학연구원, 277-305면.

李珖鍈(1979), 「국문연구소 「국문연구의정안」에 대하여」, 『국어문학 20』, 국어문학회, 87-115면.

이광호(1980), 「國文研究所 「국문연구의정안」에 대하여」, 『김영준선생 화갑기념논문집』, 형설출판사.

이기문(1963), 『國語表記法의 歷史的研究』, 한국문화연구원.

이기문(1970), 『개화기의 국문 연구』, 일조각.

이기문(1981), 「한힌샘의 言語 및 文字理論」, 『관악어문연구 6』, 서울대학교 국어국문학회.

이승률(2004), 「일제시기 '한국유학사상사' 저술사에 관한 일고찰」, 『동양철학연구 37』, 동양철학연구회, 43-78면.

이응백(1987), 「日政時代의 국어 表記法」, 『국어생활 9』, 국어연구소, 49-59면.

이응호(1975), 『개화기의 한글운동사』, 성청사.

이이화(1993), 「어윤적」, 『친일파99인』, 돌베게.

이중연(2001), 『책의 운명』, 혜안.

정욱재(2003), 「東史年表의 간행과 그 의미」, 『장서각 9』, 한국학중앙연구원, 109-131면.

정욱재(2005), 「단조사고 저술에 관한 검토」, 『한국사학사학보 12』, 한국사학사학회, 117-154면.

정욱재(2009), 「日帝强占期 沈衡鎭의 『朝鮮歷史千字文』 연구」, 『장서각 22』, 한국학중앙연구원, 219-244면.

정은진(2013), 「무정 정만조의 『조선근대문장가약서』 연구」, 『한문학논집 36』, 근역한문학회.

천정환(2003), 『근대의 책읽기』, 푸른역사.

허영란(2007), 「식민지 구관조사의 목적과 실태, 사학연구86」, 『한국사학회』, 211-246면.

허재영(2004), 『일제 강점기 조선어 장려 정책 1-9』, 도서출판 역락.

허재영(2002), 「근대 계몽기의 어문 정책-구한국 관보를 중심으로-」, 『국어교육연구 10』, 서울대학교 국어교육연구소, 97-143면.

『朝鮮佛敎通史』의 諺文 관련 기술

최 보 람

1. 서론

尙玄 李能和(1869. 1. 19.~1943. 4. 12.)[1]는 한힌샘 周時經, 丹齋 申采浩와 함께 흔히 '구한말 3대 국학자'로 꼽힐 정도로 근대 한국학에 있어 선구적인 업적을 남긴 학자이다. 그러나 한편으로는 일제강점기 청구학회와 국민총력조선연맹에서 활동한 이력 때문에 후일 친일인명사전에 등재되는 등 친일학자, 어용학자의 불명예를 벗어나지

---

1) 이능화의 생몰년도에 대해서는 이견이 있는 듯하다. 본고는 한국민족문화대백과사전과 이하중(1993)에 따라 졸년을 1943년 4월 12일로 표기하였으나, 이병근(2015: 182)에는 1945년으로 되어 있다. 이병근(2015)의 생몰년도 표기는 趙明基(1967)를 따른 것으로 보이는데, 생년에 대해서는 이견이 없으므로 졸년과 관련된 趙明基(1967)의 언급을 살펴보면 "一九四五年 光復을 앞둔 四月 十二日 모진 가난에 시달려도 붓을 쥔 채 차마 撰述을 놓고 말았으니, 享年 七十五歲였다(이병근 2015: 183~184에서 재인용)."여서 다소 의문이 생긴다. 1869년생인 이능화가 1945년 작고하였다면 향년이 75세가 아닌 76세가 되어야 하기 때문이다. 마땅히 해당 내용을 직접 살펴보아야 할 터이나 『조선불교통사』의 중간을 기념하여 쓰인 듯한 이 趙明基(1967)의 출처를 찾지 못하였다.

못하는 인물이기도 하다.2) 그는 평생에 걸쳐 한국학과 관련된 다양한 연구를 진행하였는데, 특히 『朝鮮佛教通史』(1918), 『朝鮮巫俗考』(1927), 『朝鮮基督教及外交史』(1928), 『朝鮮道教史』(1943)와 같은 종교사 연구나 『朝鮮女俗考』(1926), 『朝鮮解語花史』(1927)와 같은 풍속·문화사 연구 등의 특수사 분야에서 두드러진 업적을 남겼다.3) 이러한 다수의 저작들 중에서도 『조선불교통사』는 단연 그의 대표작이라고 할 수 있는 역작이다. 이 책은 한국 불교사에 대한 최초의 연구서이자 자료집으로, 고대에서부터 근대에 이르기까지의 불교사를 총 2,354면의 방대한 분량으로 기술하고 있다.4) 지금까지 이능화에 대하여 이루어진 연구들 역시 그의 역사학자, 종교학자로서의 측면에 초점을 맞추어 온 것으로 보인다.5)

그러나 간과하지 말아야 할 것은, 그가 일찍부터 어학에 특출한 재능과 함께 특별한 관심을 보이고 있었다는 점이다. 실제로 이능화는 영어, 중국어, 일본어, 프랑스어의 4개 국어를 구사하였고, 외국어학교의 교장을 지내기도 하였다. 1906년 「國文一定法意見」을 학부에 제출한 것이나 1907년부터 國文研究所의 위원을 지낸 것 역시 그의 이력에서 빼놓을 수 없는 중요한 사항이다.

국어학계에서는 金允經(1938)에서 이능화의 한글 기원설을 언급한 이래로 小倉進平(1940)에서 그의 국문연구소 활동을 언급하였고, 이후에 이루어진 국어학사 논의에서도 그의 국문연구소 활동이 자주

---

2) 이이화(1993)에서 그의 친일 행적을 자세히 기술하였다.
3) 이능화의 저술 목록은 이하중·申光澈 편(1993)에서 정리한 바 있어 본고 역시 이 목록을 참고하였다.
4) 조선불교통사역주편찬위원회(이하 '편찬위원회')(2010)의 해제를 참고하였다.
5) 張孝鉉(1985), 이경무(2002)에서 여러 분야에 걸친 그의 연구 업적을 아우름으로써 한국학 연구자로서의 이능화를 재평가하려는 노력을 보인 바 있다.

언급되어 왔으나 모두 간략한 소개에 그쳤다. 金敏洙(1980)나 김완진 외(1997)에서 그의 국문연구소 활동에 대하여 단편적으로 언급하고 있는 것이 대표적이다.[6] 그의 국어 연구에 대한 본격적 논의로는 李基文(1970: 85~88)을 들 수 있는데, 여기서는 그가 쓴 「國文硏究」(1908)의 내용을 비교적 상세하게 검토하고 있다.

그의 어학에 대한 관심은 대표작인 『조선불교통사』에도 어김없이 반영되어 있다. 이 책에는 조선시대 초 불경 언해를 관장했던 간경도감에 대한 기록이 정리되어 있는 한편, 훈민정음의 창제와 연원에 대한 기사에 상당한 분량이 할애되었다. 『조선불교통사』는 柳僖의 『諺文志』가 발췌되어 있어 『언문지』의 이본들 중 하나로 여겨지는 한편(김지홍 2010: 155~163), 『釋譜詳節』을 언급한 최초의 근대적 문헌이기도 하다(李浩權 1998: 2~3).[7] 그러나 그의 「國文硏究案」에 비하여 『조선불교통사』의 내용은 그다지 주목 받지 못한 듯하다. 柳花松(2003)에 들어서야 『조선불교통사』 내의 「諺文字法源出梵天」이 불교적 관점에서 검토되었고, 이병근(2015)에 와서는 「언문자법원출범천」의 내용이 국어학적 관점에서 전반적으로 검토되기에 이르렀다.

본고는 국어의 연원에 깊은 관심을 가졌던 이능화와 그가 전통적인 역사 서술 방식으로 기술한 『조선불교통사』, 이 두 가지 측면에 주목하여 『조선불교통사』에 기록되어 있는 언문 관련 내용을 살펴보고자 한다. 우선 2장에서 이능화의 생애와 『조선불교통사』를 개관한 후, 3장에서는 『조선불교통사』가 전통적인 역사 서술 방식을 취하면

---

6) 그밖에 백채원(2014)에서는 개화기 국어국문운동에서 주요한 화두였던 '言文一致'와 관련하여 이능화의 국문관을 언급하였다.

7) 『조선불교통사』에 인용된 문헌은 희방사판 『月印釋譜』이다. 당시 그는 '석보상절'과 '月印千江之曲'을 같은 책의 다른 이름으로 인식하고 있었다(李浩權 1998: 2~3).

서 망라한 다양한 자료들을 살펴본다. 무엇보다도 그의 국어에 대한 관심이 집중되어 있는 곳은 하편의 「二百品題」, 그 중에서도 「언문자법원출번천」이라고 할 수 있는데, 이에 대해서는 4장에서 살펴보도록 한다.

2. 이능화의 생애와 『朝鮮佛敎通史』

2.1. 이능화의 생애와 국문 연구[8]

이능화는 1869(고종 5)년 충청북도 괴산에서 태어났다. 字는 子賢, 雅號는 侃亭이다.[9] 부친 李源兢(1849~1919)과 모친 안동 김씨 사이에서 장남으로 태어난 그는 어려서부터 고향 괴산의 私塾에서 한학 공부를 하였는데, 그 실력이 매우 뛰어났다고 한다. 그의 부친 이원긍은 조선 말 홍문관 교리, 이조참의, 북청부사 등을 역임한 문신으로, 이능화 역시 外務衙門에 종사하게 된 부친을 따라 20세에 상경하여 정동 영어학당에 입학하면서 다수의 외국어를 접하고 배우게 되었다. 영어학당을 졸업한 후에는 한성 漢語學校에서 중국어를(1892~1894), 그 후에는 다시 관립 한성 法語學校에서 프랑스어를 배웠으며 (1895~1897), 1905년부터는 사립 日語夜學舍에서 일본어를 배워 총 4개 국어를 습득하였다.[10] 20세부터 37세에 이르기까지, 그의 청년기

---

8) 이 절의 내용은 한국민족문화대백과사전과 李基文(1970), 崔範勳(1987), 이하중(1993), 이재헌(2015ㄱ)을 참고하였다.

9) 후에 尙玄, 無無, 無能居士와 같은 호를 사용하게 된다.

10) 그의 부친 이원긍은 이 시기 내무아문참의(1894), 군국기무처 회의원을 거쳐 법부협판을 지내던 중 일본의 침략에 반발하여 독립협회에 참여하였다. 이후 1898년 3월 呂圭亨, 池錫永 등 독립협회 회원들과 함께 투옥당해 민심을 현혹시켰다는 죄로 10년

는 온통 외국어를 배우는 데 쓰인 셈이다.

　출중한 어학 실력을 가진 만큼, 그는 어학과 관련된 여러 일을 도
맡아 왔다. 법어학교에서의 뛰어난 성적을 인정받아 1897년 28세에
한성 외국어학교에서 한국인 최초로 프랑스어를 가르쳤고, 1906년에
는 관립 한성 법어학교의 교장이 되어 학교가 폐쇄되는 1911년까지
프랑스어를 가르쳤다. 아래의 (1)은 이능화의 이력 중 어학과 관련된
것들을 정리한 것이다.

　　(1) 이능화의 어학 관련 이력
　　1889~1891년(20~22세)　　　정동 영어학당 수학
　　1892~1894년(23~25세)　　　한성 한어학교 수학
　　1895~1897년(26~28세)　　　한성 법어학교 수학
　　1897년(28세)　　　　　　　한성 외국어학교 교관에 부임
　　1904년(35세)　　　　　　　한성 외국어학교 교관에 복직
　　1905~1906년(36~37세)　　　사립 일어야학사 수학
　　1906년(37세)　　　　　　　한성 법어학교장(주임관)에 임명
　　1907년(38세)[11]　　　　　국문연구소 위원 위촉
　　1908년(39세)　　　　　　　관립 법어, 영어, 일어학교가 통
　　　　　　　　　　　　　　　합됨에 따라 관립 한성 외국어학
　　　　　　　　　　　　　　　교 학감에 임명
　　1911년(42세)　　　　　　　경술국치에 따라 한성 외국어학
　　　　　　　　　　　　　　　교가 폐교됨.

───────────

　유배형을 받았으나, 독립협회의 규탄으로 같은 해 6월 석방되었다. 1901년에는 황국
협회의 무고로 독립협회 지도자들이 대거 검거되면서 3년간 옥고를 치른 뒤 1904년
에 석방되는데, 이때 함께 석방된 이들로 李商在, 李承晩 등이 있다.
11) 한국민족문화대백과사전에는 이능화가 1902년 稱慶禮式事務所와 국문연구소의 위원
을 맡았다고 되어 있는데, 국문연구소가 설치된 것이 1907년의 일이므로 이치에 맞
지 않는다.

특히, 이능화는 1906년 「국문일정법의견」을 학부에 제출[12]하여 문법의 통일을 건의함으로써 1907년 국문연구소가 설립되는 데 기여하였다. 이 「국문일정법의견」에서 그는 (2)의 세 가지 의견을 제시하였다(괄호 안은 필자의 해석).

(2) 一. 輯述國文字典一部事(국문자전을 편찬할 것)
    二. 小學校科書 漢字側附書諺文事(소학교 교과서의 한자 옆에 언문을 붙여 쓸 것)
    三. 輯述國語規範一冊(국어규범 책을 편술할 것)

'언문일치'가 시대적 화제로 대두되었던 당시, 그는 「국문일정법의견」을 통해 온 나라 사람이 함께 글을 읽을 수 있게 할 방법으로 국한문혼용체를 제안하였다. 이때의 국한문혼용체란 (2)의 二에 해당하는 것으로, 한자 옆에 한글로 한자음을 달거나 한자어의 풀이를 제시하는 것을 뜻한다.[13] 순국문체가 아닌 국한문혼용체를 통한 문법의 통일을 역설하였다는 점에서 어린 나이에 한학을 배워 한문에 익숙했던 그가 학문에 있어서 한문이 반드시 필요하다는 생각을 가지고 있었음을 짐작할 수 있다. 그러나 그는 이렇게 국한문혼용체를 통한 문법의 통일을 주장하는 한편으로, 장차 100년 후에는 모두 순국문으로 표기될 것을 예견하였으며(李基文 1970: 24), 훈민정음의 창제 당시 이를 반대한 학자들을 일컬어 "완고하고 무지한 漢學者와 儒學者들(李光政 1990: 211)"이라 일컫기도 하였다.

---

12) 그가 학부에 제출한 이 건의문은 「皇城新聞」 2615호(1906. 6. 1. ~ 6. 2.)에 순한문으로, 『大韓自強會月報』 6(1906)에 국한문 혼용으로 게재되었다(최경봉 2009: 112-113).
13) 이능화 외에도 이각종 역시 이러한 형태의 국한문혼용체를 제안하였다(백채원 2014: 82-90).

(1)에서 제시한 바와 같이 1907년 국문연구소 설립 이후 그는 張憲
植, 權輔相, 玄檃, 주시경 등14)과 함께 위원직을 맡게 되었다. 당시
이능화와 주시경은 위원들 중에서도 두드러지게 적극적으로 활동한
것으로 보이는데, 이러한 정황은 그가 국어연구소 시절을 회상하며
쓴 「舊韓國時代의 國文硏究會를 回顧하면서」(1929)15)의 내용 중에도
잘 드러나 있다.

> (3) 나는 光武 15년(1911) 5월 경에 正音綴字一定과 辭典編纂에 대
> 한 어리석은 견해를 學務當局에 陳述하였다. 이것이 동기가
> 되어 금년 겨울에 학부 안에다 국문연구회를 설치하고 각 방
> 면의 正音學者를 망라하여 위원을 선정하였다. 물론 주시경도
> 위원이 되고 나도 위원의 한 사람이 되었다. 수년에 걸쳐 구
> 체적으로 연구한 당시의 原案을 돌이켜 살펴보면 다음과 같다.
> 一. 國文의 淵源과 字體及 發音의 沿革
> 二. 初聲中 ㆁㆆㅿㅇᄝᄫ퐁뼝 八字의 復用當否
> 三. 初聲의 ㄲㄸㅃㅉㆅ 六字 竝書의 書法一定

---

14) 이후 8월 19일 학부 편집국장이 경질되면서 장헌식이 해임되고, 대신 魚允迪이 위원
   으로 임명되었다. 또한 같은 해 9월 23일에는 李鍾一, 李億, 尹敦求, 宋綺用, 柳苾根
   등 5명이, 1908년 1월에는 지석영이, 6월에는 李敏應이 위원으로 추가 선임되었고, 8
   월과 10월에는 이억, 현은, 이종일, 유필근이 해임되었다(한국민족문화대백과사전 참
   조). 이에 따라 최종적으로 「國文研究議定案」과 개별 보고서 「국문연구안」을 제출하
   는 데 참여한 위원은 어윤적, 이능화, 주시경, 권보상, 송기용, 지석영, 이민응, 윤돈구
   의 8인이었다.
15) (3)은 李光政(1990: 212~213)의 역주를 인용한 것이다. 그런데 (3)의 내용에는 몇 가
   지 오류가 있어 원문과의 대조를 요한다. 우선, 광무 15년은 1911년으로 경술국치
   (1910년) 1년 후이다. 그런데 「국문일정법의견」이 제출된 것은 1906년의 일이므로 광
   무 10년에 해당한다. 또한 대한제국의 연호인 '광무'는 1907(광무 11)년 8월까지 사
   용되었고, 그 이후에는 순종의 즉위에 따라 '융희'로 바뀌었다. 다음으로, (3)에서 언
   급하고 있는 원안의 내용 중 三은 'ㄲ, ㄸ, ㅃ, ㅆ, ㅉ, ㆅ'과 같은 각자병서의 사용과
   관련된 항목인데, '六字'라고 되어 있지만 'ㅆ'이 빠져서 다섯 자만 제시되어 있다.

四. 中聲中 ・字廢止, ㅡ字創制의 當否

五. 終聲의 ㄷㅅ 二字用法及 ㅈㅊㅋㅌㅍㅎ 六字도 終聲에 通用當否

六. 字母의 七音과 淸濁의 區別如否

七. 四聲票의 用法及 國語音의 高低法

八. 字母의 音讀一定

九. 字順行順의 一定

十. 綴字法

이 여러 문제에 대하여 熱心熱誠으로 답안을 제출한 자는 周
委員과 필자 두 사람이었다.

(3)에서 그가 직접 언급한 바와 같이 주시경과 이능화는 국문연구
소 내에서 가장 활발히 활동[16]한 것으로 보인다. 이는 이들이 제출한
최종연구안의 분량이 각각 103장, 82장으로 가장 많았다는 사실에서
도 드러난다. 특히 이능화는 (3)의 十題 中 一에 총 82장 중 59장, 즉
전체 분량의 2/3 이상을 할애하여 기술하였는데, 이는 그가 국문의
역사 혹은 연원 문제에 무엇보다도 깊은 관심을 가지고 있었음을 짐
작케 한다(李基文 1970: 85~86).

또한 이 글에는 (4)와 같이 당시 참고하였던 문헌들을 언급하고 있
는 부분이 있다.[17]

(4) 국문연구회 당시에 나는 매양 周委員과 의견을 많이 교환하였
던 바 지금도 오히려 기억에 새롭다. 그때는 정음연구에 대하
여 참고가 될 만한 서적은 얻어보기가 지극히 어려웠다. 주위원
은 「龍飛御天歌」를, 나는 『眞言集』과 崔世珍[18]의 『三韻聲彙』와

---

16) 이능화의 국문연구소 활동과 그 결과 제출한 「국문연구안」의 내용은 李基文(1970: 85
~89), 이병근(2015: 189~196) 참조.

17) (4)는 李光政(1990: 214~215)의 역주를 인용한 것이다.

『華東正音通釋』과 『訓民正音圖解』 등 책을 참고 자료로 삼았었
다. 柳僖의 『諺文誌』 같은 좋은 책은 오래 뒤에 발견되었으므
로 拙者의 저서 『朝鮮佛敎通史』 중 諺文淵源에 많이 인용하였다.

「언문자법원출범천」에는 다양한 사료가 발췌되어 있는데, 이러한 사
료는 그가 국문연구소 시절 접하고 연구하였던 것들로 보인다. 이를
통해 그의 국문연구소 활동이 『조선불교통사』에 영향을 미쳤으며,
특히 국문의 연원에 대한 천착은 「언문자법원출범천」으로 이어졌음
을 알 수 있다.

1910년에 일어난 경술국치는 많은 조선 지식인들의 인생을 송두리
째 바꾸어 놓았다. 한국학 연구자로서 이능화의 생애 또한 1910년을
기점으로 크게 나뉜다. 이 해는 그가 불교를 신앙으로 받아들인 시기
로, 이때부터 그의 관심사는 불교로 크게 치우치게 되었다(李能和 1928:
79).[19] 한성 외국어학교가 폐교되어 교편을 놓게 되고, 1911년 만들
어진 조선어 조사회에 참여하지 못하게 된 것도 그의 학문 방향이
전환되는 데 큰 영향을 미쳤을 것으로 보인다. 조선어 조사회는 '언
문철자법'을 제정함으로써 조선어의 표준화를 꾀하였는데, 이때의
표준화는 경성어, 즉 서울말을 철저히 중심에 놓는 것이었다. 이는
조선어 조사회의 위원을 선정할 때도 그대로 적용되어 한국인 위원
들은 대부분 서울 혹은 그 인근 지역 출신의 인물들로 구성되었다.

18) 『삼운성휘』는 洪啓禧가 지은 것이므로 여기서 최세진이라 한 것은 잘못이다.
19) 같은 해 그의 부친 이원긍은 묘동교회를 건립하고 장로직을 맡았다. 그는 1904년 옥
고를 치르던 중 선교사 Bunker의 영향으로 연동교회에 입교하였으며, 이후에는 J. S.
Gale의 영향을 받아 기독교계 독립운동가로 활동하게 되었다(이재헌 2015: 8~9). 캐
나다인 선교사 Gale은 널리 알려진 바와 같이 국어 문법서 『辭課指南』의 저자이며 성
서와 『天路歷程』을 한국어로 번역하기도 하였다.

이 때문에 국문연구소 당시 가장 활발한 활동을 보였던 충북 출신의 이능화나 황해도 출신의 주시경이 위원에서 제외된 것이다.[20] 이후 이능회의 저작은 『조선불교통사』(1918)를 시작으로 하여 주로 종교사, 풍속사 등 특수사에 집중되는 경향을 보인다.

이후의 저작들을 보면 그는 한문학, 그중에서도 한시를 높게 평가하는 반면 국문소설류에 대하여는 경시하는 듯한 태도를 보이고 있다(張孝鉉 1985: 779~780). 국문소설류의 사설이 지나치게 비루하며 외설스럽다는 것이다. 그러나 이것이 곧 그가 국문이나 훈민정음을 저평가하고 부정했다는 사실을 나타내는 것은 아니다. 실제로 그는 『朝鮮女俗考』에서 "세종대왕 28년 병인에 훈민정음을 발표한 이래로 조선 여자가 눈뜨기 시작하여, 사물을 기록하고 서적을 번역하였으니, 이렇듯 일용이 편리하게 되었다. 정음이 쓰이기 전에는 어떤 방법으로 어리석은 백성을 가르쳤을까?(李能和 1927: 358)"라고 언급하는 등 훈민정음이 가진 가치를 높게 평가하였다. 천대받고 저평가되어 온 민중문화에 관심을 가지고 이를 재평가함으로써 이러한 문화가 가진 가치를 새롭게 긍정하고자 한 그의 인식과, 한학자이자 지식인으로서의 고루함이 동시에 드러나는 일면이라 하겠다. 이는 앞서 그가 국한문혼용체를 옹호하면서도 순국문체가 가지는 강점을 잘 이해하고 있었던 점과도 상통하는 모습을 보인다.

불교사에 대한 저술인 『조선불교통사』 역시 그의 이러한 면이 반영되어 있다. 『조선불교통사』는 전통적인 역사 기술 방식에 처음부터 끝까지 한문으로 쓰인 한편으로, 훈민정음의 연원과 언문의 역사에 관한 항목이 방대한 분량으로 서술되어 있는 것이다.

---

20) 조선어 조사회와 언문 철자법에 관한 내용은 정승철(2007: 82~83) 참고.

2.2. 『조선불교통사』의 개요[21]

『조선불교통사』는 약 10년의 자료 수집 기간을 거쳐 1918년 新文館에서 이능화의 자비로 출간되었다. 이 책은 六堂 崔南善이 교열을 한 것으로 알려져 있으며, 총 3편 2책으로 출판되었다. 앞서 언급한 바 있듯 총 2,354면의 방대한 분량이며, 상편이 704면, 중편이 382면, 하편이 1,268면을 차지하고 있다.

각 편의 내용을 살펴보면, 우선 상편 「佛化時處」는 한국이 불교를 받아들인 삼국시대부터 1916년에 이르기까지의 불교사 전반에 대한 서술이고, 다음으로 중편 「三寶源流」는 석가여래의 생애와 불교의 전래 과정, 제 종파의 성립과 발전, 삼국시대에서 조선시대에 이르는 선종의 법맥을 상세하게 다룬 것이다. 마지막으로 하편 「二百品題」는 불교의 수용과 전법, 교화, 융성, 쇠퇴 등의 과정을 2백여 항목과 두 편의 단편소설로 나누어 서술하고 있다. 고대에서 근대까지 전 시대를 아우르고 있으나 『조선불교통사』에서 가장 비중 있게 서술된 부분은 역시 조선시대로, 이 책의 가장 많은 부분을 조선시대가 차지하고 있다.

이능화는 역사 저술에 있어서 지극히 전통적인 방식을 따랐다. 『조선불교통사』는 '불교사'라는 일종의 특수사 논저인데, 여기서 그는 시대구분을 통한 근대적 역사 서술 방식보다는 전통적 방식이라고 할 수 있는 문헌집성적 방식을 취하고 있다. 그가 이용한 전거는 실록 등의 正史나 저작류는 물론, 수많은 고승들의 비문을 포함한 금석문과 사적기, 중수기, 행장 등을 포함한다.[22]

---

21) 이 절은 편찬위원회(2010)의 해제를 주로 참고하였다.
22) 상편에 인용한 문헌과 자료만 하더라도 비문 72건, 문집 33건, 기·문 24건, 사적기 12

(5)는 惠勤 崔東植이 쓴『조선불교통사』의 서문 중 일부[23]이다. 이를 통해『조선불교통사』의 상편과 중편, 하편이 각각 다른 서술 방식을 취하고 있음을 피악할 수 있다.

> (5) 尙玄 李先生이 이를 안타깝게 여겨 이 일에 뜻을 두고『조선불교통사』3편을 저술하였는데, 상편은「佛化時處」이고, 중편은「三寶源流」이며, 하편은「二百品題」이다. (상편은) 綱目과 編年의 書法을 쓰기도 하고, (중편은) 傳記와 敍志의 서법을 쓰기도 하며, (하편은) 演義와 稗官의 서법을 썼다. 뜻 가는 대로 보태기도 하고 자르기도 하면서 서로 잇대어 글을 구성했다.

실제로『조선불교통사』는 편년체와 기사체, 연의체의 방식을 때에 따라 적절히 이용하고 있다. 상편인「불화시처」는 삼국시대(고구려·백제·신라시대)와 고려시대·조선시대·조선총독부 시대로 나누어 편년체 방식으로 기술되어 있는 반면, 하편인「이백품제」는 주로 연의체를 취하고 있는데, 이능화가 자유롭게 제목을 정하고 그에 따라 기술한 점이 두드러진다.

그는 방대한 자료를 발췌·인용하면서 자신의 의견을 언급할 때에는 반드시 "尙玄曰"이라는 말을 붙였는데, 이 '尙玄曰'이 가장 많이 등장하는 부분 역시 하편이다. 앞의 상·중편에 비하여 자유롭게 기술할 수 있는 하편에서 자신의 의견을 더욱 적극적으로 개진하였음을 알 수 있으며, 이에 따라『조선불교통사』중 가장 많은 지면이 할애

건, 행장 11건, 교지 5건, 발문 3건 등이다. 이는 정사와 불서를 제외한 숫자이다(편찬위원회 2010: 15).

23) 본고에서 인용한『조선불교통사』의 원문과 번역은 편찬위원회(2010)의 역주를 참고하였다. 번역의 경우 필요에 따라 약간의 수정을 가하기도 하였다.

된 부분 역시 하편인 「이백품제」가 되었다. 이는 아래 (6)에 인용한 이능화의 자서 내용과 같이, 조선에서 불교와 관련된 업적이나 사실들이 파묻혀 있는 것을 안타깝게 생각하여 대중들에게 일깨우기 위한 것이라 할 수 있다.

(6) 12종파의 연혁과 9백 사찰의 由緖가 조각조각 난 채 파묻혀 있고, 먼지더미 속에 버려져 있었으므로, 귀가 있어도 들을 수 없고 눈이 있어도 볼 수 없었다. 재주가 없는 내가 이를 염려하여 어리석음을 무릅쓰고 일을 시작하였다. 글을 쓰는 데 쉴 틈이 전혀 없었고 많은 세월을 보냈다. 많은 서책을 고증하고 대가들에게 묻고 배웠다. 이렇게 하여 『通史』는 세 편의 책이 되었는데, 종교의 一覽表가 될 것이다. 책명은 비록 역사의 體를 빌렸으나, 실은 포교의 용도를 겸하여 붙인 것이다.

3. 언문 관련 기록의 망라

『조선불교통사』의 언문 관련 기술은 두 가지 방법으로 분류할 수 있을 듯하다. 첫째는 『조선불교통사』의 전체 구성을 고려하여 상편 「불화시처」와 하편 「이백품제」로 나누는 것이고, 둘째는 언문 관련 기술 내용 전체를 간추려 훈민정음의 창제와 관련된 내용과 불경 언해와 관련된 내용으로 나누는 것이다. 앞에서 언급하였듯 『조선불교통사』의 상편과 하편은 각기 다른 기술 방식을 취하고 있고, 이에 따라 언문 관련 기술 역시 다른 양상을 보인다. 편년체로 기술된 상편의 경우 사실 위주의 간략한 언급이 두드러지는 반면, 연의체로 기술된 하편은 자료와 함께 저자 이능화의 의견이 광범위하게 제시되어 있는 점이 두드러진다. 이러한 특징을 고려하면 첫째 방법을 택하는 것이 온당해 보인다.

다음은 『조선불교통사』에서 언문과 관련된 기술이 나타나는 부분을 상, 하편으로 나누어 정리한 것이다.[24]

> (7) 『조선불교통사』 상편 「불화시처」의 언문 관련 기술:
> 「世宗王」, 「世祖王」
> (8) 『조선불교통사』 하편 「이백품제」의 언문 관련 기술(해석,
> 면수): 「諺文字法源出梵天」(언문의 자법은 근원이 범천에서
> 나온 것이다, 573~640)
> 「刊經都監用漢諺文」(간경도감에서는 한문과 언문을 썼다,
> 690~699)
> 「信眉柏庵流通佛書」(신미와 백암은 불서를 유통시켰다,
> 863~867)

(7)과 같이 『조선불교통사』의 상편인 「불화시처」는 왕조별로 기술되어 있으며, 그 안에서 다시 각각의 왕으로 나누어 해당 왕의 통치시기에 있었던 불교와 관련된 사실을 언급하고 관련된 자료를 인용하고 있다. 따라서 「세종왕」 부분에는 훈민정음의 창제 사실, 관련 기록과 더불어 간경도감의 불경 언해 사업에 참여한 신미, 홍준에 대한

---

24) 이병근(2015: 196)에서는 이외에도 국어학사와 직·간접적으로 관련 있는 항목으로 상편의 「文宗王」과 하편의 「金守溫遭國子擯斥」(김수온이 국자감에서 배척당하다, 721)을 들고 있다. 문종은 세자 시절 훈민정음 창제에 적극 관여하였고, 신미대사의 아우인 김수온은 세종에서 세조대에 걸친 불경 언해 사업에 활발하게 참여하였다는 점으로 미루어 보았을 때 이들에 대해 다루고 있는 해당 항목들 또한 간접적으로는 언문과 관련된 내용이라 할 수 있다. 본고에서는 직접적인 기술만을 다루었으므로 제외하였다.

언급이 포함된다. 마찬가지로 (8)의 항목들 역시 「언문자법원출범천」은 훈민정음 창제와, 「간경도감용한언문」과 「신미백암유통불서」는 불경 언해와 관련된다. 따라서 단순히 상편과 하편으로 나누는 것은 『조선불교통사』의 언문 관련 기술을 효율적으로 분류하는 기준이 되지 못하는바, 이 장에서는 우선 『조선불교통사』의 문헌집성적 기술 방식에 초점을 맞추어 언문 관련 기록을 망라하고 있는 자료집으로서의 측면에 대하여 기술하고자 한다. 다음으로 4장에서는 이능화가 일찍이 천착했던 주제인 언문의 연원에 대한 연구로서의 측면에 초점을 맞추어 「언문자법원출범천」을 중심으로 기술하기로 한다.

3.1. 훈민정음의 창제

상편 「불화시처」의 「세종왕」 항목에 등장하는 (9)가 『조선불교통사』 내의 언문과 관련된 최초의 기술이다. (9)는 훈민정음의 반포 사실을 언급한 것으로, 그 이전에 훈민정음의 창제가 이루어졌음을 언급하는 내용은 없다. 이어지는 「비고」에서는 훈민정음의 반포에 대한 다른 문헌의 내용을 (10)과 같이 기술하고 있다.

(9) 28년(1446)[명 정통 11년] 비로소 諺文을 창제하여 訓民正音을 반포하였다.

(10) 『慵齋叢話』에 이르기를, "세종이 諺文廳[25])을 설치하여 申叔舟·成三問 등에게 명하여 언문을 창제하였다. 초·종성이 8자, 중성이 12자이니 그 글자체는 梵字에 의거하여 만든 것이다.(후략)"

---

25) 원문과 대조해 보았을 때, 편찬위원회(2010: 119)의 '聽'은 잘못으로 보인다.

(10)은 (9)와 관련하여 『용재총화』의 내용을 인용하면서 주석에서 『東閣雜記』, 『芝峰類說』의 내용을 함께 인용하고 있는데, 이는 모두 훈민정음의 梵字 기원설을 주장한 것이다. 이들과 마찬가지로 이능화도 훈민정음의 연원이 범자에서 왔음을 강력하게 주장하고 있는데, 이는 하편의 「언문자법원출범천」에서 계속된다.

훈민정음의 창제 주체에 대한 『조선불교통사』의 입장은 다소 엇갈리는 것처럼 보인다. 우선, 「세종왕」의 (10)에서는 세종의 명을 받아 신하들이 창제하였다고 한 『용재총화』를 그대로 인용하였으며, (10) 이하의 '尚玄曰'에서도 이에 대해 별다른 의견을 제시하지 않는다. 이는 같은 『용재총화』와 『동각잡기』를 인용한 「언문자법원출범천」의 "製作諺文" 내 "記錄方言"에서도 마찬가지이다.

> (11) 임금께서 여러 나라에서 각기 글자를 만들어 자기 나라 말을 기록하는데, 다만 우리나라는 글자가 없다고 여기시고 어명으로 자모 28자를 제작하게 하셨다. 이를 '언문'이라 하셨다. 궁궐 안에 관청을 두고 신숙주·성삼문·崔恒 등에게 撰定하라고 명하시고 '훈민정음'이라 하셨다.(上。以爲諸國。各制字而記國語。獨我國無之。御製字母二十八。名曰諺文。設廳禁中。命申叔舟。成三問。崔恒等撰定。名曰訓民正音。)

그러나 「언문자법원출범천」의 머리말 '尚玄曰'에서는 (12)와 같이 세종이 언문을 창제하였다 하였고, "제작언문"의 "訓民正音"에서는 (13)과 같이 세종이 친히 언문을 창제하였다는 실록의 내용을 인용하고 있다.

(12) 조선 세종대왕이 비로소 언문을 창제하여 백성들의 일상생
활을 편리하게 하였다.(朝鮮世宗大王。始制諺文。以便人民之
日。)

(13) 세종대왕 25년 계해년(1443) 12월, 이달에 주상께서 친히 언
문 28자를 지으셨다.(世宗大王二十五年癸亥十二月。是月。上。
親制諺文二十八字。)

앞서 여러 번 언급하였듯『조선불교통사』는 수집한 자료들을 나열
하는 방식으로 기술하는 문헌집성적 기술 방식을 취하고 있다. 논증
의 관점에서 보면 주장과 근거가 효율적으로 제시되지 못하므로 그
다지 논리적인 방식은 아닌 셈이다.[26] 다만 위에서 제시한 (10)~(13)
중 (12)만 '尙玄曰'에 해당할 뿐, 나머지는 전거를 인용하고 있다는
점을 생각해 볼 필요가 있다.『조선불교통사』내에서 이능화가 직접
적으로 자신의 의견을 펼친 부분이 '尙玄曰'이라는 점을 생각해 보았
을 때, 그 역시도 세종 친제설에 더 무게를 두었던 것으로 짐작할 수
있다.

『조선불교통사』에서는 위와 같이 훈민정음의 창제를 직접적으로
언급하는 내용 외에도 「언문자법원출범천」에서 "反對諺文(언문을 반대
하다)"라 하여 崔萬理 등이 1444(세종 26)년에 올린 소위 '甲子 상소'의
일부가 발췌, 제시되었다. 이 상소문은 총 여섯 개의 항목으로 구성
되어 있는데, "반대언문"에는 이 중 세 개의 항목과 이에 대한 세종
의 반박 내용 일부가 인용되어 있다.[27] 소위 '갑자 상소'는 언문에

---

26) 이병근(2015: 198~199)에서도 이러한 점을 지적하면서,『조선불교통사』의 서술 내용
이나 의도가 불분명한 경우가 있다고 하였으며 (11)의 내용을 일컬어 정확성을 잃은
서술이라 하였다.

27) (14)는 姜信沆(2003: 197~198)의 요약 내용(1, 3, 4항)을 인용한 것이다.

대한 당시 사대부의 인식을 보여주는 것 외에도, 그 자체로서 이미
훈민정음 창제의 주체와 과정을 보여주는 사료이다.

> (14) 1. 한자의 구성 원리와 어긋나는 표음문자인 언문을 창제하
> 는 것은 중국에 대한 '至誠事大' 정신에 어긋난다.
> 1. 신라 이후로 이두를 써 오고 있었으나 아무런 불편이 없
> 었고 오히려 이두 사용이 학문 발전에 도움을 주었는데, 이
> 제부터 언문만으로 관리가 될 수 있다면 한자 공부에 힘쓰
> 지 않아 성리학 연구가 쇠퇴할 것이다.
> 1. 이두 기록으로는 형정이 제대로 안 되고 언문으로 기록해
> 야만 형정이 제대로 된다고 하지만, 이것은 전적으로 行刑者
> 의 자질 여하에 달린 것이지 표기 문자의 차이에 달린 것은
> 아니다.

이능화는 이 상소 내용에 대해 별도의 '尙玄曰'을 달지 않았으나,
「언문자법원출범천」의 머리말 격인 '尙玄曰'에서 (15)와 같이 평하였다.

> (15) 그러나 최만리 등이 반대 상소를 올리고, 스스로 당시 부패
> 한 유가의 사상을 대표하였지만 또한 근거를 갖추어서 꾸짖
> 을 가치도 없다.(至崔萬理等之反對上疏。自是代表當時腐儒之思
> 想。亦無責備之價値者也。)

이는 앞서 2장에서 언급된 「舊韓國時代의 國文研究會를 回顧하면서」
(1929)에서 취했던 태도와 일치한다. 언문의 창제는 곧 백성들의 일상
생활을 편리하게 하는 것이고, 이를 반대하는 자들은 완고하고 무지
하며 부패한 자들이라는 것이다. 그가 "지혜를 운용하여 사물을 창조

한 성스러운 공덕(運智創物之聖功德)"이라 할 정도로 그 가치를 높게 평
가한 훈민정음은, 이후 불경 번역에서 그 실용성을 드러내게 된다.

3.2. 불경 언해 사업

李浩權(2008: 86)의 한글 문헌에 대한 시기 구분을 따르면, 훈민정
음이 창제된 1443년부터 1469년까지의 시기는 제1기, 곧 요람기라고
할 수 있는 시기로, 다수의 불경 언해 문헌들이 간행된 때이다. 이 시
기에는 세종에서 세조 대에 걸쳐 간경도감의 불경 언해서가 집중적
으로 간행되었는데, 『조선불교통사』의 불경 언해 관련 내용 역시 이
시기, 정확하게는 세조 대에 집중되어 있다. 간경도감이 설치된 것이
1461(세조 7)년의 일이므로 당연한 결과라 하겠다. 이후 성종 대에 들
어 간경도감이 폐지되고 불교에 대한 억압이 심화되면서 『조선불교
통사』에서의 언급 역시 자취를 감추게 되었다.[28]

(16)은 李浩權(1998: 2~3)에서 다룬 바 있듯, 『석보상절』에 대하여
근대적 문헌에서 언급한 최초의 기록이다. 이어 「비고」에서는 「석보
상절 서」와 「어제 월인석보 서」가 발췌되었다.

> (16) 5년(1459)[명 천순 3년] 예전에 왕이 세종의 명을 받아 『석보상
> 절』을 편찬하고 이를 언문으로 번역하여 (세종에게) 보도록
> 드리니, 문득 찬탄하는 頌을 지어 『월인천강지곡』이라 하였

---

28) 불경 언해 간행 사업을 주도했던 간경도감은 1471(성종 2)년에 폐지되지만, 간경도감
폐지 이후에도 왕실의 후원을 받아 『觀音菩薩呪經』(1476), 『金剛經三家解』, 『南明集諺
解』(1482) 등의 불경 언해서가 계속해서 간행되었다. 또한 16세기 들어서는 지방에서
간경도감 언해본을 복각하기 시작하여 마침내 지방 사찰이 언해한 『別行錄節要諺解』
(1522, 전라도 고산 花岩寺)와 같은 불경 언해서가 간행되기에 이른다(李浩權 2008: 92~94).

다. 이에 이르러 더욱 정성을 기울여 연구하고 증감하여 완성하였다.

그가 참고한 희방사본 『월인석보』 권1의 앞부분에는 「훈민정음언해」가 실려 있는데, 이는 하편의 「언문자법원출범천」에 인용되었다. 그런데 인용문의 끝에 "이상은 『월인천강지곡』에 나옴(已上見月印千江之曲)."이라고 출처가 적혀 있고, 뒤이은 '尚玄曰' 역시 "내가 앞에 기록한 '훈민정음'은 『월인천강지곡』제1권에 나온다.(余得前記于月印千江之曲第一卷。)"로 시작하고 있다.[29] (16)에서 언급되었듯 세종의 명을 받은 수양대군 등이 여러 불경에서 석가의 일대기를 다룬 내용을 가려 뽑아 편찬한 것이 『석보상절』이고, 여기에 세종이 지은 노래가 『월인천강지곡』이며, 이들을 합편한 것이 『월인석보』이다. 『월인석보』의 이러한 특성 탓에 『석보상절』과 『월인천강지곡』, 『월인석보』가 각기 다른 문헌임을 인식하지 못한 것이다. 방대한 자료를 전거로 제시하는 『조선불교통사』의 특성상 이러한 서지 사항 오류는 다소 아쉬운 면이 있다.[30]

이후 상편에 나타나는 불경 언해 관련 기록은 (17)~(19)와 같다. 이는 세조 9년에서 11년에 걸쳐 나타나는데, 모두 불경 언해와 관련된 것이다. 『法華經諺解』와 『禪宗永嘉集諺解』, 『金剛經諺解』, 『心經諺解』, 『圓覺經諺解』가 이 시기에 간경도감에서 간행되었음을 확인할 수 있다.

(17) 9년(1463)[명 순천 7년] 10월에 간경도감 도제조 윤사로 등이

---

29) 편찬위원회(2010: 383~386)에는 이러한 오류가 모두 수정되었다.
30) 「언문자법원출범천」에서 치두음과 정치음에 대한 기술이 엇갈리는 것 또한 그가 중간본인 희방사판 『월인석보』에 실린 「훈민정음언해」를 참고하였기 때문이다.

새로 새겨 인쇄한 御譯『묘법연화경』 1부 7권을 바쳤다.

(18) 10년(1464)[명 천순 8년] 정월에 간경도감 도제조 황수신 등
이 새로 조성하여 인쇄한 어역의『선종영가집』 1부 2권을 바
쳤다.

4월에 간경도감 도제조 황수신 등이 새로 새겨 인쇄한 번역
본『금강경』 1권,『心經』 1권을 바쳤다.

(19) 11년(1465)[명 성화 원년] 3월 병진일[초9일]에 효령대군 보가
일찍이『원각경』을 교정하였는데, 이에 이르러 일을 마쳤다.

19일에 간경도감 도제조 황수신 등이 새로 새겨서 인쇄한 御
定 구결 번역『대방광원각수다라요의경』 1부 11권을 올렸다.

하편의「간경도감용한언문」은 언문과 관련된「이백품제」의 또 다
른 항목으로,31) 여기에 (17)~(19)에 언급된 불경 언해서의 자료가 제
시되어 있다. 이 항목에 수록된 간경도감 간행 불경 언해 관련 자료
는 (20)과 같다.

(20)『묘법연화경』箋文
『선종영가집』전문
『금강경』·『심경』전문 및 발문
『원각경』전문

「간경도감용한언문」의 가장 마지막에는 이능화가 덧붙인 내용이
포함되어 있는데, 여기에는 이능화가 직접 본『원각경』의 체재와『능

---

31)「간경도감용한언문」의 이전 항목인「成永歌集先王遺命」역시 세조 때 간행된『禪宗永
嘉集諺解』와 관련된 내용이나, "조선 세조대왕 2년 정축년 9월에『선종영가집』을 인쇄
하여 마쳤다."라는 간략한 내용 이하 어제 발문과 김수온의 발문을 발췌하였을 뿐이
므로 본고에서는 제외하였다. 다만 이 항목에서는 협주에『영가집』의 활자와 관련하
여 주자소의 설치 경위와 활자의 종류를 설명하고 있어 참고할 만하다.

엄경언해』에 대하여 간단히 언급되어 있다. 이 중『능엄경』에 대하
여 그는, 그가 본『능엄경』의 전문이 결여되어 새긴 시기를 알 수 없
다고 하였다.

하편의 「신미백암유통불서」에서는 간경도감의 불경 언해 사업에
참여한 慧覺尊者 신미에 대한 기록을 찾아볼 수 있다.[32] 신미는 세조
의 명으로 간경도감에서 불경을 언해하는 작업에 참여하였으며, 법
어를 해석하고 유통하는 데 기여하였다는 점과 신미가 언문으로 법
어를 해석하는 과정에서 普濟尊者 懶翁과 교류가 있었다는 점이 여
기에 언급되었다.

4. 언문의 연원에 관한 연구

『조선불교통사』의 하편인 「이백품제」는 주로 연의체로 서술되었
으며, 각 항목에는 내용과 관련된 다양한 자료들이 수록되어 있다.
이 장에서는 하편 중 언문 관련 기사인 「언문자법원출범천」을 중심
으로 하고 상편 「세종왕」의 훈민정음 창제 관련 내용 등을 참고하여
이능화가『조선불교통사』를 통해 내놓은 언문의 연원에 관한 연구
결과를 살펴본다.

「언문자법원출범천」은『조선불교통사』하편의 797~832면에 걸쳐
기술되어 있다. 36면에 달하는 방대한 양이다. 「언문자법원출범천」을
제외하고 가장 긴 기사인 「禪源流派皆自曹溪」가 20면, 「大覺求法始興
台敎」가 18면이니 그 분량이나 내용의 방대함이 다른 기사들에 비할

---

32) 백암대사 性聰도 같은 항목에 기술되었으나 언해에 대한 내용 없이 경전을 간행하고
유포한 공에 대해서만 언급되었다.

바 없을 정도이다. 더구나 「선원유파개자조계」와 「대각구법시흥태교」
는 한국 불교에 있어 가장 큰 두 종파인 조계종과 천태종을 다루고
있는 부분이다. 이러한 면에서 이능화가 「언문자법원출범천」을 상당
히 중시하였음을 짐작할 만하다.

앞서 이능화가 자신의 의견을 쓸 때 붙이는 말인 '商玄曰'이 하편
에서 가장 많이 나타난다고 언급하였는데, 하편 중에서도 '商玄曰'이
가장 많이 쓰인 곳이 바로 이 「언문자법원출범천」이다. 하편에 등장
하는 119회의 '尙玄曰' 중 12회가 이 부분에서 쓰이고 있다는 사실을
통하여 『조선불교통사』 중 이능화가 자신의 의견을 가장 많이 개진
한 부분이 「언문자법원출범천」임을 짐작할 수 있다.

다음은 「언문자법원출범천」의 목차이다.

(二) 吏讀 　　　　　　(一) 漢文字母。源於梵文。

(三) 口訣釋義　　　　(二) 諺文字母做於漢梵

(四) 假字對照　　　　(三) 梵字起源

　　　　　　　　　　(四) 滿蒙譯學

　　　　　　　　　　九[38] 諺字沿革

　하편 2백여 개의 항목 중 이처럼 세부적으로 내용을 나누어 놓은 항목은 달리 없다. 목차를 통해「언문자법원출범천」의 내용을 전체적으로 훑어보면, 훈민정음의 기원에 관한 문제와 借字法에 관한 문제가 중점적으로 다루어져 있음을 알 수 있다. 이는 그가 국문연구소에 제출한『國文研究』의「國文의 淵源 字體及 發音의 沿革」역시 마찬가지로, 여기에서는 세계의 여러 문자들을 언급하고 마지막에 다시 언문에 대해 논의하였다. 이는 세계 각국의 문명사가 문자의 연원이 깊은 관련이 있고, 여러 문자의 유파와 직간접적 관계를 참고하기 위해서였다. 이러한 방식은「언문자법원출범천」의 서술 방법과도 유사한 면이 있는데,「언문자법원출범천」은 우리나라의 차자표기를 시대별로 살피고 어족에 대한 연구를 통해 언문과 직접적으로 관련이 있는 것으로 보이는 문자를 집중적으로 살핀 점에서「국문의 연원 자체급 발음의 연혁」과 차이가 있다.

---

33) 원문의 '一'은 '二'의 오기이다(편찬위원회 2010: 389).

34) 원문의 '三'은 '四'의 오기이다(편찬위원회 2010: 395).

35) 원문의 '七'은 '六'의 오기이다(편찬위원회 2010: 422).

36) 원문의 '蒙古'는 '古今'의 오기이다(편찬위원회 2010: 429).

37) 원문의 '九'는 '八'의 오기이다(편찬위원회 2010: 437).

38) 원문의 '十'은 '九'의 오기이다(편찬위원회 2010: 470).

(22)『국문연구』「국문의 연원 자체급 발음의 연혁」의 체재

　　　諺文淵源

　　　梵文

　　　佛經字母

　　　巴別臺言語

　　　猶太古語

　　　亞剌非亞言語文字

　　　波斯語言文字

　　　巴比倫博文

　　　猓猓古書

　　　埃及象形文

　　　歐洲諸國語言文字

　　　蒙古語言文字

　　　日文

　　　漢文

　　　諺文　國文

4.1. 어족과 차자표기에 대한 연구

「언문자법원출범천」은 자기 나라의 말을 버리고 다른 나라의 글을 따름으로써 관리와 백성 간에 뜻이 통하지 않아 백성들이 어리석어졌고, 세종대왕이 비로소 언문을 창제하여 백성들의 생활을 편리하게 하였다는 '尙玄曰'로 시작된다. 훈민정음의 창제가 본국의 방언과 타국의 한문을 이어주는 매개가 되었다는 것이다. 따라서 「언문자법원출범천」에는 본국의 방언(俗語)이 어느 어족에 속하는지, 한문이 표기하는 한어와는 어떠한 차이가 있는지, 훈민정음 이전의 차자표기

에는 무엇이 있었는지 등의 내용이 기술되었다.

「언문자법원출범천」에서 어족에 대해 다루고 있는 부분은 "二 語族硏究"이다. "어족연구"는 도리이 유조(鳥居龍藏)[39]의 강연 「조선어연구와 몽고어의 비교(朝鮮語硏究と 蒙古語の比較)」의 내용을 바탕으로한다. 이 강연은 조선어와 몽고어, 일본어의 문법이 동일하며 몽고어는 우랄알타이어족에 속하므로 조선어를 연구하려면 우랄알타이어족과 비교해야 한다는 내용이다. "어족연구"에서는 이에 따라 우랄알타이어족을 다음과 같이 분류하고 있다.

(23) "어족연구"의 우랄알타이어족 분류

   一 朝鮮語族
   二 日本語族
   三 北極語族。에쓰키모(愛斯箕毛)語。아이누(蝦夷)語等。
   四 蒙古語族
   五 滿洲語族。(滿洲語。佟古斯語等。)
   六 韃靼語族。(韃靼語。土耳其語。)
   七 沙母阿語族。(沙母阿語等。)
   八 芬奴。우그리인語族。(Finno-Ugria[40]n Langu[41]ages)。(芬蘭。匈牙利語等。)

(23)의 一에서 六은 알타이어족, 七과 八은 우랄어족으로, "어족연구"에서는 우랄알타이어족은 膠着語流이므로 중국어가 속한 支那語族과는 대치된다 하였다. 이는 다음 항목인 "三 語法特異", "四 語音

變化"의 내용과 연결된다. "어법특이"는 "조선어와 지나어의 문법은 다르다(朝鮮語與支那語語文法不同。)"라는 부제로 설명되는데, 한국어와 일본어, 몽고어의 어순은 서로 비슷하지만 중국어는 전혀 다르다는 것이다. 또한 "어음변화"는 이렇게 전혀 다른 중국 한문의 도입으로 말과 글이 이원화하고, 혼합되어 한문이 "일종의 조선 문어"로 변화 하였다는 내용이다.

이렇게 괴리된 말과 글을 잇고자 등장한 것이 차자표기이다. 이어 지는 "五 假借漢字"는 신라와 백제, 고구려의 차자표기와 이두, 구결 자료를 제시한 부분이다. 이 부분에는 별도의 '尙玄曰'이 등장하지 않는다. 각 부분에 제시된 차자표기 자료 목록은 다음과 같다.

(24) "가차한자"의 차자표기 자료
  (一) 신라방언가자: 「淨兜寺五層石塔造成刑止記」(1019)
      고구려방언가자, 백제방언가자: 『東國輿地勝覽』의 옛 지명
  (二) 이두: 『儒胥必知』「吏讀彙編」

"신라방언가자"에 제시된 「정도사오층석탑조성형지기」는 사찰을 조성한 과정을 기록한 것인 형지기로, 가차자로 사용한 글자에 권점 이 표시된 자료이다. 이와 달리 "고구려방언가자", "백제방언가자"에 제시된 『동국여지승람』은 권점 표시 없이 한자로 옛 지명의 음을 기 록한 자료이다.

"이두"는 훈민정음의 창제와 관련된 문헌들 중 이두를 언급한 문 헌의 내용을 인용하며 시작된다. 우선 "반대언문"에서 인용된 소위 '갑자 상소' 중 이두와 관련된 부분이 다시 인용되었고, 『훈민정음』 의 정인지 「서문」 중 이두를 언급한 부분 역시 함께 인용되었다. 이

어 발췌한 자료는 『유서필지』의 「이두휘편」인데, 이 『유서필지』는
조선 후기의 문서 양식 지침서로 「이두휘편」은 一字類부터 七字類
까지 244어에 이르는 방대한 분량의 이두 어휘가 제시되어 있는 귀
중한 문헌이다.[42]

　반면 "구결"에서는 "이두"와 같은 1차 자료를 발췌하는 대신 필자
가 직접 구결 사용의 연혁을 제시하였다. 구결은 한자 그대로를 구결
로 사용하는 '全文口訣'과 획을 줄인 '減筆口訣', 언문으로 된 구결인
'諺文口訣'로 나눌 수 있는데 초기에는 전문구결이, 후기에는 감필구
결이 사용되다 갑오개혁 때 이두가 폐지되어 지금은 언문구결만 사
용되고 있다는 것이다.

　"가차한자"의 마지막 부분인 "가자대조"에서는 "어족연구"와 "어
법특이"에서 한국어와 유사한 문법을 가진 언어로 언급된 일본어 차
자표기와의 비교가 이루어졌다. 조선은 방언에서 眞書, 이두, 구결을
거쳐 언문에 이르렀고 일본은 방언에서 마나(眞名), 만요가나(萬葉假名),
히라가나(平假名), 가타카나(片假名)을 거쳐 소로분(候文) 및 아테지(宛字)
에 이르러 그쳤다고 하면서, 진서와 마나, 가자, 구결과 가나, 이두와
소로분, 차자와 아테지를 비교 제시하였다. 결론적으로 두 나라가 한
자를 빌려 사용하는 방식은 그 규모와 순서가 유사하였고, 고유의 문
자(固有之文)를 잃어버렸다는 공통점이 있으며, 경음이 많은 한문의 특
성상 고유어와 조화시키기 위해 여러 번 변화를 거쳤다고 하였다.

　이상에서 살펴본 바와 같이 「언문자법원출범천」에서는 여러 장에
걸쳐 어족과 차자표기에 대한 검토가 진행되었다. 이러한 과정을 통
해 이능화는 언문을 종으로는 차자표기의 연장선 위에 놓고 횡으로

---

42) 강전섭(1995), 「유서필지(儒胥必知)」, 『한국민족문화대백과사전』,
　　<http://encykorea.aks.ac.kr/Contents/Item/E0041521>, 2015. 8. 19.

는 우랄알타이어족에 포함시킨 것으로 볼 수 있다. 이는 여러 나라의 문자와 민족, 문명의 역사 속에서 국문의 연원을 찾고자 한『국문연구』의 내용과도 상통하는 면이 있다.

4.2. 훈민정음의 기원과 연혁

이능화가 훈민정음의 기원에 대해 내린 결론은 이미 「언문자법원출범천」의 제목 "원출범천(源出梵天)"으로 제시되었다. 그는 李瀷의 『星湖僿說』이나 柳僖의 『諺文志』와 같이 국문자모가 몽고 글자, 즉 파스파 문자와 같은 기원을 가진다고 하였다. 그런데 이 몽고자는 결국 범자에서 유래하였으므로, 훈민정음 역시 범자에서 유래하였다는 것이다.

> (25) 단언하건대 이어, 속음, 몽고자 등은 언문을 만드는 기초가 되었고, 고전, 범자 등은 글자를 만드는 모형이 되었으며, 한문의 자모는 발음의 표준이 되었다.(則可斷言。俚語[崔疏見下]俗音43)[申序見下]蒙字等。爲造諺之基礎。古篆梵字等。爲作字之模型。漢文字母爲發音之標準也。)

(25)는 "언문연원" 중 "세종창조"의 '尙玄曰' 내용이다. 그런데 이 내용에 앞서 "세종창조"에서 제시한 자료는 『훈민정음』의 정인지 서문으로, 글자의 모양에 대해 잘 알려진 바와 같이 "모양을 본떠서 글자를 만들되 글자는 옛 전자를 모방하였으며,(象刑而字倣古篆)"라고 되어 있다. 정인지 서문에서는 언급되지 않은 범자가 갑자기 '尙玄曰'

---

43) 원문의 '字'는 '音'의 오기이다(편찬위원회 2010: 423).

에 추가된 것이다. 앞서 "제작언문"의 "기록방언"에서도 "그 글자체
는 고전과 범자를 본떠서 만들었는데,(其字體。倣篆梵字爲之。)"라고 언
급된 바 있는데 이는 훈민정음의 창제에 대한 『용재총화』와 『동각잡
기』의 언급을 그대로 가져온 것이다. 앞서 동일한 문헌의 집현전 창
제설은 '尙玄曰'에서 따로 다루지 않은 것에 비해 범자가 글자의 모
형이 되었다는 점은 범자가 언급되지도 않은 다른 문헌의 아래에 굳
이 다시 써놓은 것으로 보아, 범자 기원설에 대한 그의 믿음이 굳건
하였음을 알 수 있다.

언문의 만드는 기초가 이어, 속음, 몽고자였다는 내용에 충실하게
"언문연원"의 하위 항목은 각각 이어, 속음, 몽자에 관한 것이다. 우
선, "위항이어"에서는 '갑자 상소'에서 최만리가 이어를 언급한 부분
을, "동방속문"에서는 申景濬의 「訓民正音圖解敍」를 옮겨 놓았고, 다
음으로 "외오아문"에서는 충렬왕 이후 고려에서 원나라 공주를 숭상
하여 위구르문이 궁중의 용어가 되었다는 『高麗史』의 내용과 위구르
족, 위구르어에 대한 『支那疆域沿革考』와 실록의 내용을 옮겨 놓았
다. 이는 인도와 몽고, 위구르의 연관성을 보이고자 한 것이다.

"고금운해"는 신숙주의 「洪武正韻譯訓序」와 『언문지』, 『성호사설』
을 인용하여 훈민정음 창제에 몽고 문자(파스파 문자)의 영향이 있었을
것임을 보였다. 뒤이어 "몽고자내력"은 『元史』와 『釋鑑稽古略續集』
를 통해 파스파 문자의 내력을 언급하고, "몽고자역출어범자"에서 『石
墨鐫華』의 "몽고의 자법은 모두 범천과 가로가 변한 것이다. 불교의
진언과 서로 유사하다.(蒙古字法。皆梵天伽盧之變也。與佛敎眞言相類云云。)"
를 인용하여 이 역시 범자에서 비롯된 것임을 드러내었다. '가로' 역
시 梵書이므로 이 서술은 몽고의 자법이 범자에서 왔음을 나타낸다

는 것이다.

이상에서 「언문자법원출범천」은 실학자들의 저서인 『동각잡기』나 『용재총화』, 『언문지』 등에서 범자가 훈민정음에 영향을 주었을 것이라고 언급한 부분을 여러 번 인용하였고, 필자의 의견을 드러내는 '尙玄曰'에서도 이들의 의견에 적극적으로 동조하였다. 그러나 훈민정음이 창제될 당시에 지어진 정인지의 「서문」이나 '갑자 상소'에 범자가 포함되지 않고, 오로지 고전을 모방하였다고만 한 점에 대해서는 따로 언급하지 않았다. 이에 대해 논한 내용이 이하의 "언문자법"과 "언문자모"이다.

"언문자법"에서는 "방한자고전"에서 정인지와 '갑자 상소'의 '古篆'에 대한 언급을 인용하고, "고전내력"에서 이들이 이야기한 '古篆'이 무엇인지 알 수 있도록 한자의 역사에 대해 기술하였다.[44] 이 과정에서 한자의 제자원리나 자체에 대한 내용도 함께 언급되었다.

"언문자모"의 "한문자모. 원어범문."과 "언문자모방어한범"은 한문의 자모가 범문에서 왔고, 언문의 자모는 한자와 범문을 모방하였다는 것인데, 이때의 '자모'는 글자가 아닌 음의 분류를 말한다. 따라서 이 항목에서는 인도와 중국의 음운학을 문헌을 통해 살피고 '尙玄曰'에서 "한문의 자모가 서역 승려의 손에서 찬해진 뒤에 우리나라 언문 초성의 표준이 된 것은 분명하다.(而漢文字母。撰於西域僧手。後爲我東諺文初聲之標準。)"라는 결론을 내리고 있다. 이는 곧 牙, 舌, 脣, 齒, 喉, 半舌, 半齒의 7음 분류나 淸濁으로 자음을 분류하는 음운학의 전통이 고대 인도에서 중국을 거쳐 수용되었다는 것이다.

"범자기원"에 이르러서는 앞서 언급한 '자체는 고전을 모방하였

---

44) 이 과정에서 바빌론의 첨벽문, 이집트의 상형문 등 세계 여러 문자와의 유사성이 언급된다.

다'는 내용이 매우 의심스럽다는 의견을 '尙玄曰'에 제시한다. 정인
지와 최만리는 유학자이므로 범자를 말하기 꺼려 고전이라고 한 것
이며, 후대의 『동각잡기』나 『文獻備考』, 『지봉유설』에서는 범자를 모
방하였다고 진상을 밝힐 수 있었다는 것이다. 이어 悉曇章 중 범자와
언자의 모양과 음이 유사한 예를 인용하고 있는데, 그 유사성이 그다
지 돋보이지 않는다. 그가 "대전과 소전 가운데 언자와 한두 가지 유
사함이 없는 것은 아니다.(大小篆中。不無一二類似諺字者。)"라고 하였듯,
여러 문자를 나열하고 그중 비슷한 것을 찾으면 몇 개는 찾을 수 있
겠으나 그것이 곧 문자 체계의 유사성을 증명하지는 않는다. 이와 비
슷하게 "만몽역학"에서는 몽고 문자를 쓰는 법과 언문을 쓰는 법이
유사하며, 자법 역시 유사하므로 "조선 언문이 몽고 문자에서 환골탈
태했다(以證朝鮮諺文爲蒙文之脫胎)"라 하였다.

"언자연혁"은 「언문자법원출범천」의 마지막 장으로, 언문과 관련
된 여러 문헌을 시간 순서대로 나열하고 이 중 가장 나중에 나온 『언
문지』를 발췌하여 제시하였다.[45) 여기서 나열된 언문 관련 문헌을
정리하면 다음과 같다.

(26) "언자연혁"의 언문 관련 문헌

간행 연도	저자	문헌명
1449(세종 31)	최항	『東國正韻』[46)
	신숙주	『사성통고』
1517(중종 12)	최세진	『四聲通解』
1527(중종 22)	최세진	『訓蒙字會』
	유숭조	『經書諺解』

45) (26)에 따르면 가장 나중에 나온 문헌은 1869년의 『의정국문자모분해』이다.

		『朴通事』, 『老乞大』 번역
1747(영조 23)	박성원, 이언용	『華東正音通釋韻考』
1750(영조 26)	신경준	『훈민정음도해』
1751(영주 27)	홍계희	『삼운성휘』
1796(정조 20)		『奎章全韻』
1824(순조 24)	유희	『언문지』
1869	강위	『擬定國文字母分解』

"언자연혁"은 『언문지』의 내용을 발췌하고 그에 대한 '尙玄曰'을 덧붙이는 방식으로 전개되고 있다. 우선 초성으로는 '◇'과 'ᅀ', 'ᄝ'이 언급되고 있는데, '◇'은 『훈몽자회』와 『화동정음통석』, 『언문지』에서 이 글자를 없앤 이유를 설명하는 부분을 가져왔다. 'ᄝ'은 입술에서 나오는 소리만으로 설명되지 않는다 하였으나 어떤 소리인지 명확히 설명하지 않았고, 'ᅀ'은 초성이 되었을 때는 'ㅇ'과, 종성으로 쓰일 때는 'ㅁ'과 비슷하게 발음된다고 하여 의문이 남는다.

다음으로 중성례를 제시하고, 장단의 구별에 대해 논하였다. 방언 가운데 소리의 길고 짧음에 따라 뜻이 달라지는 말이 있다고 하면서 '밤,' '말', '눈', '가정', '사회'를 예로 제시하였다. 또한 장음은 상성에서, 단음은 평성·거성·입성에서 온 것이나 일일이 점을 찍어 구별하는 것은 번거로운 일이기에 폐기되었고, 지금은 'ㅡ'를 사용하여 장음을 표현한다고 하였다. 마지막으로 종성례는 『규장정운』과 『언문지』의 것을 인용하였으나 '尙玄曰'을 덧붙여 따로 의견을 피력하지는 않았다.

---

46) 『동국정운』을 『洪武正韻』의 번역이라 하였는데(편찬위원회 2010: 454), 『홍무정운』을 번역한 것은 『홍무정운역훈』이다.

"언자연혁"을 마무리하며 이능화는 조선의 언문 연구가 음운(Phonetic System)에만 치중하여 문법(Grammatical Rules)에 대해 제대로 연구되지 않았다는 점을 지적하고, 주시경의 『朝鮮語文典』을 높게 평가하였다. 또한 'ㆍ'를 폐기하는 문제에 대하여 의견을 제시하였는데, 'ㆍ'는 언문 모음의 基點이고 'ㅏ, ㅓ, ㅡ, ㅜ'의 중간음으로, 'ㅏ'와 음이 유사하나 서로 구별되기 때문에[47] 'ㆍ'를 폐기해서는 안 된다고 주장하였다. 세계 각국의 문자를 살펴보아도 'ㆍ'음은 기본이 되는 음이며 한문과 일본 가나, 범문에서 모음의 시작을 담당하는 음이므로 함부로 폐기해서는 안 된다는 것이다. 특히 범문에서도 '阿'는 특별한 의미이고 언문은 범자를 모방하여 창조하였으므로 'ㆍ'를 제거해서는 안 된다면서, 국문연구소에서 위원으로 일할 때 'ㆍ' 폐지 문제로 魚允迪과 논쟁이 있었으나 결국 설복되었다고 언급하였다.

「언문자법원출범천」의 가장 마지막에는 "諺文例義蛇足"이라 하여 언문의 사용법에 대한 자신의 의견을 기술하였다. 이는 (3)에서 제시한 국문연구소의 열 가지 주제와도 유사한 면이 있다.

(27) "언문예의사족"
　　(一) 실마리를 추적하지 않고, 때에 따라 만들어 쓴다.(勿事追繹。因時制用)
　　(二) 옛날 역사는 보존하고 새로운 번역은 통용한다.(保存舊史。通用新譯)
　　(三) 몇 가지 예를 대조하여 사용하는 곳을 제시한다.(對照數例。以示用處)

---

47) 덧붙여 'ㆍ'는 단독으로 음을 이루나 'ㅏ'는 'ㅣ'와 'ㆍ' 두 글자가 합쳐서 음을 이룬다고 하였는데(且『ㆍ』是單獨成音者。而『ㅏ』是『ㅣㆍ』兩字合而成音字也。) 글자와 음을 분명히 구별하지 않아 혼동의 여지를 남긴다.

(四) 장음 一자, 연음 ㅅ자(長音一字。聯音ㅅ字)

(五) 언문 자모 초성의 명사를 헤아려 정한다.(擬定諺文字母初
　　聲名詞)

(六) 언문 반절 행법을 헤아려 정한다.(擬定諺文反切行法)

5. 결론

본고에서는『조선불교통사』의 언문 관련 기록을 살펴봄으로써 이
책에서 인용하여 집대성한 불교 자료에 반영된 국어학사를 들여다보
는 한편, 이능화의 언문관에 대해 살펴보고자 하였다. 특히 하편에
수록된「언문자법원출범천」은 1940년이 되어서야 발견된『훈민정음
해례』를 제외한 언문 관련 문헌의 내용들을 총망라하고 있으며, 어
족에 대한 그의 이해까지 제시되고 있어 더욱 면밀히 살펴볼 필요를
느낀다. 그의 이러한 저술은『석보상절』에 대한 기록을 포함하여 당
대는 물론 후대의 여러 학자들에게도 영향을 끼쳤다.

한 가지 잊지 말아야 할 점은「언문자법원출범천」이 언문의 연원
에 대해 논하는 부분이기는 하나, 어디까지나『조선불교통사』의 일
부라는 점이다. 그는 언문 창조의 기초가 된 것으로 俚語, 俗字, 蒙字
를 들고 고전 범자는 글자를 만드는 모형이 되었으며 한문 자모가
발음의 표준이 되었다고 언급하였는데, 각각의 문자들이 모두 범자
에서 비롯되었다는 것을 밝힘으로써 언문 역시 범자에서 왔다는 것
을 논증해내고 있다. 언문이 범자에서 비롯되었다는 그의 주장은『조
선불교통사』전반에서 다루고 있는 불교사, 곧 인도에서 시작되어
중국을 통해 한국으로 들어온 불교의 전래 과정과도 일치한다.

이는 『조선불교통사』의 자서 내용과도 연관지을 수 있다. 『조선불교통사』는 약 10년에 걸친 이능화의 불교사 연구 업적이자 자료집이라고 할 수 있는데, 그는 자서에서 이 책의 저술 목적을 '포교'라고 하였다. 불교의 전파는 언문에도 큰 영향을 끼쳤으며, 이에 따라 훈민정음의 창제가 이루어졌다는 그의 논증 과정은 곧 훈민정음의 창제 또한 불교의 업적 중 하나로 볼 수 있다는 것이 된다. 이렇게 그는 불교로 인하여 위대한 업적이 이룩되었다는 사실을 논증함으로써 일반 대중에게 불교의 영향력과 위대함을 알리고자 한 것이다.[48]

차자법에 관한 문제에 대하여는 이두와 구결을 제시하고 이를 일본 가나문자와 비교하면서, 삼국시대의 차자표기까지 광범위하게 서술하였다. 차자표기의 역사에서 표의문자에서 음절문자, 음소문자로 발달해 가는 과정을 찾을 수 있고, 이러한 노력이 훈민정음을 창제하는 밑바탕이 되었다는 것이 그의 견해이다. 한때 훈민정음 연구에서 차자표기, 즉 한문과의 병기와 분리하여 훈민정음의 독자성을 강조하고자 하는 경향이 있었으나 최근으로 올수록 차자표기와 훈민정음의 긴밀한 관계를 강조하고 있는 점과도 일맥상통한다. 이러한 면에서 이능화의 『조선불교통사』는 현대의 국어학계에 있어서도 시사하는 바가 크다 하겠다.

---

48) 柳花松(2003)에서는 불교적 관점에서 「언문자법원출범천」을 논하고 있다.

참고문헌

姜信沆(2003), 『훈민정음연구』(수정증보판), 성균관대학교 출판부.

金敏洙(1956), 국문정리(國文正理), 『한글』117, 577-585.

金敏洙(1980), 『新國語學史』(全訂版), 一潮閣.

김석득(1995), 김윤경: 조선문자 급 어학사, 『새국어생활』5-3, 4-24.

김완진· 정광· 장소원(1997), 『국어학사』, 한국방송대학교 출판부.

金允經(1938), 『朝鮮文字及語學史』, 震學出版協會.

김지홍(2010), 『언문지』의 이본들에 대하여, 『書誌學報』36, 153-194.

柳花松(2003), 『朝鮮佛敎通史』에 나타난 李能和의 諺文 認識 고찰:「諺文字法 源出梵天」
    을 중심으로, 『佛敎學報』40, 331-347.

백채원(2014), 20세기 초기 자료에 나타난 '言文一致'의 사용 양상과 그 의미, 『국어국
    문학』166, 77-108.

小倉進平(1940), 『朝鮮語學史』(增訂), 刀江書院.

송철의(2004), 한국 근대 초기의 어문운동과 어문정책, 『한국문화』33, 1-35.

송철의· 김명호· 양승국 외(2013), 『한국 근대 초기의 어문학자』, 태학사.

安秉禧(2007), 『崔世珍研究』(國語學叢書 6), 태학사.

宇佐美勝夫(1918), 朝鮮佛敎通史著者 李能和 殿, 『朝鮮佛敎叢報』10, 66-68.

李光政(1990), 李能和, "구한국시대(舊韓國時代)의 국문연구회(國文研究會)를 회고(回
    顧)하면서" 譯註, 『周時經學報』5, 210-216.

李基文(1970), 『開化期의 國文研究』, 一潮閣.

李能和(1906), 國文一定法意見書, 『大韓自强會月報』6, 62-65.

李能和(1917), 朝鮮佛敎通史에 就ᄒ야, 『朝鮮佛敎叢報』6, 32-41.

李能和(1927), 『朝鮮女俗考』, 東洋書院.

李能和(1928), 佛敎와 朝鮮文化, 『別乾坤』12· 13, 79-85.

이병근(2015), 李能和의 國文研究와 諺文字法源出梵天, 『애산학보』41, 181-213.

李承宰(2001), 符號字의 文字論的 意義, 『國語學』38, 89-116.

이이화(1993), 이능화: 민족사 왜곡과 식민사학 확립의 주도자, 『친일파 99인』2, 돌
    베개, 241-247.

이재헌(2015ㄱ), 상현 이능화 선생 연보, 『애산학보』41, 7-16.

이재헌(2015ㄴ), 이능화 연구의 현황과 과제 Ⅱ, 『애산학보』 41, 17-42.

이하중(1993), 李能和年譜, 『宗敎硏究』 9, 한국종교학회, 199-204.

이하중·申光澈 편(1994), 李能和 著作 目錄, 『李能和硏究: 韓國宗敎史學을 中心으로』, 集文堂, 205-215.

李浩權(1998), 釋譜詳節의 國語學的 硏究, 서울대학교 대학원 박사학위논문.

李浩權(2008), 조선시대 한글 문헌 간행의 시기별 경향과 특징, 『한국어학』 41, 83-114.

張孝鉉(1985), 李能和의 國學, 『于雲 朴炳采博士 還曆紀念論叢』, 高麗大學校 國語國文學硏究會, 771-786.

정승철(2007), 일제강점기의 언어 정책: '언문철자법'을 중심으로, 『일제 식민지 시기 한국의 언어와 문학』, 서울대학교출판부, 69-93.

조선불교통사역주편찬위원회(2010), 『역주 조선불교통사』 1-8, 동국대학교출판부.

최경봉(2005), 『우리말의 탄생: 최초의 국어사전 만들기 50년의 역사』, 책과함께.

崔範勳(1987), 李能和의 國語學史上 位置, 『齊山 崔世和博士 華甲紀念論文集』, 齊山 崔世和博士 華甲紀念論文集刊行委員會, 255-274.

河東鎬 편(1985), 『國文論集成』(歷代韓國文法大系 3-3), 塔出版社.

한국고전종합DB <http://db.itkc.or.kr>

한국민족문화대백과사전 <http://encykorea.aks.ac.kr>

한국사데이터베이스 <http://db.history.go.kr>

가나자와 쇼자부로(金澤庄三郎)의 생애와 학문*

요시모토 하지메(吉本一)

1. 들어가기

  가나자와 쇼자부로(金澤庄三郎: 1872-1967)는 한마디로 말해서 언어의 교육과 연구에 평생을 바친 사람이다. 현재의 명칭으로 말하면 고쿠가쿠인 대학(國學院大學), 도쿄 외국어대학(東京外國語大學), 도쿄 대학(東京大學), 메이지 대학(明治大學), 와세다 대학(早稻田大學), 고마자와 대학(駒澤大學), 세이신 여자대학(聖心女子大學), 쓰루미 여자단기대학(鶴見女子短期大學) 등 여러 대학에서 일본어, 조선어, 아이누어, 영어 등을 가르쳤다. 또 연구에 있어서는 일본어, 조선어, 아이누어, 류큐어(오키나와 방언), 만주어, 몽고어, 영어, 독일어, 러시아어 등에 관한 폭넓은 지식을 이용하여 수많은 저서와 논문 등 큰 업적을 남겼다.

---

* 이 글은 같은 제목으로『冠岳語文研究』第41輯(서울대학교 인문대학 국어국문학과, 2016: 165-190)에 수록되었다.

그의 스승은 우에다 가즈토시(上田萬年)이며, 후배에 신무라 이즈루(新村出), 제자 중에 하시모토 신키치(橋本進吉), 오구라 신페이(小倉進平), 긴디이치 교스케(金田一京助), 오리쿠치 시노부(折口信夫) 등이 있다. 모두 저명하고 쟁쟁한 학자들이다.

아래에서는 우선 가나자와 쇼자부로의 생애를 살펴본 다음에 그의 학문을 살펴볼 것이다. 시대를 고려하여 조선어나 조선인이라는 용어를 사용할 것, 한자 표기는 약자가 아닌 정자를 사용할 것, 나이는 만 연령으로 표기할 것임을 밝혀 둔다.

2. 가나자와 쇼자부로의 생애

우선 가나자와 쇼자부로의 생애에 대하여 시기별로 간략하게 살펴본다. 그의 생애에 관한 짤막한 기술은 이시카와(2007), 상세한 기술은 이시카와(2014)에서 볼 수 있다. 아래에서 소개하는 내용은 특히 이시카와(2014)에 기대고 있다. 현재로서 이것을 능가하는 자료는 없으나 사소한 오류들도 적잖이 눈에 띄었기에 수정하였다.

2.1. 탄생-청소년기

가나자와 쇼자부로는 1872년 1월 13일 오사카(大阪)의 쌀가게 집에 태어났다. 아버지는 겐자부로(源三郎)(1840-1927), 어머니는 지에코(智惠子)(1845-1890)이다. 지에코 역시 오사카에서 쌀가게를 하던 시마 도쿠로(島藤九郎)의 딸이다. 장녀 미치(みち), 차녀 사키(さき), 장남 쇼자부

로, 차남 겐노스케(源之助)의 순으로 태어났다. 쇼자부로는 정월에 태어났기 때문에 '正三郎'라고 명명되었는데 호적상 한자가 잘못 기재되어 '庄三郎'가 돼 버렸다. 그는 본래의 '正三郎'라는 표기에 애착을 가지고 있어서 22살 때까지 계속 사용하였다.

누나 두 명 밑에 태어났기 때문에 쇼자부로는 특별히 사랑을 받았는데, 선천적으로 허약한 체질이었던 데다가 어릴 때 소아마비에 걸려 성인이 되지 못할 것이라고 여겨졌다. 그는 이때 걸린 소아마비의 후유증으로 평생 한쪽 다리가 가늘었다.

그는 어릴 때부터 공부하기를 좋아했고 부모도 본인이 좋아하는 일을 시켜 주려고 했다. 그래서 다섯 살 때 1877년 9월부터 다이호 초등학교(大寶小學校)를 다니기 시작했다. 또 이듬해부터 하굣길에 서당(寺子屋)에 들러 한문과 주산을 배우게 되었다.

1884년 7월에 초등학교를 졸업하였고, 그해 9월에는 당시 전국에서 유일한 문부성 직할 학교였던 오사카 중학교(大阪中學校)에 입학하였다. 오사카 중학교는 1885년 7월에 대학 분교(大學分校), 1886년 4월에 제3 고등중학교(第三高等中學校)로 개칭되었으며, 1888년 8월에 교토(京都)로 이전하였다. 이 학교가 현재 교토 대학(京都大學)의 전신이다. 이 학교에는 여러 지역에서 학생들이 모였으므로 기숙사가 설치되어 있었다. 또 진급 제도가 상당히 엄하여 낙제하는 사람도 많았다. 가나자와도 낙제의 비애를 맛보기도 하였다.

1890년 9월 어머니가 병에 걸려 46살로 타계하였다. 그녀는 쇼자부로에게 반드시 대학에 진학하고 졸업하라고 유언을 남겼다. 쇼자부로는 어머니를 깊이 경모하였으며 이때 어머니의 죽음으로 인하여 큰 상실감을 느꼈다.

설상가상으로 가업인 쌀가게가 도산하여 경제적으로 어려움을 겪었으나, 간신히 학업을 계속하여 1893년 7월 22살 때 고등중학교를 졸업하였다.

2.2. 대학·대학원 시절

고등중학교를 졸업한 가나자와는 바로 1893년 9월에 제국대학(帝國大學) 박언학과(博言學科)로 진학하였다. 가나자와는 대학 입학과 동시에 상경하였으며, 제3 고등중학교 동창인 사사가와 다네오(笹川種郎), 아네사키 마사하루(姉崎正治)와 셋이서 집을 빌려 자취 생활을 시작했다.

제국대학은 1886년에 설립된 것으로, 일본에서 유일한 대학이었으므로 단순히 제국대학이라고 하였다. 그 후 1897년 두 번째 대학인 교토 제국대학(京都帝國大學)이 생기고 나서 도쿄 제국대학(東京帝國大學)으로 개칭하였다. 이것이 현재 도쿄 대학(東京大學)으로 이어진다. 박언학(博言學)은 1897년 전후부터 언어학(言語學)이라 불리게 되고, 도쿄 제국대학 박언학과도 1898년 6월에 언어학과로 바뀌었다.

박언학과 학생은 극히 소수였으며, 당시 졸업생은 해마다 한 명 내지 네 명에 불과했다. 졸업 연도를 기준으로 하여 가나자와보다 1년 선배에 사카키 료자부로(榊亮三郎), 동기에 오가와 나오요시(小川尚義), 1년 후배에 후지오카 가쓰지(藤岡勝二), 3년 후배에 신무라 이즈루(新村出), 4년 후배에 야스기 사다토시(八杉貞利), 10년 후배에 하시모토 신키치(橋本進吉), 오구라 신페이(小倉進平), 이하 후유(伊波普猷), 11년 후배에 긴다이치 교스케(金田一京助), 고토 아사타로(後藤朝太郎) 등이 있다.

1890년 9월부터 독일 유학을 갔던 우에다 가즈토시(上田萬年)가

1894년 6월에 귀국하여 제국대학 박언학과 교수로 취임하였으며 가나자와의 지도 교수가 되었다. 우에다는 너무나 바빠서 휴강하는 일이 잦았지만 학생들을 정열적이고도 적절하게 지도하였기에 학생들의 큰 신뢰를 얻고 있었다. 그래서 우에다의 지도에 따라 학생들의 연구 대상 언어가 정해졌다. 가나자와, 긴다이치는 아이누어, 이하는 류큐어, 오구라는 조선어, 고토는 중국어, 오가와는 대만어, 사카키는 범어, 야스기는 러시아어, 후지오카, 신무라, 하시모토는 일본어(국어)를 연구하게 된 것이다. 당시 일본 박언학(언어학)의 최대 관심사는 일본어와 주변 언어들을 비교함으로써 일본어의 뿌리를 밝히려는 것이었다.

가나자와는 진보 고토라(神保小虎)에게 아이누어를 배웠다. 1896년 5월 3학년 때 『동양 학예 잡지(東洋學藝雜誌)』 176-178호에 「배철러 씨가 만든 아이누어학의 단편(ばちぇら氏創成アイヌ語學ノ一斑)」을 연재하였다. 진보 고토라의 강의를 가나자와가 기록한 것으로 보인다. 배철러(John Batchelor)는 1888년 『아이누어·일본어·영어 3개 언어 사전(蝦和英三對辭書 完)』을 펴낸 사람이다. 같은 해 11월에는 진보의 검열을 받고 『도쿄지학협회 보고(東京地學協會報告)』 제18년 제2호에 「아이누 방언 단어집의 교정(蝦夷方言藻鹽草ノ校正)」을 발표하였다. 『아이누 방언 단어집(蝦夷方言藻鹽草)』은 우에하라 구마지로(上原熊次郎)가 1804년에 펴낸 것으로, 가나자와는 거기에다 당시 발음을 로마자로 병기하였다. 그 후 1905년에 배철러가 펴낸 『아이누어·영어·일본어 사전 및 아이누어 문전(アイヌ英和辭典及アイヌ語文典)』 제2판 서문에서 그 로마자 표기의 잘못이 지적되었다.

가나자와는 1896년 7월에 대학을 졸업하고 같은 해 9월에 대학원으로 진학하였다. 그해 11월 25살 때 고쿠가쿠인(國學院) 강사가 되었다. 고쿠가쿠인은 1882년에 창립된 황전강구소(皇典講究所) 내에 국학을 연구하기 위하여 1890년 설립된 학교이며, 1904년 전문학교, 1906년 사립 고쿠가쿠인 대학(私立國學院大學), 1920년에 고쿠가쿠인 대학(國學院大學)이 되었다. 고쿠가쿠인에서 가나자와는 영어와 음성학을 가르쳤다.

이 시기에 가나자와는 영문 서적의 번역 작업을 하였다. 먼저 A. Darmesteter의 『*The Life of Words as the Symbols of Ideas*』를 번역한 『말의 생명(ことばのいのち)』을 1897년에 펴내고, 그다음에 A. H. Sayce의 『*The Principles of Comparative Philology*』를 번역한 『언어학(言語學)』(우에다 가즈토시와 공역)을 1898년에 펴냈다. 이 원서들은 지도 교수인 우에다 가즈토시가 소장하고 있던 것이라고 한다. 또 F. M. Müller의 『*The Science of Language*』를 요약·번역한 「언어학 단편(言語學一斑)」을 『고쿠가쿠인 잡지(國學院雜誌)』에 1898-1904년에 연재한 뒤에 『언어학 상·하(言語學 上·下)』(고토 아사타로와 공역)를 1906-1907년에 펴냈다. 그리고 1899년 『영어 중문전(英語中文典)』을 편찬하기도 하였다. 또한 1898년에는 은사인 진보 고토라와 공저로 『아이누어 회화 사전(アイヌ語會話字典)』도 펴냈다.

한편 1897-1898년 『고쿠가쿠인 잡지』에 「외래어에 대하여(外來語に就きて)」 「일본어에 대해 생각하는 것들(國語に就きて思へる事ども)」 「수사의 연구(數詞の研究)」 등의 연구 논문도 발표하였다.

가나자와는 아이누어를 평생 연구 과제로 하려고 결심하고 있었다. 그러나 도쿄 제국대학 문과대학 학장이었던 도야마 마사카즈(外山正一)로부터 "아이누어 연구로 먹고살 수 없다", "조선어를 연구해 보면 어떠냐?"라는 말을 듣고 조선어 연구를 지향하게 되었다. 도야마가 문부대신(文部大臣)이고 고등중학교 때 은사였던 핫토리 우노키치(服部宇之吉)가 그 비서관이었던 1898년 6월에 가나자와는 문부성 파견 제1회 동양 유학생으로 선발되어 한국 유학을 가게 되었다.

1898년 9월에 가나자와는 사와이 다키(澤井多喜)와 결혼하였다. 고상하고 웅숭깊고 온화하고 친절한 여성이었다고 한다. 그녀의 오빠 렌(廉)은 1887년 미국으로 유학을 가서 이듬해 에디슨(Thomas Alva Edison)의 조수가 되었다. 그러다 병이 났고 일본으로 귀국하여 요양한 결과 일단 회복하였으나 1894년 30살 때 타계하였다.

1898년 10월 가나자와는 대한제국으로 유학을 떠났다. 그는 여행을 좋아하여 한국 체류 중에 전국을 돌아다녔다. 또 그는 술도 잘 마셨으며 한국 사람들을 놀라게 했다. 1899년 9월 재한 일본인들이 조선회(朝鮮會)를 결성하고 남산동에 조선월보사(朝鮮月報社)를 두고『조선월보(朝鮮月報)』를 발간하게 되었다. 가나자와는 원고를 모으는 위원을 맡았고 본인도 14편의 글을 실었다. 이 잡지는 제4호까지만 나오고 폐간되었다. 한국 유학 중이었던 1900년 7월 가나자와는 도쿄 외국어학교(東京外國語學校) 한어학과(韓語學科) 교수로 임명되었다. 당시 우에다 가즈토시가 교장 대리를 맡고 있었다. 그해 8월에 가나자와를 조선어 연구로 이끈 도야마가 영면하였다.

2.3. 순풍의 시기

1901년 9월 대한제국에서 귀국한 가나자와는 도쿄 외국어학교 한어학과 교수로 취임하여 조선어를 가르치게 되었다. 도쿄 외국어학교는 1873년에 일단 설립되었다가 1887년에 소멸되었다. 그다음

1897년에 고등상업학교(高等商業學校) 부속 기관으로 신설되고 1899년에 분리·독립하였다. 이것이 현재 도쿄 외국어대학(東京外國語大學)으로 이어진나.

도쿄 외국어학교 한어학과는 가나자와와 혼다 아리야(本田存)가 주도하는 체제가 되었다. 혼다 아리야는 신생 도쿄 외국어학교 한어학과 제1기생이며 졸업과 동시에 조교수가 됐다. 그는 유도와 수영도 잘하고 그 방면에도 이름을 남겼다. 가나자와가 학문적(언어학적)으로 일본어와 조선어를 비교하는 강의를 하고, 혼다가 회화와 통역에 능하였기에 실무적인 조선어를 가르쳤다. (혼다는 그 후 1903년 7월부터 대한제국으로 유학을 가게 된다. 문부성에서 대한제국으로 파견된 것은 가나자와와 혼다 두 사람뿐이다.)

1902년 2월에 도쿄 제국대학 언어학과 강사로 임명되었다. 그가 담당한 조선어는 3학년 필수 과목이었다. 언어학과 학생은 수 명밖에 없었으나 다른 학과 학생들도 들을 수 있었기 때문에 백 수십 명이 수강하였다. 일본어 계통론에 대한 관심이 그만큼 높았던 것이다.

1902년 6월 가나자와 31살 때 「일·한 양국어 비교론(日韓兩國語比較論)」「일·한어 동사론(日韓語動詞論)」이라는 두 논문으로 문학 박사 학위를 받았다. 대한제국 유학 때문에 중단했었던 고쿠가쿠인 강의도 1903년에 다시 하게 되었다. 이리하여 가나자와는 박사 학위도 받고, 도쿄 외국어학교, 도쿄 제국대학, 고쿠가쿠인에서 교육과 연구를 펼칠 수 있게 된 것이다.

가나자와는 점점 활동 무대를 확대한다. 1903년 5월 국어조사위원회(國語調査委員會)의 위원으로 임명되었다. 그해 가을에 국어전습소(國語傳習所)에서 일본어 문법에 관한 강의를 하고 그것을 토대로 12월『일본 문법론 전(日本文法論 全)』을 간행하였다. 같은 12월에 메이지 대학 (明治大學)이 신설한 고등예과(高等豫科) 강사로 초빙되었으며, 이듬해 9 월에는 중국인 및 조선인 유학생을 받아들이기 위해 메이지 대학에 개설된 경위학당(經緯學堂)의 평의원으로 위촉되었다.

1904년 9월부터 가나자와는 도쿄 제국대학 언어학과에서 아이누 어도 담당하게 되었다. 그해부터 긴다이치 교스케(金田一京助), 하시모 토 신키치(橋本進吉), 오구라 신페이(小倉進平), 이하 후유(伊波普猷), 고토 아사타로(後藤朝太郎) 등이 강의를 들었다. 가나자와는 자신이 강의한 것을 그대로 필기하도록 긴다이치에게 부탁하였으며, 긴다이치는 필 기한 것을 강의 날 저녁에 가나자와의 자택까지 가져갔다. 가나자와 의 강의는 말하는 대로 필기하면 그것이 바로 훌륭한 문장이 되었다 고 한다. 그 당시 '일·한 비교 문법(日韓比較文法)'에 관해서는 본인의 원고와 가메다 지로(龜田次郎)가 필기한 강의록이 남아 있다. (덧붙여 말 하면, 후일 1913년 10월부터 긴다이치가 아이누어를 가르치게 되었다.)

1905년 10월부터 1년간 와세다 대학(早稻田大學)에서 일본어 문법에 관한 강의를 했다. 그 강의록이 이듬해『일본 문법 강의(日本文法講義)』 로 간행되었다. 이 시기에는 또 중학생을 대상으로 한 잡지에 글을 싣기도 하였다.

가나자와는 1907년 4월 15일부터 10월 2일까지 휴직하고 구미 6개 국(독일, 프랑스, 네덜란드, 벨기에, 영국, 미국)을 순회하였다. 그해에 간행 한 독일어 논문 「*Über den Einfluss des Sanskrits auf das Japanische und Koreanische Schriftsystem*(일본어와 조선어의 문자에 대한 산스크리트의 영향에 관하여)」을 지참하였다. 출항을 기다리는 배 안에서 일본어 사전『사림(辭林)』의 교정을 마쳤으며 4월 21일에 출간된 책을 런던에서 받아 보았다. 이

사전은 가나자와가 한국에서 귀국하고 나서부터 편찬하기 시작한 것으로, 친구인 아스케 나오지로(足助直次郞)와, 오구라 신페이(小倉進平), 고토 아사타로(後藤朝太郞), 긴다이치 교스케(金田一京助), 오리구치 시노부(折口信夫), 이와하시 고야타(岩橋小彌太) 등 제자들의 도움도 컸다. 이 사전이 사회적으로 높은 평가를 받고 오랜 기간 상당히 많이 팔렸다.

1909년 4월부터 5월까지 가나자와는 국어조사위원회로부터 오키나와(沖繩)로 파견되어 류큐어 조사를 하였다.

1909년 7월 『동양협회 조사부 학술 보고 제1책(東洋協會調査部學術報告 第1冊)』에 「일·한 양국어 동계론(日韓兩國語同系論)」이라는 논문을 발표하였다. 이듬해 1월에 이 내용을 수정·보완하고 영문을 붙여서 『일·한 양국어 동계론 전(日韓兩國語同系論 全)』이라는 저서와 그 영문만 따로 떼내어 『The Common Origin of the Japanese and Korean Languages』를 출간하였다. 영문 부분에는 조선어 연구로 이끌어 준 도야마 마사카즈에게 바치는 말을 썼다. 영문으로 쓴 것은 물론 이 학설을 세계적으로 알리기 위해서이다. 일본어와 조선어가 동계라는 학설 자체는 새로운 것은 아니었으나 일본의 언어학자가 주장했다는 점에서 큰 반향을 일으켰다. 1910년 8월에는 한일 합방이 이루어졌다. 이런 미묘한 시기에 민감한 문제를 다룬 논저를 내놓은 것이다.

한일 합방이 이루어지면서 가나자와는 신문·잡지 등의 취재를 받고 조선의 언어·문학을 소개하는 글들을 썼다. 그는 한일 합방 자체에는 반대하지 않았으나, 조선어의 사용을 금지하거나 일본어를 강요하는 일에는 분명히 반대하였다. 조선어를 하나의 방언으로 인정하고 살려야 한다, 조선 사람들에게 일본어를 가르치기 전에 일본 사람들이 먼저 조선어를 배워야 한다고 주장했으며, 두 언어는 원래 한

언어에서 분화된 동계어이므로 상대 언어를 서로 배움으로써 자연스
럽게 융화할 수 있다고 믿었다. 그의 그러한 사상은 제자들에게는 영
향을 주었으나 사회적으로는 이해를 얻지 못했다. 현 시점에서 이러
한 언행을 비판하기는 쉽지만 그 시대 상황을 생각할 때 이 정도의
의견을 제시했다는 점은 평가해야 할 것이다.

2.4. 역경의 시기

1910년 12월 가나자와는 10년 만에 조선을 방문하였다. 조선의 교
육 실정을 조사하기 위함이었다. 1911년 6월 조선총독부(朝鮮總督府)로
부터 조선어에 관한 조사를 위촉받았고, 그해 7월과 이듬해 3월에 또
조선으로 출장하였다.

1911년 3월 『조선 서적 목록(朝鮮書籍目錄)』을 간행하였다. 조선에
관한 문헌 자료를 해설한 책으로, 도쿄 외국어학교 졸업식 때 일반
공개하면서 관람자들에게 배부해 주었다.

1912년 12월 『일본 문법 신론(日本文法新論)』을 간행하였다. 1903년
에 간행한 『일본 문법론(日本文法論)』을 더 심화시킨 것이다. 이 시기
를 전후하여 학교 교과용 교과서 편찬을 의뢰받게 되고, 『여자 교육
일본 문법 교본(女子敎育日本文法敎本)』(1910/1912/1919년), 『일본 문법 교
본(日本文法敎本)』(1912/1919/1931년), 『중학교용 국어 교과서(中學校用國語
敎科書)』(1914년) 등을 펴냈다.

1913년 6월에 『언어의 연구와 고대의 문화(言語の研究と古代の文化)』
를 간행하였다. 1910년 1월부터 고쿠가쿠인 대학에서 강의한 내용이
고 『고쿠가쿠인 잡지(國學院雜誌)』에 단속적으로 게재한 원고를 묶은

것이다. 일본어와 독일어로 설명되어 있다.

같은 해 9월 제3 고등중학교 시절의 친구였던 아베 모리타로(阿部守太郎)가 살해당했다. 아베는 전년에 법무국장(法務局長)이 되고 만주·몽고 문제에 관한 의견서를 기초하였다. 일본이 만주·몽고에 대한 야심을 버리고 평화적 방법으로 경제적 이권을 추구해야 한다는 것이었다. 이것이 영토 확대를 지향하는 세력으로부터 반감을 산 것이다.

그해 12월에는 『카드식 독사 연표(カード式讀史年表)』라는 이색적인 저작을 내놓았다. 서양, 중국, 조선, 일본의 역사를 세기별로 한눈에 볼 수 있도록 한 것이다.

1914년 3월 조선총독부로부터 위촉받고 러시아·만주·몽고·조선을 방문하였다. 각지의 언어 상황을 시찰하기 위해서였다. 이 시기에 러시아어와 몽고어를 학습하였다.

가나자와는 일본어와 조선어의 동계론을 먼저 주창한 선구자로서 시라토리 구라키치(白鳥庫吉) 등을 들었는데, 시라토리는 동계론에서 비동계론으로 입장을 바꾸고 가나자와를 비판하였다. 그 후 가나자와와 동계론은 어려운 처지에 놓이게 된다.

1915년 5월 『일본 외래어 사전(日本外來語辭典)』이 출간되었다. 우에다 가즈토시, 다카쿠스 준지로(高楠順次郎), 시라토리 구라키치, 무라카미 나오지로(村上直次郎), 가나자와 쇼자부로의 5명이 편집한 것이다. 시라토리와 가나자와는 동계론을 둘러싼 대립이 있었으며, 도쿄 외국어학교 교장이었던 무라카미는 가나자와를 배제하려고 했었다는 소문이 있다. 또 우에다도 이때쯤에는 그를 탐탁지 않게 여겼던 것 같다.

한일 합방 시기에는 조선은 일본의 일부였으므로 조선어는 외국어가 아니라고 여겨졌다. 가나자와는 조선어 학습의 필요성을 계속 호소하였으나, 결국 1911년에 개칭되었던 조선어학과는 학생 모집이 정지되고 기존 학생들이 졸업함과 동시에 학생이 한 명도 없어졌다.

상황이 그렇게 돌아가는 와중 1916년 12월 말 45살이었던 가나자와는 문부대신 앞으로 사표를 제출하였고 이듬해 1월에 받아들여졌다. 표면적인 이유는 뇌신경 쇠약증이었으나, 조선어학과 학생 모집 정지로 인한 충격과 무라카미 교장이 그를 배척하려는 움직임 등의 요인이 있었을지도 모른다.

가나자와는 또 1917년 2월에 도쿄 제국대학 조선어 강사도 사임하였다. 그리고 곧바로 아내를 데리고 도쿄를 떠나 교토로 갔다. 가나자와가 사임한 후 학생들이 용돈을 모아 혼다 아리야에게 강의를 부탁했는데 학생들이 돈을 부담하는 것은 불쌍하다고 하여 1923년부터 정식 강사가 되었다.

1918년 3월과 1919년 4월 방언 조사 등의 목적으로 또다시 조선을 방문하였다. 그리고 1920년 11월 새로 설치된 조선총독부 임시교과서조사위원회 위원이 되었고, 1921년 3월 역시 새로 설치된 조선총독부 보통학교용 언문철자법 조사위원회 위원이 되었다.

1920년 6월 『언어에 반영된 원인의 사상(言語に映じたる原人の思想)』을 출간하였다. 아이누 민족의 사상을 고찰한 책이다. 조선어 교육 현장을 떠난 뒤 다시 원점으로 돌아가 아이누 연구를 하고 싶어진 것 같다.

그다음 1923년 가을에 고쿠가쿠인 대학에서 국어학 교수로 초빙되었다. 오랫동안 학교를 위해 힘써 준 가나자와가 직장을 잃은 데 대하여 관계자들이 배려를 해 준 것이리라.

1907년에 처음 나온 『사림(辭林)』이 크게 개정되어 1925년 9월에 『광사림(廣辭林)』이라는 이름으로 간행되었다. 학교를 사임한 뒤 주로 이 개정 작업을 하고 있었다. 그러던 와중 1923년 9월에 관동대지진이 일어나 제판이 모두 소실되었으나 교정지의 일부가 남아 있었기 때문에 다시 노력을 기울여 완성하였다.

1927년 12월 아버지 겐자부로가 88살로 타계하였다. 가나자와는 어머니를 깊이 경모했던 한편 아버지에 대해서는 그다지 좋은 감정을 가지고 있지 않았던 것 같다. 그러나 생활비는 계속 보내 주고 있었다.

2.5. 재기의 시기

1928년 4월에 가나자와는 고마자와 대학(駒澤大學) 동양학과 국어학 교수로 취임하였다. 1931년에 고마자와 대학 동양학회에서 『동양학 연구(東洋學研究)』를 창간한 뒤 가나자와는 강의 내용을 정리하여 논문들을 발표하였다.

1929년 4월 58살 때 『일·선 동조론(日鮮同祖論)』을 간행하였다. 30년 이상에 걸친 일본어·조선어 비교 연구의 도달점이라고 할 만한 것이다. 이 시기 일본인들은 조선을 냉담하게 바라보고 있었으며 두 언어의 동계론도 강하게 부정당하여 직장을 잃었을 정도였으므로 두 민족이 같은 조상에서 나왔다고 하는 학설이 반발을 살 것은 불을 보듯 뻔한 일이었다. 그럼에도 불구하고 연구자는 공격이나 비난을 두려워하지 말고 자신이 믿는 바를 추구해야 한다고 생각한 것이다. 그러나 그가 의도했던 것과 달리 이 이론은 일본인에게도 조선인에게도 환영받지 못하면서 그의 핵심적인 주장은 무시당한 채 내선 일체(內鮮一體)·황민화(皇民化) 운동에 적당히 이용당하게 되었다.

1932년 1월에 가나자와는 환갑을 맞이하였다. 그의 제자들이 주축이 되어 그가 오랫동안 근무한 고쿠가쿠인 대학에서 축하회, 기념품 증정, 기념논문집 간행 등의 행사를 진행했다. 그해 12월에 기념논문집 『가나자와 박사 환갑 기념 동양 어학의 연구(金澤博士還曆記念 東洋語學之研究)』가 간행되었고, 가나자와는 그 사례로서 같은 시기에 나온 『신라의 가타카나—비교국어학사의 일절(新羅の片假名—比較國語學史の一節)』을 증정하였다. 신라의 이두와 일본의 가타카나 중 일치하거나 흡사한 것이 많음을 지적한 것이다.

그해 4월부터 세이신 여자학원 고등전문학교(聖心女子學院高等專門學校) 국문과 교수가 되어 언어학 강의를 담당하게 되었다.

1933년 가나자와는 고쿠가쿠인 대학을 퇴임하였다. 이 해 3월에 환갑 기념행사의 일환으로 『다쿠소쿠안 장서 61종(濯足庵藏書六十一種)』도 간행하였다. 그가 그동안 모아 놓은 동양 어학 문헌을 소개한 책이다. 다쿠소쿠(濯足)는 그의 호이며, 다쿠소쿠안(濯足庵)은 그의 집을 가리킨다. 중국 고대 시집 『초사(楚辭)』에 실린 굴원(屈原)의 시 「어부(漁夫)」의 한 구절에서 따온 말이다.

1934년 7월 고쿠가쿠인 대학의 제자이자 동료였던 오리쿠치 시노부와 공동으로 편찬한 『국문학 논구(國文學論究)』를 간행했다. 학생들의 졸업 논문을 조금이라도 세상에 알리기 위해 과거 수 년 동안에 나온 논문들의 일부를 묶은 것이다.

그 후 꾸준히 논문을 쓰고 강연을 하러 다녔지만 오랜 기간 새로운 저서를 내지 않았다. 1939년 9월 1일에 제2차 세계대전이 시작되었고 1945년 8월 15일에 일본이 패전을 맞이하였다.

2.6. 노년기―별세

1946년 가나자와는 에이헤이지(永平寺)에서 구마자와 다이젠(熊澤泰禪) 선사로부터 득도를 얻었다. 법명은 월강암 선심무득거사(月江庵禪心無得居士)이다. 이때 수많은 희귀본을 포함한 장서를 에이헤이지에 기진하였다.

1947년 2월부터 아세아 연구 총서(亞細亞研究叢書)를 간행하기 시작했다. 가나자와 혼자서 20권 이상을 집필할 예정이었는데 결국 1949년 5월까지 6권만 내고 중단되었다. 나머지 주제 중 일부는 학회지나 논문집에 발표하기도 했으나 원고를 완성하지 못한 것도 있다.

1948년 4월에 세이신 여자학원 고등전문학교(聖心女子學院高等專門學校)가 세이신 여자대학(聖心女子大學)이 되었고, 가나자와는 계속 강의를 맡았다.

1949년 사립학교법이 공포됨으로써 고마자와 대학도 새로운 제도에 따른 개혁이 이루어졌다. 동양학과가 없어지고, 가나자와는 문학부장 겸 국문학과장으로 임명됐다. 그러나 여러 가지 문제들이 있어서 그는 이듬해 사표를 제출하여 사임하였다.

1950년 제자인 호리구치 게이야(堀口慶哉)에게 부탁하여 그해 9월부터 2년 동안 군마 현(群馬縣)의 사찰 세이코인(成孝院)에 기거했다.

그해 10월 조선학회(朝鮮學會)가 창립되어 가나자와는 고문을 맡아 연구 발표를 할 수 있는 자리를 얻었다.

1952년 봄에 도쿄 조코쿠지(長谷寺) 경내에 주거를 얻어 안주할 수

있게 되었다. 1953년 4월에 새로 설립된 쓰루미 여자단기대학(鶴見女子短期大學)에 국문과장 겸 국어학 교수로 영입되었고, 이듬해 4월에는 또 신설된 아자부 아케보노 유치원(麻布あけぼの幼稚園) 초대 원장도 맡았다. 같은 해 고쿠가쿠인 대학 명예 교수가 되었다.

1964년 4월 그동안의 교육·연구에 관한 공로로 인해 국가에서 훈3등 서보장(勳三等瑞寶章)이라는 훈장을 받았다. 그해 6월 쓰루미 여자단기대학에서 축하 강연회가 개최되었고, 긴다이치 교스케와 도키에다 모토키(時枝誠記)가 강연을 하였다.

1966년 3월 20일 저녁 부인 다키가 89살로 별세하였다. 원래 허약한 체질이자 지병이 있었지만 의외로 건강하게 오래 살았다. 이듬해 5월 31일 오후에 동생 겐노스케가 94살로 별세했다. 그리고 그해 6월 2일 오후에 가나자와 쇼자부로 본인이 96살로 생을 마감하였다. 그도 선천적으로 허약하여 소아마비까지 걸렸으니 그토록 오래 살 거라고 아무도 예측하지 못했을 것이다. 가나자와 쇼자부로 내외의 무덤은 에이헤이지와 조코쿠지에 있다.

가나자와에게 있어 언어의 교육과 연구는 직업이기도 했으나 취미이기도 했다. 그는 죽음 직전까지 교육에 종사하고 있었으며 왕성한 연구와 집필 활동을 지속하였다. 가나자와에게는 자녀가 없었으므로 그의 자택에 남아 있던 장서는 사후에 에이헤이지로 기탁되었고 1974년에 모두 고마자와 대학 도서관에 기탁되었다. 그러다가 1985년에 기증 처리가 되고 다쿠소쿠 문고(濯足文庫)가 생겼으며, 1987년에 목록이 완성되었다. 총 2,150권에 이른다고 한다.

2.7. 사람됨

가나자와는 키가 160센티도 안 될 정도로 체구가 작았으나 굳건한 옛 무사처럼 위엄이 있었다고 전해진다. 쓸데없는 말은 하지 않았지만 이야기할 때는 천천히 담담하게 말했다.

그는 술을 좋아하고 매일같이 마셨다. 특히 독한 양주를 좋아했다. 술을 마시면 기분이 좋아져서 말도 늘고 잘 웃었다.

그는 또 권련도 좋아하고 손에서 놓지 않았다. 권련을 아껴 가위로 잘라서 피웠는데 짧아지면 밑에서 못을 박고 못을 들고 끝까지 피웠다.

그리고 장어를 좋아했다. 집 근처 식당에 장어 덮밥 도시락을 하나만 시키고, 그가 장어를 안주로 술을 마신 뒤에 아내가 조미료가 묻은 밥을 먹었다.

성격은 완고하고 자기 의견을 굽히지 않았다. 그래서 주변 사람들이 아무리 이해해 주지 않아도 자기가 믿는 대로 연구를 추진하고 주장을 했을 것이다. 사표를 냈을 때도 주변에서 만류해도 듣지 않았다.

또한 사람들의 눈을 전혀 개의치 않았고, 눈에 띄는 기발한 복장으로 학교에 출근하였다. 머리에 두건을 쓰고 망토를 두른 모습 등이 학생들에게 기억되고 있다.

그러한 성격 때문에 다른 사람들과 부딪히기도 하고 미움을 받기도 하였다. 그러나 학생들에게는 대체로 존경을 받고 좋은 인상을 남겼다.

젊은 시절에는 상당히 엄하게 대하기도 했지만 점점 온화해졌다. 고운 목소리로 차분차분 말하고 꼼꼼한 글씨로 천천히 판서하면서 강의를 진행하였다.

가나자와를 아는 사람들은 그를 구두쇠라고도 한다. 평소에는 지

출을 아껴 두었다가 축의금이나 세뱃돈 등은 시원하게 많이 주기도 하였다. 특히 연구 자료를 구하기 위해서는 돈을 아끼지 않았다. 『사림(辭林)』과 『광사림(廣辭林)』 등의 사전이 많이 팔렸으므로 상당한 인세 수입이 있었을 것이고 그 돈으로 희귀본들을 수집하였다.

그는 언어 교육 및 연구에 인생을 바쳤으나 언어 습득의 천재였던 것은 아니다. 일본어, 조선어, 아이누어, 영어, 독일어, 한문 등은 그 언어로 글을 쓰거나 그 언어에 대해 강의할 수 있는 정도였다. 또 류큐어, 만주어, 몽고어, 범어, 러시아어 등에 관해서도 필요에 따라 언급할 정도의 지식이 있었다. 그러나 중국어, 러시아어, 몽고어 등의 공부는 뜻대로 되지 않았던 것 같다. 그리고 도쿄에 오래 살았으면서 평생 표준어에 익숙해지지 못하고 끝까지 오사카 말을 사용했다고 한다.

3. 가나자와 쇼자부로의 학문

이시카와(2014: 391-419)에 실린 목록을 보면 가나자와 쇼자부로의 학문적 업적은 총 306개에 이른다. 저서·번역서와 논문뿐 아니라, 편찬이나 교열, 강의록과 강연 기록, 담화 등도 포함하고, 같은 책의 복각판이나 개정 증보판도 포함하고 있으나, 엄청나게 많은 것은 틀림없다. 현재로서는 역시 이 목록을 능가할 자료는 없다. 그런데 잘 살피면 아직도 누락된 자료가 있다.

가나자와는 폭넓은 연구 활동을 전개하였으며 저작의 범위도 넓다. 많은 교과서와 사전도 편찬하였다. 그러나 이러한 작업에 그가 얼마나 관여했는지 알 수 없다. 따라서 가나자와가 혼자 저술했거나 깊이 관여한 것으로 판단되는 저서들을 고서점, 도서관, 인터넷을 통해서 구했고, 입수한 자료는 모두 통독했다. 아래에서 그 저서들을 몇 가지 분야로 나누어 개관해 본다. 그의 대표적인 업적은 대체로 망라하였을 것이다.

3.1. 동계론

가나자와가 평생 동안 추구한 것이 일본어와 조선어의 동계론이었다고 할 수 있다. 그는 두 언어가 같은 계통일 뿐만 아니라 두 민족도 같은 뿌리에서 나왔다고 주장했다.

처음 가시적인 형태로 드러난 것이 1909년에 발표한 논문 「일·한 양국어 동계론(日韓兩國語同系論)」과 1910년에 그것을 수정·보완한 책 『일·한 양국어 동계론 전(日韓兩國語同系論 全)』이다. 음운과 어법(체언, 용언, 조사)으로 나누어서 두 언어의 유사점을 고찰하였다. 대부분 여러 낱말의 어원이 같다고 추정하는 것이다. 이 글 말미에 두 언어는 그 뿌리가 같다는 것을 밝히면 서로의 언어를 학습하기 쉬워질 것이며 이리하여 또다시 하나의 언어로 동화하면 기쁜 일이라고 썼다. 한일 합방이 이루어지기 직전에 발표되었기 때문에 한일 합방을 정당화하는 주장으로 생각되기도 하였으나, 순전히 그의 학문적 관심에서 나온 확신인 듯하다. 조선어의 고어에 관한 연구가 이루어지기 이전에 발표된 글이므로 현재의 관점에서 본다면 잘못된 부분도 있으나, 전체적 인상은 현재 동계론을 주장하는 많은 글들보다 나은 것으로 보인다.

1911년 7월 조선총독부 내무부 학무국에서 일본어와 조선어의 동
계론을 주장하는 강연을 했다. 그 내용을 필기한 기록이 조선총독부
에서 간행되었으며, 같은 해 12월 『조선총독부 월보(朝鮮總督府月報)』
제1권 제6호에 「조선어에 대하여(朝鮮語ニ就テ)」라는 제목으로 게재되
었다. 필자는 그 기사만 발췌·제본한 자료를 고서점에서 큰돈을 주고
구입하였다.

1913년 『언어의 연구와 고대의 문화(言語の研究と古代の文化)』를 간
행했다. 언어 연구를 통하여 기록도 없는 먼 옛날의 문화를 밝혀 보
려는 시도로서, 가족(家族), 가옥(家屋), 도시(都市), 음식(飲食), 의복(衣服),
천지(天地), 금수(禽獸), 초목(草木), 금속(金屬) 등의 항목으로 이루어져
있다. 특히 방위를 나타내는 단어를 고찰함으로써 조선 민족은 대륙
에서 반도로 내려갔고 일본 민족은 규슈에서 동쪽으로 이동했고 류
큐 민족은 규슈에서 오키나와로 내려갔다고 주장하였다. 이 주장은
이후 저작에서도 거듭 강조하였다.

그 이론이 심화된 것이 『일·선 동조론(日鮮同祖論)』이다. 이 책은
1929년 처음 간행되었고 1943년과 1978년에 복각되었다. 필자가 구
한 것은 1978년판이다. 이 책의 핵심은 제목 그대로 일본인과 조선인
이 같은 조상에서 분화되었다는 주장이었다. 먼저 서설에서 "옛날 조
선은 문명국이었다. 일본에서 볼 때 특히 그랬다."라고 썼고 제1장에
서 "조선은 신의 나라이다.", "신의 나라인 조선에서 신의 자식으로
태어난 사람들이 일본으로 도래하여 신으로 모셔졌다."라고 썼다. 구
체적으로는 신명·인명·지명과 같은 고유 명사나 보통 명사의 어원을
조선어로 풀이할 수 있다고 논하였다. 다만 그는 우리의 조상들이 조
선에서 일본으로 이동하였다고만 본 것이 아니라 조금 더 넓은 시야

에서 바라보고 있었던 것 같다. 예를 들어, 제3장에서는 "신들이 신의 고향(高天原)에서 아시아 대륙의 조선반도를 거쳐 일본으로 도래하였다."라고 썼다. 이 책도 제대로 읽어 보지도 않은 사람들이 제목만 보고 한일 합방을 정당화하는 주장으로 오해했으나, 실제로 읽어 보면 그런 내용이 담긴 것이 아니다.

3.2. 어원론

가나자와는 어원에 관한 책도 썼다. 일본어와 조선어의 동계론을 보완하기 위한 작업이기도 하고 더 넓은 시야를 제공하기 위한 작업이기도 하였다.

1947년에 간행한 『고양이와 쥐(猫と鼠)』에서는 고양이와 쥐에 관련된 말들의 어원을 살폈다. 우선 고양이를 가리키는 중국어 'méng-kuei(蒙貴)', 몽고어 'migui', 조선어 'koi(괴)'/'kui-ni(귀니)'/'kona(고나)', 일본어 'neko' 등의 어원이 같으며 울음소리를 흉내 낸 말이라고 논하였다. 또 라틴어 'catus', 영어 'cat', 독일어 'Katze', 프랑스어 'chat', 러시아어 'Коть'/'Кошка', 아랍어 'qitt', 터키어 'kodi', 만주어 'kesike' 등의 기원과 역사에 대해서는 장래의 연구를 기다려야 한다고 덧붙였다. 한편 쥐를 가리키는 일본어 'nezumi'는 'nusumi'[盜]와 어근이 같고 조선어 'chui(쥐)'는 울음소리에서 나온 것으로 추정했다. 라틴어 'mus', 영어 'mouse', 독일어 'Maus', 그리스어 'μῦς', 범어 'musha', 페르시아어 'mush', 러시아어 'Мышь' 등은 어원이 같지만, 라틴어 'ratus', 영어 'rat', 독일어 'Ratte'/'Ratze', 프랑스어 'rat', 이태리어 'ratto' 등의 기원은 불분명하다고 덧붙였다.

같은 해에 간행한 『차(茶)』에서는 중국어 '茶/茶'의 고음 'ta'와 근대음 'cha', 조선어 'ta(다)'/'ch'a(차)', 일본어 'sa'/'cha', 만주어 및 몽고어 'chai', 러시아어 'chai', 스페인어 'cha', 이태리어 'cia', 페르시아어 'ch'ai Khitai'(Khitai는 '중국'), 티베트어 'ja', 말레이어 'téh', 영어 'tea', 독일어 'Tee', 프랑스어 'thé' 등의 어원이 같다는 것을 논하였다.

이듬해인 1948년에 간행한 『곤륜의 구슬(崑崙の玉)』에서는 구슬을 나타내는 조선어 '구슬', 고구려어 '古斯(고사)', 일본어 'kusiro'/'kusi', 중국어 '瓊支', 만주어 'gu', 몽고어 'has', 위구르어 'hasi' 등의 어원이 같다고 논하였다.

3.3. 지명 연구

가나자와는 지명에 관한 논고도 남겼다. 일본과 조선의 지명을 연구한 것도 그 속에 간직된 고어를 찾아내기 위한 작업이고 나아가서는 역시 일본어와 조선어의 동계론을 보완하기 위한 작업이었다.

먼저 1903년에 『로마자 색인 조선 지명 자휘(羅馬字索引 朝鮮地名字彙)』를 간행했다. 조선 지명을 로마자로 표기한 것이다. 지구과학자 고토 분지로(小藤文次郞)가 자신이 작성한 조선 지도용으로 원고를 준비했고, 가나자와가 한글 표기에 따라 수정하였다. 이 자료는 1985년, 1989년, 2008년에 한국에서 복각되었고, 1994년에 일본에서 복각되었다. (1989년과 2008년의 복각판은 이시카와(2014)의 목록에도 없다.) 필자는 인터넷에 공개된 한국학 종합 DB를 이용하였다.

1912년에는 『일·선 고대 지명의 연구(日鮮古代地名の研究)』를 간행했다. 이 책에서 논한 내용은 다음과 같다. '백제(百濟)'는 'pak-năru',

'백잔(百殘)'은 'pak-törö'라고 읽고, 'pak'은 '맥족(貊族)', 'năru/nara' 및 'törö/tar'은 '성' 또는 '나라'를 뜻하므로, '맥족의 성' 즉 '맥족의 나라'를 기리킨다. '단(檀)'의 새김이 '박달(나무)'이므로 '단군(檀君)'도 '맥족' 출신이다. '신라(新羅)'의 시조 '박(朴)' 씨도 마찬가지다. '고구려(高句麗)'의 '고'는 'pak'의 앞쪽이 생략된 것이고 '구려'는 '성'을 뜻하므로, 역시 '맥족의 성' 즉 '맥족의 나라'를 가리킨다. 따라서 세 종족 모두 맥족이 내려온 것이다. 그리고 일본어 'hure'는 조선어 'pör(벌)'(마을)과 관련이 있고 일본어 'kohori'는 조선어 'kor(골)'(큰 마을)과 관련이 있다. 이것을 보아 조선과 일본 사이에 옛날부터 교류가 있었음을 알 수 있다.

또 1949년에 『지명의 연구(地名の硏究)』를 간행했다. 한자의 음을 이용한 지명, 통용음을 이용한 지명, 훈을 이용한 지명, 말놀이를 이용한 지명, 훈독자를 음독하는 지명, 음독자를 훈독하는 지명, 음과 훈을 혼용한 지명 등으로 나누어 자세히 고찰하였다.

그리고 가나자와가 별세한 후 『일·한 고지명의 연구(日韓古地名の硏究)』가 1985년에 간행되고 1994년에 복각되었다. 필자가 구한 것은 1985년판이다. 지명과 관련된 가나자와의 논고를 묶은 것으로, 제1부에는 소논문들, 제2부에는 『일·선 동조론(日鮮同祖論)』의 4-10장, 제3부에는 『지명의 연구(地名の硏究)』를 실었다.

3.4. 일본어 관련

가나자와는 일본어와 관련된 업적도 많다. 다만 그의 저작은 단순히 일본어에 대해서만 논하지 않고 조선어와 비교하는 내용이 들어간다는 특징이 있다. 그는 일본어를 연구하기 위해서는 반드시 조선어를 알아야 하고 또 조선어를 연구하기 위해서는 만주어와 몽고어를 알아야 한다는 신념을 가지고 있었다.

1903년에 『일본 문법론 전(日本文法論 全)』을 간행했다. 그해 가을에 국어전습소(國語傳習所)에서 강의한 내용을 정리한 것이다. 오쓰키 후미히코(大槻文彦)의 『광일본문전(廣日本文典)』에 기대면서도 자신의 견해를 덧붙이면서 보완하였다. 문자론, 성음론, 단어론, 문장론으로 이루어져 있다. 일본어의 동사와 형용사는 현재 활용 형태가 다르지만 원래는 똑같은 활용을 했었을 것이다, 가장 기본적인 용언은 'ari'(있다)일 것이다, 화가(和歌)에서 습관으로 쓰이는 수식어 '枕詞'는 동음이의어를 구별하기 위해 쓰이기 시작했을 것이다, 계조사(係助詞)와 문말 용언 활용형이 호응하는 '掛結'의 기원은 문장의 도치에 있다 등이 특기할 만한 주장이다.

1905-1906년 와세다 대학에서 강의한 내용을 정리한 『일본 문법 강의(日本文法講義)』는 1906년에 간행되고 1911년에 복각되었다. 필자도 입수하였으나 출판년도가 찍혀 있지 않아서 몇 년판인지 알 수 없다. 총론, 단어론, 문장론으로 이루어져 있다. 한자, 이두, 한글 등의 문자, 오십음도(五十音圖)와 범자의 배열, 일본어와 조선어의 문법을 관련시켜서 설명한 부분 따위가 독특하다 하겠다.

1910년 『국어의 연구(國語の研究)』를 간행했다. 그동안 발표한 논문들을 묶은 것이다. 문자론, 문법론, 어원론, 계통론 등에 관한 다양한 논문들이 실려 있다. 주요한 논점은 다른 책 속에 알기 쉬운 형태로 녹아들어 있지만 각각 논제에 대한 자세한 고찰을 볼 수 있다.

1912년에 『일본 문법 신론(日本文法新論)』을 간행했다. 위에서 소개한 1903년『일본 문법론 전(日本文法論 全)』을 수정·보완한 것이다. 전체 구성은 똑같지만 약 10년 사이에 진척된 연구 성과가 반영되었다. 특히 일본어와 조선어를 비교한 내용이 많이 추가되었으며 분량도 40% 정도 증가되었다.

또 1923년에『국어학 통론(國語學通論)』을 간행했다. 총론, 음운 조직, 단어 구조, 가나 사용법, 문법 연구, 문법상 오류로 구성되어 있으며, 부록으로 문자와 음운에 관한 설명이 붙어 있다. 본론에서도 일본어와 조선어를 관련시킨 논의가 보이지만 무엇보다 부록 부분에 가나자와의 독자적인 주장이 많이 담겨 있다.

3.5. 아이누 관련

가나자와는 처음 아이누어 전공자로 출발했으므로 아이누와 관련된 저작도 여럿이 있다.

가장 대표적인 업적이 1898년에 스승 진보 고토라와 공저로 펴낸 『아이누어 회화 사전(アイヌ語會話字典)』이다. 일본어-아이누어 사전인데, 일본어에 대응되는 아이누어의 단어를 로마자로 표기한 뒤에 그 단어를 사용한 간단한 회화체 예문을 들었다. 서문에 따르면 가나자와가 원고를 작성하고 진보가 조언을 해 주었으므로 두 사람의 공저로 냈다고 한다. 진보는 이 사전을 접함으로써 아이누어 연구를 뜻하게 되는 사람들이 많이 나온다면 우에다 가즈토시가 도쿄 제국대학에서 아이누어를 가르치게 한 보람이 있을 것이라고 하였다. 또 가나자와는 이 연구를 수행함에 있어서 은사인 우에다가 귀중한 조언을 해 주었다고 감사의 인사말을 적었다. 이 책은 1973년, 1978년, 1986

년에 세 번이나 복각되었다. 그만큼 수요가 있었다는 사실을 의미할 것이다. 필자가 구한 책은 1986년판이다.

1920년 『언어에 반영된 원인의 사상(言語に映じたる原人の思想)』을 간행했다. 아이누어 연구를 통하여 아이누 민족의 사상을 고찰한 책으로, 우주관(宇宙觀), 생사관(生死觀), 인생관(人生觀), 이인종관(異人種觀), 방위(方位), 가족(家族), 의식(衣食), 수사(數詞) 등의 항목으로 구성되었다. 이 책에 따르면 '아이누'는 '사고력이 있는 자'라는 뜻이다. 이 책은 1941년에 복각되었다. 필자가 구한 책은 1941년판이다.

3.6. 문헌 안내

가나자와는 막대한 돈을 투자하여 동양 언어 연구를 위한 문헌 자료를 수집하였으며 목록을 작성하여 후학들에게 소개하였다.

첫 번째 목록은 1911에 간행한 『조선 서적 목록(朝鮮書籍目錄)』이다. 도쿄 외국어학교 졸업식 때 조선에 관한 문헌 자료를 일반 공개하면서 자비로 해설집을 만들어 관람자들에게 배부해 준 것이다. 108가지 자료의 저자, 성립 시기, 성립 과정, 내용 등을 소개하고 사진을 실었다. 이 자료는 1976년에 한국에서 복각되었다. 필자는 서울대학교 중앙도서관에 소장된 원본을 열람하였다.

두 번째 목록은 1933년에 간행한 『다쿠소쿠안 장서 61종(濯足庵藏書六十一種)』이다. 가나자와가 그동안 모아 놓은 귀중한 동양 어학 문헌을 소개한 책이고, 그의 환갑 기념행사의 일환으로 간행했다. 앞에서 설명했듯이 다쿠소쿠(濯足)는 그의 호이다. 61가지 자료의 저자, 성립 시기, 성립 과정, 내용, 그가 입수한 경위 등을 소개하고 사진을 실었다. 61가지로 정한 것은 환갑 기념이기 때문이다.

세 번째 목록은 1948년에 간행한『아세아 연구에 관한 문헌(亞細亞研究に關する文獻)』이다. 역시 가나자와가 그동안 모아 놓은 귀중한 동양 어학 문헌을 소개한 책이고, 자료의 저자, 성립 시기, 성립 과정, 내용, 그가 입수한 경위 등을 소개하고 사진을 실었다. 자신의 희수 기념으로 하기 위하여 77가지 자료를 선정하였으나, 더 소개하고 싶은 자료가 있어서 번외로 두었다. 필자가 구한 고서에는 가나자와가 직접 지인에게 쓴 글이 적혀 있다.

3.7. 기타

가나자와는 이상의 분류에 넣기 힘든 다양한 저작도 남겼다.

1912년『일어유해(日語類解)』를 간행했다. 이는『왜어유해(倭語類解)』를 바탕으로 한 어휘집인데, 약간 취사선택을 하고 번역의 오류를 바로잡았다.『왜어유해』는 저자도 성립 연대도 확실히 알 수 없으나 통신사가 1636년 이후에 제작한 것은 분명하다. 아메노모리 호슈(雨森芳洲)의『교린수지(交隣須知)』도 이것을 바탕으로 만들어졌다. 또 영국 선교사 W. H. Medhurst가 이것을 번역하여 1835년에『Translation of a Comparative Vocabulary of the Chinese Corean and Japanese Language』를 간행했다. 서양에서는 이것이 조선어 연구의 기초가 되었으며, 프랑스 선교사들이 한불사전이나 문법서를 만들었다. 가나자와는 조선인이 일본어를 배우고 일본인이 조선어를 배우는 데 유용한 책이라고 소개하였다. 또한 이 책은 1970년 300부 한정으로 복각·출판된『아학편(兒學編)·일어유해(日語類解)·한어 초보(韓語初步)』에 수록되었다. 필자가 구한 것은 이 복각판이다.

1947년에『문과 자(文と字)』를 간행하였다. '한자 잡고(漢字雜考)'라는 부제목이 붙어 있듯이 한자와 관련된 여러 가지 생각들을 피력한 것으로, 아시아 연구는 한자에 대한 연구에서 출발해야 한다고 주장했다. 이는 아세아 연구 총서 중 한 권이며, 본래 계획으로는 그 뒤에『육서의 연구(六書の研究)』,『안학과 이학(眼學と耳學)』,『유형자와 반형자(類形字と反形字)』,『속자와 신자(俗字と新字)』,『한자를 통해 본 고대 문화(漢字を通じて觀たる古代文化)』등 한자와 관련된 책들을 간행하려고 했으나 실현되지 않았다. 그 이외에도 한글과 이두에 관한 책이나 일본어·조선어·만주어·몽고어 비교언어학에 관한 책 등도 기획되어 있었지만 역시 실현되지 않았다.

4. 나오기

이상에서 가나자와 쇼자부로의 생애와 학문에 대하여 개관하였다. 어떤 한 사람의 생애와 학문을 이해한다는 것이 어려운 것임은 말할 나위도 없다. 특히 가나자와 쇼자부로와 같이 96년 이상의 세월을 살고 평생 동안 오로지 언어의 교육과 연구에 매진한 사람의 생애와 학문을 어떻게 이해할 수 있을까? 가나자와 쇼자부로의 생애와 학문을 제대로 이해하려면 그와 똑같이 여러 언어에 능통해야 할 것이고 그가 남긴 수많은 저작과 그가 접한 자료들을 섭렵해야 할 것이며 그의 주변에 있던 사람들의 증언들도 모아 보아야 할 것이다.

가나자와 쇼자부로는 일·한 양국어 동계론(日韓兩國語同系論)과 일·

선 동조론(日鮮同祖論)이라는 이론 때문에 오랫동안 오해와 비판을 받아 왔다. 그러나 최근에 이시카와(2007, 2014) 등 실증적이고 대대적으로 재조명하려는 시도가 이루어지고 있다. 이 연구도 그 두 저작에 기댄 바가 크다.

　이러한 연구들이 축적되어 앞으로 이 대학자에 대한 올바른 이해가 이루어지기를 간절히 바라 마지않는다.

참고문헌

가나자와 쇼자부로(金澤庄三郎)(1903). 『日本文法論 全』. 金港堂書籍.

가나자와 쇼자부로(金澤庄三郎)(1906/1911). 『日本文法講義』. 早稻田大學出版部.

가나자와 쇼자부로(金澤庄三郎)(1909). 「日韓兩國語同系論」. 『東洋協會調査部學術報告』 1. 東洋協會調査部.

가나자와 쇼자부로(金澤庄三郎)(1910a). 『日韓兩國語同系論 全』. 三省堂書店.

가나자와 쇼자부로(金澤庄三郎)(1910b). 『國語の研究』. 同文館.

가나자와 쇼자부로(金澤庄三郎)(1911a/1976). 『朝鮮書籍目録』. 私家版/成進文化社.

가나자와 쇼자부로(金澤庄三郎)(1911b). 「朝鮮語ニ就テ」. 『朝鮮總督府月報』1-6. 朝鮮總督府.

가나자와 쇼자부로(金澤庄三郎)(1912a). 『日語類解』. 三省堂書店. (京都大學文學部國語學國文學研究室 編(1970). 『兒學編・日語類解・韓語初歩』. 京都大學國文學會.)

가나자와 쇼자부로(金澤庄三郎)(1912b). 『日鮮古代地名の研究』. 朝鮮總督府.

가나자와 쇼자부로(金澤庄三郎)(1912c). 『日本文法新論』. 早稻田大學出版部.

가나자와 쇼자부로(金澤庄三郎)(1913). 『言語の研究と古代の文化』. 弘道館.

가나자와 쇼자부로(金澤庄三郎)(1920/1941). 『言語に映じたる原人の思想』. 大鐙閣/創元社.

가나자와 쇼자부로(金澤庄三郎)(1923). 『國語學通論』. 早稻田大學出版部.

가나자와 쇼자부로(金澤庄三郎)(1929/1943/1978). 『日鮮同祖論』. 刀江書院/汎東洋社/成甲書房.

가나자와 쇼자부로(金澤庄三郎)(1933). 『濯足庵藏書六十一種』. 金澤博士還曆祝賀會.

가나자와 쇼자부로(金澤庄三郎)(1947a). 『猫と鼠』. 創元社.

가나자와 쇼자부로(金澤庄三郎)(1947b). 『茶』. 創元社.

가나자와 쇼자부로(金澤庄三郎)(1947c). 『文と字』. 創元社.

가나자와 쇼자부로(金澤庄三郎)(1948a). 『崑崙の玉』. 創元社.

가나자와 쇼자부로(金澤庄三郎)(1948b). 『亞細亞研究に關する文獻』. 創元社.

가나자와 쇼자부로(金澤庄三郎)(1949c). 『地名の研究』. 創元社.

가나자와 쇼자부로(金澤庄三郎)(1985/1994). 『日韓古地名の研究』. 草風館.

고토 분지로(小藤文次郎)・가나자와 쇼자부로(金澤庄三郎)(1903). 『羅馬字索引 朝鮮地名

字彙』. 東京帝國大學. (김민수·하동호·고영근 편(1985/2008).「A Catalogue of the Romanized Geographical Names of Korea」.『역대 한국 문법 대계』. 탑출 판사/박이정// 경인문화사 편집부 편(1989).『朝鮮八道秘密地誌·朝鮮地名案內·朝鮮地名字彙』. 경인문화사// 中村新太郎ほか(1994).『朝鮮地名研究集成』. 草風館.)

이시카와 료코(石川遼子)(2007).「金澤庄三郎」.『日本近現代朝鮮語敎育史』. 龍史堂(ドラゴン印刷).

이시카와 료코(石川遼子)(2014).『金澤庄三郎』. ミネルヴァ書房.

진보 고토라(神保小虎)·가나자와 쇼자부로(金澤庄三郎)(1898/1973/1978/1986).『アイヌ語會話字典』. 金港堂書籍/北海道出版企劃センター.

백악춘사 장응진의 생애와 사상

●

김 태 인

1. 머리말

백악춘사(白岳春史) 장응진(張應震, 1880~1950)은 격동의 개화기 시절, 신문물과 신교육에 일찍 눈을 뜨고 우리 민족이 나아갈 길을 끊임없이 설파한 매우 중요한 인물이다. 장응진은 그 시대 사람으로서는 최고의 교육을 받았다고 할 수 있고 이를 방증이라도 하듯이 네 편의 소설을 포함한 칠십여 편이 넘는 그의 글은 장응진의 박식함을 여실히 드러내고 있다. 장응진은 학문적인 관심 분야가 다채로운데 화학, 생물, 지구과학, 심리학, 언어학, 윤리학, 교육학 등에 걸쳐 그의 글이 펼쳐지고 있는 것이다.

그간 장응진에 관한 연구와 평가는 주로 그가 남긴 네 편의 소설을 기반으로 하여 이루어졌다고 해도 과언이 아니다. 김윤재(1998)에서는 장응진의 전기적 사실을 비교적 상세하게 정리하고 후반부에서는 그의 소설 작품에 나타나는 두 가징 특성, 곧 실제 사건의 소설화와 1인칭 독백체의 사용을 고찰하고 있다. 하태석(2001)은 장응진의 소설에 나타난 계몽사상을 논하면서 그 계몽사상이 장응진이 심취한 기독교와 연관되어 있음을 보였으며, 최호석(2010)에서도 장응진 소설에서 보이는 성경적 동기(motif)에 대해 고찰하였다.

주로 장응진 연구에 있어서 주목을 받는 시기는 105인 사건으로 인해 옥고를 치르고 출소하기 전까지인데 곧 그의 성장 시기와 태극학보의 발행 및 편집인으로 활동하였을 시기가 집중적으로 연구가 되어 있는 것이다. 105인 사건으로 인한 옥고 후 장응진의 교육계에서의 행적과 그때의 사상, 친일 국면에 관하여는 그다지 면밀하게 고찰이 되지 못한 감이 있다. 결국 장응진의 생애에 대한 전반적이고 체계적인 고찰이 요구되는 지점이라고 할 것이다.

본고에서는 장응진의 생애를 정리하고 그의 업적과 사상을 살피며 평가를 내림과 동시에 한계도 지적하는 것을 목표로 한다. 또한 장응진의 업적과 사상을 정리하는 가운데 특별히 언어에 관한 그의 생각이나 국학에 대한 그의 독특한 견해나 사상에 대해 살피고자 한다.

논의의 편의성을 위해 그의 생애를 다음과 같이 삼등분하여 살펴보기로 한다.

·출생 후 그의 사상적 기반이 마련되는 학업 기간: 황해도 고향에서 서울로, 서울에서 일본으로, 일본에서 미국으로, 미국에서 일본으로
·일본 고등사범학교 수리과에 입학 후 태극학보 편집 및 발행인을 맡아 왕성한 문필 활동을 벌이고 귀국하기까지의 기간
·105인 사건이 터지고 옥고를 치르고 석방된 후, 교육계에 전

념한 기간

이제 다음 장에서는 기왕 나눈 생애의 기간별로 그의 활동과 행적
을 살필 것이다. 이어서 3장에서는 그의 사상을 그의 글을 통하여서
살펴볼 것인데, 이는 어디까지나 우리 민족에 영향을 미친 국학 사상
으로서의 것에 국한하기로 한다.

2. 장응진의 생애

2.1. 성장 배경과 학문적 기반 형성

장응진의 성장 시기에 대한 주된 자료는 『별건곤』 제5호(1927)에
실린 장응진 본인의 회고록 「이십년전 한국학계 이약이」에서 찾을
수 있다. 본인이 자신의 삶에 대해 술회한 것이기에 사실 관계 또한
매우 정확하다고 할 것이다.[1] 장응진은 1880년 3월 15일에 황해도
장진에서 태어나 16세까지 고향에서 한문을 배웠다. 그의 아버지인
장의택(張義澤)은 과거시험 응시차 서울을 자주 왕래하며 소위 '신학
문'을 접하게 되는데 이 신학문을 아들인 장응진에게도 권하게 된다.

장응진은 1897년 광무 원년, 18세가 되던 해에 서울의 관립영어학
교에 입학하게 된다. 입학시험은 간단히 『논어』를 읽어보라는 것이
어서 어렸을 때부터 한문을 공부했던 장응진으로서는 어렵지 않게
통과할 수 있었다. 그렇게 신학문의 길로 접어든 장응진은 당시 독립

---

1) 이후 2.1에서 서술되는 그의 삶의 궤적은 별다른 표시가 없는 한 『별건곤』 제5호에 실
린 그의 글을 참조로 한 것이다.

협회에서 주관하는 만민공동회에 영어학교의 대표로 참석하게 된다. 별건곤 제21호(1929)의 「나의 젊엇든 時節 第一痛快하엿던 일, 十九歲 때에 獨立協會에서 十部大匝을 罵倒하든 일」라는 글을 통해 장응진 은 자신이 19세의 나이로 십부대신들 앞에서 연설을 하였던 일을 삶 에서 가장 통쾌했던 일로 소개하고 있다. 이 연설의 내용은 주로 매 국적 행위를 일삼는 정부의 관리들을 향한 질타였다.

독립협회가 1898년 만민공동회 집회를 종로에서 열고 급진적인 사 회 개혁을 정부에 요구하자 정부는 이에 맞서기 위해 황국협회를 설 립한다.[2] 정부는 독립협회를 비롯한 모든 사회단체의 해산을 명령하 는데 만민공동회와 같은 경우에는 군대까지 동원하여 무력으로 해산 시키게 된다. 이때 주모자들을 색출하는데 장응진은 진고개[3]로 피신 하여 있다가 일본으로 건너가게 된다.

일본으로 건너가게 된 장응진은 일 년간의 준비를 거쳐서 1900년 에 순천중학교에 2학년으로 입학하게 되고[4] 4년 만에 졸업까지 하게 된다. 졸업 후 그는 귀국을 하려고 하였지만 일본 유학생들에 대한 국내의 인식이 안 좋다는 이야기를 듣고 1904년에 미국 LA로 건너가 1년을 지내게 된다. 하지만 별다른 정규 학업을 갖지는 못하였고, 갖 은 일을 하다가 차비를 벌어 1905년에 다시 일본으로 돌아오게 된다. 일본으로 돌아온 그는 고등사범학교 수리과(數理科)에 입학을 하게 되 고, 태극학회의 창립과 『태극학보』의 창간에 깊게 관여하면서 왕성 한 저작 활동을 하게 된다.[5]

---

2) 독립협회와 황국협회의 대립적 국면에 관하여는 朴亨杓(1971)를 참조할 수 있다.
3) 중구 충무로2가 전 중국대사관 뒤편에서 세종호텔 뒷길에 이르는 고개(서울지명사전, 2009, 서울특별시사편찬위원회).
4) 「주일공사가 보내온 일본유학생 현황에 대한 조회」(光武六年六月二十日, 1902년 06월 20일)를 보면 유학생의 명단에서 순천중학교 소속의 장응진의 이름을 발견할 수 있다.

2.2. 태극학회에서의 활약과 왕성한 저작 활동

태극학회는 본래 기존의 유학생들이 이제 막 일본에 온 한국 유학
생들의 어학 실력을 보완해주기 위하여 자체적으로 만든 일본어 강
습소를 모태로 한다.[6] 태극학회는 서북 출신의 유학생들이 주축이
되어 1905년에 만들어지는데 황해도 출신이었던 장응진도 이 태극학
회의 창립부터 깊은 관여를 하게 된다. 태극학회의 설립 배경에는 민
족을 향한 계몽의 의지가 담겨 있다. 후술하겠지만 장응진 역시 민족
계몽에 많은 관심이 있었기에 태극학회의 설립 취지와 장응진의 계
몽사상은 함께 맞물렸던 것이다. 태극학회는 이러한 정신으로 기관
지『태극학보』를 1906년 8월부터 발간하게 된다. 다음은『태극학보』
제1호에 실린「太極學報 發刊의 序」이다.

今日 文明時代에 處ᄒ야 個人的 國民的을 不論ᄒ고 學識을 不修
ᄒ면 戰國時代에 處ᄒ야 武藝를 不習홈에 無異ᄒ니 엇지 社會에
容立키 能ᄒ리오 是故로 近日 憂國憂時의 士ㅣ 반닷시 國民敎育
四字로 標幟唱導치 아님이 無ᄒ나 凡事가 唱ᄒ기 易ᄒ고 實行키
難홈은 人世의 常態로다.
惟我太極學會가 呱呱의 聲을 發ᄒ고 東都一隅에 萌出홈이 於玆
에 逾年이라. 此間에 幾多頓挫辛苦의 悲境이 不少ᄒ여스나 盤根을

---

5) 이상 장응진의 교육 이력에 대해서는『韓民族獨立運動史資料集』의 1권,「105人事件公
判始末書」에서도 확인할 수 있다. 장응진은 제18회 공판장에서 다음과 같은 대화를 나
눈다.
문: 어떠한 교육을 받았는가.
답: 6세부터 10년 정도 한문을 배웠고, 明治 31년에는 東京에 가서 神田大成學館에 입
학하였으며, 32년에 順天中學으로 전입하여 35년에 졸업하였고 高等工業學校에 입학하
였다가 중도에서 퇴학하고, 美國에 갔다가 37년 가을경에 귀국하였으며, 39년에는 高
等師範學校에 입학하여 42년에 졸업하였다.
6) 태극학회의 창립 및 발전, 의의와 평가 등에 대해서는 이미영(1995)를 참조할 수 있다.

不遇ᄒ면 利刀를 難辨이라. 徛我 會員의 血誠所湧이여 一致團心으
로 相勸相救ᄒ며 相導相携ᄒ야 一步를 退縮ᄒ면 數步를 更進ᄒ고
難關을 遭遇ᄒ면 百折不屈의 精神으로 勇氣를 倍進ᄒ니 此ᄂ 本會
가 今日 漸次 旺盛ᄒᄂ 域에 進홈이요 時時 演說 講演 或 討論 等
으로써 學識을 交換硏磨ᄒ야 他日 雄飛의 準備를 不怠ᄒ고 學暇를
利用ᄒ야ᄂ 各自 學習ᄒᄂ 바 專門普通으로 論作之飜譯之ᄒ야 我同
胞國民의 智識을 開發ᄒᄂ 一分의 助力이 되고져 ᄒᄂ 微誠에 出
홈이니 此ᄂ 本報가 創刊되ᄂ 盛運에 達ᄒ 者인ㅣ져.
　一粒의 土도 積ᄒ면 泰山을 成ᄒ고 一滴의 水도 合ᄒ면 大海를
成ᄒᄂ니 吾儕도 쏘ᄒ 我 二千萬 國民의 各 一分子라 各 一臂의 力
을 出ᄒ야 國民의 天職을 萬分一이라도 盡홈이 有ᄒ면 此ᄂ 吾儕
의 衷心으로 熱望ᄒᄂ 바로다.

장응진은 이 『태극학보』의 1호부터 18호까지 편집 겸 발행인으로
활약한다.[7] 이를 통해 볼 때, 태극학회의 설립 및 태극학보의 창간에
이르기까지 장응진은 매우 중추적인 역할을 감당한 것으로 보인다.
그는 이 『태극학보』를 통하여 자신의 학술적, 사상적 축적물을 대중
에게 선보이기 시작했고, 그 장르 또한 매우 다양하여 소설, 번역문,
논설, 학술문 따위가 있다. 이를 정리하면 아래와 같다.

　　제1호(광무10년 8월) 「我國普通敎育論」, 「空氣說」
　　제2호(광무10년 9월) 「人生의 義務」, 「火山說」, 「空氣說」(前號續),
　　　　　　　　　　　　「海水浴의 一日」
　　제3호(광무10년 10월) 「我國我民敎育의 振興策」
　　제4호(광무10년 11월) 「進化學上生存競爭의 法則」

7) 『태극학보』 19호에서부터는 2대 회장인 김락영이 편집 겸 발행인으로 기록되고 있다.

제5호(광무10년 12월)「科學論」

제6호(광무11년 1월)「多情多恨」

제7호(광무11년 2월)「社會我를 論함」,「多情多恨」(前號續)

제8호(광무11년 3월)「春夢」

제9호(광무11년 4월)「心理學上으로 觀察흔 言語」

제10호(광무11년 5월)「印度에 基督敎勢力」(연설 번역문. 장응
　　　　　　　　　진 필기)

제11호(광무11년 6월)「希望의 曙光」

제12호(광무11년 7월)「良心論」

제13호(융희원년 9월)「敎授와 敎科에 對ᄒ야」,「月下의 自白」

제14호(융희원년 10월)「人生과 勞動」(번역문),「敎授와 敎科에
　　　　　　　　　對ᄒ야」(前號續)

제15호(융희원년 11월)「人生과 勞動」(번역문,前號續),「敎授와
　　　　　　　　　敎科에 對ᄒ야」(前號續)

제16호(융희원년 12월)「魔窟」

　이 시기에 장응진의 저작은 개인적인 만족감이나 성취감을 위한
것이 아니었다. 그의 저작들은 사회를 향해 있으며, 그 내용 역시 국
내 동포들의 계몽과 현실태의 자각 촉구, 교육 사상의 고취 등으로
일관되어 있는 것이다. 후술하겠지만, 이것은 비단 그가 쓴 논설이나
학술문에서만 보이는 경향이 아니라 소설에서도 보이는 것이다.

　하지만 이러한 장응진의『태극학보』에서의 활약도 그리 오래가지
못하게 된다. 김윤재(1998: 184-187)에 따르면 장응진은 태극학회 내
알력 관계로 인하여 태극학회의 활동을 중단하게 된다. 이것이『태극학
보』16호까지 장응진의 글이 쉼 없이 실리지만 17호부터는 찾아볼
수 없게 되는 이유이다. 당시에 유학생 사회에서는 그 출신 지역에

따라 태극학회, 낙동친목회, 호남학회, 한금청년회 따위가 있었고, 이 단체들이 서로 경쟁 관계에 있었다는 것이다. 장응진은 태극학회에 서 주도적으로 태극학회가 유학생 난체들의 연합에 앞장설 것을 수 장하였는데, 태극학회 내 다른 인물들은 이러한 연합을 통한 단체 통 합에 대해 못마땅하게 여겼던 것이다. 결국 이러한 반대 세력에 의해 장응진은 태극학회에서 나오게 된 것으로 보인다.

2.3. 105인 사건과 그 이후의 교육가로서의 삶

장응진은 1909년, 명치 42년에 고국으로 돌아오게 된다. 귀국한 그 가 처음으로 맡은 일은 대성학교의 교사였다. 대성학교의 교사가 될 수 있었던 것은 안창호와의 친분 덕분이었다. 이러한 사정은 「105人 事件公判始末書」를 통해 장응진의 육성으로 들을 수 있다(질문은 판사 가 답은 장응진이 하는 것이다).

> 문: 어떠한 사정으로 大成學校의 교사가 되었는가.
> 답: 고등사범학교를 졸업한 후 京城 및 그 밖의 각지로부터 초 빙을 받았으며, 大成學校의 安昌浩로부터도 교섭이 있었는 데 그에 대해서는 일단 학교를 본 다음에 승낙 여부를 결 정하겠다고 대답하였다. 그랬더니 安昌浩가 여비조로 300 원을 보내왔으므로, 明治 42년 8월 말에 귀국하여 京城에 서 安昌浩를 만나보고, 그때 大成學校의 교사가 되겠다고 승낙한 것이다.

이처럼 1909년에 귀국하자마자 장응진은 대성학교에서 교편을 잡앗고, 안창호와의 친분 때문에 신민회에도 깊숙하게 관여하게 된다. 105인 사건의 공판참관기를 보면 배석 검사(assistant procurator)가 장응진에 대해 진술하는 장면이 나오는데 다음과 같다(윤영로 역 2001: 224).

> 특별히 장응진은 신민회를 창립한 안창호의 특별한 사랑을 받았으며, 대성학교에서는 신뢰받는 사람이었다. …… 그(안창호)는 동경에서 고등보통학교를 졸업한 장응진에게 상당한 금액의 여행 경비를 주고 불러 들여 대성학교 교장으로 임명했다. 그 학교의 장래를 장에게 맡긴 후 안은 외국으로 떠났으며, 그 후 장은 신민회 평양지회의 지도자가 되었다.

그렇게 대성학교의 교사로 재직하며, 장응진은 이른바 105인 사건에 자연스럽게 연루되게 된다. 대성학교 자체가 신민회 회원들의 집회 장소로 곧잘 쓰인 것이고 장응진은 이곳에서 자주 연설을 했던 것으로 추정된다(윤영로 역 2001: 224-225 참조). 일제가 민족 운동가들의 활동을 저지하기 위해 신민회와 연루된 사람들을 데라우치 마사타케 총독의 암살 도모자로 체포하고 투옥한 105인 사건에 장응진도 검거되어 상당한 고문을 받은 것으로 보인다. 판사가 장응진에게 왜 허위로 자백을 했냐고 묻자 이에 장응진이 고문 때문이라고 답하는 장면이 다음과 같이 남아 있다.

> 답: 처음에 총감부에서는 굵은 밧줄로 양손을 묶고 가슴 정도 높이의 선반 밑에 들어가 있게 하여 앉지도 서지도 못하게 하였으며, 또한 구타를 가하는 등 참을 수 없는 고문을 받았다. 그러나 본인은 사실 무근이라고 확신하고 있었으므로, 아마 내가 排日思想을 품고 있는 것으로 오해하여 한

때 응징할 작정으로 이와 같은 고문을 하는가 보다고 생각
하고, 무엇이든 묻는 대로 「예, 예」하고 대답하였다. 또 警
視의 신문을 받을 때에는 공명정대한 취조를 받을 것이라
생각하였으나, 이때도 전과 같은 고문을 받아 거의 죽을
지경이었으므로 묻는 대로 「예, 예」하고 대답하였다. 또
검사정에서도 신문관이 고함을 질렀지만 그때도 사실 무
근이라고 믿었기에, 신문관은 내가 排日思想을 품고 있다
고 오해하여 한 때 응징하려는 것이지 결코 형벌을 받게
하려고 그러는 것은 아니라고 생각하고, 묻는 대로 「예, 예」
하고 대답했던 것이다.

장응진은 이 105인 사건으로 1912년 9월 28일 열린 1심에서 7년의
형량을 받고 감옥에 갇히게 된다.[8] 이후에 1913년 7월 15일의 2심 판
결에서 장응진은 무죄로 풀려나게 된다. 결국 그의 감옥살이는 1년
가까이가 되는 것이라고 할 수 있다. 앞서 살펴본 『별건곤』 5호에 실
린 「이십년전 한국학계 이약이」에서도 이때에 대하여 장응진은 "윤
치호 씨등 총독암살사건으로 해서 일 년간 감옥생활을 하고 멧 해
휴양을 하다가 다시 교육계로 나와 오늘까지 이르럿습니다"라고 술
회하고 있다.

장응진은 출소 후 평양에서 서울로 자신의 영역을 옮기게 된다.
1913년 11월부터 휘문고등보통학교의 학감을 하면서 이화학을 가르
치는 일을 하게 된다. 그런데 그렇게 10년가량 근무한 휘문고보에서
교장이 축구대회에 부정선수를 집어넣은 것이 원인이 되어 1923년에

---

8) 『105인 사건 공판 참관기』의 판결문에 따르면 장응진은 징역 7년에 처해진 것으로 기
록되어 있다. Japan chronicle 특파원은 장응진의 형량을 8년이라고 하고 있는데 이는
착오로 보인다. 한 편 최호석(2010)과 윤경로(2012)에서는 6년 형량을 선고받은 것으로
기록을 하고 있어 사실 관계 확인이 더 필요한 부분이라고 할 수 있다.

동맹휴학이 발생하게 되고 학생들은 교장과 학감의 사직을 요구하게
된다.[9] 『시대일보』 1924년 6월 14일 자 신문을 보면 "휘문고보 또 분
규"라고 되어 있어 1923년 말에 발생한 분규가 계속 되고 있었음을
알 수 있다. 또한 같은 해 『시대일보』 9월 7일 기사에는 다음과 같은
기사가 실려 있다.

> 휘문고등보통학교 분규 사건은 오히려 계속되는 중인데 재작
> 오일 오후에 열린 이사회에는 17년 동안 근속하던 교장 림경재
> 씨의 사직원서가 제출되었는바 동 이사회에서는 그 사표에 대하
> 여는 지금 경홀히 어찌할 수가 없는 터이니 당분간 보류를 하기
> 로 하고 그위 보류되어 나려오던 학감 장응진 씨의 사직원은 수
> 리하기로 하야 …….

이후 장응진의 행적은 「대한제국 직원록」[10]에서 연대기적으로 찾
아볼 수 있다. 휘문고보에서 사직하였지만 장응진이 교육계에서 미
치는 영향력은 여전히 지대하였다. 그는 1925년 6월 공립 경성여자
고등보통학교에서 교편을 잡았으며, 1930년대에는 교육 효적자 선장
위원회(敎育效績者選奬委員會)와 소학교 교원 시험 위원회, 사립학교 교
원 자격 인정 위원회, 소학교 급 보통학교 교원 시험 위원회, 조선총
독부 及 소속관서 직원 조선어 장려 시험 위원회 따위에서 위원 혹
은 시학관으로 활동하였고 조선총독부 소속 학무국 편집과의 편수관
(編修官)으로도 활동하였다. 장응진이 활동한 모든 부서는 조선총독부
의 직할이어서 그가 105인 사건 이후로는 친일로 돌아섰다는 오명을

---

9) 이러한 정보는 『휘문100년사』에 나와 있는데 이 자료를 구하기가 힘들어 이 자료를
   면밀히 참고한 최호석(2010: 24-25)를 재인용한다는 것을 밝혀두는 바이다.
10) 이에 대해서는 한국사 데이터 베이스에서 제공하는 「대한제국 직원록」을 참고하였다.

벗기가 쉽지 않아 보인다. 더 나아가 장응진은 신사참배를 하고, 그의 특기인 글을 통해서 오히려 일제의 침략과 지배를 정당화하기까지 이른다.

『친일인명사전』(2009)에 따르면 장응진은 1942년 『반도의 빛』이라는 잡지에 「부르심을 받자올 날을 앞두고」라는 글에서 "우리 조선에 지원병 제도가 실시된 이래 지원병 되기를 자원하는 청년이 해마다 늘어서 금년에는 25만 명 이상에 달하고 그 중에는 혈서로써 지원한 청년까지도 있"어서 "참으로 기쁜 현상이고 축하할 만할 일"인데도 부모의 반대로 그 뜻을 이루지 못한 사람이 있다면서, 슬픈 현상이라고 통탄한 바가 있다고 한다. 또한 지원병의 부모들에게는 자식들을 기쁨으로 바쳐서 '내선일체의 이상을 완성'하고 '대동아공영권 건설의 지도자'가 되도록 하자고 역설했다고 한다.

친일행적과 함께 교육계를 떠나지 않았던 장응진은 그 후 공립 광주욱고등여학교에서 교편을 잡다가 1950년에 다시 휘문고등학교의 15대 교장으로 부임하였고, 그해 8월 30일에 세상을 떠나게 된다.

3. 장응진의 업적과 다채로운 사상 세계

전술하였듯이, 장응진은 그 시대의 사람으로서는 최고의 교육을 받았다고 할 수 있을 것이다. 이러한 사실이 그가 민족의 선각자로서, 계몽 운동가로서, 교육가로서 활약할 수 있는 기반을 마련해준 것이라고 할 수 있다. 본고에서는 그의 업적과 사상을 세 부분으로 나누어서 고찰할 수 있을 것이다. 교육가로서, 소설가로서, 과학자로서 장응진의 면모가 바로 그것이다.

이러한 장응진의 면모는 그의 삶의 궤적과 관련된 것이라고 할 수 있다. 그는 어린 시절 한학을 공부했지만 늦지 않게 신교육의 체재로 들어갈 수 있었는데 이는 신문물을 접한 아버지의 덕택이었다. 아버지 장의택은 기독교인으로 아들인 장응진 역시 기독교인으로 성장하게 된다. 이러한 그의 성장 배경은 그가 그토록 계몽에 많은 관심을 쏟아부은 이유를 설명해주고 있는 셈이다. 또한 그는 일본의 고등사범학교 수리과에서 공부를 하였는데, 우선 사범학교를 졸업했다는 점이 장응진이 왜 그토록 교육에 관심이 많고, 또한 평생을 교육계에서 몸담았는지를 설명해주며, 또한 수리과를 전공했다는 점은 왜 그가 과학과 관련한 여러 글을 썼는지를 설명해준다고 할 수 있다.

3.1. 장응진의 교육 사상

장응진은 일찍 학문의 세계에 눈을 뜬 인물이었다. 그의 삶의 이력이 말해주듯이 그는 고향에서 한문 공부를 하다가 18세에 서울의 관립영어학교에 입학하여 소위 신학문의 세계에 들어서게 된다. 이어서 일본으로 건너가 순천중학교에서 공부를 마치고 잠시 미국을 다녀온 뒤 일본고등사범학교에서 수리과 전공으로 학업 이력을 쌓게 된다. 장응진은 이미 높은 수준의 학업을 마쳤을 뿐만 아니라 마지막 학교를 특별히 사범학교에서 마쳤다는 점은 그의 높은 교육열을 이해할 수 있게 해준다.

장응진의 이러한 이력은 무엇보다 국내에서 크게 환영을 받았는데 이는 개화기 시기에 계몽에 대한 국내의 갈급함이 투영된 결과라고

할 것이다. 황성신문 1909년 04월 03일(3037호)자 논설에는 다음과 같
은 글이 있는데(밑줄을 필자가 강조) 정치학, 법학, 의학 등의 졸업생들
이 대거 귀국을 하지만 무엇보다 사범과를 졸업한 학생들이 가장 중
요하다는 논지를 펴고 있고, 이 논설의 끝부분에는 장응진이 돌아온
다는 것에 대한 큰 기대감도 함께 나타나고 있다.

> 現我韓敎育界에 對ㅎ야 文明의 必要ㅎ 學問을 傳授ㅎ고 靑年의
> 多數ㅎ 材器를 鑄造ㅎ야 國家의 最大ㅎ 利益을 供獻ㅎ고 生民의 無
> 窮ㅎ 福祉를 紹介홀 者ㄴ 師範學生이라 盖敎育은 國家의 基礎이오
> 師範은 敎育의 工手라 若其高尙ㅎ 師範을 不得ㅎ면 雖學塾이 林立
> 於國中ㅎ고 學徒가 雲集於校內ㅎ덜엇지 完全ㅎ 敎育이 有ㅎ리오
> 今日 我韓에 新文化를 輸入ㅎ고 新事業을 做去ㅎㄴ 時代를 當ㅎ야
> 各種 學問이 孰緊孰歇이리오 是以로 吾儕가 海外萬里에 留學諸君을
> 對ㅎ야 政治卒業生도 懽迎ㅎ고 法律卒業生도 懽迎ㅎ고 醫學卒業生
> 도 懽迎ㅎ고 警察卒業生도 懽迎ㅎ고 農業 工業 商業 其他 各學의
> 卒業生을 無不懽迎ㅎㄴ 中에 最히 渴望ㅎ고 懇求ㅎㄴ 者ㄴ 師範科
> 卒業生이라 [밑줄: 인용자(이하 동일)]

장응진은 무엇보다 국내 교육계의 현실에 대하여 안타까워하였고,
이에 대한 개혁에 대하여 목소리를 높였다.

> 我國 今日 敎育界의 情形을 回顧ㅎ면 可히 世界大勢에 投合ㅎ다
> 謂홀가. 設使 世界大勢에 投合ㅎㄴ 域에ㄴ 達치 못ㅎ여슬지라도
> 一步進一步ㅎ야 漸次 進就向上ㅎㄴ 段階에 在ㅎ다 謂홀ㄴ지 人으
> 로 ㅎ여금 流涕長嘆홀 者 一再에 不止ㅎ도다.11)

---

11) 『태극학보』 1호, 「我國敎育界의 現象을 觀ㅎ고 普通敎育의 急務를 論홈」.

위의 글에서 보듯이 장응진은 국내 교육계를 생각만 하면 "눈물이 흐르고 길게 탄식"(流涕長嘆)을 하고는 했던 것이다. 비록 신학문으로 교육의 질이 높아졌다고는 하나 장응진에 따르면 "所謂 學徒가 一定의 目的이 無ᄒ고 다못 世上風潮에 湧動ᄒ야 十常八九는 朝入暮退에 半途廢學"하고 있고, "或 數年을 繼做ᄒ야 僅僅 其 初階에 達ᄒ면 東謟西圖ᄒ야 窒路에 奔沒ᄒ며 或 外人의 通辯으로 碌碌自足"하기 때문에 "奚暇에 學理를 爲ᄒ야 蘊奧을 硏究ᄒ며 公益을 爲ᄒ야 一身을 挺ᄒ는 高尙흔 精神을 養致흠에 達"하는 것은 불가능해 보이는 것이다. 또한 "近來 靑年等이 斷髮輕裝으로 開化를 自榜ᄒ고 花柳春風에 黃金을 散盡ᄒ야 一生을 自誤ᄒ며 輕薄行動으로 自由를 頻稱ᄒ야 上下人倫을 不解ᄒ며 不義不理를 敢行ᄒ고도 曰 自由라 ᄒ니 此는 某雜誌의 所謂 近日我國의 開化病痛이라"라고 말하고 있어, 당시의 청년들이 신학문을 많이 접하고는 있지만 장응진의 눈에는 뿌리 깊은 인성의 계몽에는 이르지 못한 것으로 보였던 것이다.

舊日 東洋諸國 中에 特히 我國에셔 擇用ᄒ든 거스로 觀ᄒ면 修身道德으로 唯一의 學問을 삼아 古代聖賢의 遺書를 通解ᄒ고 文字를 知ᄒ며 文章을 作흠으로써 唯一의 敎科를 삼앗고 其 後 科擧法이 行흔 以後로는 敎育의 統一이 缺ᄒ야 敎授의 方法이 不一ᄒ고 敎育의 目的이 又 一變ᄒ야 畢竟 有名無實흔 尋章摘句의 <4> 餘弊가 今日에 至ᄒ여스되 頑冥흔 腐儒와 輕薄흔 開化者 類는 時代를 洞察ᄒ야 此를 挽回홀 方策을 不究ᄒ고 迂論僻見을 主張치 아니ᄒ면 榮利宦夢에 沈濕ᄒ야 四千年 迷夢을 永久히 醒覺홀 機會가 無ᄒ니 嘆惜치 아니리오.[12]

---

12) 『태극학보』 13호, 「敎授와 敎科에 對ᄒ야」.

이 글에서 장응진은 우리나라가 수신 도덕만을 유일한 학문으로 일삼은 것에 대해 지적하면서 시대가 변하여서 교육의 목적 또한 변하였으니 새로운 교육을 실시해야 함을 암시하고 있다. 더불어 이러한 변화에 대해 장응진은 유생들은 완고하게 예전의 것만 고집하고 있고, 개화를 주장하는 무리들은 깊은 통찰 없이 경박하게 신문물을 수용한다고 비판하고 있는 것이다.

이러한 개화기의 교육계 혼란에 대해 장응진은 국민을 개화시킬 수 있는 보통 교육의 실시를 해결책으로 제시하고 있다. 곧 고국 교육계에 대한 현실 인식은 비판으로 그치는 것이 아니라 올바른 교육의 필요성을 역설하는 것으로 나아간 것이다. 보통 교육을 의무적으로 행해야 한다는 이러한 장응진의 주장은 한 번에 그친 것이 아니었다.

此로 由ᄒ야 觀ᄒ면 普通敎育은 學術進步의 關門이오 國民의 精神을 發揮ᄒᄂᆞᆫ 唯一의 良劑니 此ᄂᆞᆫ 吾人이 今日 我國ㄷ情에 鑑ᄒ야 普通敎育의 急務를 唱論ᄒᄂᆞᆫ 비로다.13)

夫義務敎育이라 ᄒᄂᆞᆫ 것은 國民된 者로 ᄒ여금 男女貴賤을 不論ᄒ고 兒童이 學齡에 達ᄒᆫ 者면 國家가 一種 强制的 手段으로 一은 다ㅣ 小學에 入ᄒ게 ᄒ야 一定年間에 必要ᄒᆫ 常識을 修養ᄒᆫ 然後에ᄂᆞᆫ 其 進退를 個人의 自由에 一任ᄒ되 萬一 或專門 或高等業門에 進코져 ᄒᄂᆞᆫ 者에 對ᄒ여ᄂᆞᆫ 國家가 ᄯᅩ 可及의 專力으로 援助獎勵ᄒ야 其 發達을 完成케 홈이라.14)

敎授의 目的은 現世人類의 開化를 適當히 理解홀 만ᄒᆫ 必要ᄒᆫ 內

---

13) 위의 글.
14) 『태극학보』 3호, 「我國國民敎育의 振興策」.

容을 傳授ᄒ야 <u>兒童의 知能을 啓發ᄒᄂ 作用이라.</u>[15]

한편 장응진에 따르면 이러한 보통 교육의 실시는 국민 개화의 전 범위를 포괄하는 교과를 중심으로 이루어져야 한다. 장응진의 주장 을 옮겨 본다.

> 然則 普通教育을 施ᄒᄂ데 敎科ᄂ 如何ᄒ 標準을 因ᄒ고 ᄒ면 第一 敎科ᄂ 國民開化의 全範圍를 包含ᄒ 總要素를 撰擇ᄒ 거시오 敎授의 材料ᄂ 國民開化的 生活의 全範圍에서 撰擇치 아니ᄒ면 現 在를 正當히 理解키 不能ᄒ고 敎授의 目的을 達키 不能ᄒ리니 此等 要素ᄂ 大槪 今日 所謂 科學과 技術에 包括홈을 得ᄒ깃스ᄂ 此等 科學技術도 學校에서 直接으로 敎授ᄒᄂ 敎科와 直接으로 敎授키 不能ᄒ야 各自 自由로 習得ᄒᄂ 科目이 不無ᄒ니 慨言ᄒ면 敎科ᄂ 各 國이 當時의 狀況을 顧察ᄒ야 取捨撰擇ᄒᄂ 거시오 또 敎科ᄂ 開化의 全般을 包括치 아니치 못ᄒ 거신 卽 科學도 坐ᄒ 心的 科學 과 物的 科學이 適宜히 調和ᄒ야 統一ᄒ 世界觀을 得케 ᄒᄂ 거시 必要ᄒ도다. 然이나 各 國의 狀況이 各異ᄒ야 敎科撰擇의 方法이 亦 不一ᄒ되 大槪 主要ᄒ 科目을 次第로 擧論ᄒ면 左와 如ᄒ니라.

장응진은 무엇보다 교육 체계 전반에 대한 정비를 주장한 바 있다. 『태극학보』 3호, 「我國國民敎育의 振興策」에 따라 장응진이 주장하 고 있는 교육 체계의 정비 안을 살펴보면 다음과 같다. 우선 모든 국 민에게 의무 교육을 실시할 것과 이를 위해 신식 학교를 늘릴 것을 주장하였다. 곧 각 지역마다 관영 혹은 공영으로 학교를 세우지만 반 대로 여전히 남아 있는 향교와 서원 등을 폐지할 것을 주장하였다.

---

15) 『태극학보』 13호, 「敎授와 敎科에 對ᄒ야」.

장응진은 자신이 사범학교 출신인 바 사범학교의 필요성에 대해서도
역설하였다. 곧 사범학교를 다수 늘리고 선량한 교사를 양성해야 한
나고 주장한 것이다. 한편 외국어학교에 대해서는 어느 학교 출신인
지에 따라 파가 갈리는 일과 자질이 미달된 사람이 입학하는 일을
지적하면서 외국어학교를 통폐합하자는 파격적인 주장을 하기도 하
였다.

　앞서 살펴본 것처럼 장응진은 이러한 자신의 교육 사상을 평생을
교육계에 몸담으면서 실행에 옮긴 인물이었다. 그가 비록 친일 행위
를 하였다고 할지라도 개화기 한국 교육계에 미친 지대한 영향력은
결코 과소평가되어서는 안 될 것이다.

3.2. 장응진의 소설 세계

　장응진은『태극학보』제6호와 제7호에「다정다한」을, 제8호에「춘
몽」을, 제13호에「월하의 자백」을 제16호에「마굴」등의 제목으로
소설을 발표한다. 소설을 발표할 때 장응진은 자신의 필명을 '백악춘
사'라고 하고 있는데 이 백악춘사가 장응진임은 이미 잘 확인이 되어
있는 바이다(지덕상 1987: 190-191 참조).

　「다정다한」은 장응진의 지인인 삼성(三醒) 김정식(金貞植)의 삶을 토
대로 집필 되었다. 곧 경무국장이었던 김정식이 만민공동회 사건이
있었을 때 만민공동회 참여자들을 죽이라는 상부의 명령을 거부하고
목포 경무관으로 좌천되어 그곳에서 활약하는 모습을 그린다. 또한
미신을 타파하고 아동 교육과 동포 계몽에 힘을 쓰는 것을 그려내고
종국에는 김정식 선생이 기독교에 귀의하는 것을 그려내고 있다.

「춘몽」은 '나'가 꿈속에서 헤매다가 깨는 내용을 주로 하고 있다. 여기서 '나'는 악마의 유혹을 받으며 고민과 갈등 속에 휩싸여 있다가 해결책이 없음을 깨달으면서 잠에서 깨게 된다. 개화기 지식인의 인생에 대한 고민과 신앙에 대한 고민이 그대로 드러나고 있는 작품이다.

「월하의 자백」은 어떤 노인이 말 그대로 달 밑의 바위에서 자신의 죄를 자백하다가 자살하는 내용을 그리고 있다. 이 노인은 귀족 출신으로 백성을 통치하는 관리직에 올랐지만 탐욕에 사로잡혀 백성들의 재물을 탐하고 부호들에게 돈을 뜯는 행위를 일삼는다. 아내와 아들을 잃고서 노인이 되고서야 자신의 죄에 대해 후회를 하고 있는 것이다. 탐욕에 대한 내용을 토대로 독자에게 경종을 울리려고 하는 장응진의 의도가 보인다.

「마굴」은 열세 살의 나이로 결혼을 한 이 서방이 처가에 갔다가 목매달려 죽는 사건을 다루는 작품이다. 당시 마을의 군수였던 윤 군수가 이 사건을 조사하여 죽은 신랑의 처남인 신장손과 그 가족이 범인임을 밝혀낸다. 개화기 시대 사회의 퇴폐상과 매매혼의 문제가 모티프가 되어 장응진에 의해 서술되고 있는 것이다.

이상 장응진의 소설에 대하여는 그간의 연구가 상당히 축적되어 있는 바이다. 또한 그 작품이 네 개밖에 되지 않아서 더 이상 추가적인 논의는 사족과 같은 느낌이 든다. 송민호(1975), 지덕상(1987), 지선영(1987), 김윤재(1998), 최호석(2010), 하태석(2001)과 같은 훌륭한 논의가 있으므로 참조할 수 있다. 이 연구들은 모두 장응진의 전기적 특징과 장응진 소설이 가진 특색에 대한 것인데, 간략히 정리하면 장응진의 소설이 그 당시 우리나라의 현실에 대한 개화기 지식인의 인식을 잘 보여주고 있다는 점, 특별히 장응진의 소설에서는 기독교적 사상을 기반으로 한 계몽적 색채가 보인다는 점이 주가 될 것이다. 또한 1인칭 독백체의 사용이나 구어체를 그대로 문장에 반영하는 형식적 파격성에 대해서도 고찰하고 있다. 이것으로 본고에서는 이러한 소설가로서의 장응진의 면모와 그의 소설의 세계에 대해서는 더 이상 논하지 않기로 한다.

3.3. 장응진의 과학 그리고 언어

장응진은 일본에서 고등사범학교에서 재학 시 그 전공이 수리과(數理科)였다. 장응진의 이러한 공부 이력은 글쓰기에도 그대로 반영된다. 곧 과학에 관한 글들이 여러 편 남아 있는데『태극학보』에만 제1호에「空氣說」, 제2호에「火山說」, 제4호에「進化學上生存競爭의 法則」, 제5호에「科學論」, 제9호에「心理學上으로 觀察흔 言語」 등이 그것이다.

먼저「科學論」을 토대로 과학에 대한 장응진의 전반적인 인식에 대해 살펴보자. 장응진은 수리학을 전공하여서 오늘날로 따지면 사회과학의 영역에 들어가는 정치학이나 윤리학, 법학 등에 대해서는 공부를 하지 않았을 것으로 추정되지만 그는 이 모두를 과학이라는 이름으로 묶고 있다. 곧 자신이 전공한 수리학에 속하는 천문학이나 지리학, 물리학, 화학 등은 자연과학, "사실과학"으로 묶고 있고, 사회생활에 필요한 규칙을 제정하는 학문 등에 대해서는 "규범적 과학"이라고 칭하고 있다.

種種의 現象을 吾人이 事實로 硏究ᄒ야 此間에 一定흔 共通의 法

則을 發見ㅎᄂᆞᆫ 者를 自然科學 或 事實科學이라 稱ㅎᄂᆞ니 天文學 地
理學 博物學 物理學 化學 心理學 其他 種種의 區別이 有ㅎ고 쏘 吾
人 人類가 社會生活上에 必要ᄒᆞᆫ 種種의 規則(規範)을 製定ᄒᆞ고 準標
을 立ᄒᆞᆫ 後에 種種에 事實을 此等 標準에 對照ᄒᆞ야 善惡 正不正 好
不好 等에 區別을 精神上으로 判斷ᄒᆞ믹 此等學을 規範的 科學이라
稱ᄒᆞᄂᆞ니 倫理學 政治學 美學 論理學 等은 다ㅣ 規範的 科學이라.16)

또한 장응진이 소개한 천문학, 지리학, 물리학 등이나 윤리학, 정
치학, 미학 등의 구분은 서양식 학문 체계의 영입을 단적으로 보여주
고 있는 대목이라고 할 수 있을 것이다.

장응진은 무엇보다 과학이 성립되려면 "관찰, 분류, 설명"이라는
단계를 거쳐야 한다고 말하고 있다.

如此ᄒᆞᆫ 事實을 精密히 觀察ᄒᆞ고 如此ᄒᆞᆫ 事實을 其 特性에 從ᄒᆞ
야 區分ᄒᆞᆫ 後에도 다시 精細ᄒᆞᆫ 說明을 用ᄒᆞᆫ 然後에야 비로소 科學
에 義意를 盡ᄒᆞ나니 大低 某 現象을 說明ᄒᆞᆫ다 홈은 此 現象을 生ᄒᆞ
게 ᄒᆞᄂᆞᆫ 全 條件의 構成上 如此ᄒᆞᆫ 現象이 生치 아니치 못ᄒᆞᆯ 理由
를 明示홈이라.17)

이러한 설명 방법은 「空氣說」과 「火山說」의 글에도 적용되는 것을
볼 수 있다.

그런데 특이하게도 장응진은 과학이 개개의 특수한 현상을 연구하
지만 이것들이 종합되어서 우주가 설명되는 것이 더 중요한 일이라
고 말하고 있으며 이러한 역할은 철학이 감당한다고 말하고 있다. 곧

16) 『태극학보』 제5호, 「科學論」.
17) 앞의 글.

철학을 "과학 이상의 과학"이라고 말하고 있어서 눈길을 끄는 것이다. 또한 과학의 중요성을 말하고는 있지만, 인간 두뇌의 한계, 불완전성에 대한 인식이 절절하다. 이는 장응진이 비록 과학을 공부하였지만 그의 사상적 배경에 신의 세계를 인정하는 기독교 교리가 있어서일 수도 있다. 이와 관련하여서는 추측만이 가능할 뿐이다.

> 以上 說來흔 數多에 科學으로 硏究ᄒᆞᆫ 各種에 現象은 個個 特殊흔 義意를 有홈이 아니라 其間에 互相 深密흔 關係가 有ᄒᆞ민 結局 此等 現象界에 總 範圍를 다ㅣ 包含ᄒᆞ야 一大 體系 卽 宇宙 全體가 組成된 것시니 此 宇宙 全體를 體系的으로 說明홈은 實로 哲學의 目的이라. 各 科學의 硏究ᄒᆞᆫ 體系ᄂᆞᆫ 定限흔 範圍가 有ᄒᆞᄂᆞ 哲學에 硏究ᄒᆞᆫ 體系ᄂᆞᆫ 全 宇宙를 包容ᄒᆞ야 各 科學의 究極的 說明을 供給ᄒᆞᄂᆞᆫ 者니 此로써 觀ᄒᆞ연 哲學은 科學 以上의 科學이라 稱ᄒᆞ리로다. 然이ᄂᆞ 哲學의 硏究가 哲學의 領域에 達ᄒᆞ연 其理也ㅣ 玄妙ᄒᆞ고 其義也深遠無窮ᄒᆞ야 古來幾多哲人明士의 腦漿을 絞搾不絶ᄒᆞᄂᆞ 者ᄂᆞ 所說이 都是 主觀的 思想에 不過ᄒᆞ고 其 玄玄흔 秘密은 依然 黑暗中에 伏在ᄒᆞ니 吾人의 不完全흔 頭腦와 不完全흔 感官이 到底 宇宙에 秘密흔 眞相을 窺破홀 能力이 無흔가.[18]

장응진이 자신의 과학적 지식을 글로 설명해내고 있는 것을 세 편에 걸쳐 볼 수 있는데 공기에 관한 것과 화산에 관한 것, 진화 이론에 관한 것이 바로 이에 해당한다. 「공기설」에서는 지구에 공기가 존재한다는 것과 동물들이 호흡을 하면서 이 공기를 사용한다는 것을 설명하고 있다. 특별히 물체가 연소할 때에 산소가 필요하다는 것을 인식하고 있다는 점 역시 흥미롭다. 「화산설」에서 장응진은 지구의

---

18) 앞의 글.

내부가 액체로 되어 있다는 것을 말하고 있다. 화산은 지구 내부의 압력으로 인하여 외부로 분출된 액체가 냉각된 것이라고 설명하고 있어 화산에 대한 정확한 인식이 돋보인다. 또한 그 활동의 여부에 따라 사화산, 활화산으로 분류하고 있는데 그 예로 일본의 산인 반제산, 천간산 등을 들고 있다. 일본에 유학한 장응진으로서는 일본에 지진 활동이 심하고, 화산의 존재가 있다는 것을 실질적으로 체험할 기회가 더 많았을 것이다.

장응진은 기독교인이었음에도 불구하고 진화론에 관하여 거부감이 없어 보인다.

> 如何흔 部分이 他의 生存을 爲ㅎ야 自己의 生命을 自肯死滅홀 理가 決無흔則 此에 不得不 各自의 生存을 爲ㅎ는 競爭이 起홈이 勝者는 生存ㅎ야 其 子孫을 後世에 遺傳ㅎ고 敗者는 死滅ㅎ야 蹤跡을 絶ㅎ리니 此 時에 勝地를 占흔 者는 無論 周圍情態에 適合흔 者 卽 生存에 適合흔 性質을 具備흔 者가 遺存ㅎ고 不適흔 者가 敗滅홈은 天然의 理勢니라.[19]

위의 글에서 그는 진화론을 특별히 생존 경쟁의 법칙으로 이해하고 있는 것을 알 수 있다. 생물에 대한 그의 인식은 사회나 국가에도 그대로 적용되는 모습을 보인다. 이것은 스펜서(H. Spencer) 식의 사회 진화론의 영향을 그대로 받은 듯하다.

> 人類는 元來 團體生活을 營ㅎ는 動物이라. 生存競爭도 쏘흔 互相 團體 間에 行ㅎ느니 만일 其 團體의 分子되는 各 個人이 다ㅣ 强壯

---

19) 『태극학보』 제4호, 「進化學上生存競爭의 法則」.

ᄒᆞ면 此 個人으로 組織된 團體ᄂᆞᆫ 隨爲强壯ᄒᆞ야 生存競爭에 優勝ᄒᆞᆫ 地位를 占得ᄒᆞᆯ 것시니 各 個人이 衛生에 注意ᄒᆞ야 身體의 健强을 保全ᄒᆞ고 精神의 活潑을 促發ᄒᆞᆷ은 一個 自身의 幸福뿐 아니라 其 國家와 團體의 幸福이 되ᄂᆞ니 個人이 衛生에 不注意ᄒᆞᆫ 結果로 生 ᄒᆞᄂᆞᆫ 惡疾 或 傳染病 等에 關ᄒᆞᆫ 衛生上 規則이 國家와 團體에 必要 重大ᄒᆞᆷ은 論을 不俟ᄒᆞ고 自明ᄒᆞ리로다. …… 故로 國家와 社會의 文明이 進步ᄒᆞᆯ수록 智力의 發達과 兼ᄒᆞ야 道德과 衛生의 觀念이 進步ᄒᆞ고 醫學의 精蘊을 研鑽ᄒᆞ야 弱者와 病者라도 一體人工으로 扶護ᄒᆞ야 一般人類의 幸福快樂을 求得ᄒᆞᆷ으로 目向ᄒᆞᄂᆞ니 此ᄂᆞᆫ 今日 文明國의 個人이 未開國 個人에 比ᄒᆞ면 比較的 肉體의 發達이 劣弱 ᄒᆞᄂᆞᆫ 一原因이로다.[20]

마지막으로 장응진의 언어관에 대해 살펴보자. 앞서 살펴본 것처럼 장응진은 교육에 대한 글을 쓰면서 보통 교육의 필요성을 언급하였고, 이 보통 교육에서 다루어야 할 과목으로 언어과에 대해 말한 적이 있다. 이에 따르면 언어 수양과 마음은 밀접한 관계를 가지고 있다. 장응진이 보기에 세계 각국의 교육은 자기 나라의 말을 중심으로 삼는데 우리나라는 한문만 귀하게 여긴 폐단이 있었다. 이에 대해 장응진은 우리말로 교육을 실시할 것을 주장하는데 이는 "各國이 다 ᅵ 그 自國語로뼈 敎育의 中心을 삼나니 此ᄂᆞᆫ 卽 國民으로 ᄒᆞ여금 各 自의 義務를 盡케 코져 ᄒᆞ면 일즉히 國家名義에 同情을 表ᄒᆞ야 愛國의 情을 喚起케 ᄒᆞᆯ" 것이기 때문이다. 하지만 동시에 장응진은 한두 개 정도의 외국어 교육은 필수적이라고 말한다. 다른 나라의 사상과 감정을 탐구할 필요가 있고, 이를 위해서는 그 언어를 우선 알아야 하기 때문이다.[21]

---

20) 앞의 글.

　언어에 대한 장응진의 관심은 『태극학보』 제9호에 실린 「心理學
上으로 觀察혼 言語」에서 잘 나타나 있다. 이 글에서 장응진은 지극
히 경험주의자의 모습을 보인다. 장응진이 과학을 공부하였고, 이에
따라 실증적인 연구 태도가 몸에 밴 까닭이라고 할 수도 있을 것이
다. 그는 언어의 기원에 대해 신체를 기반으로 한 경험을 중시한다.
현대 언어학에서는 인지언어학 분야가 이 신체를 기반으로 하여 언
어를 설명하려고 많은 노력을 기울이는데 이미 장응진에게서도 이러
한 면모를 찾아볼 수 있는 것이다. 또한 머릿속 개념이 말로 나온다
는 점을 예리하게 짚어내고 있어 현대 언어학에서 개념의미론
(conceptual semantics)과 상통하는 부분이라고도 할 수 있을 것이다.

　　言語의 起源에 對ᄒ야ᄂ 古來種種혼 說이 多ᄒᄂ 吾人은 此를
　歷史的으로 推知키 不能ᄒ도다. 然이ᄂ 言語ᄂ 今日에도 漸漸 發展
　ᄒᄂ 傾向이 有혼 거슬 見ᄒ면 此 法則을 窮究ᄒ야 其 起源을 推定
　ᄒᄂ 上에 利用홀지니 如此혼 根據로 見ᄒ면 吾人의 思想的 複現上
　에 運動的 要素가 有혼 거시 卽 言語의 起源인 듯 ᄒ도다.

　　思想的 複現上에 運動的 要素라 홈은 何를 指홈인고 吾人이 感
　官(五官)으로 事物을 知覺홀 時에ᄂ 恒常 運動의 必要가 有ᄒ니 卽
　吾人의 感覺器ᄂ 知覺ᄒ기에 便利혼 狀態를 保有홈이라.
　　　　　　　　……
　　言語ᄂ 實際의 知覺과 區別ᄒ야 思想을 表現ᄒᄂ 者 이미 吾人
　의 注意를 留ᄒᄂ 最適當혼 手端이라. 然而吾人의 思想上 表現을
　支配ᄒᄂ 手端은 心象의 運動的部分으로 見홀 時에ᄂ 言語의 起源

21) 이상의 내용은 『태극학보』 14호, 「敎授와 敎科에 對ᄒ야」 중 '언어과'에 대한 내용을
　정리한 것이다.

도 쏘흔 運動上에 發見홀지라.[22]

　또한 장응진은 언어가 사회적 합의에 따른 산물이라는 것을 인식하고 있다. 그는 음성 언어가 문자 언어보다 앞선 것이라고 믿고 있으며, 이 음성 언어가 문자로 발전하는 데에는 자연 세계에 있는 것을 인간이 모방을 하는 것이 주원인이 되었다고 보고 있다.

　　(第一說)吾人은 內部에 如何種類의 情緒(喜, 怒, 哀, 樂, 嫉妬, 怨恨, 誹謗 等을 心理學上 統稱情緒)가 有홀 時에ᄂᆞᆫ 吾人은 此에 應ᄒᆞ야 發表가 有ᄒᆞ니 恐怖홀 時에ᄂᆞᆫ 叫聲을 發ᄒᆞ야 此 利用으로 他人에게 恐怖ᄒᆞᆫ 情을 通知ᄒᆞ며 快樂ᄒᆞᆫ 事物을 當홀 時에ᄂᆞᆫ 笑聲과 歡喜의 音聲을 發ᄒᆞ고 悲哀홀 時에ᄂᆞᆫ 悲哀ᄒᆞᆫ 音聲을 發ᄒᆞ야 目當ᄒᆞᆫ 事物의 實情을 他에게 通知ᄒᆞᄂᆞᆫ 傾向이 有ᄒᆞ니 卽 如此ᄒᆞᆫ 感動詞的 音聲이 漸次發達ᄒᆞ야 個個의 音聲이 今日과 如히 個個의 意味를 有ᄒᆞ게 變遷되엿다 홈이오
　　(第二說)此 說은 假使 吾人이 猫의 意味를 他人에게 通知코져 홀 時에ᄂᆞᆫ (無論 原始的 時代에 아즉 言語가 無ᄒᆞᆫ 人)猫의 啼聲을 模倣ᄒᆞ며 鷄의 意味를 通知코져 홀 時에ᄂᆞᆫ 鷄의 啼聲을 模倣ᄒᆞ야 表示ᄒᆞ엿ᄂᆞᆫ데 如此ᄒᆞᆫ 自然的 形容이 漸次 發達ᄒᆞ야 今日과 如ᄒᆞᆫ 音聲의 言語로 變ᄒᆞ엿다 홈이요
　　(第三說)此 說은 當初 事物의 特別ᄒᆞᆫ 種類ᄂᆞᆫ 原始的 人類로 ᄒᆞ여금 特別ᄒᆞᆫ 發表를 作ᄒᆞ게 感動시킨 거시라. 故로 最原始的 言語ᄂᆞᆫ 最初에 人이 一思想에 感動되여슬 時에 其 人이 天然으로 發ᄒᆞᆫ 音聲과 恰似ᄒᆞ니 彼 文學 詩歌 等은 發ᄒᆞᄂᆞᆫ 音聲과 其 音聲이 表示ᄒᆞᄂᆞᆫ 事物의 接近으로써 成立ᄒᆞᆫ 거시라 홈이라.
　　以上 三說 中에 第三說은 第一說과 第二說과 大同小異ᄒᆞᆫ데 全三

---

22) 『태극학보』 제9호, 「心理學 上으로 觀察ᄒᆞᆫ 言語」.

說의 大體意味ᄂᆞᆫ 言語의 起初가 自然的 模倣에 在ᄒ다 홈에 一致ᄒ
엿도다. 以上 諸說은 都是 吾人의 合意的 言語의 發達ᄒᆞᆫ 經路ㅣ니
此 自然的 模倣의 音聲이 一次 始作ᄒᆞ면 漸次 發達變遷ᄒᆞᆯ 거슨 推
測可想ᄒᆞᆯ 者로다.[23]

4. 맺음말

이상으로 우리는 백악춘사 장응진의 생애와 업적, 그리고 사상에
대해 살펴보았다. 장응진은 개화기 시기에 당대인으로서는 최고의
교육을 받은 자로서 민족에 대한 계몽에 대한 애끓는 열정이 있었으
며, 이를 몸소 실천하며 평생을 교육계에서 헌신한 인물이다.

또한 그는 때로는 소설가로, 과학자로, 교육가로 글쓰기를 통해 자
신의 사상을 설파하려고 끊임없이 애쓴 인물이기도 하다. 105인 사
건으로 옥고를 치른 후에 친일의 행적이 있는 것이 너무나도 안타까
운 대목이기는 하지만 장응진이 파란만장한 대한제국의 암울한 시기
에 우리 민족에 끼친 교육학적 업적이나 신소설 분야에서의 새로운
시도는 결코 평가절하되어서는 안 될 것이다.

본고는 여러모로 성긴 글이다. 무엇보다 근대 시기에 우리 교육계
의 현실과 학문 체계의 개편 등에 대한 사실적인 판단을 한 후에 장
응진의 입지가 어떠하였는지, 그가 끼친 영향력은 어느 정도였는지에
대한 보다 객관적인 조사가 요구된다. 또한 『태극학보』 이외에 그가
남긴 많은 글들을 다시 정리하여 그의 사상의 진면모를 보다 꼼꼼하
게 살펴보는 일이 필요하다. 이에 대해서는 후고를 기약하는 바이다.

---

23) 앞의 글.

참고문헌

김윤재(1998), 「백악춘사 장응진 연구」, 『민족 문학사 연구』 12, 민족문학사학회, 179 -202면.

朴亨杓(1971), 「獨立協會의 業績과 그 略史」, 『건대사학』 1, 건국대학교 사학회, 53- 78면.

송민호(1975), 『한국개화기소설의 사적 연구』, 일지사.

양진오 편(2004), 『송뢰금(외)』, 범우출판사.

연세대 언어정보연구원 HK사업단(2012), 『풀어쓰는 국문론 집성』, 박이정.

윤경로(2012), 「5인 사건 피의자들의 사건 이후 행적에 관한 소고: 친일로 경도된 9인 을 대상으로」, 『한국기독교와 역사』 36, 한국기독교역사연구소, 91-152면.

이미영(1995), 「한말 태극학회의 애국계몽운동 연구」, 동국대학교 교육대학원 석사 논문.

지덕상(1987), 「백악춘사의 개화기문학적 위치」, 『국어교육』 46·47, 국어교육연구회, 181-199면.

지선영(1987), 「1900年代 短篇小說의 硏究: 學術雜誌에 실린 白岳春史. 夢夢의 作品을 中心으로」, 성균관대학교 대학원 석사학위논문.

최호석(2010), 「장응진 소설의 성경 모티프 연구: 일본 유학 시절 작품을 대상으로」, 『동북아문화연구』 22, 동북아시아문화학회, 21-36면.

친일인명사전편찬위원회(2009), 『친일인명사전』, 민족문제연구소.

하태석(2001), 「白岳春史 張膺震의 소설에 나타난 계몽사상의 성격-계몽기 지식인의 기독교 수용의 한 양상-」, 『우리문학회』 14, 우리문학회, 321-340면.

Japan Chronicle 특파원 (1912), 『105인 사건 공판 참관기』, 윤경로 옮김 (2001), 한국 기독교역사연구소.

한국사 데이터 베이스 http://db.history.go.kr/

서울지명사전 http://culture.seoul.go.kr/sggDic/sggDic.do

북우 계봉우의 생애와 학문

●

김 송 희

1. 들어가기

북우(北愚) 계봉우(桂奉瑀, 1880~1959)는 1880년 함경도 영흥(永興)에서 출생하여 1959년 카자흐스탄의 키질로르다(Кызылорда)에서 작고할 때까지 독립운동과 민족운동, 학문에 힘쓴 한국 독립운동사의 중요한 인물이다. 계봉우의 업적은 독립운동과 언론 활동, 한국사, 한국어학과 교육 등 여러 분야에 걸쳐 있다.

계봉우의 생애와 업적은 많은 독립운동가 관련 자료가 그렇듯이 밝혀져 있는 바가 적어 연구에 어려움이 있었으나, 그의 자서전『꿈속의 꿈』과 이력서, 또 밝혀지지 않았던 여러 필명이 공개되며 활발한 연구가 이루어지게 되었다. 이 글에서는 이러한 자료를 바탕으로 언어학자로서의 계봉우의 연구 세계와 학문 태도를 주로 살펴보도록 하겠다.

2. 계봉우의 생애

계봉우의 생애를 주요 사건 위주로 구분하여 계봉우의 역사관 및
학문관이 성립된 배경을 살피도록 하자. 계봉우의 활동에 관한 연구
는 선행 연구에 잘 정리가 되어 있기에 여기서는 계봉우의 생애를
다음과 같이 네 시기로 구분하여 간략하게만 살펴보겠다.[1]

> 1) 한학에 몰두한 유소년기와 청년기 (1880~1905)
> 2) 민족 교육과 사회주의 운동기 (1906~1923)
> 3) 연해주 이주와 교육활동 전념기 (1923~1937)
> 4) 중앙아시아 이주와 저술활동 전념기 (1937~1941)

2.1 한학에 몰두한 유소년기와 청년기(1880~1905)

1880년 함경도 영흥에서 출생한 계봉우는 10세가 되기 전 유년기
에 이미 서당에서 천자문과 『史略』을 독파할 정도로 배움이 빨랐다
고 한다. 1890년에 부친이 작고하며 가세가 기울었으나 어머니의 교
육열로 계봉우는 14세까지 서당에서 『四書三經』과 『史記』를 읽었다.
그러나 수업료를 내기 어려워진 계봉우는 14세까지 다니던 서당에서
쫓겨나 청소년기에는 동학에 입교하여 도를 닦기도 하였고, 독학으
로 병법(兵法)이나 점술(占術) 따위를 공부하고, 유명한 도인을 찾아다

---

1) 趙東杰(1996)에서는 계봉우의 생애를 한학에 몰두한 유년기와 청소년기, 민족운동 활동
   기, 사회주의 운동기, 민족교육 전념기, 학문적 저술 전념기 등의 여섯 시기로 나누어
   보고 있다. 조원형(2013) 등의 계봉우의 학문과 생애에 대한 연구에서도 계봉우의 생애
   를 대개 청년기, 민족운동기, 사회운동기, 교육 활동기, 저술활동기의 다섯 부분 정도로
   살핀다.

니기도 하였다고 한다. 이처럼 소년기 및 청년기의 계봉우는 다방면
에 관심이 많고 배움의 열정이 깊었다.

2.2 민족 교육과 사회주의 운동기(1906~1923)

배움과 방랑을 마치고 1906년부터 계봉우는 홍명학교(洪明學校)에서
조선역사, 조선지리, 한문 담당 교사로 일하게 되었다. 이 무렵 조선
에는 국왕의 칙령에 따라 전국에 수많은 학교가 세워지고 있었다. 이
에 계봉우도 신교육을 하는 학교의 교사로 활동을 시작하여 교육 활
동에 본격적으로 뛰어든다. 1910년 국권침탈을 계기로 간도로 망명
한 계봉우는 그 곳에서도 기독교회와 교육 사업에 전념하여 교사 및
교과서 편찬위원으로 활동하며 조선 역사와 조선 지리를 가르치는
일을 하였다. 계봉우는 1916년 일본 경찰에 검거되어 조선으로 압송
되었으나 1919년 다시 간도로 돌아가고 이후 상해에서 고려 공산당
활동을 하였다.

이 시기 계봉우의 교육활동과 사회주의 활동은 국권침탈이라는 시
대적 배경에 따른 민족주의에 기반한 것으로 보인다. 또한 계봉우는
상해 활동 시기에『깁더조선말본』의 저자인 김두봉과 알고 지냈을
것으로 추정되며, 김두봉을 비롯한 한국어학자들과의 교류를 통해
이 시기부터 한국어학에 대한 관심을 키웠을 것으로 보인다.

2.3 연해주 이주와 교육활동 전념기(1923~1937)

자유시 참변과 고려 공산당 해체 등을 겪으며 계봉우는 더 이상

사회주의 운동에 가담하지 않고 오직 교육활동에만 전념하게 되었다. 1923년부터 다시 소학교, 중학교 등에서 교편을 잡은 계봉우는 소학교용 조선어 교재『붉은 아이』를 집필하는 등, 한국어 교육에 관심을 쏟았다. 이후 1930년에는 하바롭스크(Хабаровск)의 동방노력자 공산대학(東方勞力者共産大學) 고려어 교수로 3년간 재직하기도 하였다. 이 시기 계봉우의 교육 활동은 이전 시기와는 달리 조선 역사보다는 조선어에 집중되었다.『고려어 교과서』등을 편찬한 것도 이 시기이다.

2.4 중앙아시아 이주와 저술활동 전념기(1937~1959)

1937년 스탈린의 강제이주 정책으로 러시아에 거주하던 한인들이 중앙아시아로 이주당할 때 계봉우도 연해주에서 중앙아시아로 이주하게 되었다. 카자흐 소비에트 사회주의 자치공화국 키질로르다에 자리를 잡은 계봉우는 고려사범대학을 열었으나 1938년부터 소련에서는 고려어 교육이 전면 봉쇄되었다.

고려어 교육이 봉쇄되었으나 계봉우는 이 시기에 왕성한 저술활동을 하였다. 1941년에『조선말의 되어진 법』의 초고가 완성되었고, 1947-1948년에는『조선문법』이 저술되었다. 이후 계봉우는 문학과 역사에 관한 저술인『조선문학사』,『조선역사』를 집필하였고, 엥겔스의『독일농민전쟁연구』을 전거 삼아 동학농민운동을 농민전쟁으로 재해석한『동학당폭동』등 다양한 저술을 남겼다.

이처럼 식민지 시기를 겪고 해외 망명과 이주 생활을 하면서도 꾸준히 교육과 저술에 전념하던 계봉우는 1959년 7월 5일 키질로르다에서 영면하였다. 이는 한국 나이로 그가 80세가 되는 해였다.

3. 계봉우의 연구 세계

계봉우는 청년기 이후 전 생애에 걸쳐 조선의 언어, 문학, 역사 등 전 방면에 걸쳐 왕성한 연구와 저술을 남겼다.[2] 이 글에서는 계봉우의 다양한 저술 중 국어학적 성과에 집중하여 학자 계봉우의 학문적 태도와 언어관을 살펴보겠다.

3.1. 학문적 태도

(1) 계몽과 과학주의

계봉우의 학문적 태도에서 가장 먼저 눈에 띄는 것은 미신을 타파해야 한다는 과학적 계몽주의이다. 계봉우는 어릴 적부터 유교와 사서삼경 교육을 받았고, 청년기에 방황하면서 점술, 사주 등 다양한 전통적 지식을 습득하였는데, 이후 유물론적 사관과 합리주의의 영향으로 기존의 전통적 지식에 녹아 있는 미신들에 대한 비판적 시각을 세우게 된 것으로 보인다. 이러한 그의 태도는 저작『과학의 원수』에 잘 드러나 있다. 250페이지의 공책에 빽빽한 글씨로 쓰여 있는 이 저술은 그가 1929년 7월에 집필을 시작하여 1930년 3월에 탈고한 것이다.

---

2) 계봉우의 저술 목록은 조동걸(1997: 156-160)에 상술되어 있다.

〈사진 1〉 계봉우의 『과학의 원수』 자필원고 (1999, 학민사)

『과학의 원수』의 머리말에서 계봉우는 무신동맹의 오성묵으로부터 권유를 받아 이 책을 집필하게 되었음을 밝히며, 이 책은 "우리 조선의 반만년 미신을 폭로시킨 것뿐"이라고 밝히고 있다. 계봉우가 척결해야 할 미신으로 본 영역은 샤머니즘, 조상숭배, 유교, 불교, 도교, 통속적 미신 등 전 영역에 걸쳐 있었다. 간도와 연해주에서 교회 활동과 포교에 역량을 다하던 계봉우이지만, 이러한 미신에 대한 비판적인 시각은 예수교(기독교)에 대해서도 예외는 아니었다. 그는 기독교 성경의 「창세기」에서 전하는 여러 비과학적인 사실들—해가 있기 전에 식물이 생장함, 짐승과 새와 사람을 다 흙으로 빚어 만듦, 지구와 지구의 온갖 생물은 한 날 한 시에 발생하여 아무 진화도 겪지 않았음—에 대해 '비과학적 사상'이라고 칭하며, 지금의 과학이 그것을 용서하지 아니한다는 입장을 밝혔다.

계봉우가 이와 같이 미신 타파를 역설하고 과학적 태도를 중시한 까닭은 미신 숭배가 사회주의운동과 민족계몽운동을 하는 이들이 타파해야 할 것이었기 때문이다. 계봉우는 반만년 동안 이어진 조선의 미신의 정체를 확인하고 이것을 깰 수 있을 때 비로소 우리 민족의 정신도 깨어난다고 보았다.

(2) 민족주의와 유물사관

조선의 반만년 미신 타파를 역설한 계봉우이지만, 그가 그런 태도를 취한 것은 조선을 부정하기 위함이 아니라 민족의 건강한 발전을 위하였기 때문이다. 계봉우는 한반도를 떠나 간도와 연해주, 중앙아시아로 이주하여 활동하면서도 꾸준히 조선의 역사와 문학, 언어에 대한 저술을 남길 정도로 조선의 것에 애정이 깊었다. 또한 계봉우는 교육자로서도 이런 자신의 지식을 잘 전달하고자 하였으며, 학생들의 민족의식이 고취되기를 바랐다.

계봉우는 연해주에서 권업신문의 기자로 활동할 때 조국 독립의 염원을 담은 노래 가사를 신문에 싣기도 하였으며, 1914년 6월 28일부터 폐간호인 8월 29일까지 檀仙이라는 필명으로 「만고의수 안중근 견」을 연재하여 후에 일본 경찰에게 취조를 받았다. 또한 그는 학생들의 민족의식을 고양시키기 위한 교재로 수신교과서인 『吾讐不忘』을 편찬하였는데, '나의 원수를 잊지 말라'는 제목대로 이 책은 일본과의 관계를 중심으로 삼국시대부터 현대에 이르는 조선의 역사를 사건 중심으로 서술하였다.

『吾讐不忘』의 서문에는 다음과 같은 계봉우의 저술 목적이 드러나 있다.

日本은 東海中의 區區한 三島로서 窟穴을 作한 倭種이라. 其兇頑
奸惡의 遺傳임을 我東歷史上에 屢次現하였다가 屢次沒하다. 其概略
을 論擧코자 한다

조선과 일본의 관계에서 역사를 살펴본 이 책에서 계봉우는 서문
에서 보듯 일본에 대하여 흉악하고 간악하다고 언급하며 이 책을 쓴
목적이 그 개략적인 모습을 논하고자 한 것임을 밝히고 있다.

계봉우의 역사 인식이 민족주의 사관에만 머물렀던 것은 아니다.
시대와 상황이 변화함에 따라 그의 역사관은 계급투쟁과 유물사관의
영향도 받았다. 특히 계봉우는 1932년 탈고한『동학당 폭동』에서 동
학사상의 개념을 '배외사상, 반계급적 평등사상, 다종다문의 신앙을
종합한 것'으로 인식하였고, 이를 바탕으로 일어난 동학농민운동을
엥겔스의『독일농민전쟁』과 비교하여 그 발생과 전개, 실패 등의 유
사성을 분석하였다. 이러한 계봉우의 역사 인식은 그가 그동안 집필
한 역사교과서『조선역사』(1912),『최신동국사』(1917) 등의 많은 교과
서와 그의 강의안들을 종합한『조선역사』(1936)의 서문에서도 마르크
스주의와 유물사관으로 드러난다.

우리가 過去의 一切 歷史는 階級鬪爭의 歷史라는 맑쓰—엥겔쓰
의 宣言을 確信한다면 歷史라는 것은 階級이 처음에 어떻게 形成
하엿으며, 그 鬪爭의 結果가 過去에는 어찌되엇고 現在에는 어찌
되고, 將來에는 어찌될것을 硏究하는 一種의 科學임은 더 말할것
도 없는 일이다. 그런즉 이것을 硏究함에는 原始時代로붙어 今日
까지의 人類社會가 어떻게 發展된것을 基礎로 하여야 할지니 그
의 發展過程은 經理形式의 變遷을 意味한것이다.[3]

이처럼『동학당 폭동』과『조선역사』에서 드러나는 계봉우의 역사
인식은 마르크스, 엥겔스의 계급투쟁 인식과 유물사관에 기초한다.

그러나 조동걸(1998), 이영호(2013) 등의 연구에서는 계봉우의 역사
학이 유물사관에만 경도된 것은 아니라는 입장을 취하기도 한다. 계
봉우가『조선역사』의 서문에서 자신이 마르크스주의와 유물사관의
입장을 받아들이고 있음을 밝히기는 했으나,『조선역사』의 역사 서
술을 보면 유물사관이 기계적으로 수용된 것은 아니라는 것이다. 계
봉우의 역사 서술에서는 통일신라와 발해의 남북국 시대를 설정하는
민족주의적 관점이 드러나기도 하고, 또 지배 체제 정리에서는 조기
봉건제에서 군현제, 전제 군주제, 지주제 등이 차례로 형성되었음을
든 점으로 보아 유물사관의 봉건제론을 그대로 수용한 것은 아니었
던 것으로 보인다.

3.2. 언어관

(1) 어원 중시와 마르주의

계봉우 언어학의 출발은 상해 활동 시절『깁더조선말본』의 저자인
김두봉과의 교류로부터 시작했을 것으로 추정된다. 김두봉은 주시경
학파의 민족주의적 성격을 강하게 보인 학자였으므로 계봉우의 언어
학 또한 그러한 민족주의를 바탕으로 시작하였을 것임을 짐작할 수
있다.

계봉우는 이후 연해주에서 활동하면서도 어학 연구에 깊은 관심을

---

3) 독립기념관 한국독립운동사연구소 편(1997),『北愚 桂奉瑀 資料集 2:『조선역사』·『동학
당폭동』』9면.

갖고, 많은 어학 교과서를 편찬하기도 하였다. 계봉우는 연해주 한인 기관지인 『선봉』에 오창환의 『고려문전』에 대한 자신의 견해 차이를 「고려문전과 나의 연구」로 10회에 걸쳐 연재하기도 하였으며, 『조선말의 되어진 법』, 『조선문법』, 그리고 고려사범대에서 『고려어 교과서』를 편찬하기도 하였다.

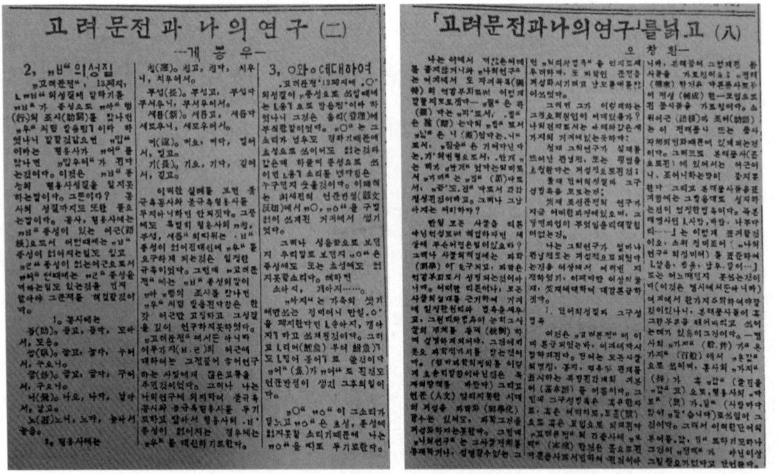
고려문전과 나의연구 (二)

—계 봉 우—

「고려문전과나의연구」를닑고 (八)

오 창 환—

〈사진 2〉 『선봉』에 연재된 계봉우의 「고려문전과 나의연구」와 오창환의 「「고려문전과 나의연구」를 닑고」

계봉우의 「고려문전과 나의연구」와 오창환의 『고려문전』 및 「「고려문전과 나의연구」를 닑고」 사이에서 드러난 계봉우의 언어학은 기본적으로 '어원'을 강조한다. 예컨대 계봉우는 「고려문전과 나의연구(八)」에서 『고려문전』이 접두어와 접미어를 잘 분류하지 못하여 표기에서 어근이 일정하지 못한 점을 지적하고, '다리'를 '달이'로, '나무'를 '남우'로 표기하는 등 '변하지 않는 어근'과 접미조어의 형태를 구별하여 표기에 정확히 반영할 것을 주장하였다. 이러한 그의 주장은 접두어·접미어와 어근 사이의 구별과 각 성분의 본래 형태를 중시하는 그의 형태주의적 어원 중시 언어관이 드러난 대목이라 할 수 있다.

계봉우의 표기법이 모든 측면에서 어근을 구별하여 밝혀 적을 것을 중시한 것은 아니다. 계봉우는 「고려문전과 나의 연구(二)」에서 『고려문전』에 대해 다음과 같이 말한다.

> „고려문전"에는 „ㅂ" 종성의말이 „아"행의 조사를 맞나면 „우" 처럼 발음된다함은 한갓 어근만 고집하고 그성질을 깊이 연구하지못하엿다. „고려문전"에서뿐 아니라 이두가지(ㅂ. ㄹ)의 어근에 대하여는 그전붙어 국어연구하는 사람에게 많은고통을 주던것이엇다. 그러나 나는 나의연구에 의지하여 불규측 동사와 불규측형용사를 두기로하고 딸아서 형용사의 „ㅂ"종성이 없어지는 경우에는 „우"를 대신하기로 한다.

이러한 점을 통해 볼 때 계봉우의 언어관은 기본적으로 어근만 고집하는 방식은 지양하며, 실제 그 어근과 접미조어들이 갖고 있는 성질을 고려하여 어원을 강조한 것이라고 볼 수 있다.

조원형(2013: 118)에서는 이러한 계봉우의 언어학적 태도가 러시아의 마르주의의 영향을 받은 것으로 분석하기도 한다. 마르주의란 언어학자 마르(Николай Яковлевич Марр, 1864-1934)가 소장 문법학파의 영향을 받아 주장한, '모든 언어는 한 가지 기원에서 출발하여 각기 여러 단계로 발전하였다'는 언어관을 말한다. 이러한 마르주의는 그 발생 자체는 마르크스주의와 관계가 없었지만, 1920년대에 언어를 민족이 아니라 계급과 결부지은 마르의 주장으로 소련에서 마르크스주의와 함께 큰 영향력을 행사했다. 연해주에서 활동하던 계봉우 역시 이러한 사상의 영향을 받았을 것으로 판단된다.

계봉우의 언어관 속 마르주의의 영향은 그의 『조선말의 되어진 법』에서 더욱 분명히 드러난다.

> 어원을 낱낱이 찾기는 참으로 어려운 일이다. 웨 그러냐 하면 말이란 그것이 비록 형투리는 없을지라도 생명이 있는 다른 동물과 같이, 시대, 시대를 딸아 진화하는 까닭이다. (조선말의 되어진 법, 2면)

마르주의는 기본적인 어원이 되는 요소가 여러 '생산 방식의 변화'를 통해 상호작용하여 다양한 어휘가 탄생했다는 입장을 취한다. 주시경 언어학을 받아들이되 마르주의적 관점에서 어원론적 보충을 시도한 계봉우의 집필 의도가 이 책의 서문에서 드러나는 것으로 볼 수 있다.

(2) 일반 언어학 관점에서의 한국어학

조선과 간도, 연해주, 중앙아시아로 그 거처를 옮기면서도 계속 조선 역사와 문학, 언어를 학생들에게 가르친 계봉우는, 각 분야의 교과서도 직접 편찬할 정도로 각 학문에 대한 지식과 애정이 깊었다. 『붉은 아이』, 『조선말의 되어진 법』, 『조선문법』 등에서 보듯 계봉우는 조선어 교과서 편찬에서도 그 역량을 드러냈다.

앞서 살펴보았듯이 계봉우의 언어관에서는 마르주의가 두드러지기는 하였으나, 그 외의 부분에서는 계봉우 역시 일반 언어학 이론을 충실하게 따랐던 것으로 보인다, 예컨대 그의 언어학적 연구 성과를 집대성한 두 권의『조선문법』은 일반적인 문법이론서의 내용을 충실히 반영하고 있다.

『조선문법』의 구성을 보면, 1권 1편에서 음성론, 자모자, 한자어가 다루어지고, 2편에서는 국어 어휘의 품사론이 다루어지며, 3편에서는 문장의 정의와 성분, 성분의 배열 등 문장론이 다루어진다. 2권의 1편에서는 장문(長文)과 수사법, 2편에서는 언어와 문자의 발생 등이 다루어지고 있다. 즉 1권의 내용은 일반 언어학의 관점에서 본 조선어 문법이며, 2권에는 실용적 목적의 조선어 교육과 마르주의적 관점에서 분석한 어원론이 담겨 있는 것이다.

하지만 저자는 2권 2편 언어와 문자의 발생에서도, 언어 유형론적 관점에서 고립어, 교착어, 굴절어, 포합어를 분류하고, 조선어와 같은 각 언어는 이 분류 중 단 한가지에만 속하는 것이 아니라 여러 유형의 특징을 조금씩 보임을 설명하였다. 이러한 언어 유형론적 설명은 계봉우가 단순히 민족주의적 연구자, 또는 마르주의 언어관에 경도된 언어학자가 아니라 일반 언어학적 지식을 기반으로 자신의 관점을 피력한 학자였음을 보여준다.

또한 앞서 오창환의『고려문전』, 그에 대한 계봉우의 리뷰인「고려문전과 나의연구」, 그리고 계봉우의 반박에 대한 오창환의 재반박인『「고려문전과 나의연구」를 넑고서』는 국어학적 지식과 자신만의 관점을 갖춘 국어학자 간의 학술적인 토론이었다고 볼 수 있는데, 특히 오창환의『고려문전』에 대한 계봉우의 반박들은 일반 언어학적 지식을 충실히 습득하고 자신만의 관점까지 획득한 국어학자로서의 견해라고 볼 수 있다. 예컨대「고려문전과 나의 연구」에서 계봉우가 가장 힘주어 주장한 부분인 접두어와 접미어 부분에서는 계봉우가 언어학

적 요소들의 성질 및 국어 접두어와 접미어의 특성에 대한 충분한
이해를 바탕으로 학문을 펼쳤음을 엿볼 수 있다. 그 일부는 다음과
같다.

> (1) 오창환의 『고려문전』에서의 접사: 助語란것은 아모 意味도
> 없이 어떠한 原詞가 그 뜻이나 形質을 變할때에 追從되어
> 쓰이는 音字或語字의 總稱인데, 그 쓰이는 位置를 보아 接頭
> 助語(우에 쓰이는), 接尾助語(아래에 쓰이는)의 두로 區分
> 함.[4]

『고려문전』에서는 다른 품사나 외국어로부터 온 명사를 '전래명
사'라 하고, 전래명사에는 외국어 또는 한자가 직접 결합하거나 한국
어와 결합한 '외래명사(外來名詞)', 형용사가 일정한 조어를 얻거나 다
른 명사와 결합한 '형명사(形名詞)', 조사가 직접 명사와 결합하거나
일정한 조어를 얻어 명사와 결합한 '동명사(動名詞)', 부사가 접미조어
'이'를 얻어 된 '부명사(副名詞)'의 네 가지로 구분을 두었다. 이 때 '형
명사'나 '동명사', '부명사'를 만들 때 결합하는 '조어'가 우리가 말하
는 '접사'이다. 오창환은 이 조어를 명사 논의에서 함께 다루었다.

> (2) 계봉우의 「고려문전과 나의 연구」에서의 접사: 접두어와
> 접미어는 제혼자로서는 말을 이루지못하고 반듯이 어떠한
> 말의 우에나 또는 그아래에 쓰이어 그본말의 뜻과 혹은 그
> 몸을 변화ㅎ게하는 작용이 있는것들.[5]

---

4) 오창환(1930), 『고려문전』, 하바롭스크, 32면.
5) 계봉우(1930), 「고려문전과 나의 연구(八)」, 『선봉』 제510호(1930. 12. 5.) 4면 참조.

계봉우는 위와 같이 정의한 접두어, 접미어에 대하여 몇 편의 글에
걸쳐 자신의 견해를 펼친다. 다음 (3), (4)의『선봉』제511, 512호에 연
재된 글에서는 품사나 의미 분류에 대한 언어학적 지식 및 어원을
중시하는 언어관을 바탕으로 한 그의 접두어, 접미어에 대한 논설을
볼 수 있다.

> (3) „고려문전"과 또달은문전에는 „다리, 고리, 뿌리, 소리, 파
> 리, 노리…"로 표기하는 뜯위가 적지아니하다. 그것은 원명
> 사의 성질과 접미어가 무엇인지 리해하지 못하는 거긔에
> 서 생긴 실착이엇다. 어미(語尾) „리"의 어근은 대명사의 „
> 우리, 그리", 동사의 „그리, 흐리", 형용사의 „어리…"가 있
> 을뿐이요 원명사에는 한아도 없다. 그러므로 원명사의 어
> 미에 „리"를 그냥 두는 것은 문법에 무식하다고 하겟다.6)
> (4) „고려문전"에는 그말들을 긔록함에 있어 „무. 루, 기"를 어
> 미로 정하는 그것붙엄 어근이나 접미어를 잘 구별ㅎ지 못
> 할말이다. 만일 „우, 기"가 접미어인 것을 알앗더면, 또는
> 우리말에 초성은 그냥 있고 중종성은 밥꾸이기도 하고 혹
> 은 가감되는 것을 알앗더면 그런착오가 없엇을것이다. …
> [중략]… „만끔, 많짐, 보담, 과, 와"는 조사의 비교격인데 „
> 많끔"은 수량형용사의 „많"이 접속사 „고"를 얻어 „많고"로
> 된 거긔에 접미어 „ㅁ"를 더한것이오 …[중략]… „과, 와"는
> 접속사로서 그냥 온것이니 „많고, 많지, 보다, 치리"는 본
> 래, 비교하는 의미를 가진것이다. 그러한말에다가 접미어„
> ㅁ"를 더하여 다만 명사의 아래에 쓰이는 비교조사로 된
> 것이다. …[중략]… 그런데 „고려문전"에서는 어근과 접미
> 어를 잘 구별하지못한결과에 조사장에 전래(傳來) 조사를

---

6) 계봉우(1930),「고려문전과 나의 연구(九)」,『선봉』제511호(1930. 12. 7.) 3면 참조.

두지 못하고 딸아서 „만큼, 만침"이라고 쓰게된것이다.[7]

이러한 계봉우의 반론에 대해 오창환은『선봉』제545호에서 다음과 같은 재반론을 하였다.

> (5) 소위 어근(語根)과 조어(助語)는 이 전래품사 또는 품사 자체의 변화 때문에 있게 되는것이다. 그러므로 본래품사(몸으로된)에 있어서는 어근이니, 조어니하는말이 붙지못한다. 그리고 본래품사들을 표긔함에는 그발음대로 철자하는 것이 엄정한법측이다. 즉 본래명사인『사람, 바람, 나무다리……』는 이렇게 표긔할것이요, 소위 접미조어(„나의연구"의 접미어)를 표준하여『살음, 빌음, 남우, 달이……』로는 어느때던지 못쓰는 것이다(이것은 명사에서뿐아니다)[8]

즉 (4), (5)에서 나타나는 계봉우의 주장은 어근과 접미어를 잘 밝혀 적어야 한다는 것이며, 오창환의 재반론은 본래품사를 분석하여 어근과 조어라는 개념을 도입한 것이기 때문에 본래품사 표기는 발음대로 하는 것이 옳다는 것이다. 이러한 두 학자들의 견해 중 어느 것이 옳은가를 따지는 것은 여기서는 무의미한 논의이다. 다만 이러한 논의의 전개들을 통해서, 계봉우와 오창환 같은 당대의 국어학자들은 품사와 어근, 그 기능 등을 고려하여 국어 연구를 하였던 학자였음을 알 수 있다.

이처럼 학자로서의 북우 계봉우는 유년 시절부터 다양한 분야에 대해 폭넓은 지식을 쌓고 계몽주의 민족운동가로서, 사회주의 운동

---

7) 계봉우(1930),「고려문전과 나의 연구(十)」,『선봉』제512호(1930. 12. 10.) 4면 참조.
8) 오창환(1931),「고려문전과 나의연구」를 닑고(八),『선봉』제545호(1931. 3. 5.) 4면 참조.

가로서, 학자로서 그 운신을 계속 변화시키며 끊임없이 조선의 문학, 역사, 언어에 대한 연구를 게을리 하지 않았다. 그리고 이러한 그의 학문 세계는 시대적 흐름에 따라 관점과 모양을 다소 바꾸어갔지만 근본적으로는 충분한 학문적 역량과 지식을 바탕으로 세워진 것이었다.

4. 나가기

지금까지 북우 계봉우의 생애와 학문에 대해서 간략하게 살펴보고 학자 계봉우의 학문적 배경과 세계를 살펴보았다. 조선보다는 해외에서 대부분의 생을 살면서도 조선에 대한 학문을 멈추지 않았던 계봉우는, 단순히 민족주의적인 취지에서만 연구를 한 민족운동가라기보다는 충분한 학문적 역량과 지식을 바탕으로 연구를 도모한 학자였다.

자신의 호 '북우'를 우리말 '뒤바보'라고 적기도 하고 자신의 이름을 소리대로 '계봉우'로 적었던 계봉우의 저작은 모두 한글로 쓰여 있다. 국한문 혼용체가 많이 쓰이던 시기에 한글로만 저작을 남기고, 한자를 쓸 일이 있거든 꼭 괄호 안에 표기하던 그의 표기 방식은 조선어와 조선 문자에 대한 계봉우의 애정을 보여준다.

일생동안 다양한 분야에 대해 깊이 연구를 수행해 온 계봉우의 수많은 저작 중 이 글에서 언급한 것은 아주 일부에 불과하다. 따라서 이 글에서 보인 학자 계봉우의 학문과 사상에 대한 검토는 아주 개략적인 것임을 밝힌다. 이에 대한 더 깊은 논의와 연구는 후고를 기약한다.

참고문헌

고송무(1993), 계봉우의 생애와 우리말 연구, 『한힌샘 주시경연구』 5·6, 한글학회, 111-129면.

독립기념관 한국독립운동사연구소 편(1996), 『北愚 桂奉瑀 資料集 1: 『꿈속의 꿈』·『조선문학사』』, 독립기념관 한국독립운동사연구소.

독립기념관 한국독립운동사연구소 편(1997), 『北愚 桂奉瑀 資料集 2: 『조선역사』·『동학당폭동』』, 독립기념관 한국독립운동사연구소.

김대용(2013), 계봉우의 민족운동 초기 활동과 오수불망의 편찬, 『한국사상과 문화』 68, 145-174면.

김필영(2011), 소비에트 중앙아시아 고려인 문학과 계봉우, 『한국학연구』 25, 49-90면.

한국독립운동사연구소 편(2009), 『한국독립운동의 역사』, 독립기념관 한국독립운동사연구소.

박주신(2000), 『간도한인의 민족교육운동사』, 아세아문화사.

반병률(2011), 러시아혁명 전후 시기 계봉우의 항일민족운동, 1919~1922: 기독교 민족주의자에서 사회주의자로, 『한국학연구』 25, 7-48면.

조동걸(1997), 북우 계봉우의 생애 및 연보와 저술, 『한국학논총』 19, 27-177면.

오창환(1930), 高麗文典, 하바롭스크.

윤병석(2010), 계봉우의 민족운동과 한국학, 『한국학연구』 22, 419-440면.

이영호(2011), 계봉우의 한국역사 인식과 역사관, 『한국학연구』 25, 91-124면.

이현주(2011), 계봉우의 사회주의사상과 역사서술 체계; 독립운동사 서술체계를 중심으로, 『한국학연구』 25, 125-159면.

인하대학교 한국학연구소(2013), 『러시아의 한국학과 북우 계봉우』, 소명출판.

임경화(2013), 계봉우의 조선 시가 연구 고찰; 소련 시대 민족문화 창출 과정 분석을 중심으로, 『한국학연구』 29, 271-305면.

조규익(2010), 계봉우 '조선문학사'의 의미와 가치, 『국어국문학』 155, 159-191면.

조원형(2010), 20세기 초중반 한국어학의 사상적 면모: 주시경과 계봉우를 중심으로, 『한국학연구』 23, 7-40면.

조원형(2013), 언어학자 '계봉우', 『러시아의 한국학과 북우 계봉우』, 소명출판, 95-137면.

尤史 金奎植의 敎育 生涯와 韓國語學 硏究*

●

장후이젠(張會見)

1. 서론

尤史 金奎植(1881~1950)은 한국의 독립을 위해 헌신한 운동가로 기억되어 왔다. 그는 한국·유럽·중국 등지에서 많은 독립운동에 참여했으며, 이는 기존 연구에서도 자주 언급된 바 있다(李庭植 1974, 李炫熙 2001, 윤경로 2011 등). 한편 김규식은 훌륭한 언어학자이다. 그는 일찍이 미국으로 유학을 떠나, 그곳에서 전문적인 언어학 지식을 습득하였다. 그렇기 때문에 김규식은 개화기에 한국어를 연구한 다른 학자들보다 더 체계적인 서양 언어학 지식을 가지고 있었고, 그것은 그의 한국어 연구에 큰 영향을 주었다. 기존 연구에서 김규식의 생애에 대해 논할 때에는, 그의 언어학적 연구 성과나 교육활동보다는 그가

* 이 글은 "尤史 金奎植의 敎育 生涯와 韓國語學 硏究"라는 제목으로 『규장각』 49호 (서울대학교 규장각 한국학연구원, 2016: 569-587)에 수록되었다.

참여한 독립운동과 관련한 내용이 주로 언급되어 왔다. 이 글에서는 언어학자·교육가로서의 김규식의 생애를 주목하고자 한다. 특히 중국에 망명해 있었던 1913년에서 1945년 사이의 30여 년간 그가 진행했던 교육활동과 중국에서 출판한 논저들을 정리하고자 한다. 이 과정에서 중국에 보존되어 있는 역사 자료를 적극적으로 활용할 것이다.

김규식의 한국어 연구에 대해 다룬 논의로는 김민수(1977, 1981), 한영목(1991), 최낙복(1996, 2002), 김영욱(2001), 최경봉(2004) 등이 있다. 김민수(1981)에서는 김규식이 미국에서 유학하는 동안 발표한 영어 논문 「The Korean Language」(1900)을 소개하였고, 나머지 선행연구들은 주로 1908년에 출판한 『大韓文法』에 대한 논의들이다. 김규식의 논저로는 『大韓文法』 외에도 1912년에 출판한 『朝鮮文法』이 있는데, 정치적인 이유 때문에 표현만 수정한 것이라 『大韓文法』의 내용과 크게 차이가 나지 않는다고 인식되어 그동안 많은 주목을 받지 못했다. 그러나 정치적인 이유로 수정한 표현 외에 『大韓文法』의 문법적인 내용을 수정하여 『朝鮮文法』에 실은 부분도 있다. 이 연구에서는 『大韓文法』(1908)과 『朝鮮文法』(1912)의 내용을 대조하여 수정된 문법적인 부분에 대해 정리하기로 한다. 이를 살핌으로써 한국어 문법 체계에 대한 그의 생각이 어떻게 변화하였는지 알 수 있을 것이다.

2. 중국에서의 김규식의 교육활동

김규식은 1881년 1월 29일에 경상남도 부산에서 태어났고 1886년에 한국에서 선교활동을 하고 있었던 북장로교 선교사 언더우드

(Horace G. Underwood, 元杜尤)에게 입양되었다. 그리고 1897년부터 1903
년까지 그는 미국 르녹대학(Roanoke College)에서 영어와 역사를 전공
하였다. 이어서 1903년부터 1904년까지 프린스턴대학원(Princeton Academy)
영문학과에서 공부하고 석사학위를 취득하였다. 석사학위를 취득한
후에 그는 프린스턴대학원에서 지원하는 박사과정 전액 장학금을 거
절하고 한국에 귀국하였다. 1904년부터 1910년까지 언더우드 목사의
비서, YMCA학교 교사, 儆新學校 교감으로 있었고, 1910년부터 1912
년까지는 연희전문학교 강사를 역임하였다. 1912년 105인 사건 이후
에 그는 독립운동을 위해 중국으로 망명하여 1913년 11월 상해에 도
착하였다. 1913년부터 1945년까지 30여 년 동안 그는 중국에서 교직
생활을 하면서 독립운동에 계속 참여하였다. 그가 했던 교육활동을
중국에 보존되어 있는 여러 역사 자료를 바탕으로 정리하면 다음과
같다.

〈표 1〉 중국에서의 김규식의 교육활동

기간	지역	저술 및 교육활동 내용
1913년 11월		上海 도착
1913년 12월 17일		박달학원 설립, 영어 교수
1921년 4월	上海	南華學院 설립
1922년~1927년		私立 復旦大學 영문과 교수 私立 惠靈英文專科學校 창립
1929년~1933년	天津	國立 北洋大學 영어 교수
1933년 여름~1935년	南京	中央政治學院 영어 교수
1935년 9월	四川	成都[10]國立 四川大學[11] 外文系

~1945년 11월		• 직급: 外文系 학과장 • 강의 과목: 高等英語文法과 修辭學, 實用英語, 十六世紀英國文學, Shakespeare戲劇. • 출판물: 1943년『英譯婉容詞』, 成都英語週刊社 출판, 吳芳吉 著, 金尤史 譯, 24쪽. 1945년 英文敍事詩集『揚子幽景』.12) 1949年『實用英文作文法』, 中華書局, 210쪽.
1939년 12월~?		樂山 國立 武漢大學 겸임 교수

  <표 1>을 보면, 김규식은 중국에 도착한 후에 上海, 天津, 南京 등 중국 동남 지역의 각 대학에서 교직 생활을 하다가 1935년부터 중국 서남쪽에 위치하는 四川省에 정착하여 한국에 돌아가기 전까지 國立 四川大學 外文系에서 근무했던 것을 알 수 있다. 이 중에서 1935년~1945년, 그가 四川大學에서 근무한 것에 대해서는 기존 연구에서 자세히 언급하지 않았다. 물론 교육가로서의 김규식보다 독립운동가로서의 김규식이 훨씬 더 많은 주목을 받았기 때문이기도 하지만, 그가

---

10) 나중에 峨眉市로 이전했다.

11) 선행연구에서 김규식이 근무했던 國立 四川大學이 '泗川大學'으로 기록된 경우도 있다(김민수 1977). 그러나 중국에서 '泗'로 命名되는 지명은 하나뿐이고 그것은 山東省에 있다.(『現代漢語詞典』 1235: [泗河] 水名, 在中國山東省.) 김규식이 근무했던 학교가 成都市(후에 峨眉市로 이전)에 있었던 점을 고려하면 '泗川大學'은 '四川大學'을 잘못 쓴 것임을 알 수 있다.

12) 이 시집에서 김규식은 峨眉山, 長江三峽, 上海, 杭州, 蘇州, 鎭江, 揚州, 長沙, 重慶, 成都 등의 역사, 문화 유적, 자연 경치, 민족 풍속 등에 대해 기술하였으며, 그가 10년 동안 근무했던 國立 四川大學과 학우들을 찬양했다. 1992년에 우사연구회가 이 시집을 복원하여 재출간하였다.

이 시기에 '金尤史'라는 이름을 사용했기 때문이기도 하다.[13] 1935년 부터 1945년 사이에 國立 四川大學 外文系의 학과장으로 근무했던 '金尤史'가 바로 한국 독립운동가 김규식이라는 것은 四川大學 檔案館에서 敎史 자료를 정리하면서 밝혀졌다(陳光夏·朴根亨 2005).

四川大學 檔案館의 기록에 의하면 김규식은 '高等英語文法과 修辭學', '實用英語' 등 언어학 과목과 '十六世紀英國文學', 'Shakespeare戲劇' 등 영국문학 과목을 담당하였다. 또한 그가 '金尤史'라는 이름으로 남긴 저서로는『英譯婉容詞(The English Translation of Wan Yung Tze)』(1943),『揚子幽景(The Lure of the Yangtze)』(1945),『實用英文作文法(Hints on English Composition Writing)』(1949) 등이 있다.

이 중에『揚子幽景』(1945)은 1992년에 우사연구회에 의하여 복원되어 한국에서 재출간되었다. 나머지 두 권의 책은 선행연구에서 간단히 제목만 언급되어 있고 자세한 서지 사항의 소개는 없었다. 중국에서 이 두 책의 서지 사항을 확인할 수 있는 이미지 자료가 발견되어 아래와 같이 소개하고자 한다.[14] 먼저 소개할 것은 1943년 5월에 재판된『英譯婉容詞(The English Translation of Wan Yung Tze)』이다.

---

13) 김규식은 중국에 있는 동안에는 자신의 본명보다는 여러 다른 이름으로 활동하였다.
   (1) 1911년부터 상하이에 있는 동안 '金成(城)'이라는 가명을 사용하였다.
   (2) 1919년 파리강화회의에 갔을 때 '金仲文'이라는 이름의 중국 여권으로 출국하였다.
   (3) 1935년~1945년 四川大學 外文系에서 '金尤史('尤史'는 김규식의 號)'라는 이름으로 교직 생활을 하였다. 주변의 친구들은 그를 '金博士'라고 불렀다고 한다.
14) 이미지 자료 출처: 孔夫子旧書网(www.kongfz.com).

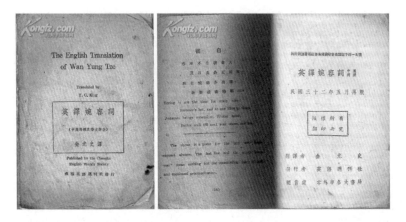

〈그림 1〉『英譯婉容詞』(1943)의 앞·뒤 표지

『婉容詞』는 중국 현대시인 吳芳吉(1896~1932)이 1918년에 발표한 敍事詩이다. 이 시는 남자 주인공이 유럽·미국에 몇 년 동안 유학을 다녀와서 출국하기 전에 결혼한 아내(이름은 '婉容')를 버리고, 이로 인해 아내 婉容이 자살한다는 내용이다.『婉容詞』는 발표된 뒤에 그 당시의 많은 독자들을 감동시켰으며 중국 현대 문학사에 있어서도 중요한 작품이다.

김규식은『婉容詞』를 영어로 번역하고 成都 英語週刊社에서『英譯婉容詞』라는 제목으로 출판하였다. <그림 1>은『英譯婉容詞』 2판의 앞·뒤 표지이다. 그림에서 확인할 수 있듯이, 이 책의 번역자의 이름은 '金尤史'이고 영어로는 'Y. C. Kim'로 되어 있다. 또한 이 책의 출판시기에 대해서는 '民國三十二年五月 再版'이라고 적혀 있다. '民國三十二年' 즉 1943년에 이 책이 재판된 것을 알 수 있다. 그러나 초판의 출판 시기에 대해서는 확실한 자료가 없어서 확인할 수가 없었다.[15]

다음으로 初版의『實用英文作文法(Hints on English Composition Writing)』의 이미지 자료를 보겠다.

〈그림 2〉『實用英文作文法』(1949)의 표지

<그림 2>의『實用英文作文法』표지에는 '民國三十八年二月'에 中華書局에서 초판을 간행했다고 적혀 있다. '民國三十八年'은 1949년인데, 김규식은 1945년 11월쯤에 중국을 떠났으므로 이때는 김규식은 이미 중국을 떠난 뒤이다. 김규식이 國立 四川大學에서 유사한 이름의 '實用英語'라는 과목을 개설한 적이 있다는 기록이 四川大學 檔案館에 있다는 점을 고려할 때,『實用英文作文法』은 그의 강의 내용

---

15)『英譯婉容詞』초판의 출판 시기는 중국에 보존되어 있는 자료를 통해서는 확인하지 못했다. 김민수(1977: 8)에 의하면『英譯婉容詞』는 1943년 3월에 출판된 것이다. 김민수(1977: 8)에서는 김규식이 쓴 책들을 아래와 같이 소개하였다:
1943년(昭和18年) 3월에『英譯婉容詞(The English Translation of Wan Yung Tze)』, 1940년(昭和 15)에『엘리자베드時代의 演劇入門(Introduction to Elizabethan Drama)』, 1944년(昭和 19)에『實用英文作法(Hints on English Composition Writing)』, 그리고 1945년에『實用英文(Practical English)』등을 저술하였다고 하였다. 그리고 이런 자료들의 출처는 밝히지 않았으나 모든 출판년도는 '昭和紀年'을 사용하여 제시하였다. 본고에서 찾은 이미지 자료들에서는 모두 '民國紀年'이 사용되어 있다.

을 정리하여 나중에 출판한 것일 가능성이 크다.16)

3. 김규식의 한국어학 연구 - 『大韓文法』과 『朝鮮文法』의 대조

김규식은 체계적으로 서양 언어학을 공부했었다. 그는 1897년 6월 부터 1903년 6월까지 르녹대학교에서 영어와 역사를 전공하고, 1904 년에는 프린스턴대학원 영문과에서 석사학위를 취득한 사람이다. 따라서 다른 개화기의 문법학자보다 훨씬 더 체계적인 언어학 지식을 가지고 있었고 이러한 배경은 그가 한국어 문법을 연구하는 데에 중요한 영향을 미쳤다.

또한, 그는 다양한 외국어를 구사할 수 있었다. 김규식은 미국에서 유학을 하면서, 영어뿐만 아니라 라틴어, 프랑스어, 독일어, 러시아어, 인도어까지 구사할 수 있게 되었다고 한다(李炫熙 2001: 102). 이러한 다양한 언어 능력으로 인해 그는 개화기의 다른 문법학자들보다 훨씬 더 넓은 시야를 가지고 한국어를 연구할 수 있었다. 김규식은 중국어와 중국 문화에도 깊은 조예가 있었다고 한다. 그가 四川省 五通市에 거주하는 동안에 사귀었던 친구 화가 吳成之의 기술에 따르면17) 김규식은 중국어와 중국 고전 문학에 아주 능통한 '中國通'이었다고 한다.

---

16) 김민수(1977: 8)에서는 『實用英文作法(Hints on English Composition Writing)』이 1944 년(昭和19년)에 출판된 것으로 기술한 바가 있다. <그림 2>의 자료에서는 이 책은 '民國三十八年二月 初版'로 적혀 있어서 1949년 2월에 이 책이 초판이 발행한 것을 알 수 있다.

17) 百度百科-吳成之 참조.

김규식이 남긴 한국어학 관련 저서는 「The Korean Language」(1900), 『大韓文法』(1908), 그리고『朝鮮文法』(1912) 세 가지다. 이 중에서 「The Korean Language」(1900)는 그가 미국 르녹대학교에서 유학하는 동안에 학부 3학년의 학생 신분으로 학보에 발표한 논설이다. 이 글에서 그는 한국어를 영어, 독일어, 불어, 라틴어, 산스크리트어 등과 대조하면서 한국어의 문자 구조와 문법 구조를 소개하였다.18) 『大韓文法』(1908)과 『朝鮮文法』(1912)은 그가 한국에 귀국한 뒤에 쓴 한국어 문법서이다.

『大韓文法』은 1908년에 출간하였고, 그 뒤에 김규식은 1912년에『朝鮮文法』이라는 제목으로『大韓文法』의 내용을 조금 수정하여 새로운 문법책을 냈다. 책 제목이 '大韓文法'에서 '朝鮮文法'으로 수정된 것처럼『朝鮮文法』에서 수정된 내용 중에는 韓日合邦 등 정치적인 이유 때문에 고쳐진 것들이 많이 있다. 예를 들어 '大韓'은 '朝鮮'으로, '國語', '大韓語'는 '朝鮮語'로 고쳐졌다. '隆熙二年'과 같은 표현은 아예 삭제되었다.

『大韓文法』이『朝鮮文法』으로 바뀌면서 저자가 자의적으로 책 내용을 수정한 것도 있는데 대체로 '추가', '삭제', '바꿔 쓰기' 등의 변화가 보인다. 이중의 일부는『大韓文法』의 오류를 수정하거나 빠트린 내용을 보완한 것이었고, 나머지는 김규식이 자신의 한국어 문법 체계에 대한 인식을 보완·수정하여 반영한 것이었다. 이 두 가지 유형을 차례대로 살펴보겠다.

우선『大韓文法』의 오류를 수정하거나 빠트린 내용을 보완한 것들을 보자.19)

---

18) 「The Korean Language」(1900)에 대해서는 김민수(1981)에서 상세하게 논의된 바 있다.
19) 인용 내용의 띄어쓰기 및 밑줄은 필자에 의한 것이다.

(1) 國語歷代

[전략] 南含 탐일「探逸」印度東海岸及錫蘭島土民의 言語[20] 델루구 印度南方言語와 外他印度南部之 方言ᄒ며 濠洲와 其近方島嶼에 諸 土語를 總稱홈이니라(『大韓文法』1)

(1)′ 朝鮮語歷代

[전략] 南含 탐일(探逸)印度東海岸及錫蘭島土民의 言語 델누구印 度南方言語와 外他印度南部之方語와 濠洲와 其近方島嶼에 諸土語 를 總稱홈이니라 <u>然則 아리아와 셈 兩族의 言語를 除ᄒ 外에는 統稱 투라니아言語라 ᄒᄂᄃᆡ</u> 朝鮮語도 亦 其中에 參入ᄒ엿ᄂᆞ니 라(『朝鮮文法』서문1)

(2) 字體

字體라 홈은 單純ᄒᆞᆫ 聲音을 表明ᄒᆞᆫ 것의 總稱이라(『大韓文法』4)

(2)′ 字體

「字體」라 홈은 單純ᄒᆞᆫ 聲音을 表明ᄒᆞᆫ 것의 總稱이니 <u>或 子母라 稱ᄒᆞᄂᆞ니라</u>(『朝鮮文法』1)

(3) 代名詞

代名詞도 名詞와 갓치 <u>數와 格을 區別ᄒᆞ야</u> 換易과 語尾變化가 有ᄒᆞ니 其例를 示컨ᄃᆡ

나 내(單數) 우리 우리들(複數) 너 네(單數) 너희 너희들(複數)
내가 나는(主格) 나를(目的格) 나의(所有格) 餘皆倣此

(『大韓文法』15)

---

20) 『大韓文法』와 『朝鮮文法』에는 군데군데 협주가 보이는데, 본문보다 작은 글자로 두 행으로 이루어져 있다. 이 논문에서 인용할 때 협주 내용은 본문보다 작은 글자로 표 시한다.

(3)´ 代名詞

代名詞도 名詞와 ꖇ치 <u>數와 格과 性을 區別</u>ㅎ야 換易과 語尾変
化가 有ㅎ니라 其例를 示컨듸

나 내(單數) 우리 우리들(複數) 너 네(單數) 너희 너희들(複數)

내가 나는(主格) 나를(目的格) 나의(所有格)

<u>놈(男性) 년(女性)</u> 餘皆倣此

(『朝鮮文法』 11)

(4) 一詞句를 形容詞로 用ㅎ 境遇가 有ㅎ니 此를 曰 形容詞句라
ㅎᄂ니 其例를 示컨듸 「그 사람이 반다시 가야 홀 길이라」
ㅎ면 「그 사ᄅᆷ이 반다시 가야 홀」이 名詞 「길」을 描言ㅎᄂ
故로 形容詞資格을 成홀 것이오(『大韓文法』 28)

(4)´ △ 形容詞의 代用

一個詞句를 形容詞로 用홀 境遇가 有ㅎ니 此를 曰 「形容詞句」ㅎ
ᄂ니 其例를 示컨듸 「그 사ᄅᆷ이 반듸시 가야 홀 길이라」ㅎ면
詞句 「그 사ᄅᆷ이 반듸시 가야 홀」이 名詞 「길」을 描言ㅎᄂ 故
로 形容詞資(格[21])을 成홀 것이오(『朝鮮文法』 22-23)

(1)~(4)에서 밑줄 친 부분은 『大韓文法』에는 없었던 내용으로, 『朝
鮮文法』에서 추가된 것이다.

(1)은 세계 언어의 語族에 대한 설명인데, 『朝鮮文法』에서는 한국
어가 '투라니아言語'에 속한다고 명시하는 내용을 추가하였다. (2)는
字母에 대해 설명한 내용인데 『大韓文法』에서는 이를 '字體'라는 용
어를 사용하였고 『朝鮮文法』에서는 '字體' 외에 '子母'라는 용어도

---

21) 원문에서는 '形容詞資을 成홀 것이오'로 되어 있는데 '格'자가 실수로 빠진 것으로 판
단해서 인용문에서는 '形容詞資(格)을 成홀 것이오'로 표시한 것이다.

제시하였다. (3)은 대명사에 대한 논의인데,『大韓文法』에서는 대명사
가 數와 格에 따라 형태 변화가 있다고 하였고,『朝鮮文法』에서는 대
명사가 數와 格 외에 性에 따라서도 형태 변화가 있다고 수정하였다.
性에 따라 형태 변화가 보이는 예로 남성에게 사용하는 '놈'과 여성
에게 사용하는 '년'을 예로 제시하였다. (1)~(3)은『大韓文法』에 있었
던 내용에 추가적 설명을 보완한 것이고 (4)는『大韓文法』에서 형용
사에 대해 설명하는 부분 중 제목을 빠뜨린 것을 보완한 것이다.

다음으로 한국어 문법 체계에 대해 수정한 내용을 볼 것이다. 선행
연구에 이미 언급되어 있지만,[22]『大韓文法』보다는『朝鮮文法』에서
'補缺詞'라는 개념이 적극적으로 사용되고 있다. 우선 두 책에서 '補
缺詞'에 관련한 내용을 비교해 보자.

(5) 目的語를 得훔
說明語가 目的을 用호야 修飾을 得홀 時에는 單純說明語는 他動
詞資格을 其行動의 目的地를 顯호는 名詞를 要호느니라 其例를
示컨디
野蠻은[23] 鬼神을 爲호느니라   愚者는 時期를 失호느니라
題目語 目的語 說明語   題目語 目的語 說明語
        說明部   說明部
                                          (『大韓文法』92)

(5)′ 補缺詞를 得훔
說明語가 目的語를 用호야 修飾을 得홀 時에는 單純說明語는 他

---

22) 김규식의 '補缺詞' 개념에 대해서는 한영목(1991)에서 다룬 바가 있다. 한영목(1991:
    13)에서는 '김규식(1912: 74)에서는 목적어를 보결사로 대체하여 사용한다. 이것은 설
    명보결사에 대한 기술을 고려한 듯하다.'라고 지적하면서『朝鮮文法』에서 補缺詞에
    대해 추가한 내용을 언급한 바가 있다.
23) 인용한 문헌 원문에 있는 밑줄을 점선으로 표시한다.

動詞資格으로 其行動의 目的地를 顯ᄒᄂ <u>名詞의 補缺詞를 要ᄒ</u>
며 <u>說明形容詞나 說明名詞로 修飾을 得홀 時에는 單純說明詞가</u>
<u>不完自動詞資格으로 說明形容詞나 說明名詞의 補缺詞를 要ᄒᄂ</u>
니라 其例를 示컨ᄃᆡ

野蠻은 鬼神을 爲ᄒᄂ니라　　　其人이　　學員　　이라
題目語 目的補缺 說明語　　　題目語　說明補缺　說明語
　　　 說明部　　　　　　　　　　　說明部

(『朝鮮文法』74)

(5)´에서 실선으로 밑줄 친 부분은 『朝鮮文法』에서 새로 수정·추가한 내용이다. 우선 '目的語'라는 표현을 '補缺詞', 혹은 '目的補缺'로 바꿔 적은 부분이 눈에 띄고, 또한 '補缺詞'의 개념에 대해서도 자세한 설명을 추가하였다. 밑줄 친 부분을 통해서 '補缺詞'는 '타동사의 목적어'와 '不完自動詞와 같이 쓰이는 설명명사나 설명 형용사'를 가리킨 것을 알 수 있다. 補缺詞 개념의 도입에 따라 『朝鮮文法』에서 동사와 명사, 그리고 대명사에 대한 설명도 추가한 내용이 있다. 우선 동사에 대한 추가 내용을 보자.

(6) 他動詞
他動詞라 흠은 其發表되ᄂ 動作이 題目語에 止치 아니ᄒ고 他物에 施及홈을 云홈이니 [중략] 每樣題目과 動作과 目的이 有ᄒ야 其說明部를 其動作의 目的으로 完成되ᄂ니라(『大韓文法』18)

(6)´ 他動詞
「他動詞」라 흠은 其發表되는 動作이 題目語에 止치 아니ᄒ고 他物에 施及홈을 云홈이니 [중략] 每樣題目과 動作과 目的이 有ᄒ여야 其說明部가 其動作의 目的으로 完成되ᄂ니라

然則 他動詞는 恒常 目的語를 得한 後에야 完全한 說明을 發表
한는 故로 「不完動詞」라 한느니라(『朝鮮文法』 14)

(7) 自動詞
自動詞라 홈은 題目語의 動作이 他目的에 施及되지 아니한고 自
己行動만 發表한는 것을 云홈이니 自動詞를 用한는 境遇에는 目
的語가 無한야도 其句語가 完成되느니라 假令 [중략] 「열민가
익엇다」(『大韓文法』 19)

(7)′ 自動詞
「自動詞」라 홈은 題目語의 動作이 他目的語에 施及되지 아니한
고 自己行動만 發表한는 것을 云홈이니 自動詞를 用한는 境遇에
는 目的語가 無한여도 其句語가 完成되느니라 假令 [중략] 「열
민가 닉엇다」
有或 自動詞는 「完全動詞」요 有或 自動詞는 「不完動詞」이니 「不
完自動詞」는 「說明形容詞」나 「說明名詞」로 補缺홈을 要한느니
라 其例를 示컨딕
「其馬가 大한다」(說明形容詞) 「彼人이 我의 友라」(說明名詞)
說明形容詞는 動詞와 幷合한야 「形動詞」 資格을 發表되는 境遇가
多한니라(『朝鮮文法』 15)

(5)~(7)에서 밑줄 친 부분이 『朝鮮文法』에 새로 추가된 부분이다. 『朝
鮮文法』에서 새로 도입된 補缺詞의 개념과 대응하여 '完全動詞'와
'不完動詞'라는 개념을 제시하였는데, 동사가 표현하는 의미가 완전
한지에 따라 '完全動詞'와 '不完動詞'를 구별한다. 타동사는 항상 목
적어가 있어야 완전한 의미를 표현할 수 있으므로 '不完動詞'이고,
자동사에는 '不完動詞'도 있고 '完全動詞'도 있다고 하였다. 그리고

완전한 의미를 나타내기 위해서는 '不完自動詞'가 '說明形容詞'나 '說明名詞'를 요구한다고 하였다. 다음은 명사와 대명사에 대한 추가 내용이다.

(8) 名詞의 作用
名詞의 元作用은 以上에 論亭 바 句語에 題目語와 目的語로 用 亭는 것
名詞가 쏘亭 說明語를 完成亭느니 假令 「金書房이 巡査니라」亭면 명사 「巡査」가 題目語 「金書房」이 如何타 亭는 說明語를 完成亭고 名詞 「巡査」업시 但 「金書房이라」亭면 說明語 「니라」가 題目語 「金書房」을 何이라 亭는 說明이 完成치 못亭니라(『大韓文法』12-13)

(8)′ 名詞의 作用
名詞의 元作用은 以上에 論亭 바 句語에 題目語와 目的語로 用 亭는 것이니라
名詞가 쏘亭 說明語를 完成亭느니 假令 「金書房이 巡査니라」亭면 명사 「巡査」가 題目語 「金書房이」 如何타 亭는 說明語를 完成亭고 名詞 「巡査」업시 但 「金書房이니라」亭면 說明語 「니라」가 題目語 「金書房」을 何이라 亭는 說明이 完成치 못亭니라 <u>然則 名詞가 「不完動詞」를 二條로 補缺亭느딕 (일)은 他動詞에 目的語가 되여 補缺亭는 것이니 此를 曰 「目的補缺詞」라 亭며 (이)는 「不完自動詞」로 說明亭 時에 「說明主格名詞」가 되여 補缺亭는 것이니 此를 曰 「說明補缺詞」라 亭느니라</u> 假令
(일) <u>「學員이 冊을 持來亭엿소」亭면 目的格名詞 「冊을」이 他動詞「持來亭엿소」의 目的語가 되여 其 說明에 不完全亭을 補缺亭며</u>
(이) <u>「孔子는 聖賢이라」亭면 說明主格名詞 「聖賢」이 自動詞 「이</u>

라」의 不完全ᄒᆞᆫ 說明을 補缺ᄒᆞᄂᆞ니라

名詞가 또ᄒᆞᆫ 某名詞나 代名詞로 發表된 바를 더욱 明確히 描說ᄒᆞ거나 定言ᄒᆞ기 爲ᄒᆞ야 「同格」으로 發表되ᄂᆞ니 其例를 示컨ᄃᆡ

「新羅文章主格特別名詞 「薛聰」과 同格 薛聰이 句讀와 吏讀를 製ᄒᆞ다」

「此家主人目的格名詞 「弟」와 同格 我의 弟를 送ᄒᆞ겟소」

(『朝鮮文法』 8-9)

(9) 代名詞

[전략] 「金書房」과 「其馬」가 皆 先行詞라 代名詞도 名詞와 갓치 數와 格을 區別ᄒᆞ야 換易과 語尾變化가 有ᄒᆞ니 其例를 示컨ᄃᆡ

(『大韓文法』 15)

(9)′ 代名詞

[전략] 「金書房」과 「其馬」가 皆 先行詞라 代名詞가 名詞와 ᄀᆞᆺ치 「目的補缺詞」와 「說明補缺詞」의 資格을 成홈이 有ᄒᆞ니라 代名詞도 名詞와 ᄀᆞᆺ치 數와 格과 性을 區別ᄒᆞ야 換易과 語尾變化가 有ᄒᆞ니라(『朝鮮文法』 11)

(8)′은 '名詞의 作用'에 대한 설명인데, 명사가 타동사의 목적어가 되어 '目的補缺詞'가 될 수도 있고, 不完自動詞와 공기하여 '說明補缺詞'가 될 수도 있다고 하였다. (9)′에서는 대명사도 명사와 같이 '目的補缺詞'나 '說明補缺詞'가 될 자격이 있다고 하였다.

(5)~(9)에서 제시한 '補缺詞'와 '補缺詞'에 관련하여 동사, 명사, 대명사 등에 대한 추가 설명을 정리해보면 다음과 같다. 첫째, 일부 동사는 홀로 완전한 서술의 의미를 나타낼 수가 없다. 이들이 필수적으로 요구하는 의미성분이 채워져야 완전한 說明部가 될 수 있다.[24] 이

러한 동사들이 필수적으로 요구하는 부분을 '補缺詞'라고 한 것이다.25) 즉, '補缺詞'는 동사가 홀로 완전한 의미를 표현하는지를 주목하여 제기한 개념이다. 둘째, 補缺詞를 필수적으로 요구하는 동사들은 '不完動詞'라고 하고 그렇지 않은 동사는 '完全動詞'라고 하였다. 타동사는 모두 목적어를 요구하기 때문에 타동사는 모두 '不完動詞'이다. 자동사는 '不完動詞'도 있고 '完全動詞'도 있다. 셋째, 補缺詞는 두 가지 유형이 있다고 밝혔는데 하나는 타동사의 목적어가 되는 '目的補缺詞'이고 하나는 不完自動詞의 說明主格名詞가 되는 '說明補缺詞'이다. 넷째, 명사와 대명사가 모두 '目的補缺詞'를 할 수도 있고 '說明補缺詞'를 할 수도 있다.

'目的語-補缺詞', '他動詞-不完動詞', '自動詞-不完動詞/完全動詞'의 대립은 통사론적 개념과 의미론적 개념의 대립으로 파악할 수 있다. '目的語', '自動詞/他動詞'는 통사론 차원의 개념이고, 의미가 완전한지에 따라 구별된 '不完動詞'와 '完全動詞', 그리고 不完動詞의 의미를 채워주는 '補缺詞'는 현대 언어학에서의 동사와 동사의 필수적인 논항 개념과 통하는 면이 있다. 물론 김규식이 『大韓文法』과 『朝鮮文法』에서 '文法을 究硏ᄒᄂᆫ 階梯가 有三ᄒᄂ니 第一에 字體와 其聲音及

---

24) 김규식의 문법 체계에서는 '句語'라는 용어를 사용하여 현대 한국어 문법의 '문장'의 개념을 가리킨다. 또한 '句語'은 '題目語'와 '說明語(說明部)' 두 부분으로 이루어진다고 제시하였다. 이는 현대문법의 주어부와 서술부에 대응되는 것이고 최경봉(2003: 19)에서는 이에 대해서 자세한 언급이 있다.

25) 익명의 심사 위원 선생님 중 한 분께서 '補缺詞'는 보충어(complement)의 개념이 아닌가 하는 조언을 해주셨다. 영어 전통 문법의 용어인 보어(complement)는 주어 목적어 이외에 서술을 완전하게 해주는 모든 요소로서 명사, 형용사를 모두 포함한 개념이다 (이선웅 2012: 332). complement와 '補缺詞'는 모두 '서술을 완전하게 해주는 필수 성분'을 가리키는 측면에서는 두 개념이 겹치는 부분이 많다. 다만 일반적으로 주어, 목적어 이외에 서술어가 요구하는 필수성분을 complement로 보는 것과 달리, 김규식의 '補缺詞'는 목적어도 포함되어 있다.

韻 第二에 詞字學 第三에 文章論으로 區別ㅎ야 稽考홀지니라(『大韓文 法』 4, 『朝鮮文法』3)'라고 하며, 한국어의 문법을 '字體와 其聲音及 韻學', '詞字學', '文章論', 이렇게 세 가지 측면으로 나누어 기술하고 있는 것으로 볼 때, 아직은 통사론과 의미론의 구분이 분명하지 않았을 것이라 생각할 수 있다. 그러나 『朝鮮文法』에서 새로 제기된 '補缺詞', '不完動詞/完全動詞' 등의 개념은, 그가 의미적으로 한국어의 문법을 관찰하기 시작한 결과가 반영된 것이라고 볼 수 있다. 다만 아주 초기의 관찰들이기 때문에 『朝鮮文法』에서는 통사적 개념과 의미적 개념의 관계를 잘 구별하지 못하고 혼용하는 양상을 보인다.

이상으로 『朝鮮文法』에서 큰 폭으로 수정된 '補缺詞'에 대한 내용을 살펴보았다. 그 외에 저자가 자의적으로 내용을 수정한 것은 거의 없지만, 예외적으로 '分意助動詞의 類型'을 다섯 가지에서 네 가지로 바꾸었다는 점을 들 수 있다. 원문은 아래와 같다.

> (10) 分意助動詞의 類型
> 가려 ㅎ오(志願으로 分開ㅎᄂ 助動詞)
> 갈 만ㅎ오「가 쉬 잇쇼」 (能力으로 分開ㅎᄂ 助動詞)
> <u>갈 듯ㅎ오(假定으로 分開ㅎᄂ 助動詞)</u>
> 보러 가오(目的으로 分開ㅎᄂ 助動詞)
> 보게(許可로 分開ㅎᄂ 助動詞)(『大韓文法』 22)
>
> (10)´ 分意助動詞의 類型
> 가려 ㅎ오(志願으로 分開ㅎᄂ 助動詞)
> 갈 만ㅎ오「갈 수 잇쇼」 (能力으로 分開ㅎᄂ 助動詞)
> 보러 가오(目的으로 分開ㅎᄂ 助動詞)
> 보게(許可로 分開ㅎᄂ 助動詞)(『朝鮮文法』 17)

밑줄 친 '갈 듯ᄒ오(假定으로 分開ᄒᄂᆫ 助動詞)'가 『朝鮮文法』에서는 삭제되었다. 이와 관련하여 다른 수정 내역이 없기 때문에 이 유형을 삭제한 것이 실수인지 의도한 것인지는 판단하기가 어렵다.

마지막으로 『大韓文法』에서 사용된 고유어가 『朝鮮文法』에서 한자어로 고쳐진 경우가 적지 않다. 예를 보자.

> (11) 고유어를 한자어로 수정한 예
>> a. 아희가 ᄀᆡ를 싸린다(『大韓文法』 18)
>> a′. 兒孩가 狗를 打흔다(『朝鮮文法』 14)
>>
>> b. 개가 다라ᄂᆞᆫ다(『大韓文法』 19)
>> b′. 犬이 走흔다(『朝鮮文法』 15)
>>
>> c. 로형 말삼에 ᄃᆡ하야 내가 셜명ᄒ겟쇼(『大韓文法』 39)
>> c′. 로형 말슴에 對ᄒ야 내가 셜명ᄒ겟쇼(『朝鮮文法』 33)
>>
>> d. ᄯᅡ리다(打)(主動調), 마젓다(被打)(被動調)(『大韓文法』 73)
>> d′. 打(ᄯᅡ리다)(主動調), 被打(마젓다)(被動調)(『朝鮮文法』 61)

(11a~c)에서 '아희'를 '兒孩'로, 'ᄃᆡ하야'를 '對ᄒ야'로 수정한 것처럼 한자어를 한글 표기에서 한자 표기로 수정한 예도 있고, 'ᄀᆡ'를 '狗'로, '싸린다'를 '打흔다'로, '개'를 '犬'으로 수정한 것처럼 『大韓文法』에서 고유어로 표현했던 것을 『朝鮮文法』에서는 한자 표기의 한자어로 수정한 예도 많이 찾을 수 있다. 또한 (11d)의 예를 보면, 『大韓文法』에서는 'ᄯᅡ리다(打)(主動調)'와 같이 '한글이 主, 한자가 從'이 되는 표기 방식을 사용하는데, 『朝鮮文法』에서는 이를 '한자가 主,

한글이 從'인 '打(쓰리다)(主動調)'식으로 수정하였다.

4. 결론

지금까지 언어학자로서의 김규식의 생애를 살펴보고, 그의 한국어학 연구를 살펴보았다. 논의했던 내용은 아래와 같이 정리할 수 있다.

김규식이 중국에서 했던 교육활동을 정리하였다. 1911년부터 1945년까지 그는 '金尤史'라는 이름으로 北洋大學, 中央政治學院, 四川大學, 武漢大學 등에서 몇 십 년 동안 교수 생활을 하였다.

김규식이 중국에서 남긴 저서로는 『英譯婉容詞(The English Translation of Wan Yung Tze)』(1943), 『揚子幽景(The Lure of the Yangtze)』(1945), 『實用英文作文法(Hints on English Composition Writing)』(1949) 등이 있다. 해당 책의 이미지 자료를 통해 출판년도 및 출판사 등의 서지 사항을 확인하였다.

1908년에 출간한 『大韓文法』과 1912년에 출간한 『朝鮮文法』의 내용을 대조하여 후자에 와서 수정된 부분을 제시하였다. 수정된 부분은 정치적인 이유 때문에 수정한 것이 대부분이지만, 저자 김규식 自意에 의하여 한국어 문법 체계에 대한 기술을 보완한 부분도 있다. 이 중에서 제일 눈에 띄는 것은 '補缺詞'의 개념을 적극적으로 사용한 것이다. '補缺詞'는, 이와 관련하여 제시한 '不完動詞'와 '完全動詞'의 개념과 함께, 그가 의미적으로 한국어의 문법을 관찰하기 시작한 결과가 반영된 것이라 할 수 있다.

참고문헌

1. 한국어 참고문헌

金奎植(1908), 『大韓文法』(歷代韓國文法大系 1부 5책), 탑출판사.

金奎植(1912), 『朝鮮文法』(歷代韓國文法大系 1부 5책), 탑출판사.

김민수(1977), 「金奎植 『大韓文法』의 硏究」, 『高麗大 人文論集』 22, 1-31면.

김민수(1981), 「김규식의 "The Korean Language"에 대하여」, 『어문논집』 22, 안암어
　　문학회, 7-22면.

김영욱(2001), 「서평: 김규식(1908)」, 『형태론』 3-1, 165-179면.

김영황(2005), 「근대적 국어문법건설과 김규식의 문법리론」, 『중국조선어문』 2, 17-24면.

우사연구회(2007), 『우사 김규식 통일·독립의 길 가다 1』, 논형.

윤경로(2011), 「김규식의 신앙과 학문 그리고 항일민족운동」, 『한국기독교와 역사』
　　34, 39-77면.

이선웅(2012), 『한국어 문법론의 개념어 연구』, 월인.

이옥연(1991), 「김규식 대한문법의 후사고」, 『語文論集』 1, 17-30면.

李庭植(1974), 『金奎植의 生涯』, 新丘文化社.

李炫熙(2001), 「우사 김규식의 생애와 사상」, 『강원문화사연구』 6, 강원향토문화연구
　　회, 1-26면.

최경봉(2004), 「국어학: 김규식 『대한문법』의 국어학사적 의의」, 『우리어문연구』 22,
　　우리어문학회, 5-28면.

최낙복(1996), 「김규식 문법의 품사 설정」, 『동남어문논집』 6, 동남어문학회, 187-208면.

최낙복(2002), 「김규식 문법의 '문장법' 연구」, 『국어국문학』 2, 동아대학교 국어국문
　　학과, 5-33면.

한영목(1991), 「김규식 문법에서의 통사론 연구」, 『語文硏究』 22, 어문연구학회, 9-28면.

위키백과-김규식(http://ko.wikipedia.org)

2. 중국어 참고문헌

中國社會科學院語言研究所詞典編輯室(2012/1960),『現代漢語詞典(第六版)』, 商務印書館.

陳光夏·朴根亨(2005),「抗戰時期川大外文系主任金尤史敎授」, 四川大學檔案館.

四川大學檔案館(http://archives.scu.edu.cn)

百度百科-吳成之(http://baike.baidu.com)

白夜 李常春의 생애와 학문*

●

김 수 영

1. 서론

백야 이상춘(白夜 李常春, 1882~?)은 개성에서 태어나 송도고등보통학교와 루씨고등여학교 등에서 교편을 잡고, 개성고등여학교 교장을 지낸 교육자이다. 또한 조선어학회의 한글맞춤법 초안 작성위원, 조선어사전 편찬위원회 준비위원을 지내는 등 우리말에도 관심이 많았던 한국어학자이기도 하다. 또한 조선어학회의 조선어사전은 이상춘이 스스로 모은 9만여 개의 어휘를 아무런 대가 없이 기증함으로써 그 작업에 박차를 가하게 되었다고 한다.

이상춘의 행적을 짚어보면 이처럼 여기저기서 활발한 활동을 한 것으로 보이는데도 불구하고 이제까지 학계에서 이상춘에 대해 보인 관심은 충분하지 않다. 그리하여 현재 백야 이상춘의 행적에 대한 기

* 이 글은 같은 제목으로 『진단학보』127호(진단학회, 2016: 217-239)에 수록되었다.

록 가운데 신뢰할 만한 것은, 한국정신문화연구원의 '한국민족문화
대백과'에 실린 다음 (1)과 같은 부분이다.[1]

(1)
일명 늘봄. 호는 백야(白夜). 경기도 개성 출신. 한영서원에서
신교육을 받고, 주시경 문하에서 공부하였다. 송도고등보통학
교와 루씨고등여학교 등에서 교편을 잡고, 개성고등여학교 교
장을 지냈다. 1931년 조선어학회의 한글맞춤법 초안 작성위원,
1935~1936년 『조선어사전』 편찬위원회 준비위원을 지내기도
하였다. 첫 저술로 1925년 『조선어문법』을 내었고, 다시 이를
수정하여 중등 정도의 교과서로 『국어문법』(1946)을 내었다. 『조
선어문법』에서 품사를 명사, 대명사, 동사, 형용사, 조사, 접속
사, 종지사, 관사, 부사, 감탄사의 10가지로 분류하였고, 문장
성분으로서 주구(主句), 설명구, 객구(客句), 보구(補句), 수식구
(체어수식구와 용어수식구)의 6가지 구(句)를 세웠다. 나중의 『국
어문법』에서는 대명사를 명사에, 관사를 형용사에, 조사와 접
속사와 종지사를 '토'로 묶어 10품사에서 6품사로 줄이고, 문
장 성분도 주격 성분, 설명격 성분, 목적격 성분, 수식격 성분
의 4가지로 수정하여 나누었다. 한편, 약 7만에 가까운 어휘를
모아 사전 원고를 작성하다가 간행하지 못하고 조선어학회에
기증한 적이 있다. 이밖의 저서로 『주해 용비어천가』(1946), 『조
선 옛말사전』(1949) 및 소설 「박연폭포」(1913) 등이 있다.

이 글은 위의 기술을 기반으로, 이상춘의 생애와 학문에 대하여 보
다 자세하게 논의해 보기로 한다. 먼저 당시 발행되었던 신문 및 잡

---

1) 한국정신문화연구원편찬부(1990), 『한국민족문화대백과사전 17』, 한국정신문화연구원,
900면.

지를 비롯한 다양한 기록을 참조하여 이상춘의 생애를 구체적으로 기술한다. 이어서 그의 대표적인 저서인『朝鮮語文法』(1925),『국어문법』(1946)을 중심으로 하여 그의 학문 세계에 대하여 살펴볼 것이다.

글의 구성은 다음과 같다. 2장에서는 이상춘의 생애를 다루고, 3장에서는 그가 전개한 학문에 대하여 논의한다. 4장은 결론으로, 언급된 바를 정리하고 논의의 한계점 등을 제시할 것이다.

2. 백야 이상춘의 생애

이 장에서는 이상춘의 생애에 대하여 알아보기 위해, 당시의 신문 기사와 그가 재직한 학교의 기록을 살펴본다. 이상춘의 생애는 크게 셋으로 구분할 수 있다고 생각되는데, 먼저 제1기(1882-1913)는 한학 공부와 소설 창작을 주로 하고 한영서원에서 공부하던 시기이다. 이어서 제2기(1914-1930)에 이상춘은 송도고등보통학교에서 교편을 잡고 교사 생활을 하고, 조선어 강연 및 조선어학회 활동을 시작했다. 마지막으로 제3기(1931-?)는 루씨고등여학교에서 교사로, 개성고등여학교에서 교장으로 재직하며 대외적으로도 조선어학회를 기반으로 하여 활발한 활동을 한 때이다. 그의 정확한 사망 연도는 알 수 없지만, 아마도 개성에서 생을 마감한 것이 아닐까 한다.[2]

---

2)『국어문법』(1946)에는 그의 주소가 '開城府 滿月町 191番地'로 되어 있다. 최소한 한국 전쟁이 일어나기 전까지는 여기에 거주하였던 것이 아닐까 한다.

2.1 제1기(1882-1913): 한학(漢學)과 소설 창작

이상춘은 1882년 개성에서 태어났다. 이상춘의 생애 가운데 제1기
는 한학 공부와 소설 창작에 힘쓰던, 유년기와 청년기라고 할 수 있
을 것이다. 사실 이 시기의 이상춘에 대해 알려진 바는 거의 없지만,
남은 기록을 살펴보면 21세까지 한학을 공부하다가[3] 이후 한영서원
(韓英書院)에서 수학하였던 것은 분명하다.

그가 언제부터 한영서원에서 공부하였는지는 명확치 않으나, 한영
서원의 설립년도가 1906년이므로 그가 한영서원에서 수학하였을 당
시는 최소한 26세 이상의 적지 않은 나이였던 것으로 여겨진다. 이상
춘은 1910년 아래 (2)에서 확인되는 것처럼 한영서원 제2회 졸업생으
로 졸업하였다.[4]

> (2) 韓英卒業(대한매일신보 1910.6.18.)
> 開城 韓英書院에셔 本月十一日에 第二回 卒業式를 經ᄒ엿ᄂᆡ
> (…) 優等은 (…) <u>李常春</u> 吳永玉(…) 等十人이오 (…) 李常春 申永
> 悼 諸氏가 次第演說ᄒ엿다더라 (밑줄은 인용자)

위의 (2)에서 언급되듯이, 그는 한영서원을 1910년 6월 11일에 우등

---

3) 開城 출생으로 스물한살때까지 한문을 전수하얏다(동아일보 1930.9.4.)
4) 같은 일자 대한매일신보 국한문판에는 '한영서원'이 '한연교졸업', '한성서원' 등으로
   되어 있으나 오자인 듯하다. 그 근거로 국한문본에 '韓英書院'이라 기록되어 있는 점,
   대한매일신보에서는 이를 제외하고 '한성서원'이라는 단어를 찾아볼 수 없는 점, 비슷
   한 시기의 대한매일신보 다른 기사에도 '기성군 스립흐영서원'이라 되어 있는 점 등을
   고려할 수 있다. 아래에 국한문판의 것을 싣는다.
   한연교졸업 기성군에잇는 한성서원에셔 본월십일일에 뎨이회 졸업식을 거힝ᄒ엿ᄂᆡ
   (…) 우등셩은 류쟝록 리은용 빅남셕 리샹츈 오영옥 윤진셩 현영쥬등십인이오 (…) (대
   한매일신보, 1910.6.18.)

졸업하였고, 졸업생 연설도 하였다고 언급되므로 1910년 6월 이전까지는 한영서원에서 수학하였음을 알 수 있다.

이와 더불어, 이 시기 그는 주시경의 국어 강습소에서 공부하였던 것 같다. 현재 이상춘이 국어 강습회에 참석하였음을 알 수 있는 직접적인 증거는 없지만 간접적이나마 『한글학회 100년사』와 박용규 (2012)의 다음 부분을 참고할 수 있다.

(3)
ㄱ. 이상춘은 (⋯) 주시경이 개설한 조선어 강습회에 자주 참석하였다. (박용규 2012: 297)

ㄴ. 그 총회에 참석한 사람은 발기인 7명을 비롯하여 이 상춘, 박 순룡, 이 원규, 김 윤경, 신 명균, 정 열모 등, 15-16명에 이르렀다. 대다수가 하기 국어강습소나 국어강습소-조선어강습원, 또는 청년학원, 또는 휘문의숙에서 주 시경·선생의 가르침을 직접 받았으며(⋯) (『한글학회 100년사』, 46면)

(3ㄱ)과 (3ㄴ)에서는 이상춘이 주시경의 국어 강습소에 자주 참여했다고 언급하고 있다. 특히 (3ㄴ)은 조선어연구회의 총회와 관련된 내용인데, 이상춘이 조선어연구회와 인연을 맺을 수 있었던 까닭은 주시경의 국어 강습소에서 공부했기 때문이라고 생각된다.

한편 이 시기에 이상춘은 여러 편의 소설을 써서 출간하거나, 이를 신문에 기고하기도 하였다. 『셔힌풍파』(1914), 『박연폭포』(1913), 『졍』 (每日申報, 1913.2.9.), 『白雲』(1919) 등이 그 예이다. 이 중 『셔힌풍파』 (1914)는 남극탐험을 다룬 최초의 소설이라는 점을 주목받아 2006년 다시 출간되기도 하였는데,[5] 구체적으로는 한 젊은이가 남극을 탐험

할 꿈을 갖고 일본과 미국에 가게 되는 내용이다.

다음 <그림 1>은 『셔히풍파』가 출간되던 당시의 표지이다.[6]

<그림 1> 『셔히풍파』의 표지

<그림 1>에서 확인되듯이, 표지에는 일장기가 그려져 있다. 당시 신

5) 『백야 이상춘의 서해풍파』라는 제목으로 2006년 한국국학진흥원에서 출간되었다.
6) 서울대학교 중앙도서관 고문헌자료실 소장본이다.

소설의 표지에 일장기가 그려지는 일은 그리 흔치 않았다고 한다.[7] 그러나 이것으로 그가 친일 감정을 가지고 있었다고 보기보다는 일본을 통해 유입되는 신문물과 새로운 세계에 대한 동경을 표시한 것이라고 생각하는 편이 타당하리라 생각된다.

이제까지 살펴본 바에 따르면 젊은 시절의 이상춘은 한문에도 상당한 실력을 갖고 있었을 뿐 아니라, 신소설을 창작하고 국어 강습소에서 공부하는 등 어문학 분야에 관심을 가지고 있었던 것 같다. 한편 한영서원이 감리교의 후원으로 세워진 것을 감안할 때 이 시기부터 종교적인 영향을 받았을 것으로 추측되는데 이는 이후 송도고등보통학교의 교사로 재직할 때의 행적을 보면 보다 분명해진다. 이어지는 글에서 이를 확인할 수 있다.

2.2 제2기(1914-1930): 송도고등보통학교에서

한영서원은 1917년 송도고등보통학교로 이름을 바꾸었고, 이상춘은 모교인 송도고등보통학교에서 교편을 잡았다. 송도고등학교에서 펴낸 『松都學園 100年史』(2006)를 바탕으로 송도고보 시절의 이상춘에 대한 기록을 찾아볼 수 있는데, 최소한 1914년부터는 교사로 근무했던 것 같다.[8] 다음 (4)에 송도고보에서 교사로 근무하던 이상춘의 행적을 정리해 보았다.

---

7) 일장기를 표지에 넣은 신소설은 이상춘의 『셔희풍파』와 박영운의 『금지환』 정도에 불과한 듯하다.(http://bookgram.pe.kr/120183733730)

8) 송도고등보통학교는 한국전쟁 이후 인천 연수구에 송도고등학교라는 이름으로 다시 개교했다. 『松都學園 100年史』(2006)는 송도고등학교 홈페이지인 http://songdohs.icehs.kr 에서 열람할 수 있다.

(4)

1914년 7월	학교 내 애국 및 독립운동 단체인 '11월 동지회'의 교사(敎師) 회원 ('11월 동지회'는 창가(唱歌)를 통한 독립운동을 하였음)
1917년	창가독립운동 사건으로 경성지방검찰청에 이송되었다가 석방됨.
1924년	송도고보 교우회 창립총회 임시 회장을 맡았고, 교우회 이사로 임명됨.
1927년	송도고보 종교부 이사
1931년	송도고보 종교부 이사

위의 (4)에서 특징적인 것은 '11월 동지회'의 회원으로서 창가 독립
운동에 참여하였다는 점과, 학교의 '종교부' 이사로 활동하였다는 것
이다. 그런데 창가 독립 운동에 참여하기는 했지만 재판에 회부되지
않고 검찰청에서 바로 석방된 것을 보면, 이 운동에 적극적으로 참여
한 것은 아닌 듯하다.

이 시기 그는 종교적 신념이 투철했던 것으로 보인다. 1927년부터
송도고보 종교부 이사를 맡았던 것으로 이를 알 수 있다. 그가 송도
고보 교사로 재직할 당시의 학교 잡지인 <송우>(1924년, 창간호)에 실
었던 '섬김'이라는 글에서는 그의 종교적 색채가 뚜렷이 드러난다.
다음 (5)와 같다(『松都學園100年史』).

(5) 섬김 / 늘봄 이 상 춘
섬김은 우리의 標語이다. / 그리스도_가르샤되 내가 오기는

섬김을 바드려함이 아니라 섬기려하야 무리를 위하야 목숨을 버
리어 罪하야 주려함이로다 하셨으니(…)

한편 당시 송도고등보통학교는 인근의 호수돈여고 등과 함께 동맹
휴학을 하는 등, 일제의 탄압에 저항하여 여러 운동을 하였는데 송도
고보의 휴학을 보도한 1926년 6월의 기사를 다음 (6), (7)에서 확인할
수 있다(밑줄은 인용자).

> (6) 主動者 黜學 全級에 無期停學 松都高普의 注目할 事件 (동아
> 일보 1926.6.18.)
> 開城松都高等普通學校弟三學年生徒一同은 지난 十四日午前九
> 時半에 同校 校長外兩先生을 排斥하는 陳情書를 提出하엿다
> 는데 (…) 三學年生의 陳情書內容은 如左하다더라(開城) (…)
> 三. 左記先生의 科程을 解任케하고 各有資格者로 擔任케할일
> (…)
> (다) 李康來 李常春 兩先生 = 敎育에 精神이 업시 茫然히 生
> 徒의 前程을 不顧하고 校長에게 阿諛함

> (7) 松都高普와 商業校 一齊同盟休學 (每日申報 1926.6.19.
> [開成] 去十四日에 開成松都高普校第三學年生一同五十三名은
> 午前九詩半 第一授業時間에 突然히 學業을 中止하고 學校堂
> 局에 陳情書를 提出하는 同時에 當日로 明確한 對答을 要求
> 하고(…)

1920년대에는 일제에 저항하여 많은 학교들이 동맹휴학을 했는데,
1925년에서 1927년에 특히 활발했고 1926년 6월 10일은 학생운동이
일어난 때이기도 하므로(김기주 2010), 송도고보의 동맹휴학은 이러한

분위기와 관련될 것이다. 위의 (6)과 (7)을 보면 이상춘의 행동에 대해 불만을 품고 학생들이 해임을 건의하였다는 사실을 알 수 있다. 이것만으로 이렇다 할 결론을 내리기는 어렵지만 이상춘은 당시 학생보다는 학교의 편에 서 있었던 것이 아닐까 한다.

이상춘이 송도고보에 언제까지 교사로 근무하였는지는 명확하지 않지만, 적어도 1931년까지는 재직했던 것 같다. 다음 (8)은 당시 이상춘으로부터 강의를 들었던 한 학생의 회상기이다(『松都學園100年史』, 100면).

> (8) 이순신 장군의 멸사봉공의 애국적 충정을 역설하셨던 이상
>   춘 선생의 충정어린 모습이 눈에 선하다 (송도고보 15회
>   졸업생 김준민의 회상기)

그렇다면 이제 이 시기 이상춘이 한국어학자로서 어떠한 활동을 하였는지 살펴보기로 한다. 이를 간단히 정리하면, 다음 (9)와 같다.

(9)

1921년 12월 3일	조선어연구회 임시총회 참석
1924년 10월	동아일보 주최 조선어 강습에서 강연
1925년	『朝鮮語文法』 출간
1927년 10월	신의주 기독교 청년회 주최 조선어 강좌에서 강연
1929년 11월	사전 편찬을 위해, 조선어학회에 9만 개 어휘 기증[9]
1930년 4월 13일	동아일보 주최 한글 강습회(개성)에서 강연

(9)에서 알 수 있듯이 1920년 이후 이상춘은 신의주와 개성 등 황해도 일대에서 조선어 강연을 활발히 하였다. 이와 더불어 고등학교 교사로서의 경험을 바탕으로 1925년에는 『朝鮮語文法』을 출간하기도 했다.

한편 조선어연구회가 설립되자 여기에 가입하였고, 학회의 간부로 활동하지는 않았지만 조선어 규범과 사전에 관한 글을 기관지를 통해 발표하는 등 조선어연구회 사업에 적극적으로 참여하였다(최경봉 2005: 243). 앞서 잠깐 언급한 바대로, 1921년 조선어연구회의 확대와 강화를 위한 총회가 열렸는데(1921년 12월 3일), 발기인인 최두선, 권덕규, 장지영 등과 함께 이상춘 역시 이에 참석하였다(『한글학회 100년사』, 46면).

1929년에는 사전 편찬을 위해 스스로 모은 어휘 원고를 조선어학회에 기증하였다. 이는 여러 신문에서 대서특필한 바 있다. 구체적인 기사는 다음 (10)에서 확인된다.

(10)
個人의 單獨蒐集으로 완성된 九萬餘語彙, 松高李常春氏의 心血結晶, 한글辭典에 大礎石 (동아일보 1929.11.15.)
구만어휘로 완성된 조선어대사전 쯞梓, 개성 이상춘씨의 칠년 노력, 수정만 하여 인쇄한다 (중외일보 1929.11.15.)
朝鮮語文 功勞者 紹介 (3) 九萬九千語를 單獨으로 蒐集한 李常春氏 (동아일보 1930.9.4.)

---

9) 서론에서 밝힌 한국민족문화대백과의 '이상춘' 항목에는 '7만에 가까운 어휘'라고 되어 있으나 이 글에서는 당시의 기사에 기준을 두어 '9만 개 정도의 어휘'를 기증한 것으로 본다.

이 기사에 따르면, 이상춘은 1920년에서 1922년 사이에 사전 편찬을 위해 어휘를 모으기 시작하였음을 알 수 있다. 또한 원고를 조선어학회에 아무런 대가 없이 기증하였다는 것을 통하여, 그가 사전에 대해 갖고 있는 인식이 어떠한지를 확인할 수 있다. 그는 사전이 한 개인의 저작물과는 성격이 다르며, 조선어 공동체의 규범을 정립할 수 있는 매체라는 생각을 하였던 듯하다(최경봉 2005: 244). 그리하여 개인이 펴낼 저작물이 아니라는 생각에 이를 권위 있는 단체인 조선어학회에 기증한 것이다. 물론 조선어학회의 사전은 그 뒤로도 조선어학회 사건 등 난항을 겪어 뒤늦게야 출판되었지만, 당시 이상춘의 원고 기증은 사전 편찬 작업에 참여하고 있던 사람들에게 실질적인 도움뿐 아니라 정신적으로도 큰 도움을 주었을 것이라 생각된다.

2.3 제3기(1931년-?): 조선어학회에서

이제 마지막 시기인 제3기를 살펴보기로 한다. 이상춘은 1931년 이후 루씨고등여학교에서 교사로 근무하였고, 개성고등여학교에서 교장을 지냈다. 또한 이 시기에는 조선어학회 관련 활동 및 맞춤법 통일안 제정과 관련된 활동도 활발히 하고, 조선어학회의 기관지인『한글』에도 관련 글을 실었다. 이와 함께『註解 龍飛御天歌』와『조선 옛말 사전』등도 펴내며 국어 연구에도 힘을 기울였다.

앞에서의 전개 방식과 같이 교사로서의 삶과 한국어학자로서의 삶으로 나누어, 시간의 흐름에 따라 그의 궤적을 짚어보기로 하겠다. 먼저 다음 (11)은 1931년 이후 이상춘의 활동 내용을 연대순으로 나열한 것이다.

(11)

1931년	조선어학회 한글맞춤법 초안 작성위원
1931년 7월 25일~ 8월 28일	동아일보사 주최 제1회 조선어강습회 홍원, 청진, 회령, 용정, 함흥
1932년 8월 중순	동아일보사 주최 제2회 조선어강습회 인천, 안성, 홍성, 천안
1933년	조선어철자법 통일 토의회 참석
1935년 4월 1일	조선어문공로자 수상
1935년~1936년	『조선어사전』 편찬위원회 준비위원
1946년	『국어문법』, 『註解 龍飛御天歌』 집필
1949년	『조선옛말사전』 집필

위 (11)을 참조하면서 먼저, 이상춘의 교사로서의 삶을 살펴보기로
한다. 현재로선 송도고보의 열성적인 교사였던 그가, 어떤 이유에서
루씨고등여학교가 있는 원산까지 옮겨갔는지는 알기 어렵다. 다만
1931년 동아일보와 조선어학회가 주관한 조선어강습회에서 홍원, 청
진, 회령, 용정, 함흥 등 지역을 담당하여 강의한 바가 있으므로, 1930
년대 초반부터는 함경도에서 지냈으리라 추정된다. 이후 루씨고등여
학교와 관련된 기록은 다음 (12)가 전부이다. 이상춘이 루씨고등여학
교의 후원회 평의원으로 임명되었다는 내용이며, 그 외에 특기할 만
한 것은 없다.

(12) 동아일보 1937.9.11.
[元山] 원산루씨여자보통학교(元山樓氏女普) 후원회(後援會) 제十
六회 정기총회는 七일 오후四시부터 동교대강당에서 회원 백

여 명 출석 하에 개회되엿는대 제반사항의협의와 역원을 다음
과 같이 개선하였다. [⋯] 評議員 <u>李常春</u>宋興奉 [⋯] (밑줄은 위
용자)

1945년에는 개성고등여학교 교장으로 임명되어, 다시 개성에서 활
동을 하게 된다. 다음 (13)에서 확인할 수 있다.

(13)
軍政廳辭令 - 開城高等女學校長 李常春 (중앙신문 1945.12.8.)
軍政廳辭令 - 開城高等女學校長 李常春 (민중일보 1945.12.14.)

이후 1946년에는 개성에서 꾸준히 활동하였으며 개성사범학교 교
장도 맡는다. (14), (15)와 같다.

(14) 國慶日行使 [開城] 개성 八십여단체가 모혀 三月一일을 기
렴하고져 시위행진 기렴문을 건립하는 등 성대한 행사를
계획하고 준비위원장으로 리상춘(李常春)씨가 선임되고
(⋯) (동아일보 1946.2.23.)

(15) 男女共學의師範校 - 九月부터 京城과開城에新設
의무교육 실시에 압서 국민학교 교원 부족을 덜하고저 남
녀공학의 공립사범학교가 서울과 개성(開城)에 설립된다
(⋯) 開成師範=개성국민학교교사를 이용하며 교장은 이상
춘(李常春)씨이고 (⋯) (동아일보 1946.5.25.)

1946년 이후 이상춘의 흔적은 1946년 『註解 龍飛御天歌』를 집필하
여 출판하였고, 1949년 『조선옛말사전』을 펴냈다는 것을 제외하고는

찾아보기 어렵다. 따라서 남한의 기록에서 이상춘 개인의 행적은 다음 (16)에 인용한 기사가 마지막일 듯하다. (16)를 살펴보면 알 수 있듯이, 당시 이상춘이 교장으로 있었던 개성고등여학교 및 개성의 여러 학교들이 '좌익'으로 가름되었다. 이러한 내용이 얼마나 사실에 부합하는지 알 수 없으나 사실이라면 남향하지 못했을 테고, 사실이 아니더라도 남향하기 어려웠을 것이니 아마도 개성에서 생을 마감하였으리라 추정된다.[10]

(16)

暴動事件 개성서관 내 좌익의 폭동 사건은 작년 十月 영남 사건 이후 금년교가 있는데 그중직화사건의 총본령은 개성고녀(開城高女)와 개성중학(開城中學) 개성상업학교(開城商業)의 三교이다 개성고녀는 <u>교장이상춘(李相春)</u>외 十八명의교원이 전부 좌익교원들로 전교생도 九十八퍼센트가 적색학생이라고한다 (…) 學園赤化 (…) 그 중 특기할 사실은 개성고녀의 독서회(讀書會)사건이다 교원이 천진한 여학생을 사족하여 선전 삐라를 부치게 하고 공부를 아니시키였으니까 학생들에게 학기말 시험을 보기 전에 시험 문제를 아르켜준 다음 시험을 치르게 하여 가장 성적을 조흔것처럼 학부형을 속히였다 하다 그리고 학부형회를 소집하고 "우리학교는 천재(天才)의학생들이 만흔데 학비가 없어 공부를 못하게된 학생이 있으니 우리가 동정하다"고 학부형을 속혀 동정금을 거두어 적화선전비로 쓴 악질적 수단까지도 폭노되었다 (동아일보 1947.10.11., 밑줄은 인용자)

10) (16)의 '이상춘'은 '李常春'이 아니라 '李相春'으로 표기되어 있지만 전후 내용을 보았을 때 우리가 이 글에서 이야기하는 '이상춘'임은 틀림없는 듯하다.

이제 이상춘이 한국어학자로서 어떤 삶을 살았는지 살펴보겠다.
이상춘은 1931년부터 조선어학회의 한글맞춤법 초안 작성위원으로
침여하고, 조선어철자법 통일 토의회에 적극적으로 참여하였다.[11]
다음 (17)은 1931년 11월 이상춘이 동아일보에서 주최한 좌담회에 참
석하지 못하여 보낸 글인데, 몇 가지 주목할 만한 부분이 있어 자세
히 살펴보고자 한다.

> (17) 하늘座談會에 보낸 李常春氏 意見 (동아일보 1931.11.1.)
>   一. 한자 제한의 실제 방법
>   나는 제한보다는 전폐를 부르짖고 싶습니다. 그러나 문제
>   는 제한의 방법이니까 그것만 말슴하려 합니다. 제한을
>   하자면 맨 먼저 어떠한 통계표가 잇어야 하겟으니까 일상
>   에 쓰이는 말을 세어보고 엄밀하게 조사하여야 되겟습니
>   다. 그리하야 그 통계에 의지하야 가장 작은 수효의 제한
>   을 하는 것이 좋겟습니다. 그리고 그 다음에는 그 제한된
>   글자 가운데서만 쓰도록 언론긔관 저술업자들이 힘써야
>   할 것입니다.
>   一. 개정 철자법의 보급방법
>   첫재는 언론기관 저술가 출판업자들이 모도 힘을 아울러
>   서 모든 인쇄물을 꼭 개정철자법에 맞도록 박히어야 하겟
>   습니다. 둘째는 올녀름과 같이 귀사 주최의 순회 강습회

---

11) 사전 편찬을 위해 어휘를 기증한 것도 그렇지만, 다음을 보아도 이상춘은 조선어학회
와 긴밀하게 연관되어 있었던 것으로 보인다. 이를 반영하는 예가 『한글학회 100년사』
에서 확인되는 조선어학회 및 한글학회 회원 명부인데, 1931년부터 1949년까지 회원
명단을 살펴보면 이상춘이 포함돼 있다. 그런데 한국전쟁 이후, 1953년 5월의 임시총
회 회의록에서 이상춘은 김진억, 안석제, 유 열, 정희준, 정열모 등과 함께 다른 이유
로 제명 처분을 받았다고 한다. 그가 교장으로 있었던 개성고등여학교가 '좌익'으로
판단되었다는 점을 앞서 확인하였고, 1949년 이후 그의 행적이 확인되지 않는 것을
보아 이 '다른 이유'는 이념 문제와 얽혀 있었던 것이 아닐까 한다.

가 필요합니다. 셋째는 한글을 가르칠만한 서생을 기르기
위하야 사범강습을 둠이 좋겟습니다.

一. 횡서의 가부 가하다면 그 보급 방법

횡서가 옳습니다. 나는 횡서가 하로 바삐 실현되기를 목
마르게 바랍니다. 그 보급 방법으로는 귀보와 같은 언론
기관에서 횡서란을 하나 두어 주엇으면 합니다.

一. 조선어 평이화의 실제 방법

첫째는 철자법을 통일하고 둘재는 문법을 정리하고 셋째
는 한문 글씨를 섞지 말고 넷재는 가장 좋은 방법이 잇으
니 곳 횡서의 실행이올시다.

위 기사를 보면, 이상춘이 한글 사용에 있어서 가장 중요하게 생각하
였던 것은 '쉽게 쓰기' 즉 실용성이었던 것 같다. 실제로 한국어를 말
하고 한글을 사용하는 일반 사람들이 쉽게 익히고 쓸 수 있도록 개
정된 철자법을 널리 보급하고, 하루빨리 가로쓰기를 실행해야 한다
고 본 것이다. 특히 한문을 전폐해야 한다고 주장한 것, 그러나 현실
적으로 전폐하기는 어려우니 사용 빈도수에 근거하여 제한해 나가야
한다고 제안한 것은 구체적이고, 계량화에 근거를 둔 주장이기도 하
다. 그가 실용적인 한글 사용 방안을 마련하는 데 힘을 기울였다는
것을 알 수 있는 부분이다.

　그가 이렇게 실용성을 중시하게 된 것은 학생들을 가르친 경험 및
여러 차례의 강연 등을 통해 대중들과 자주 접하는 과정에서 갖게
된 생각이 아닌가 여겨진다. 이 시기『한글』에 기고한 두 편의 글 '바
루쓰기를 힘쓰자'(한글 제5호, 1932)와 '철자법 통일 문제를 앞에 두고'
(한글 제6호, 1932) 또한 위의 (17)과 크게 다르지 않다. '바루쓰기를 힘
쓰자'에서는 '무엇보다도 나 자신이 누구인지 알고, 내가 쓰는 말이

조선말임을 알고, 한글을 올바르게 쓰는 것이 중요하다'고 역설한다.
'철자법 통일 문제를 앞에 두고'에서는 철자법 통일안의 초고가 완성
된 깃을 기뻐하면서, 철자법은 현재의 말을 그대로 따라야 하며, '될
수 있는 대로 쉬운 방법'을 택해야 한다고 말한다.

한편 앞서 언급하였듯 이상춘은 조선어 강습회의 강사로서 활발히
활동하였다. 강습회 역시 그에게는 자신이 생각하는 바람직한 철자
법과 한글 쓰기 방식을 보급할 수 있는 기회였다. 다음 (18), (19)는
이상춘이 1931년 여름 조선어강습회에서 있었던 일을 보고 형식으로
기고한 글이다.

> (18) 第一回 朝鮮語講習消息
>
> 關北方面 講士 李常春
>
> 聽講者는 男女合하야 三十餘人이엇습니다. 그中에는 敎員
> 과 記者가 多數이었고 十餘里 밖에서 다니는 이도 있었습
> 니다. 量으로 보아서는 그다지 많다고 못하겟으나 質로
> 보아서는 敎員, 記者가 많으니만치 或績이 頗好하다고 하
> 겟나이다. (…) 낮에는 康德洞에, 밤에는 淸津에 왓다갓다
> 하노라고 조곰피곤하얏스나 趣味는 퍽많앗습니다. 來日은
> 會嶺에 갑니다. (동아일보 1931.8.16. 밑줄은 인용자)
>
> (19) 한글巡禮 仁川에서
>
> 李常春
>
> 나는 八月一日午前에仁川에安着하야 午後七時三十分부터 私
> 立永化學校안에서 講習을열엇다 (…) 量보다質이매우좋앗
> 다 (동아일보 1932.8.13.)

위의 (18), (19)에서 확인되듯이 이상춘은 조선어 강습회에서 열성적

으로 강의하였고 또 이에 보람도 느꼈던 것으로 추측된다. 조선어 강습회에 참여하는 청강생은 주로 교원이나 기자였는데, 이상춘은 다른 누구보다도 대중에게 한국어를 전달할 일이 가장 많은 그들이 자신의 강의를 듣는 것이 바람직하다고 생각했던 것 같다. 이것이 '한글은 쉽게 써야 한다'는 자신의 주장을 널리, 빠르게 알릴 수 있는 방법이라고 생각했을 것이다.

한편 이상춘은 방언과 옛말에 대해서도 지속적으로 관심을 갖고 있었다. 개성과 함경도의 몇몇 방언형들을 소개한 짧은 글을 『한글』에 두어 차례 실은 바 있다. 1932년 『한글』 2호에 실린 '북관 사투리', 6호에 실린 '송도 사투리'가 그것이다. 옛말과 관련하여서는 1946년에는 『註解 龍飛御天歌』를 펴냈으며 1949년에는 『조선 옛말 사전』을 냈다.

이제까지 이상춘의 생애에 대하여 살펴보았다. 그는 후학 양성에 힘쓰는 한편 사전 편찬, 맞춤법 및 철자법 제정 등 당시의 한국어학계가 맞닥뜨린 과제에 대해서도 지속적인 관심을 보였다. 이제 다음 장에서는 그의 논저를 중심으로 한국어학자로서의 면모를 보다 자세히 살펴보고자 한다.

3. 백야 이상춘의 학문
-『朝鮮語文法』(1925), 『국어문법』(1946)을 중심으로

이 장에서는 이상춘의 저서들 가운데 『朝鮮語文法』(1925), 『국어문법』(1946)을 통해 그의 학문 및 국어 연구의 방식이 가지고 있는 특징

을 살펴보고자 한다.[12]

먼저 두 책이 주시경 및 당대의 한국어학자들로부터 어느 정도의 영향을 받아 쓰였는지를 확인하기 위하여 여러 학자들의 논저를 이상춘의 것과 비교해 볼 것이다. 이어서 이상춘이 외국어나 외국어의 문법을 어느 정도 인식하고 글을 전개했는지를 살펴보고자 한다. 이상춘은 한학 공부를 오래 하였고, 신소설『셔희풍파』등에서 일본어와 영어를 적극적으로 사용한 점을 미루어 다른 언어와 한국어의 문법적 차이를 인식하고 문법 교재를 집필했으리라 추측된다. 마지막으로, 앞서 언급한 바대로 이상춘은 실용적인 표기의 중요성을 강조하였는데 이러한 점이 그의 글에 어떻게 반영되어 있는지 다룰 것이다.

3.1 영향 관계

3.1.1 다른 한국어학자들과의 관련성

이상춘의『朝鮮語文法』은 그 시기에 집필된 다른 문법서들과 유사하게, 음운론, 조어론 및 품사론, 문장론의 순서로 전개되고 있으며 이는『국어문법』에서도 크게 다르지 않다. 그 목차를 간략하게나마 살펴보면 다음 (20)과 같다.

(20)

第1篇 音

---

12)『국어문법』은『朝鮮語文法』과 비교하였을 때 용어 사용에 있어 차이를 보인다는 점, 보다 체계성을 갖추고 간결하게 기술하였다는 특징이 있을 뿐 내용상에 큰 변화는 없는 것으로 보인다. 따라서『朝鮮語文法』을 중심으로 논의를 전개하고『국어문법』은 필요한 경우 언급하기로 한다.

第2篇 字: 總論(單語), 品詞
第3篇 文: 總論, 組織

한편 다음 (21)에서 집필 동기가 확인된다. 이로부터 이 책은 연구
서라기보다는 학생들에게 문법을 가르칠 목적으로 쓰인 교육용 교재
임을 알 수 있다. 이상춘이 이 책을 만들기 위해 여러 논저를 참고하
였음을 알 수 있는데, 이는 교재를 만들기 위해서는 당연히 선행되어
야 하는 과정이다.

> (21) 갈으키는 자리에 서ㄴ지 두어 해에, 채쭉을 잡을 적마다,
> 아즉 좀 모자람을 느끼게 되ㄹ새 이에 여럿의 말을 뽑아
> 몬우고 (1면)[13]

이상춘은 그 '여럿의 말' 가운데서도 주로 권덕규, 김두봉, 주시경
의 논저를 참고했던 것으로 보인다. 특히 제1편 '쯥'에서는 직접 인
용 출처도 밝히면서 권덕규의 『朝鮮語文經緯』, 김두봉의 『조선말본』,
주시경의 『國語文典晉學』 및 『말의 소리』를 참고하였다고 하였다.

이제 이에 대해 보다 자세히 살펴보기로 한다. 먼저 권덕규의 『朝
鮮語文經緯』는 '쯥'편의 9장, 10장, 11장에서 그대로 따르고 있는 듯
하다.

'母晉의 줄임'을 다룬 제9장(第九章)에서는 동일한 모음이 연쇄되었
을 때 하나의 모음이 탈락하는, '가아서→가서', '서어서→서서' 등의

---

13) 이상춘은 이 책에서 관형사형 어미 'ㄴ', 'ㄹ' 등을 어간에 붙여 쓰지 않고 분리해 썼
으며, 띄어쓰기 또한 형태소 경계에 했다. 이 글에서는 띄어쓰기는 현대국어의 것을
따르되 관형사형 어미를 분리해 표기한 방식 등은 이상춘의 표기를 그대로 따르고자
한다.

예를 든다. 그 까닭에 대해서는 "이는 ㅡ 소리를 내는 틀은 좁고, ㅓ 소리를 내는 틀은 넓으므로, 절로 이렇게 되기가, 쉽은 까닭이니라"(17면)고 한다. 이는 권덕규의 『朝鮮語文經緯』에서도 확인되는데, "이는 ㅡ 소리내는 機關은 좁고 ㅓ 소리내는 機關은 넓음으로 절로 이렇게 되기가 쉬운 까닭이니라"(이명재 2008: 36)를 확인하면 이상춘이 권덕규의 견해에 영향을 받았음을 알 수 있다.

제10장(第十章) '子音의 連變'에서는 비음화, 유음화, 치조비음화, 평폐쇄음화 등의 자음과 관련된 음운현상을 나열하고 있다. 권덕규의 『朝鮮語文經緯』와 구체적인 예시까지 같지는 않지만, 각 현상들을 언급하는 순서와 그 설명이 매우 유사하다. 마지막으로 제11장 '子音의 習慣音' 또한 권덕규의 것과 유사한 양상을 보인다.

다음으로 김두봉의 『조선말본』에서 인용한 부분은 제7장(第七章) '자음의 音別'인데, 이 장은 자음의 조음 위치와 조음 방법에 따라 각 소리의 특징을 기술한 부분이다. 'ㄴ'를 "혀 끝 헤치 소리"라고 기술한 부분이나, 'ㅂ'을 "입술 헤치 소리"라고 한 부분(14면) 모두 김두봉과 같다. 다만 연구개 자음인 'ㄱ, ㅋ, ㆁ'에 대해서는 『조선말본』에서 "혀뿌리 헤치 소리"라고 하였지만(『조선말본』32면), "어금니 울리 소리"로(14면) 바꾼 부분이 다르다. 이는 훈민정음을 그대로 따른 것이 아닐까 한다.

마지막으로 주시경의 논의를 따른 부분은 제4장, 제5장, 제8장에 두드러지게 나타난다. '자음의 이름'을 정하는 4장, '자모음의 단복(單複)'에 대해 언급하는 5장, 'ㆍ' 소리의 특징에 대해 설명하는 8장에서 확인된다.

대표적으로 몇 가지만 살펴보면 다음과 같다. 먼저 'ㅐ', 'ㅔ' 등도 각각 'ㅏ'와 'ㅣ'의 합음, 'ㅓ'와 'ㅣ'의 합음으로 보았는데 이는 주시경의 견해이다(송철의 2010: 23). 이와 함께 복자음(複子音)을 '혼복음(混複音)', '쌍복음(雙複音)', '중복음(重複音)'으로 나누어 각각에 격음(ㅋ, ㅌ, ㅍ, ㅊ)과 경음(ㄲ, ㄸ, ㅃ, ㅉ), 자음군(ㄺ, ㄼ 등)을 배치하여 설명한 것도 역시 주시경의 견해와 유사하다. 마지막으로 'ㆍ'가 'ㅣ'와 'ㅡ'의 합음이라는 것은 주시경의 견해 중에서도 대표적인 것인데(고영근 외 2011: 19), 이상춘도 이에 대해 설명을 길게 베풀면서 이를 그대로 따르고 있다.

다음으로, 이상춘은 형태소를 철저하게 분석하여 이를 표기에도 반영하였는데 이는 역시 주시경의 견해와 일맥상통한다. 예를 들어 받침소리를 논의하는 제1편(第一篇)의 제6장(第六章)에서는, '『訓蒙字會』에서 "ㄱㄴㄷㄹㅁㅂㅅㆁ의 여듧 子音만 初聲과 終聲에 트어 쓰고, 그 남아지는 初聲에만 홀로 쓰ㄴ다"(10면)고 한 부분을 비판하며 받침에도 형태소의 원음을 살려 적는 형태음소적 표기를 해야 함을 강조하고 있다. 이는 곧 訓民正音 창제 당시 쓰여진 『龍飛御天歌』, 『月印千江之曲』 등에서 확인되는 표기법이므로, 이를 따라야 한다는 것이다. 이러한 견해 역시 주시경의 것과 같다. 여기에서 드러나는 이상춘의 표기법에 대한 관심은 맞춤법 통일안과 관련된 논의에 적극적으로 참여하는 데까지 이어지며, 1946년에 『註解 龍飛御天歌』를 간행하게 되는 계기 또한 되었다.

'音'편뿐 아니라 '文'편에서도 문장의 구조를 밝히는 데 '구문 도해'를 넣었다는 점이 주시경의 『국어문법』을 상기하게 한다.[14] 다음 <그림 2>와 <그림 3>에서 확인되듯이, 이상춘은 접속문을 도해하

14) 정승철(2005)에서는 주시경의 이러한 '구문 도해'가 영문법 교과서인 'English Lessons'의 영향을 받은 듯하다고 하였다.

는 데 주시경의 것과 비슷한 방식을 사용하여 풀어내었다.

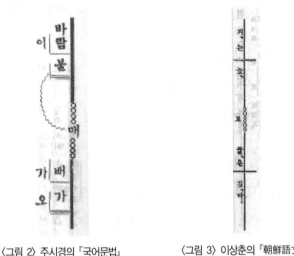

〈그림 2〉 주시경의 『국어문법』   〈그림 3〉 이상춘의 『朝鮮語文法』

3.1.2 외국어의 영향

앞에서는 이상춘이 문법 교재를 집필하기 위하여 다른 국어학자들의 논의를 상당 부분 인용하였음을 확인하고 그의 국어학적 견해가 어떤 학자들의 영향을 받았는지를 살펴보았다. 여기에서는 이상춘이 교재를 집필하는 데 있어 외국어 혹은 외국어의 문법 체재를 의식하고 있었을 가능성에 대하여 검토하기로 한다. 이상춘이 외국어와 그 문법을 적극적으로 공부하였다는 직접적인 근거는 찾아보기 어렵다. 그러나 앞서 살펴본 바대로 한영서원에서 수학하기 전까지 한학 공부를 열심히 하였다는 점, 또 그의 신소설에서 드러나는 외국어에 대한 인식을 통해 간접적으로나마 추측할 수 있다.

이상춘이 1910년대에 창작했던 여러 편의 신소설에서는 서양 문물에 긍정적인 시각을 보일 뿐 아니라 보다 넓은 세계로 나아가고자 하는 욕망이 드러난다. 특히 『셔히풍파』의 경우 주인공 리히운은 일본을 넘어 미국에까지 진출하게 되고, 그 과정에서 일본어와 영어를 열심히 공부하면서 더 큰 꿈을 가지게 된다. 다음 (22)를 보자.

(22)
ㄱ. 화도 나고 열도 나서 세계유람이나 흘양으로 신호(神戶)에 셔 빅를 타고 구라파(歐羅巴) (EUROPE)로 건너 가셔 몃 둘 을 유람ㅎ다가 대셔양(大西洋)(ATLANTIC OCEAN)을건너 북아미리카(北亞美利加)(NORTH AMERICA) 뉴욕(紐約)(NEWYORK) 에 도착ㅎ엿더라 (74면)
ㄴ. 흔 스람이 쳑 드러서며 긋 몬닝(GOOhMOPHHiHZ) (98면)
ㄷ. (호텔 주인) 찡크 유 딩크 유(TPHZHHKYOU) (99면)15)

위의 (22)에서 살펴볼 수 있듯이 이상춘은 영어를 작품에 내세우는 것에 거리낌이 없었던 것 같다. 이는 계몽에 대한 의지와 청년기의 열정으로도 볼 수 있지만, 이처럼 외국어와 외국 문물에 개방적이었던 이상춘이라면 『朝鮮語文法』을 집필할 때에도 일본어나 영어의 문법 체계를 염두에 두지 않았을까 한다.

그 근거로는 크게 두 가지가 있다. 먼저 품사 용어에서이다. 이상춘은 주시경의 견해를 거의 전적으로 수용했으면서도 '알기'에서, "이 책은 아즉 흙이 쓰는 學語를 좇아, <움씨, 늑씨>라 하지 않고,

---

15) 이 다소 어색한 철자는 이상춘이 영어의 소리에 기반해 적은 것이거나, 혹은 인쇄의 문제일 수도 있다.

<動詞, 感歎詞>라 하야 홀로 배우기에 쉽게 하얏노라"고 하며 주시
경의 품사 용어를 따르지 않는다. 이러한 선택에는 주시경의 용어가
학생들을 가르치기에는 적합하지 않다고 생각한 한편, 일본을 통해
유입되었을 영어 문법의 용어가 이상춘에게는 주시경의 것보다 합리
적이라고 생각했기 때문이리라 여겨진다.16)

다음으로 이상춘이 문장 내 단어의 어순에 집중한 것도 또 하나의
근거가 될 수 있다. 『朝鮮語文法』의 '文' 편에서는 문장 안의 '구' 및
'절'의 배열 순서를 언급하였다. 순치(順置)는 일반적인 배열 순서로,
국어에서는 '주구(主句)-객구(客句)-설명구(說明句)' 순으로 배열되고 수
사구(修辭句)는 주구(主句)와 설명구(說明句) 앞에 등장하는 것이다. 이에
반대되는 도치(倒置)는 설명구(說明句)나 객구(客句)가 주구(主句)보다 먼
저 위치하는 것인데, '밝다, 달이'와 같은 예가 대표적이다. 또, '절'의
배열 역시 그 배열은 '주절(主節)-객절(客節)-설명절(說明節)'의 순서로
이루어지는 것이 일반적이지만 "얼음과 어떠하뇨, 마음이 맑기가?"
등 주절과 설명절이 도치되는 경우도 제시하고 있다.

물론 이 시기 다른 문법서들에서도 이와 같이, 문장 성분의 도치에
대해 이야기하였다. 일례로 김두봉의 『깁더조선말본』에서는 '거꿀벌
임'(108면)이라고 하여 그 예를 제시한다. 그러나 이렇게 한 차례 언급

---

16) 이환묵(1999)에 따르면 헨리 스위트(Henry Sweet)의 1891년 논저인 신영문법(A New
English Grammar)을 기점으로 그 이전은 거의 라틴어의 문법 체계와 흡사한 '초기영
문법', 그 이후는 점차 영어의 독자적인 문법 체계를 갖추어 가는 '전통영문법'으로
나눌 수 있다고 한다. 단정하기는 어렵지만 『조선어문법』(1925)의 품사론이나 문장론
을 보면 이 두 시기에 걸친 특징들이 확인된다고 할 수 있는데 시기적으로도 일치하
는 모습이다. 한편 초기영문법의 품사 체계는 명사, 대명사, 동사, 분사, 부사, 접속사,
전치사, 감탄사의 8품사였으며, 전통영문법 시기에는 9품사부터 11품사까지 다양하게
제시한다고 한다. 이환묵(1999: 195 각주 13)에서는 오늘날 우리들이 보통 쓰고 있는
품사명은 足立梅景이『英吉利文典字類』(1866)에서, 영문법의 품사 명칭을 명사, 동사,
형용사, 대명사, 부사, 전치사, 탄식사로 번역한 데서 비롯된 것으로 본다.

한 뒤에는 '거꿀벌임'에 대한 예를 다시 제시하지 않는다. 이는 이것이 일반적인 문장이 아니기 때문일 것이다. 그러나 이상춘은 '구'에 대한 기술에서도, '절'에 대한 기술에서도 모두 '도치'를 '순치'와 동등한 정도로 다루며 그에 대한 예 또한 제시한다. 즉 모든 문장 성분의 배열에 대해 도치가 가능하다고 보며, 이를 적용한 문장을 보이고 있는 것이다.

국어에서는 실제로 이처럼 절 단위에서까지 도치되는 일이 거의 없음에도 불구하고 자세하게 예를 베풀었다는 점은 국어와 어순이 다른 언어, 그중에서도 영어에 대한 인식을 하고 있었기 때문이 아닐까 한다. 또, 이상춘은 한학을 공부했으며 『註解 龍飛御天歌』(1946), 『조선 옛말 사전』 등과 같이 옛말에도 지속적인 관심을 보였다. 따라서 굳이 영어에까지 갈 것 없이 국어와 다른 한문의 어순만으로도 그가 단어 배열에 관심을 가질 수 있었으리라 여겨진다. 덧붙이자면 이러한 도치의 방법은 문학적인 효과를 부여할 수 있기도 하므로 국어학자인 동시에 작가였던 이상춘이 주목한 기법일 가능성도 있다.[17]

3.2 문자와 표기에 대한 관심

이상춘은 한글맞춤법통일안 제정과 관련된 활동을 활발히 하고, 철자법과 관련하여 각종 회의에도 참여했을 뿐 아니라 실용적인 표기 방법의 중요성을 강조한 바 있다.

---

17) 교육용 문법 교재이니만큼 이상춘의 책에도 용례와 연습문제가 나타난다. 그런데 그 용례나 연습문제에서 주로 시조나 혹은 한시를 국어로 번역한 것들을 싣고 있다는 점도 특징적이다. 이상춘이 일찍부터 한문을 우리말로 옮기는 것에 관심을 가졌을 수 있다는 것이다.

이처럼 그는 맞춤법과 철자법에 대해 지속적으로 관심을 보였다. 이와 관련하여 『朝鮮語文法』에서는 이 시기의 나른 문법서들과는 다르게 책의 끝에 '문장 부호'에 관한 장을 따로 내어 그와 관련된 규범을 만들었다는 점이 특징적이다. 아마도 철자법에 관한 안(案)을 나름대로 제시했던 것이 아닐까 한다. 원해연(2010: 49)에서는 우리 학자 중에서는 이상춘이 최초로, 문장 부호를 문법서에 넣었다고 하였다. 그 부호들은 사점(斜點) ',', 종지점(終止點) '。',의문표(疑問標) '?', 감탄표(感歎標) '!', 등 총 13개 부호이며 각각의 쓰임도 예시와 함께 꼼꼼하게 제시하고 있다.[18] 물론 이 장은 맞춤법 및 철자법 통일안이 제정되고 난 후에 쓰인 『국어문법』에서는 보이지 않지만, 그렇다 하더라도 근대 초기에 국어로 글쓰기하는 방법을 진지하게 고민하였다는 점은 높이 평가된다.

이와 함께, '흡'편의 '없는 모음' 또한 이상춘이 표기와 문자에 대해 관심을 가지고 있었음을 보여주는 부분이다. 다음 (23)을 보자.

(23)

ㄱ. 우리의 글에 없는 母흡 - 곳 말의 소리에는 있으나, 글씨[19]
　　로는 없는 것이 있나니, 가령 ＿ 길이 멀다. 돈이 없다. 녕
　　으로 집웅을 니다. 별이 밝다. 이 말들에 「멀」「없」「녕」「별」
　　들을 글씨와 같이 소리를 내면, 그 말을 잘, 알아듯지 몯하
　　르지니, 이 「ㅓ」와 다르ㄴ, 무슨 母흡을 「ㅓ」로 적어 놓음
　　이르새니라. (30면)

---

18) 원해연(2010: 50)에서는 이 기술에 대해, 논리적이고 잘 정돈되어 있는 듯이 보이지만 당시 서구의 체계를 그대로 국어에 옮겨 놓은 정도에 지나지 않는다고 평가하였다. 그러나 그렇다 하더라도 이상춘이 국어의 표기에 베푼 관심을 과소평가하기는 어려울 것이다.

19) '글씨'를 곧 '글자(字)'와 동일한 뜻으로 사용하였다는 점 또한 주목할 만하다.

ㄴ. 업의 「ㅓ」는 혀가 낮아지고, 턱이 나리어, 입이 반쯤 열리
며, 목구멍이 넓어지어서, 나는 소리이요, 「없」의 「ㅓ」_「ㅓ」
는 아니이니, 무슨 母音 은 「ㅓ」를 내ㄹ 때 에 견주어, 혀
가 높아지고, 턱 이 오르므로, 목구멍이 좁아지어서 나는
소리이니라. (31면)

ㄷ. 그러하면, 「녕」과 「별」의 그 母音은 무엇이니가. 곳 「멀」과
「없」의 그 무슨 母音에, 「ㅣ」가 먼저 어우르ㄴ, 겹소리이니라.
(32면)

여기에서 예로 든 '멀-', '없-'은 장음의 'ㅓ'이다. 국어의 'ㅓ'는
일부 방언에서, 장음인 경우 고모음이 되어 단음인 'ㅓ'와 달리 (23
ㄴ)과 같은 음성적 특징을 갖고 'ㅡ'와 유사한 소리가 된다. '별'과
'녕' 역시 장음의 'ㅓ'인데, 현대 방언 음운론에서는 이를 'ㅡ'로 표기
하고 그 음가는 'ʌɨ' 정도로 실현된다.[20] 이는 훈민정음 합자해에도
제시되었던, "'ㅣ'가 앞에 와서 'ㆍ'나 'ㅡ'와 결합된 소리는 국어에서
쓰이지 않으나 아이들 말(兒童之言)이나 변두리 시골말(邊野之語)에는
간혹 있다"는 언급을 떠오르게 한다.

이상춘은 개성 출신으로서 방언에도 꾸준히 관심을 가졌었기에 이
러한 기술을 할 수 있었던 것으로 보인다. 물론 이 시기 방언에 관심
을 가졌던 학자들은 많지만, 방언의 모음을 어떻게 문자로 표기할 수
있을지 진지하게 고민하였던 점이 특징적이다. 다음 (24)에 그 고민
의 흔적이 보인다.

(24) 그러하므로, 아즉 「ㅓ」의 옳은 쪽에 狹音標 「ㄴ」를 붙이어,

20) '녕'은 '이엉'을 가리키는 듯하다.

그 소리를 表하고, 이 다음 날을 기다리노라. (33면)

이제까지 이상춘의 저서를 통하여 그가 다른 한국어학자들과 맺고 있었던 영향 관계를 살펴보았고, 이상춘만의 견해와 관심사 또한 확인하였다. 그는 한국어학 분야에서 이렇다 할 업적을 남긴 것은 아니지만, 일부에서나마 독자적인 기술 방식을 보여주었으며 당시의 중요한 과제였던 표기와 철자법에 관하여 나름의 의견을 지니고 있었다. 물론 이상춘에 대하여 종합적으로 이해하기 위해서는 다른 저서들도 살펴보아야 하겠지만, 상당히 체계적이고 섬세한 태도로 학문에 접근한 것으로 보인다.

4. 결론

이제까지 백야 이상춘의 생애와 학문에 대해 살펴보았다. 논의된 바를 정리하고 본 논의의 한계점을 제시하면 다음과 같다.

먼저 백야 이상춘의 생애에 대해 이제까지 알려진 바와, 새로이 알게 된 것들을 종합하여 구체적으로 기술하였다. 이상춘은 1882년에 개성에서 태어났고, 언제 사망하였는지는 알 수 없지만 인생의 대부분을 개성에서 보냈다. 젊은 시절에는 소설도 여러 편 창작할 만큼 문학에 조예가 깊었다.

평생을 국어 교사로 일했고, 전국 각지에서 일반인과 학생들을 대상으로 조선어 강연을 여러 차례 하였다. 그러면서 틈틈이 사전 편찬에 기반이 될 만큼의 어휘 수집을 하였으며, 문법 교재도 집필하였다. 조선어학회에서도 간부로 일하지는 않았지만 조선어연구회 때부터 회원으로 가입하여, 맞춤법통일안 편찬 회의에도 참여하는 등 다양한 활동을 했다. 1945년에는 개성고등여학교의 교장이 되었으므로 이 지역의 유지(有志)였던 듯한데, 1947년 이후 남한에서는 그의 행적을 찾아보기 어렵다.

그는 주시경, 권덕규 등 국내 학자의 논의를 빌어 가르치기에 편한 문법 교재를 집필했으나 맹목적으로 따르지는 않았다. 일찍부터 한문이나 영어, 일본어 등 외국어에 관심이 있었던 것으로 보여 이들 언어와 국어의 차이를 인식하고 있었으며 이는 교재에 반영되었다. 아울러 표기법에 꾸준하게 관심을 가져 방언까지도 기록할 수 있는 표기법을 만들고자 하였다.

이 글에서는 『朝鮮語文法』과 『국어문법』을 주로 살펴보았으므로 이를 제외한 이상춘의 저서에 대해서는 거의 다루지 못하였다. 특히 그의 마지막 작업인 『조선옛말사전』을 살펴보지 못한 점은 아쉽다. 이후의 논의에서는 이러한 저서들도 좀 더 자세히 살필 필요가 있을 것이다.

한국어학사의 관점에서 이상춘은, 한국어 연구에 뚜렷한 업적을 남기지는 않았지만 누구보다도 한국어 교육에 힘썼고 사전 편찬의 중요성도 이해하고 있었던 학자였다. 이는 앞으로 한국어학사에서 이상춘에 대한 심도 깊은 관찰이 후행되어야 하는 이유이며, 세심한 검토가 필요한 까닭이기도 하다.

참고문헌

고영근 외(2011), 『(현대어로 풀어 쓴) 주시경의 국어문법』, 박이정.

김두봉(1916), 『조선말본』, 新文館.[『歷代韓國文法大系』(1979)에 재수록]

김두봉(1922), 『깁더조선말본』, 상해 새글집. [『歷代韓國文法大系』(1979)에 재수록]

김기주(2010), 광주학생운동 이전 동맹휴학의 성격, 한국독립운동사연구 35, 독립기념
    관 한국독립운동사연구소

김민수 외 공편(1979), 『歷代韓國文法大系』, 탑출판사.

박용규(2012), 『조선어학회 항일 투쟁사』, 한글학회.

송철의(2010), 『주시경의 언어이론과 표기법』, 서울대학교 출판문화원.

원해연(2010), 「근대전환기 문장부호의 사용 양상과 특징」, 국민대학교 석사학위논문.

이명재(2008), 「조선어문경위를 중심으로 한 권덕규의 국어학적 업적 연구」, 공주대
    학교 석사학위논문.

이상춘 지음, 최영호 옮김(1914/2006), 『백야 이상춘의 서해풍파』, 한국국학진흥원.

이상춘(1925), 『朝鮮語文法』, 菘南書館. [『歷代韓國文法大系』(1979)에 재수록]

이상춘(1946a), 『국어문법』, 朝鮮 國語 學會 出版局. [『歷代韓國文法大系』(1979)에 재
    수록]

이상춘(1946b),『註解 龍飛御天歌』, 同和出版社.

이상춘(1949), 『조선 옛말 사전』, 을유문화사.

이현희(2013), 「애류 권덕규의 생애와 국어학적 업적」,『한국 근대 초기의 어문학자』,
    127-204, 태학사.

이환묵(1999), 『영어전통문법론』, 도서출판 아르케.

정승철(2005), 「근대국어학과 주시경」,『한국 근대 초기의 언어와 문학』, 79-138, 서
    울대학교 출판부.

주시경(1908), 『朝鮮文典音學』, 博文書館.[『歷代韓國文法大系』(1979)에 재수록]

주시경(1910), 『國語文法』, 博文書館. [『歷代韓國文法大系』(1979)에 재수록]

주시경(1914), 『말의소리』, 新文館. [『歷代韓國文法大系』(1979)에 재수록]

최경봉(2005), 『우리말의 탄생: 최초의 국어사전 만들기 50년의 역사』, 책과함께.

한국정신문화연구원편찬부(1990),『한국민족문화대백과사전 17』, 한국정신문화연구원.

한글학회 짓고 펴냄(2009), 『한글학회 100년사』, 한글학회.

허재영(2010),「애류 권덕규의 생애와 국어 연구」,『어문론총』52, 한국문학언어학회,
　　29-59.

<인터넷 사이트>
국립중앙도서관 전자도서관, www.dibrary.net
네이버 뉴스 라이브러리, http://newslibrary.naver.com
네이버 블로그-반거들충이 한무릎공부, http://bookgram.pe.kr/120183733730
미디어가온, www.mediagaon.co.kr
송도고등학교, http://songdohs.icehs.kr

冽雲 張志暎의 한국어학적 연구

●

린 위 팅(林昱廷)

1. 서론

장지영(張志暎, 1887~1976, 호는 冽雲)[1]은 주시경[2]의 가장 이른 시기의 제자로서 주시경이 주도적으로 운영한 제3회 하기(夏期)국어강습소를 졸업하였고, 제4회 하기강습소에서 강사직을 맡음으로써 일찍이 주시경을 도왔다.[3][4] 그 후, 장지영은 1916년에 조선언문회 사원, 1929년에 조선 총독부 언문철자법 제2차 조사위원회 위원, 1930년에

---

1) 선행연구에는 '열운'의 '열'자를 한자로는 '洌'로 표기해 놓은 경우가 있으나, 본고에서는 장지영의 아들인 장세경이 작성하여 국립국어연구원 『10월의 문화인물』에 수록된 「나의 아버지」에 표기한 '冽'을 따르기로 한다.
2) 주시경은 1876년 생, 1914년 졸. 호는 한힌샘, 초명(初名)은 상호(相鎬)이다.
3) 제3회 하기(夏期)국어강습소의 개최 기간은 1909년 7월 10일부터 1909년 8월 31일까지였다.
4) 장지영이 주시경 아래에서 지도를 받은 연대가 60년대의 자필 이력서와 회상(回想)류의 글(『나라사랑』 29, 1978, 164쪽)에 1908년으로 되어 있으나 『한글모죽보기』와 1912년 및 1922년의 이력서에는 1909년으로 되어 있다고 고영근(1997)에서 언급한 바 있다.

조선어 학회 「한글마춤법통일안」의 제정위원, 광복 후에 한자폐지(廢
止)실행회 위원장, 조선어 학회 이사장 등을 역임하였다. 그 외에, 1921
년에 그는 조선어 연구회 결성자 중의 한 명이 되었으며, 1930년 이
후에 표준어 사정위원으로도 활동하였고, 1942년에 조선어 학회 사
건으로 2년 동안 감방생활을 한 바 있고, 평생 동안 한국 어문의 정
리와 보급에 큰 힘을 기울였다.[5]

　본고는 장지영의 한국어학적 연구 업적을 살피는 것을 목적으로
한다. 우선 2장에서 장지영의 어학관(語學觀) 및 연구 업적에 대해 개
술하며 정리하고, 3장에서는 언론을 통한 장지영의 국어운동을 간략
히 소개하고, 4장에서는 조선일보에 등재된 『支那語講座(第1回)』를 들
어 그 중 한국어와 중국어가 서로 대응되는 발음에 대해 살펴봄으로
써 논의를 진행하고자 한다.

2. 장지영의 어학관 및 연구 업적

2.1. 장지영의 문법적 저술

　지금까지 알려진 장지영의 문법적 저술로는 다음 다섯 종류를 들
수 있다. 그 외에도 하동호(1978)에서 소개하고 있는 장지영의 자필
원고본 '조선어'가 존재하였으나 고영근(1997)에서 언급하기를 현재
는 그 실물을 볼 수 없으므로 하나의 종류로 삼지 않는다고 하였다.

---

5) 조선어 학회 사건은 1942년 10월에 일본어 사용과 국어 말살(抹殺)을 꾀하던 일제(日
　帝)가 조선어 학회의 회원을 투옥한 사건. 일제는 조선어 학회를 학술 단체를 가장한
　독립운동 단체라고 꾸며, 회원들에게 혹독한 고문을 자행하였다. 이 사건으로 학회는
　해산되고 편찬 중이던 국어사전 원고의 상당한 부분이 없어졌다(표준국어대사전 참조).

여기서도 이를 따른다.

1) 朝鮮語文典

국한문 혼용으로 기술된 것으로 모두 42장이며 음학(音學)과 자학 (字學) 중심의 문법인데, 그 안에 문장론이 빠져 있다. 단자음에는 'ㆁ ㅿㆆ' 옛글자 세 개가 추가된 것 외에 주시경(1910: 2, 1914: ㄷ), 김두 봉(1916: 8)의 주장과는 차이가 없다. 품사 체계는 주시경과 같이 9품 사로 분류되어 있으나 내용과 용어는 김두봉의 주장과 비슷하다. 또 한 이 자료는 중등학교 학생들에게 한국어 문법을 보급시킬 목적으 로 지어진 것으로 평가된다.

2) 朝鮮語典

국한문 혼용체로 되어 있고, 용어의 경우 대부분 '홀소리[母音]'와 같이 고유어 용어를 앞세우고 한자어 용어는 괄호 안에 넣었다. 음학 체계의 경우 모음 체계에는 변동이 없으나 앞에서 언급한『朝鮮語文 典』에서 기술된 'ㆁㅿㆆ'의 세 글자는 이 자료에서 삭제되었기 때문 에 결과적으로 주시경과 김두봉의 음운 체계와 같은 것이 된다. 또한 이 자료에는『朝鮮語文典』에서 볼 수 없었던 '연습'이 마련되어 있는 것도 큰 특징이라고 한다.

이 자료의 '문장편'은 주시경의 주장과 완전히 다르고 김두봉의 주 장과는 거의 일치한다. 주시경의 '짬듬갈' 체계가 김두봉(1916)에 와 서는 현재 알려져 있는 전통 문법의 체계로 변모되어 그 이후 오랫 동안 한국어의 규범 문법을 지배해 왔다.[6]

3) 朝鮮語典講義

이 자료는 연재물(連載物)이 합철된 것으로, 제2편 자학의 경우 '씨의 종류'는 "맺씨"까지만 기술된 미완성이다. 또한 『朝鮮語典』을 바탕으로 하여 제판된 것으로 추정되고, 음학 체계와 품사 체계 등에서는 완전 일치한다.

4) 조선말법[7]

총 35장이며 1931년쯤의 저술인 것으로 보인다.[8] 끝에 『朝鮮近世史(10장)』라는 내용이 붙어 있고,[9] 책 차례를 'ㄱ, ㄴ, ㄷ' 등으로 매기고 있는 점이 특징이라고 한다. 또한 이 자료는 장지영이 중앙학교에 재직하였을 당시에 사용한 교재인 것으로 추정되는데, 책 표지 안쪽에 1932년에 중앙고등보통학교를 졸업한 장지영의 조카인 장세영(張世永)[10]의 이름이 찍혀 있기 때문이다.

목차 부분의 '소리주비'는, 그 아래에 적혀 있는 '음운부'를 고려하면, 그 전에 사용되어 오던 '소리갈' 대신으로 사용된 것으로 추정될 수 있다.[11][12] 음운부에서 특이한 점은 자음이 다음 세 가지 관점에

---

6) '짬듬갈'은 문장구성론을 말한다(『한국민족문화대백과사전』 '국어문법(國語文法)' 부분을 참조).

7) 이 부분은 고영근(1997)에서 인용한 것이므로 원문을 따라 한글로 적는다.

8) 『한글』 창간호(1927)의 「정리한 철자법」에서 보여준 어두의 'ㄴ' 표기(예: 닛어, 닙술)와 과도한 묶어 적기 표기(예: 갎애)가 보인다는 점을 감안하면 『조선말법』은 1931년쯤의 저술인 것으로 추정될 수 있다.

9) 고영근(1997)에서의 말을 따르면 이 『朝鮮近世史(10장)』이라는 내용이 누구의 저술인지가 분명하지 않다.

10) 장세영은 장지영의 조카이며 장세경과는 사촌 사이이다. 표지 안쪽에 기록된 사실에 기대면 장세영은 1912년생으로 1932년에 중앙고보를 졸업하였다.

11) '소리갈'이란 '말소리를 자연 과학적인 관점에서 그것이 어떤 발음 기관의 어떠한 작

서 분류되어 있는 것이다.

(1) 자음의 분류

> ㄱ. 장애되는 자리
> ㄴ. 장애되는 정도와 갈래
> ㄷ. 목청소리를 띠고 안 띤 것

모음의 경우도 이전과는 다르게 분류된 것으로 보인다.

(2) 모음의 분류

> ㄱ. 혀의 높낮이 곧 입의 여닫이로 말미암아 되는 것
> ㄴ. 혀의 앞뒤의 오르내림으로 되는 것
> ㄷ. 입술의 둥글고 넙적함으로 되는 것

모음을 혀의 높낮이, 혀의 위치, 원순성 세 가지 관점에서 분류하는 태도는 김두봉(1922)에서 큰 영향을 받은 것으로 보인다. 그리고 모음의 분류에서 주시경의 6모음론을 채택하지 않고, 김두봉(1916, 1922)의 8모음론과 최현배(1929)의 9모음론을 절충하여 수용한 것은 그 전에 하였던 분류와 다른 점이다. 후자의 두 모음론이 가진 차이는 'ㅚ'가 포함되어 있는가에 있다.[13] 이 자료에는 음성상징론에 관

용에 의하여 생성되며, 또한 만들어진 말소리가 어떻게 전달되고 청취되는가 등을 관찰하는 학문'을 말한다.＝음성학(표준국어대사전 참조)

12) 고영근(1997)에서는 '소리주비'의 '주비'는 '部'의 고유어인 것을 밝힌 바 있다.

13) 후자의 두 모음론을 절충하였다는 것은 모음의 분류에서 9모음론을 받아들였으나 음의 합음을 설명할 때는 'ㅚ'를 제외하여 8모음론을 선택한 것이다. 홀소리의 합음 과정에서는 장지영이 'ㅚ'를 중모음으로 처리하고 있는데, 이것은 그가 'ㅚ'를 단모음과 중모음의 성격을 공유하는 것으로 파악하였기 때문이다.

한 인식 체계도 포함되어 있다. 장지영이 자료에서 「소리 뜻 바뀜」이라는 제목으로 한국어의 음성상징 현상을 기술한 바 있다.

그리고 이 자료의 '딘이의 구조'에서 장지영은 옛날 학자들의 한자를 읽는 법에서 품사 분류에 대한 암시를 받을 수 있다고 하였다. 이러한 생각은 중세 언해 문헌에 품사에 따른 일정한 새김 방식이 존재한다는 사실과 연관시키면 선구적인 것이라고 평가될 수 있다. 앞의『朝鮮語典』에서 볼 수 없는 이 '단어의 구조'는 현대의 관점에서 보면 형태론이라고 할 수 있는데 내용에는 조사까지만 나와 있고 그 뒤에는 내용이 없다. 이 자료에서 한국어 어휘의 기원, 조어 방식, 의미 변화에 따른 유형이 30여 개 항목으로 제시되어 있다.

5) 朝鮮語典抄本

이 책은 두 번에 걸쳐 공개된 자료이며 전해진 것이 모두 유인본(油印本)으로 총 네 종류가 있는데, 각각 1932년, 1934년, 1935~1936년, 그리고 1937년에 교재로 사용된 것들이다. 고영근(1997: 35)에서『朝鮮語典抄本』의 확정본은 셋째 책(즉 1935-1936년의 것)으로 보는 것이 옳다고 하였다.[14] 그리고 앞에서 언급한 김두봉과 최현배의 모음론에서 차이가 난 요소인 'ㅚ'의 소리값에 대해 이 자료에서는 더 구체적으로 논의되어 있다.『조선말법』에서 'ㅚ'의 소리값을 두 가지로 보인 것과 달리 이 자료에서는 셋으로 다루었다. 또한 이 자료는 국한문 혼용체이기는 하나 용어나 표현이 고유어로 바뀐 것이 많다.

장지영은『朝鮮語典』,『朝鮮語典講義』,『조선말법』의 세 자료의 어

---

14) 이는 셋째와 넷째로 나온 이 자료에 그 전의 내용에 관한 교정 사항이 반영되어 있기 때문이다.

떤 초고에서도 붙이지 않았던 자모음의 이름을 『朝鮮語典抄本』에서
는 붙였다. 또한 이 자료에서는 『조선말법』에서 하였던 모음 분류에
대한 기준을 명시하여 더 다듬은 점이 특징이라고 한다.

(3) 모음 분류에 대한 진전된 기준

　　ㄱ. 턱을 넓게 벌이고 좁게 벌임으로 다른 소리
　　ㄴ. 혓바닥을 높이고 낮힘으로 다른 소리[15]
　　ㄷ. 입술을 둥글게 하고 넙적하게 함으로 다른 소리

그리고 자음 분류의 경우 그 전의 관점과는 달라졌다. 『조선말법』
에서 '조음 위치, 조음 방식, 목청 소리의 띠고 안 띰'의 세 가지 기준
이 세워졌으나 『朝鮮語典抄本』에서는 다음과 같은 분류의 기준이 나
타난다.

(4) 자음 분류

　　ㄱ. 입소리와 코소리[口腔音과 鼻腔音]
　　ㄴ. 다막음소리와 덜막음소리[閉鎖音과 狹窄音]
　　ㄷ. 목청 띤 소리와 아니 띤 소리[有聲音과 無聲音]

2.2. 장지영의 철자법 연구

장지영의 『조선어철자법강좌』는 한글 위주로 기술하고 한자는 괄

---

15) 원문에서 '혀바닥'을 적었지만 여기서는 『표준국어대사전』에 따라 '혓바닥'으로 바꿔
　　적는다.

호 안에 넣는 태도를 보인다. 전체 내용은 46편으로 총 150쪽이다. 그의 저술 의도는 다음과 같다.

> 밥이 있어야 살고 옷이 있어야 사는 것과 마찬가지로 우리는 글이 있어야 삽니다. 그런데 우리에게는 글이 있습니다. 알기 쉽고 쓰기 쉬운 글이 있습니다. 그러나 우리는 이를 쓰려 들지 않았기 때문에 바로잡으려 들지도 않고 저대로 그냥 내 버려 두었습니다…… 올부터는 보통학교 조선어독본도 새로 작성된 철자법대로 고쳐 박게 되었으며 몇몇 분 문사들의 지은 바 이름 있는 소설책도 새 철자법으로 박히는 중이라 합니다…… 아무쪼록 이 글의 바른 길을 찾아 일정한 법칙을 세우고자 함과 함께 여러분의 갑자기 쓸 수 없다, 갑자기 볼 수 없다 하는 걱정을 조금이라도 덜어 드릴까 하는 생각으로 이 작은 책이나마 여러분 앞에 내어 놓게 되었습니다.[16]

위 문단을 통하여 『조선어철자법강좌』는 언문철자법의 보급을 위하여 저술되었음이 확인될 수 있다.

1930년 2월에 나온 언문철자법은 형태음소적 원리가 바탕이 된 자료로 고영근(1997: 44)에서 언급하였듯이 음소적 원리를 따랐던 그 당시의 일반 사람들에게 이것은 어려운 맞춤법이 될 수밖에 없었다. 『조선어철자법강좌』에서 기술된 표준어의 성립 조건과 장지영의 한국어 각 부류에 대한 주요 연구 내용 및 주장은 다음 (5), <표 1>과 같이 나타난다.

---

16) 이 글은 고영근(1997: 43-44)에서 현대 맞춤법에 따라 고쳐 적은 것을 가져온 것이다.

(5) 표준어의 성립 조건

ㄱ. 서울말로 정할 것
ㄴ. 이 시대에 쓰는 말로 표준을 정할 것
ㄷ. 학리에 맞고 규모가 있는 말로 표준삼아야 할 것
ㄹ. 순연한 조선말을 한문에 붙여 쓰는 것은 옳지 않음

〈표 1〉『조선어철자법강좌』에서 장지영의 한국어 각 부류에 대한 주장

항목	주요 연구 내용 및 주장
자음의 경음	전통적으로 사용되어 온 된시옷을 채택하지 않고, 같은 자음을 병서하는 방식이 좋다고 보고 해당 자모별로 예를 제시하였다.[17]
발음	'댜, 뎌, 됴, 듀, 샤, 져, 쵸' 등을 '자, 처, 도, 투/튀, 사, 저, 초' 등으로 발음하는 것이 잘못이라고 하고 원음대로 발음해야 할 것을 강조하였다.[18]
실제 발음	고유어든 한자어든 실제로 발음하는 대로 쓰고 역사적 표음을 버려야 한다고 하였다. 즉 '뎌것, 텰도, 셔울, 긔쟈' 등을 '저것, 철도, 서울, 기자' 등으로 적는다는 것이다. 또한 이 부류에는 '·'의 폐기도 포함되어 있다.
받침	전통적으로 사용되어 오던 'ㄱ, ㄴ, ㄹ, ㅁ, ㅂ, ㅅ, ㅇ'의 7개 외에, 'ㄷ, ㅈ, ㅎ, ㅋ, ㅌ, ㅊ'도 인정해야 할 것을 주장하고 관련된 예도 들었다.
표기법	당시의 표기법에 둘받침으로는 'ㄺ, ㄻ, ㄼ' 밖에 없으므로 문법(맞춤법)이 정리되지 못하였다고 보고, 'ㄳ, ㄵ, ㄶ, ㄽ, ㄾ, ㄿ, ㅀ, ㅁㅁ, ㅄ, ㅅㄱ, ㄲ, ㄹㄹ, ㅆ'을 더 두어야 한다고 하고 관련된 예도 들었다.
동사의 시간	동사의 시제 요소 '었, 겠' 등의 표기를 다루었다.

동사의 존비칭	높임의 '시'의 표기를 다루었다.
모음의 조화	동사의 활용형에 나타나는 모음 조화의 표기를 다루었다.
토의 구별	자음과 모음에 상관없이 쓰이는 통용토와 관계를 맺고 쓰이는 분간토의 용법을 보였다.
형용사와 동사의 불규칙	용언 불규칙 활용의 표기로 김두봉처럼 원형을 밝히는 것이 아니라 소리 나는 대로(예: '덥고/더워, 낫고/나아, 길고/기니'처럼) 적자고 하였다.
자체(字體) 변화	파생어 형성에 나타나는 표기 문제를 다루었다. 모음으로 시작하는 접미사의 경우 규칙적이든 불규칙적이든 모두 '웃음, 묻엄, 길억지'처럼 원형을 밝히는 태도를 취하였다.
언어의 생략	준말이 형성될 때의 표기법으로 보았다.
관용상의 착오	습관적으로 범하는 잘못으로 '받으면'을 '바드면'으로 읽으면서 '밧으면'으로 쓴다는 예를 들었다.

장지영의 어문관(語文觀)은 해방 전과 해방 후의 두 시기로 나누어 논의할 수 있다. 그의 해방 전의 어문관이 관찰되는 자료로는 대표적으로 『조선어철자법강좌』가 있고, 이 외에 「가갸날 기념에 대하여(조선일보 1927. 10. 24)」와 「우리말에 섞인 한어 문제(조선일보 1930. 11. 19-25)」의 두 논설도 예로 들 수 있다. 특히 두 번째 논설에서는 장지영의 한자어에 대한 견해도 보인다. 그 내용은 다음과 같다.

17) 병서 표기법은 주시경 때부터 주장해 왔고 그의 후학들이 이를 뒷받침해 왔다.
18) 고영근(1997: 46)에서 이것은 지방과 사람에 따라 올바른 발음법을 지키지 못하였던 당시의 반절표의 발음을 바르게 인도한 것이라고 하였다.

우리가 쓰는 漢語 가운데 우리가 따로 쓸 만한 말이 지금에 없고 또 옛말로도 찾을 수 없으면 이를 우리 사람에게 두루 써서 모르는 이가 없이 된 말은 이것을 글로 쓸 때에도 漢字로 쓰지 말고 우리 한글로 쓰되 그것도 그의 본음을 찾아 쓴다고 힘을 들이지 말고 우리 귀에 즉각적으로 들려지는 소리를 미리 우리 한글로 적어 쓰는 것이 우리의 장래를 위하야 가장 행복스러운 것이라고 한다.[19]

위의 글에 덧붙여 장지영은 '學校, 必要'와 같은 말을 '하쇼, 피료'로 적어야 '언문일치'에 부합할 수 있으나 현실적으로 '父親-아버지, 理由-까닭, 家屋-집'과 같이 고유어가 엄연히 존재하는 경우나 '內容-속종, 鬼神-귀껏, 腹案-속셈, 官吏-벼슬아치'와 같이 역사적으로 살려 쓸 수 있는 어휘에 대해서는 그 원칙이 적용되지 않는다고 하였다.

주시경의 다른 후계 학자들과는 달리, 장지영의 글에 자연스러운 어휘 구사와 표현이 많은 것은 그가 가지고 있었던 어문관이 반영된 것으로 보인다. 또한 그는 일상화된 한자어의 수용, 한자를 가급적 줄여 쓰기 등도 주장하였다.[20]

해방 이후, 장지영의 어문관은 해방 전과 다소 차이가 있는데, 이러한 차이를 보일 수 있는 자료는 다음과 같다.

(6) 해방 이후 변화한 장지영의 어문관이 확인되는 자료[21]

　ㄱ. 한자폐지실행회 발기 취지서(1945. 9. 29)[22](김민수 1973:

---

19) 이 글은 고영근(1997: 49)에서 현대 맞춤법에 따라 고쳐 적은 것을 가져온 것이다.
20) 장지영은 새 문화를 건설하여 세계문화를 지도하려면 한자를 폐지하고 한글로 일상 언어생활을 하는 길밖에 없다고 주장하였다(고영근 1997: 51).
21) 고영근(1997: 51) 참조.

860-63)[23)]

ㄴ. 『조선어문법』의 '서문' 부분, 주시경(1946. 4)[24)]

ㄷ. 열운자료집(『나라사랑』 29, 1978)

(ㄷ-1) 남을 부를 때 쓰는 경어(1947. 3)

(ㄷ-2) 절박한 요청(1947. 7)

(ㄷ-3) 겨레와 겨렛말(1949. 9)[25)]

(ㄷ-4) 한글 반포 502주년을 맞이하여(1948)

(ㄷ-5) 한글날의 유래(1956)　　　(ㄷ-6) 이러한 35년(1952. 12)

(ㄷ-7) '사랑'의 어원 고찰(1978)　(ㄷ-8) 인사말씀(1949. 4)

(ㄷ-9) 글과 우리(1955. 10. 12.)　(ㄷ-10) 세종의 날을 맞이하

여(1978)

위의 (6ㄷ-5) 한글날의 유래(1956), (6ㄷ-6) 이러한 35년(1952. 12), (6
ㄷ-10) 세종의 날을 맞이하여(1978)에서는 세종의 날과 한글날을 기리
고 한글 간소화안을 비판하였고, 「가갸날 기념에 대하여(조선일보 1927.
10. 24)」에서는 가갸날을 민족갱생의 기념일이라고 규정해야 한다고
하는 등, 장지영의 그 당시의 생각을 찾을 수 있다.

2.3. 장지영의 이두 연구

장지영의 이두 연구는 1948년쯤에 그가 61세의 나이로 연희대학교
교수로 초빙되어 국어학과 국문학을 강의하게 되었을 때부터 시작되

---

22) 이 자료는 조선어 학회 제1회 국어강습회 수강생들이 주가 되어 결성한 한자폐지실
　　행회 발기준비회에서 작성된 글이다.
23) 『국어정책론』, 고려대학교 출판부.
24) 정음사 출판.
25) 이 「겨레와 겨렛말」은 장지영의 어문관의 특수성이 관찰될 수 있는 자료로 평가된다.

었다.[26] 정작 『이두사전』 원고의 작성이 이루어진 시기는 1950년대 중반쯤이었다.[27]

장세경(1997)에서는 이론편과 자료편 둘로 나뉜 『이두사전』의 주요 내용에 대해 간략하게 정리한 바 있다. 우선 이론편은 다음 <표 2>와 같이 '표기법'과 '어법' 두 부분으로 나누어져 있다.

<표 2> 『이두사전』 이론편의 목차

표기법[28]	한자의 소리를 따다가 우리말을 적음[29]
	한자의 뜻에서 따다가 우리말을 적음
	소리를 어울러 쓰는 법[合音法]
	된소리 적는 법[硬音表記法]
	긴소리 적는 법[長音表記法]
	한자의 절음법[切音法]
	곱새겨 적는 법[轉借法]
	끝소리 붙임[末音添記]
	특별한 것
	두 음절 이상으로 된 말의 본새

---

26) 1957년 1월에 연희대학교와 세브란스의과대학이 통합해 연세대학교로 출범하였다. '세브란스'는 세브란스 병원의 설립자인 Louis H. Severance의 이름에서 따온 것이다 (교회용어사전: 교파 및 역사(NAVER 지식백과에서 재인용)).

27) 장지영의 『이두사전』이 발간될 때까지는 이두 자료의 발굴이 활발하지 않았다. 1979년에 문명대(文明大)가 『신라화엄경사경』의 형지기(形止記)를 발굴함으로써 이두사(吏讀史)를 새롭게 생각하게 하는 계기를 마련하였다(장세경(1997: 62-63) 참조). 문명대는 동국대학교 명예교수, 한국미술사연구소 소장, 동국대학교 불교미술문화재연구소 소장, 서울특별시 문화재위원회 위원장 등을 역임하였다(NAVER 지식백과 참조).

	그릇된 것
어법	이름씨[名詞]
	어찌씨[副詞]
	매김씨[冠形詞]
	토씨[助詞]
	이음씨[接續詞]
	맺음씨[結語詞]
	움직임씨의 과거 시간 적는 법[動詞過去時間表記法]
	높임말 쓰는 법[敬語法]

　　장지영의 1957년의 「이두강의안」은 『이두사전』의 원고를 요약한 것인데 그 안에 구두(句讀)에 대한 설명이 있으며 예문과 약자 부호도 같이 보여 주고, 이두와 구두의 다른 점도 다음 <표 3>과 같이 명시하였다.30)

---

28) 표기법은 한자를 빌어 한국어 적기에 대한 내용으로 신라 가요나 금석문의 예도 인용되었다.
29) 여기의 '우리말'은 『이두사전』의 목차를 그대로 인용한 것으로 '한국말(한국어)'을 말한다.
30) 원문과 장세경(1997)에서 '우리말'로 적은 것을 <표 3>에서 '한국어'로 고쳐 제시하였다. 본고에서 이렇게 달리 표시한 것은 기술되는 대상 언어의 정체를 더 명확하게 하기 위해서이다.

〈표 3〉「이두강의안」에서 제시된 이두와 구두의 차이점

	이두	구두
①	독립문자로 한국어를 그대로 적음	한문 구절 밑에 붙여 쓰는 부속문자
②	멀리 삼국 초기부터 갈려 나온 것	훨씬 후기에 이두로부터 갈려 나온 것
③	비록 한자이지만 한국어를 그대로 적었으므로 읽으면 곧 알아들을 수 있음	한문의 보조로 한문 구절 사이에 넣어 쓴 것이므로 그것이 섞인 글을 읽어도 여전히 알아듣지 못함
④	한국어의 씨 곧 단어를 적게 된 것	말의 토만을 적게 된 것
⑤	같은 말을 적음에도 그 방식이 많이 다름	

이	이다	이되	로	에
亦	是如	是矣	以	良中

이	이다	이되	로	에
是	是多	是大	奴	厓

2.4. 국어 변천론

「국어 변천론」은 연희대학교 대학원의 강의안으로 1950년대 후반에 나타난 것으로 추정되고, 총 73쪽의 분량이다. 이 자료는 한국어사의 체계적인 연구라기보다는 중세 한국어 이후에 변해 온 언어 현상들을 음운, 문법, 의미 등으로 나누어 몇몇 특이한 것을 골라 그 쓰임의 환경이나 변화 양상, 변화의 원인 등을 기술한 것이다. 주요 내용은 다음 <표 4>, <표 5>와 같이 나타난다.[31]

---

31) 여기의 '국어'는 원문을 그대로 인용한 것으로 '한국어'를 말한다. <표 4>, <표 5>에서는 장세경(1997)을 많이 인용하였음을 미리 밝혀둔다.

2.4.1. 소리의 변천[32]

〈표 4〉

항목	주요 내용	
① 훈민정음의 구조	훈민정음 예의본과 훈몽자회의 범례를 인용하였다.	
② 초성의 변천 (닿소리의 바뀜)	15세기의 자음이 여러 환경에서 변이음이 되거나 다른 음으로 바뀌는 양상을 예로 들어 설명하였다.	
③ 중성의 변천 (홀소리의 바뀜)	'·'	'ㅓ'
	한국어 홀소리 가운데 가장 기본 되는 음으로[33] 고대 한국어에서 많이 사용되었으나 후대에 와서 점점 분화되고 변천되어 이제는 그 음의 원래 모습을 거의 잃었다. 그러나 일부 지방에서는 그 소리가 아직 보존되어 있다.	원래는 한 가지 소리였으나 나중에 넓고 깊은 소리와 좁고 얕은 소리로 갈라졌다. 겹홀소리는 글자꼴뿐만 아니라 실제 발음도 겹소리로 냈던 것인데 이후에 홀소리로 바뀌었다. 'ㅟ'와 'ㅢ'는 예외이다.
④ 덧소리 받침	뒤에 다른 닿소리가 이어질 때 덧소리의 아랫소리가 준다.[34] 다만 'ㄹ'이 위에 있는 덧소리가 받침이 될 때에는 위의 소리 'ㄹ'이 주는 예가 많다.	
⑤ 모음조화 법칙	엄격히 지켜졌으나 후대에 오면서 어법의 통일 의욕과 한자어가 한국어에 많이 들어온 것 때문에 깨졌다.	

---

32) '소리의 변천'은 「국어 변천론」 제1편에 실려 있다.
33) '·'는 인간이 맨 처음으로 할 수 있었던 음으로 성대를 울리고 목구멍을 통하여 소리가 날 때 가장 자유스럽고 쉽게 나는 소리이니 모든 말소리에서 최초로 발음된 원시음이다.
34) '덧소리'는 'ㄹ'과 자음의 결합형을 말한다.

2.4.2. 말씨의 변천[35]

〈표 5〉

항목	주요 내용
① 원시어	원시인들이 일상생활에서 처음에 어떠한 특정 사실을 표현하기 위해 몸짓으로 의사를 전달하거나 어떠한 소리를 냈던 것에서 언어가 시작되었을 것이다. 따라서 원시어에서 동사와 형용사가 먼저 생기고 그 다음으로 명사가 생겼을 것이다. <table><tr><th>형용사, 동사의 변화</th><th>예[36]</th></tr><tr><td>형용사나 동사의 몸 그대로 명사 노릇을 하는 것</td><td>신다→신, 가믈다→가믈→가믈[37]</td></tr><tr><td>형용사에 '이'를 붙인 것</td><td>기르→기르이→기릐→길이, 노프→노프이→노픠→노픠→높이, 부프→부프이→부픠→부피</td></tr><tr><td>형용사에 '기'를 붙인 것</td><td rowspan="2">(실려 있지 않음)</td></tr><tr><td>동사에 '음, 옴, 을, 이, 기, 개, 애'를 붙인 것</td></tr></table>
② 몸말과 토	고대에는 단지 몸말이 있고 토가 없어서 마치 고립어와 같았으나 인간 언어생활의 편리를 위하여 보조어 역할을 하는 것이 나타나게 되었는데 이것이 토이다.[38] 토 없이 몸말만으로는 뜻이 이루어지지 않고 토를 붙이면 비로소 말에 변화가 있고 여러 길로 활용되므로 한국어의 어법은 바로 토의 활용법이다.

---

35) '말씨의 변천'은 「국어 변천론」 제2편에 실려 있다.

③ 토의 예와 이제	10개의 토를 분류하였는데 과거 『朝鮮語典』의 분류법과는 다르다는 것은 1950년대 한국어 문법 연구가 많이 발전된 깃의 반영이라고 본다. 10개의 토는 다음과 같이 나타난다.

㉠ 임자토(주격)	㉡ 쓰임토(목적격)
㉢ 자리토(처소격)	㉣ 더불토(여격)
㉤ 가짐토(소유격)	㉥ 부림토(사용격)
㉦ 가름토(분별격, 절대격) 예) 은/는 따위	㉧ 견줌토(비교격)
㉨ 부름토(호격)	㉩ 뭉침토(단결토) 예) 와/과

④ 있음움 (存在詞) '이시'의 변천[39]	'이시'는 현대어의 '있'의 원어로 존재 동사이다. 이것이 한국어의 발전 과정에서 '잇, 이, 시, ㅅ' 등으로 되었다.

㉠ 이시→잇→있 (현대의 '있-'이다)	㉡ 이시→이(주격토)
㉢ 이시→시 (제주 방언에 쓰임)	㉣ 이시→사→ㅅ (시상 보조 어간)

'이시'가 처음에 독립성을 가진 어사였지만 오래 써 오는 동안에 그 독립성을 잃고 어법 관계만을 보이는 접미어가 되었다. 그 중에 '이, 이시'가 가장 여러 갈래로 분파되고 변천되었다.

1) 주격토로 변함	'이시'는 원래 고립어였던 것인데 특별히 어느 명사의 존재를 확실히 인식시키고 어떤 사실을 말함으로써 그 사실의 주격이 되는 것을 나타내게 된다. 예) 학생이시 글 읽다(학생이 있어서 글 읽는다.).

	그러나 '이시'를 약하게 발음하다 보니 소리가 드러 나지 않거나 줄어져서 간략하게 되고 본뜻(원래의 뜻)은 사라져 어떠한 어법 관계만을 보이는 토로 변 질된 듯하다. 예) 이두 "王世子敎無事越江前進(「심양장계[瀋陽狀啓]」)", "世子敎是及諸宰臣憂悶之意(「심양장계[瀋陽狀啓]」)" 에서의 '敎, 敎是'를 '이시'로 읽는데 이것은 그 몸 말대로 쓴 흔적이라고 할 수 있다. 이 '이시'는 공경하는 말로 '이'와 다르다고 볼 수 있으 나 장세경(1997: 73)에서는 이 '이'는 '이시'를 간략하 게 줄여서 된 것일 뿐이라고 하였다. 주격토는 '이' 하나만 있었는데 홀소리 아래에서는 '이' 를 줄인 'ㅣ'만을 위의 홀소리에 합하여 중모음처럼 쓰 고 한자 아래에서는 한자음의 끝소리가 홀소리일 때 'ㅣ'만을 따로 떼어 썼다. 다만 윗말의 홀소리가 '이'일 때에는 토를 쓰지 않았다.
2) 지정 동사로 변함	지정 동사란 어떤 사실이 무엇이라고 여겨 주는 풀이 말이다. 예) ㄱ. 이것은 책이다. (←'책 이시다'가 줄어진 말) 　　☞ '책으로 있다' 　　ㄴ. 이것은 소이다. (←'소 이시다'가 줄어진 말) 　　☞ '소로 있다'
3) 시상 첨가어로 변함(때매김)	동사의 경우 반드시 이루어진 때가 나타나야 하니 과 거, 현재, 미래 등의 구별이 있다. 그리하여 예로부터 한국어 동사에는 과거 시간을 나타내는 '더', 현재 완 료를 나타내는 '거', 현재 진행을 나타내는 'ㄴ', 미래를 나타내는 '리'를 붙여 써 왔다. 또한 이 외에 과거 시간을 나타내고자 할 때에는 동 사 아래에 '아 이시'를 붙여 썼는데, 이 '아 이시'는 '앳, 엣' 또는 '시'로 쓰이다가 현대에 와서 '았/었'이 된다.

	예) ㄱ. 이 몸 삼기실제 님을 조차 삼기시니 「思美人曲」 ㄴ. 늘 새도 그쳐 잇다. 「思美人曲」 ㄷ. 샤공은 어딕 가고 뷘 빅만 걸렷ᄂᆞ니 「續美人曲」
⑤ 'ᄉᆞᇦ'	동사 밑에 붙어 공경하는 말이 되는데 위와 아래에 다른 말이 이어질 때 그 닿는 소리의 다름에 따라 여러 가지 꼴로 바뀐다. 원문에 또한 예문을 제시하며 'ᄉᆞᇦ, 습, ᄌᆞᇦ, 줍, 슬, 습'과 같은 이형태가 나타나는 환경도 기술하였다.
⑥ 'ᄃᆞ(ᄂᆞ), ᄉᆞ'의 변천	'ᄃᆞ'와 'ᄉᆞ'는 어떠한 사물을 추상적으로 가리켜 부르는 대명사로 현대어의 '바, 것, 줄' 등과 같은 말로 쓰인다.[40] {표}
⑦ 동사의 시상	예로부터 동사에는 되는 때를 나타내기 위하여 여러 가지 때매김말을 붙여 써 왔는데 그 종류는 다음과 같다. {표2}

'ᄃᆞ(ᄂᆞ), ᄉᆞ'의 변천 표:

'ᄃᆞ'	'ᄉᆞ'
어떠한 사물이나 처소를 어림치고 대신 부르는 말로 현대어의 '것, 바, 줄, 대' 등과 같이 쓰이던 말이다.[41]	'ᄃᆞ'와 마찬가지로 어떠한 사물을 어림치고 부르는 대명사로 현대어로는 '바, 것' 등과 같은 말이다.

동사의 시상 표:

⑦ 현재시	완료와 진행 두 가지가 있는데 현재 완료는 동사 아래에 '거'를 붙여 쓴다. 현재 진행은 동사 아래에 'ᄂᆞ'를 붙여 쓴다.
⑥ 과거시	동사 아래에 '더'를 붙여 쓴다.
⑥ 미래시	동사 아래에 '리'를 붙여 쓴다.

⑧ '어'의 분파	'어'는 모르거나 아니라는 사실을 당할 경우에 놀랍고 아혹한 감정으로 내는 소리로, 이를 어느 대명사 위에 붙여 내면 바로 어느 사실을 모르는 것을 뜻하며 다른 명사를 수식하는 관형사가 되고, 또는 동사나 형용사를 수식하는 부사가 된다. 예) 어드~어드, 어듸~어듸, 어드러, 어드러셔, 어드리, 어딋던, 어드메, 엇더, 엇던, 엇뎨~엇디, 어ᄂᆞ, 어느, 어늬(어느이), 언제(어느제), 언마(어느마)
⑨ 'ᄃᆞᆺ'와 '스랑'	'ᄃᆞᆺ'는 따뜻하다는 뜻인 형용사인데 인간의 애정을 뜻하는 동사로 쓰였다. '스랑'은 원래 '생각'이라는 명사였고 여기에 'ᄒᆞ다'를 더 붙여 '스랑ᄒᆞ다'로 하면 '생각한다'라는 동사가 된다. 이에 대해 후대에 와서 뜻이 바뀐다는 것은 장세경(1997: 76)에서는 사람 사이의 애정이 따뜻한 것만으로는 진정한 사랑을 나타낼 수 없다고 생각하며 상대방을 깊이 생각하고 또 생각하는 것이 진정한 사랑이라는 후대 사람들의 생각과 관련이 있는 듯하다고 본다.
⑩ 토에 따라 몸말의 꼴바꿈	고대 한국어에서 낱말의 끝소리가 대개 'ᆞ, ㅡ, ㅣ'의 세 소리로 된 것이 근본 모습이었다고 본다. 또한 낱말들을 모아서 짠 말로 할 때 소리를 줄이거나 합하여 간편하게 하는 것은 한국어 발전 과정의 자연적인 현상이라고 본다.

변화 조건	예
㉠ 몸말 아래에 목청안울림소리(무성음)의 닿소리를 첫소리로 토가 올 때 몸말의 끝홀소리를 줄인다.	ᄀᆞ트→ᄀᆞᆮ, 자브→잡, 머그→먹, 니브→닙

㉡ 몸말 아래에 목청울림소리(유성음)와 홀소리를 첫소리로 하는 토가 올 때에는 몸말의 끝소리(곧 홀소리)를 줄이지 않는다.[42]	ㄱㅌ아 → ㄱㅌ, 자ㅂ아 → 자ㅃ, 머ㄱ어 → 머거, 니ㅂ어 → 니버, ㄱㅌ며, ㄱㅌ나, ㄱㅌ니, 가ㅌ리라, 마ㄱ며, 마ㄱ나, 마ㄱ니, 마ㄱ리라, 니ㅂ며, 니ㅂ나, 니ㅂ니, 니ㅂ리라

3. 언론을 통한 장지영의 국어운동[43]

장지영은 한국어학자이자 교육자이며 한때는 언론인으로도 활동한 바 있다. 장지영이 언론활동(1926. 10-1931. 7)을 한 것은 장기간이 아니었으나 그는 신문사의 계몽과 문자 보급 운동을 펼쳐 일제 시대

---

36) 원시인들의 맨 처음으로 발음한 기본음이 'ㆍ, ㅡ, ㅣ'이었기 때문에 고대어에 있어서 낱말의 끝소리는 'ㆍ, ㅡ, ㅣ' 세 소리 가운데 하나로 되었다.
37) '가믈'의 현대어로는 '가물'이 된다(표준국어대사전 참조).
38) 사람들이 주장하는 뜻을 가진 말과 이에 덧붙이는 말이 그 무게가 다르므로 표현에 강약이 따르게 된다. 따라서 이 덧붙이는 말은 그 소리가 줄거나 변하여 원 모습을 잃고 어법의 관계만을 나타내는 보조어 구실을 하게 되었다.
39) 주시경의 용어로, '동사'를 이르는 말(표준국어대사전 참조).
40) '이젯말'이란 지금 사용하고 있는 말을 말한다.=현대어(표준국어대사전 참조)
41) '어림치다'는 '대강 짐작으로 헤아려 보다'라는 뜻이다.=어림잡다(표준국어대사전 참조)
42) 홀소리 '아/어'가 이어질 때는 몸말의 'ㆍ/ㅡ'가 준다.
43) 여기에서의 '국어'는 한국어를 뜻하나 역사적 사실의 명칭을 살리기 위하여 '국어운동'을 쓰기로 한다.

의 민족 운동에 큰 성과를 이루었다.

일제 시대의 언론은 크게 두 가지 측면에서 독립운동을 전개하였다. 하나는 기사, 글과 같은 지면(紙面) 형식을 통해 항일(抗日) 사상을 펴는 것이었으며, 또 하나는 문자 보급과 문맹 퇴치(文盲 退治), 농촌 계몽 등 운동을 통해 민족 주체성의 확립을 꾀하는 것이었다. 장지영은 그 당시에 일어난 국어 운동을 통한 민족 주체성 확립의 선구자가 되었다고 할 수 있을 것이다.

그의 언론 활동이 시작되었을 당시는 민족의식이 넘치는 조선일보와 동아일보가 일본의 한국어에 대한 말살(抹殺) 정책에 대항하기 위해 문자 보급 운동을 벌인 시기였다.[44][45] 장지영은 1926년 10월에 조선일보에 입사하여 언론계에서 문자 보급 운동을 펼치기 시작하였다.[46]

장지영은 조선일보 부사장이자 독립운동가였던 신석우(申錫雨)와 가까운 사이였는데 1926년 10월 조선일보에 입사한 후 처음에는 견습(見習)기자로 교정부에 근무하였다. 그 당시 민족 운동 단체인 신간회(新幹會)가 그가 입사한 직후인 1927년 2월 15일에 창립되었다. 그 후 장지영도 신간회에 가입하여 조사부(調査部)의 간사를 맡았다.[47] 1928년에 조선일보는 발행 겸 주필인 안재홍(安在鴻)이 집필한 「제남(濟南)사건의 벽상관(壁上觀)」이라는 사설이 문제가 되어 1920년에 창

---

44) 조선일보는 원래 친일(親日) 경제 단체였던 대정실업친목회를 배경으로 창간되었으나 신문 제작을 담당한 언론인들의 민족적인 성향 때문에 보도기사에 항일적인 논조가 가득하였다. 나중에 신간회의 민족 운동을 대변(代辯)하게 되었다.

45) 일본의 한국어에 대한 말살(抹殺) 정책이란 한국인에게 일본어를 '국어'로 강요하는 것이다.

46) 조선일보에서 문자 보급 운동을 시작한 것은 1929년 7월부터였다.

47) 장지영은 조선일보에 재직하는 동안에 신간회 활동 외에도 총독부 언문철자법 심의위원(1928. 5-1930), 조선어 학회 '한글맞춤법통일안' 제정위원(1930. 12-1933. 10)을 맡았다.

간(創刊)된 이래 세 번째 정간(停刊)을 당하였다. 이 정간은 133일 동안 유지되다가 같은 해 9월 19일에 해제되어 21일자부터 다시 간행되었다.

조선일보에서 '귀향(歸鄕)남녀학생 문자보급운동'을 연례행사로 시작한 것은 1929년 7월 14일부터였다. 이때 한국어학자이면서 조선일보 지방부장을 맡고 있던 장지영은 "아는 것이 힘, 배워야 산다"라는 표어(標語)로 1929년부터 3년간 이 운동의 총책임을 맡았다. 1929년 1월 1일에 장지영이 조선일보(석간 17면)에 「새해에는 우리말과 글에 힘을 들이자」라는 글을 실었고, 이때부터 기사와 강연을 통해 문자 보급 운동에 힘썼다.[48]

3.1. 한글의 정리와 보급

장지영은 1930년 3월 18일부터 6월 17일까지 55회에 걸쳐 「한글철자법강좌」를 조선일보에 잇따라 실었고, 또 같은 해 11월 1일부터 7일까지 동일한 신문에 「우리말에 섞인 한어(漢語)문제, 이를 어떻게 처리할까(5회)」를 연재하였다. 국어운동가로도 활동하고 있던 그는 국어운동을 두 가지 차원에서 전개해야 한다고 주장하였다. 하나는, 한글을 아름답고 규모 있게 정리하는 사업이고, 다른 하나는, 사람들이 이 글로 인해 널리 이익을 얻도록 보급시키는 사업이었다.[49]

---

48) 이 운동은 해마다 정기적으로 이루어진 문자 보급, 문명 퇴치 운동으로, 3회까지 성공적으로 진행되다가 신문사가 '임경래(林景來) 파동(波動)'에 휩쓸렸기 때문에 1932년부터 일시 중단되었고 방응모(方應謨)가 조선일보를 인수한 후에 다시 시작되었다(조선일보사(1990) 참조).

49) 장지영이 『한글원본』이라는 팸플렛(pamphlet, 소책자)을 제작하고 현장에 나가 문자보급반에 참여한 학생들을 가르쳤으며 시(市), 도(道)와 같은 지자체에 강습소를 개설하였다. 이 시기에 조선일보에서도 장지영이 제작한 이 소책자를 10만부나 20만부씩 만들어 전국 문자보급반의 교재로 돌렸다(장지영(1931, 1978) 참조, 정진석(1997: 67)

1928년에 장지영이 조선일보의 문화부장으로 재직하였을 때 총독부 학무국(學務局)에 '보통 학교 교과서 언문철자법 조사 위원회'라는 것이 있었다.[50] 그가 이 회의에 참석하면서 자신이 만든 철자법 통일안을 조선일보에 잇따라 실었다가 1930년에 『조선어철자법강좌』라는 제목으로 출판하였다.[51] 1933년 10월에 조선일보에서 퇴사한 지 2년이 된 장지영이 경성(京城)방송국에서 만주어(滿洲語) 강좌를 개설하면서 강연자로 출연하였다.[52] 이 강좌는 1933년 10월 9일부터 매주 월, 수, 금요일 3회로 6시 25분부터 30분씩 3개월 동안 이루어졌다.

3.2. '한글 파동'에 따른 장지영의 반론

1948년 8월 15일에 대한민국 정부가 수립된 후, 정부에서는 국가 공문서, 국정 교과서 등에 쓰이는 한글은 「한글맞춤법통일안」을 그대로 채택하기로 하였으나 1949년 10월 9일(한글날)에 그 당시 대통령인 이승만이 한글 표기법의 까다롭고 어려움을 지적하였고, 하루속히 구(舊) 철자법으로 개정할 것을 촉구하는 담화를 다음과 같이 발표하였다.

> 이제 신문계나 다른 문화 사회에서 정식 국문이라고 쓰는 것을 보면, 이전에 만든 것을 개량하는 대신, 도리어 쓰기도 더디고, 보기도 괴상하게 만들어 놓아 퇴보된 글을 통용하게 되었으

에서 재인용).
50) 학무국(學務局)은 대한 제국 때에, 학부에 속하여 각 학교와 외국 유학생에 관한 일을 맡아보던 관청이다(표준국어대사전 참조).
51) 이관규(1978) 참조, 고영근(1997)에서 재인용.
52) 경성(京城)방송국은 1927년에 서울에 설립되었던 방송국이다.

니, …(중략)… 모든 언론 기관과 문화계에서 특별히 주의하여, 속히 개정되기를 바라는 바이다.[53]

이러한 표기법의 바뀜에 대해 학계, 언론계, 그리고 일반 사람들 모두가 적극적으로 그 부당성을 지적하고 반대하였다. 따라서 1949년 11월 26일과 1950년 2월 3일에 이어 이승만 당시 대통령은 다시 한글 맞춤법 문제를 들어 먼저 정부만이라도 자기주장대로 시행하겠다고 하였다. 1953년 4월 11일에 이승만의 이 요구가 국무회의에 상정되어 앞으로 정부의 문서와 교과서 등에 사용되는 표기법은 구 철자법을 사용할 것을 결의하고, 4월 27일에 국무총리 훈령 제8호로 시달되었다. 소위 '한글 파동(波動)(또는 '한글 간소화 파동'이라고도 함)'이란 이러한 배경에서 일어난 일련의 문화적, 사회적 논란을 말한다.

장지영은 이러한 표기상의 변화에 대해 1953년 7월 1일자 『연희춘추』를 통해 「현행 철자법 폐지령의 시비」라는 주제로 정부의 훈령에 강력하게 반대하는 반론을 제기하였다. 그때 이 내용을 읽은 많은 학생들도 장지영의 주장에 공감하고 백두진(白斗鎭) 당시 국무총리의 훈령 제8호에 반대하는 의사를 밝혔다.

4. 결론

지금까지 본고에서는 장지영의 한국어학적 연구 업적을 살피는 것을 목적으로 하였다. 우선 2장에서 장지영의 생애, 어학관(語學觀) 및

---

53) 문근효(1997: 117)에서 재인용.

연구 업적에 대해 개술하며 정리하고, 3장에서는 언론을 통한 장지영의 국어운동을 간략하게 소개하였다.

이어서 선행연구에서 비교적 다루지 않은 장지영의 언어학적 업적 중의 하나인 『支那語講座(第1回)』에 대해 여기서는 한국어와 중국어 두 언어 간의 대응 방식을 살펴봄으로써 결론을 맺는다.

『支那語講座(第1回)』는 1938년 6월에 조선일보에서 출판한 자료이다. 이 자료는 중국어 교재로서 중국어 발음을 소개하고 가르치는 것은 물론이지만, 비교적 특이한 점은 자료에서 중국어 발음법을 기술할 때 '주음자모(즉 현재 주음부호)'를 제기하고 조직적으로 한국어 발음과 연결하여 두 언어가 서로 대응되는 발음을 하나하나 밝혔던 것이다. 이렇게 밝혀내고 정리한 것은 중국어를 공부하는 데에 도움이 된다는 생각이 든다.

마지막으로 이 자료에서 소개된 주음자모와 한글 자모의 대응 관계를 다음과 같이 제시하며 주음자모에 대해 간략하게 소개하는 것으로 이 글의 끝을 맺는다.

◆ 주음자모(현재 주음부호)

(1) 성모(자음)

ㄅ	ㄆ	ㄇ	ㄈ	万	ㄉ	ㄊ	ㄋ	ㄌ	《	ㄎ	ㄏ	兀	ㄐ	ㄑ	广	ㄒ	ㄓ	ㄔ	ㄕ	ㄖ	ㄗ	ㄘ	ㄙ
ㅂ	ㅍ	ㅁ	ㅸ	ㅱ	ㄷ	ㅌ	ㄴ	ㄹ	ㄱ	ㅋ	ㅎ	ㅇ	지	치	니	ㅆ	직	칙	썩	쉭	ㅉ	ㅊ	ㅆ

☞ 위에 ※표가 있는 부분은 현대에 쓰지 않는 주음부호이다.

(2) 운모(모음)

ㄧ	ㄨ	ㄩ	ㄚ	ㄛ	ㄜ	ㄝ	ㄞ	ㄟ	ㄠ	ㄡ	ㄢ	ㄣ	ㄤ	ㄥ	ㄦ
이	우	위	이	워	?	예	아이	어이	아오	어우	안	언	앙	엉	얼

☞ 물음표 부분은 원문에 비워져 있고 아무 것도 적혀 있지 않은 부분이다.

주음부호, 주음자모라고도 한다. 1912년에 중화민국 교육부에서 제정하여, 1918년에 공식적으로 반포하였다. 주음부호는 100년 동안 변천을 거쳐 현재 37개 부호를 보유하고 있다. 1958년에 중국에서 한어병음방안(漢語拼音方案)이 반포된 후, 주음부호는 현재 주로 대만에서만 사용된다. 주음부호는 일본어 가나(仮名)를 모방하여 편방(偏旁)을 간소화하는 식으로 한자 소전체(小篆體)의 구조를 이용하여 만든 표음 기호이다. 예를 들면, 주음부호 'ㄉ'는 한자 '刀'에서 변해 온 것으로 추정된 바 있다.

현재 사용되고 있는 주음부호는 중국 한(漢)나라 때 시작되었던 '반절(反切)'의 병음 방식을 그대로 이어받았다. 중국에서 '반절'이라는 용어는 진팽년(陳彭年) 등이 1008년에 편찬하였던 『大宋重修廣韻』에서 처음으로 나온 것으로, 사용하는 데에 말로 전하는 비결이 있었다. 즉 "上字辨陰陽, 下字辨平仄"이라는 것이다.

반절법은 처음에 '반(反)' 혹은 '반(翻)'으로 불렸는데 나중에 '절(切)'로도 불렸다. 바꿔 말하면 '反'과 '切' 둘은 사실 같은 대상을 가리키는 서로 다른 이름이다. 丁度 等(1037)에서는 "音韻輾轉相協謂之反, 亦作翻, 兩字相摩以成聲韻謂之切。其實一也。"라고 기술한 바 있다.[54] 중국 당나라 대종(代宗) 때부터 임금이 백성의 반역을 두려워했기 때문에 '반(反)'자를 기피하여 '절(切)'자로 바꿔 써 왔다.

---

54) 丁度(990-1053, 字 公雅)는 중국 송나라 때의 대신(大臣)이자 훈고학자이다.

참고문헌

1. 논저류

경향신문(1979),「겨레와 겨렛말」, 7월 26일자 논설.

고영근(1997), 열운 선생의 문법 연구와 우리 어문관,『새국어생활』7-3, 국립국어연구원, 21-57. (국립국어연구원『10월의 문화인물』1997-10에 재수록됨).

문근효(1997), 나의 스승 열운 선생의 교육 활동,『10월의 문화인물』1997-10, 국립국어연구원, 109-126.

송철의 외(2013),『한국 근대 초기의 어문학자』, 태학사.

이관규(1978), 겨레의 얼을 빛낸 열운 선생,『나라사랑』29, 외솔회, 48-63.

이현주(1997), 일제하 장지영의 민족 운동,『10월의 문화인물』1997-10, 국립국어연구원, 91-107.

장세경(1997), 열운의 이두 연구 및 기타 연구,『새국어생활』7-3, 국립국어연구원, 59-78. (국립국어연구원『10월의 문화인물』1997-10에 재수록됨).

장지영(1938),『支那語講座(第1回)』, 조선일보출판부.

장지영(1947), 남을 부를 때 쓰는 경어,『한글』12-1, 한글학회, 423-425.

장지영(1955), 글과 우리 (상), (하),『한글』115, 한글학회, 401-407.

장지영(1956), 이러한 35년,『한글』120, 한글학회, 202-205.

장지영(1978), 내가 걸어온 길,『나라사랑』29, 외솔회, 21-43.

장지영(1978), '사랑'의 어원 고찰,『나라사랑』29, 외솔회, 147-149.

장지영(1978), 세종날을 맞이하여,『나라사랑』29, 외솔회, 130-131.

장지영(1978), 한글날의 유래,『나라사랑』29, 외솔회, 134-142.

장지영(1978), 한글의 양대 운동: 庚午一年間回顧,『나라사랑』29, 외솔회, 178-181. (조선일보 1931. 1. 1. 논설)

丁 度 等(1037),『禮部韻略』.

정진석(1997), 言論을 통한 張志暎의 국어운동,『어문연구』25-4, 한국어문교육연구회, 62-70.

조선일보사(1990),『조선일보 70년사(제1권)』, 218-219.

최태영(1997), 나의 스승 張志暎 선생,『어문연구』25-4, 한국어문교육연구회, 79-85.

2. 전자 자료

국립중앙도서관: https://www.nl.go.kr/
디지털 한글박물관: http://archives.hangeul.go.kr/
조선뉴스라이브러리: https://newslibrary.chosun.com/
한국민족문화대백과사전: https://encykorea.aks.ac.kr/
中文維基百科: https://zh.wikipedia.org/zh-tw/
NAVER 지식백과: https://terms.naver.com/

열운 장지영의 생애와 국어학적 업적

●

최 종 원

1. 서론

장지영(張志暎, 1887~1976)은 주시경의 영향을 입은 국어학자이자 교육활동에 앞장선 교육가이다. 또한 물산장려운동과 3·1운동을 선동하는 등 독립운동가로서의 행보도 뚜렷하며, 언론활동으로 문자보급운동을 전개한 언론인이기도 하다. 광복 이후에는 연세대학교 국어국문학과 교수로 부임하여, 말년에 향가와 이두 연구에 학문적 열정을 쏟았다.

일제강점기의 장지영의 행보는 당시 시대적 상황에 대한 상당히 자각적인 그의 태도와 연관된다. 1905년 을사조약 체결 후 민영환이 자결을 하자, 분루를 삼키며 자주독립의 의식을 키워나갔다는 사실은 이미 잘 알려진 바 있다. 민영환의 상여가 지나가는 것을 보며 느낀 그의 심정은 그의 술회에서 엿볼 수 있다.[1)]

　나는 그 속에서 새로운 전환기를 맞이하고 있었다. 예전엔 완고하고 중국을 사모하는 마음이 두터웠는데, 그것이 변해서 우리는 인제까지나 역사적으로 남의 종노릇밖에 못 하느냐? 그리고 그 결과는 어떠냐? 오늘날 이 지경을 당하지 않았느냐? 하는 생각이 일어났다. 우리도 자주 독립을 하여야 하겠다는 생각이 팽팽하여졌다. 이와 같은 의식은 관립 한성 외국어 학교 한어과(漢語科)에 다니는 동안 더욱 강해졌고, 어떻게 하면 우리가 왜놈을 내쫓고 독립하여서 우리의 힘과 우리의 지혜로 살아갈 수 있나를 골똘히 생각하고 있었다.

　위에서 확인할 수 있는 바와 같이, 이때 태동한 의식을 바탕으로 활발한 활동을 전개하게 된다. 이처럼 장지영의 생애에 대해서는 널리 알려진 것이 많지만, 문법적 사고와 어문관에 대해서는 구체적으로 논의된 것이 드물다.[2] 그러한 차원에서 이 글은 장지영의 국어학적 발자취를 살펴보고, 교육활동, 문자보급운동과 관련한 그의 어문운동의 성격에 대해 조명해보며, 그의 저서에서 엿볼 수 있는 그의 어문관에 대해 살펴보고자 작성되었다.

2. 장지영의 생애

　이 장에서는 장지영의 생애와 관련하여 지금까지 알려진 사실들 몇 가지를 살펴보기로 한다. 장지영의 생애에 대해서는 그의 회고담인 장지영(1998)과 국립국어원에서 발간한 『새국어생활』 7-3호에서

---

1) 그의 술회와 관련된 회고담은 장지영이 쓴 「내가 걸어온 길」(1978)을 참조할 수 있다.
2) 대표적으로 고영근(1998: 208-236)에서 장지영의 문법연구와 어문관에 대해 다룬 바 있다.

'열운 장지영 선생의 학문과 인간'이라는 주제로 집중적으로 다룬 바 있어 크게 참고된다. 이 장은 그중 특기할 만한 내용을 중심으로 진행하고자 한다.

장지영은 1887년 서울 서대문구 교남동에서 출생하였다. 그는 관립한성외국어학교의 한어과를 졸업하였는데, 이후 상동교회에서 주시경을 만나 큰 영향을 받았음은 널리 알려진 사실이다. 당시 상동교회·상동청년회에서 주시경뿐만 아니라 이남재, 현순, 유일선, 이회영, 여준, 이동녕, 백남일, 이승만 등 민족운동가들과도 교류하게 되었다.[3]

주시경의 문하에서 국어를 공부하게 된 것은 1908년 7월경이었던 것으로 보인다. 이미 주시경은 '상동엡윗청년회'[4] 시절부터 임원이었을 뿐만 아니라 상동청년학원의 교감(학감)으로 있으면서 국문을 가르치고 있었다(이기문 편 1976: 727). 장지영은 주시경과의 만남에 대하여 다음과 같이 술회한다.

> 이 무렵, 즉 내가 한성 외국어 학교를 졸업한 지 2년 뒤인 1908년 나는 훌륭한 선생님을 만나 뵙게 되었으니 바로 주시경 선생님이시다. 주 선생님은 황해도 태생으로 향리에서 한문을 공부하시다가 17세 때 한문이 남의 글임을 깨닫고 우리글을 연구하기 시작하였으나, 혼자서는 발전성이 없으므로 서울로 올라오셨다. 서울에 오신 후 독학으로 신학문에 접하다가 1894년 19세 때 배재 학당에 입학하시어 신학문을 공부하게 되었는데, 집이 가난하여 교내 인쇄소에서 일하여 학비를 보태시었다. 이곳에서

---

3) 당시 상동청년회는 여러 민족 운동을 주도하였고, 후일 민족운동의 비밀결사로 창립된 신민회의 근간이 된 곳이다. 신민회 창건위원으로 알려진 이들 가운데 이동녕, 이동휘, 전덕기 등이 상동청년회 출신이었다(이현주 1997: 93).
4) 상동청년회의 전신.

주 선생은 처음으로 영어를 배우셨다. 그런데 영어를 배우다 보니까, 미국 사람은 영어를 배우는 데 자기 말이라고 그냥 배우지 않고 법을 세우고 규칙을 세운 문법이라는 것을 가지고 배우는 것이었다. 그래서 우리말도 이러한 법칙을 세워야겠다고 결심하셨다. 그리고 한문, 영어 따위를 배워 보니까 언어마다 그 선조가 다르므로, 남의 말의 문법을 그대로 우리말에 적용시킬 수는 없는 일이니 우리말에 맞도록 체계를 세워야겠다고 생각하셨다. 물론 주 선생 이전에 유길준, 최광옥, 박원식 같은 분이 문법책을 내기는 하였으나, 그들은 외국에서 배운 외국 문법을 본떠서 저술한 것들이었다.

당시 주시경이 국어만의 법칙을 만들어야겠다는 생각을 갖게 한 계기가 영어 문법이었음을 알 수 있다. 영어 문법서를 접하고, 다른 언어들과 우리말은 차이가 있으므로 자주적인 우리말의 문법서의 필요성을 절감한 것이다.

이후 헤이그 밀사사건으로 상동교회 감시가 심해져서 주시경은 상동청년학원[5) 하기국어강습소를 박동에 있는 보성학교로 옮기게 된다. 장지영은 주시경의 문하에서 국어를 배우며 민족의식에도 눈을 떴다.[6) 이후 장지영은 오산학교에서 교편을 잡았다가(1911년 7월), 105인 사건(1911년 9월)으로 학교가 문을 닫자 경성의 상동청년학원에서 국어와 수학을 가르치게 된다.

1912년에는 간디의 비폭력·무저항 운동에 자극받아 경제 자립과 문화 독립을 제창한다. 그 운동을 위하여 조선물산장려회를 만들었다. 이것만으로는 독립 운동의 기초가 될 것 같지 않다는 생각에 좀

5) 1904년 상동청년회는 중등교육기관으로 상동청년학원을 설립, 운영하였다.
6) 주시경은 주로 한글학자로 알려져 있지만 정치적 활동에도 적극적인 면모를 보여주었다.

더 적극적인 독립운동을 위해 '흰얼모'(후에 白英社로 바꿈)[7]를 조직한다.

1914년 7월, 주시경이 세상을 떠나자, 장지영은 동학인 김두봉, 권덕규, 신명균과 함께 주시경이 담당하던 국어교육을 나눠 맡았다. 그 중 장지영은 주시경이 출강하던 배재학교와 경신학교에서 국어 교육을 담당하게 된다.[8] 그렇게 되면서 자연스레 학교 선생들과 자주 어울리게 되었으나 그들은 교육에만 치중하는 듯 보여, 장지영만은 '흰얼모'에 나서서 독립운동을 펼치고자 하였다.[9] 이때, 계명구락부(啓明俱樂部)를 조직한 박승빈을 알게 된다. 그러나 박승빈의 국어학 관련 활동에 대해서는, 일본 문법을 그대로 흉내 낸 것이라 비판한다.[10]

주시경 서거 이후 국어교육을 담당하던 장지영은 임경재, 최두선, 이규방과 함께 국어 연구를 위하여 '조선어연구회'를 조직하기로 한다. 이때가 1921년 12월인데, '조선어연구회'는, '한글학회' 곧 '조선어학회'의 출발이다. 발기인은 임경재, 최두선, 이규방, 권덕규, 이승규, 신명균, 장지영 7명이었고[11] 다음과 같은 규약을 세운다.

1. 조선어의 정확한 법리를 연구함을 목적으로 한다.
2. 매월 한 차례 연구 발표회를 열고 때를 따라 강연회, 강습회를 연다.

---

7) 이는 상해 임시정부와 연락하기 위함이다(박종국 1996:7 참조).
8) 김두봉은 휘문, 권덕규는 중앙, 신명균은 보성에 배정됨으로써 주시경의 국어 교육은 계속적으로 이어지게 된다.
9) 장지영의 교육활동은 상당히 활발하였는데, 실제로는 독립운동에 더 전념하고픈 심정이 컸던 듯하다.
10) 그 비판 내용은, "일본의 4단 활용성을 흉내내어 국어에는 11단 활용이 있다고 한 것이라든지, 표기에 있어 '먹으니'를 '머그니'로, '잡으니'를 '자브니'로 적기를 주장하고 나섰다"와 같은 기술에서 엿볼 수 있다.
11) 간사장은 임경재가 되고, 장지영과 최두선은 간사 업무를 담당한 것으로 보인다. 사무실은 당시 휘문 학교 교장실에 두어 매달 모여 활발히 활동한 것으로 보인다.

　　3. 간사 3사람을 두어 사무를 주관한다.

　'조선어연구회'는 나날이 규모가 커졌고, 1929년 한글날 대회에서 우리말 사전을 편찬하기로 결의하였다. 이는 일제의 민족말살정책에 대한 대응의 일환으로써, 우리말을 살리고자 하는 취지로 사전 편찬에 분발하였다. 이에 따라 '조선어연구회'를 '조선어학회'로 고치게 된다. 이것이 1931년 1월의 일이다. 그리고 '조선어 사전 편찬회'를 조직하였다.

　'조선어학회'는 우선 표기법을 정리하였다. 표기법이 통일되어야 여러 일을 하기가 수월했기 때문일 것이다. 학회가 주관이 되어 1933년 10월에 '한글 맞춤법 통일안'을, 1936년 10월에 '사정한 표준말 모음'을, 1941년 1월에 '외래어 표기법 통일안'을 완성함으로써 사전 편찬의 기초 작업을 끝낼 수 있었다. 이러한 사업과 병행하여 1927년 2월 기관지『한글』을 간행하여 국어의 학술적 연구, 보급 및 선전에 큰 기여를 하고자 하였다. 그러던 와중에 '조선어학회 사건'이 터져 함흥형무소에서 2년 동안 옥고를 치르게 된다.

　해방 이후에는 '조선어학회'를 부흥시키고자, 우선 그 명칭을 '한글학회'로 고친다. 국어교육에 필요한 국어 교재를 편찬하고 부족한 국어 교사를 양성하고자, 당국의 허가를 받아 '세종 국어 교원 양성소'를 세운다. 1948년 연희대학에 국문과 교수로 초빙되어 후학을 가르치고, 말년에는 향가, 이두 연구에 몰두한다.

3. 문법 관련 저술의 특징

이 장에서는 장지영의 문법 관련 저서에 대해서 다룰 것이다. 장지영의 문법 저술과 어문관에 대해 고찰한 고영근(1998)의 논의를 중심으로 살펴보기로 한다.

(1) 장지영의 문법적 저술[12]
   가. 『조선어문전』(연대 미상)
   나. 『조선어전』(1924)
   다. 『조선어전강의』(연대 미상)
   라. 『조선말법』(1930)
   마. 『조선어전 초본』(1937)

위의 (1)에 열거된 저서들에 대해 간략히 정리하면 아래와 같다.

<표 1> 『조선어문전』의 특징

	목차
『조선어문전』	총론-어전의 정의/언어/문자/조선어 및 조선어문/어전의 분과 제1편 음학-정의/음/음의 종류/자음의 삼성(三聲)/음의 단복(單複) /모음과 자음의 단독/모음의 성별/음의 합성 /자음 초종(初終)의 형세/모음의 생략/모음의 역량 제2편 자학(字學)-자(字)의 총론/자의 분류/자의 변화

---

12) 하동호(1978)에 의하면 자필 원고본 「조선어」가 소개된 바 있으나 현전하지 않아 다룰 수 없다(고영근 1998: 209 재인용).

품사체계
명사(임씨)/동사(움씨)/형용사(얻씨)/관사(언씨)/부사(억씨)/ 경탄사(늑씨)/인접사(겻씨)/접속사(겻씨)/결사(맺씨)
특징
-단모음: ㅏ, ㅓ, ㅗ, ㅜ, ㅡ, ㅣ (6개) → 주시경의 단모음 체계와 동일함. -단자음: ㄱ, ㄴ, ㄷ, ㄹ, ㅁ, ㅂ, ㅅ, ㅇ, ㅈ, ㅎ, ㆁ, ㅿ, ㆆ 　　　　 (13개) → ㆁ, ㅿ, ㆆ을 추가한 것을 제외하면 주시경(1910: 2, 　　 1914: ㄷ), 김두봉(1916: 8)과 차이가 없다. 추가한 　　 옛 글자에 대한 언급은 없다. 품사 체계는 주시경과 　　 같으나 내용과 용어는 김두봉과 유사. 군데군데 장지영의 교정이 보임. 　1) "음학"에 "소리갈"이라는 주시경의 용어를 덧붙임. 　2) 'ㆍ'를 모두 'ㅏ'로 바꿈. 　3) '子音 닿소리'와 같이 한자어 용어 옆에 고유어 병기.

(1나) 『조선어전』의 특징은 다음 <표 2>로 제시한다.

〈표 2〉 『조선어전』의 특징

목차
제1장 總論 - 語典의 뜻/말과 글/글의 두 가지/조선말과 조선글 　　　　　제1편 음학 - 소리(音)/홀소리(母音)/닿소리(子音)/음의 단복(單 『조선어전』　　複)/모음과 자음의 합음/연습/음조/자음의 접변 　　　　　제2편 자학(字學)-씨의 總論/씨의 種類/씨의 겹몸/씨의 바꿈 　　　　　제3편 월(文章)-월의 감(文의 格)/월의 마디(文의 節)/월의 종 　　　　　류(홋월, 거듭월)

특징
-음학체계는 『조선어문전』과 비교했을 때, · '·ㅇㅿㆆ'이 빠짐. · 품사체계는 9품사. "씨의 겹몸, 씨의 바꿈"이 추가. · 문장론 보충. -전반적으로 주시경, 김두봉의 영향을 많이 받음. 1) 음학체계, 품사체계에 있어서 비슷함. 2) "씨몸바꿈"에서 '벗은 옷'의 '벗은'을 "언"으로 처리 　→ 주시경의 영향 3) 문장편은 주시경과 다름. 김두봉과 거의 일치. -"연습" 추가 -나름의 문법이론이 반영된 것은 아닌 것 같고 대체로 김두 봉의 체계와 용어를 계승한 것으로 보임.

다음으로 (1다)의 『조선어전강의』를 살펴보기로 한다.

〈표 3〉『조선어전강의』의 특징

	목차
『조선어전강의』	총론-어전의 뜻/말과 글/글의 두 가지/조선말과 조선글 제1편 음학 - 소리(音)/홀소리(母音)/닿소리(子音)/음의 단복 　　　　　(單複)/모음과 자음의 합음/연습/음조/자음의 접변 제2편 자학-씨의 총론/씨의 종류
	특징
	-미완의 글인 것으로 보임. -장절의 편성과 제목, 내용 등을 감안할 때 『조선어전』 을 대본으로 하여 조판한 것으로 보임. -음학, 품사체계가 동일함.

『조선말법』의 특징은 다음과 같다.

<표 4> 『조선말법』의 특징

목차
소리주비 音節部 소리의 갈애/장애되는 정도와 갈애/소리의 거듭/홀소리의 줄임/ 닿소리의 닛어 바꿈/버릇소리/말의 버릇/소리의 뜻바꿈 단어의 구조 체언/형용사/동사/조사

	특징
『조선말법』	-자음의 분류 1) 장애되는 자리: 조음위치에 따른 분류. "닙술과 닙술"과 같이 듦. 2) 장애되는 정도와 갈래: 조음방식. "다막음소리", "덜막음소리"를 듦. 전자는 "헤침소리, 코소리", 후자에는 "여린헤침소리, 굴림소리, 갈임소리, 녚갈림소리, 여린갈림소리"를 두고 있음. 3) 목청 소리를 띠고 안 띤 것: 'ㅁ,ㄴ,ㄹ'을 목청소리를 띤 것으로, 나머지는 안 띤 것으로 봄. -모음의 분류: 주시경의 6모음론을 버리고 김두봉(1916/1922)의 8모음론과 최현배(1929)의 9모음론을 절충하여 수용. 두 모음론의 차이는 'ㅚ'를 넣느냐 그렇지 않느냐에 있음. 1) 혀의 높낮이 곧 입의 여닫이로 말미암아 되는 것: ㅏ, ㅓ, ㅐ, ㅔ / ㅡ, ㅣ, ㅜ, ㅗ, ㅚ 2) 혀의 앞뒤의 오르내림으로 되는 것: ㅣ, ㅐ/ㅏ, ㅔ, ㅚ/ㅡ, ㅓ, ㅗ, ㅜ 3) 입술의 둥글고 넙적함으로 되는 것: ㅗ, ㅜ, ㅚ/ㅏ, ㅓ, ㅐ/

	ㅡ, ㅣ, ㅔ -음성상징론적 인식체계: "소리 뜻 바뀜"이라는 제목 아래 우리말의 음성상징 현상을 기술함. 듣기 좋은 소리 '아음(雅音)', 듣기 나쁜 소리 '야음(野音)'을 상정. ㅓ, ㅜ, ㅡ, ㅣ, ㅕ, ㅠ가 아음에 붙고, ㅏ, ㅗ, ㅑ, ㅛ는 야음에 붙고 그 나머지는 아음에 붙음. 조사(助詞) 외에 다른 품사에 이 같은 구별이 있음. -단어의 구조: 현대적 관점에서는 형태론. 조사만 제시. 국어 어휘의 기원과 조어장식, 의미변화 유형을 30여 항목에 걸쳐 제시.

다음은 『조선어전 초본』과 관련된 것이다.

〈표 5〉 『조선어전 초본』의 특징

	목차
『조선어전 초본』	제1편 소리 말과 글/글의 두 가지/홀소리와 닿소리/홀소리의 갈래/닿소리의 갈래/홋소리와 겹소리(단음과 복음)/홀소리의 거듭/자음의 강음/된시옷/받침/음조/자음의 접변/모음의 전환 제2편 자학(字學) 씨의 총론/님씨/언씨/움씨/것씨/닛씨/맷씨/언씨/억씨/늑씨 제3편 씨의 겹몸(字의 複體) 님씨의 겹몸/언씨의 겹몸/움씨의 겹몸/겹씨의 겹몸/닛씨와 맷씨의 겹몸 제4편 씨몸바꿈(字體變化) 님씨의 바꿈/언씨의 바꿈/움씨의 바꿈 제5편 文章(월) 월의 감/월의 마디/월의 갈래

	특징

	-『조선어전』과 전반적인 체계가 같음.
	→ (1나)에서 (1라)까지 집필하는 과정에서 내용을 더하고 수정을 하여 체계를 가다듬을 것으로 생각됨.
	이전 저서와는 달리 자모음의 이름을 붙이고 있음.
	전통적인 반절표 순서를 따름. 'ㆍ'의 경우 쓰지 않다가 다시 쓴 이유를 언급하지 않음.
	-'ㅎ'을 'ㅈ' 다음에 두는 것에 대한 언급 없음.
	-모음 분류에 대한 진전된 기준 제시
	  1) 턱을 넓게 벌이고 좁게 벌임으로 다른 소리
	  2) 혀바닥을 높이고 낮힘으로 다른 소리
	  3) 입술을 둥글게 하고 넙적하게 함으로 다른 소리
	-모음의 합음에서 'ㅚ'를 제외한 8모음만이 단음이라 함.
	-'ㅚ'를 합음으로 처리.
	-'ㅚ'의 소리를 셋으로 잡음.
	-자음 분류
	  1) 입소리와 코소리
	  2) 다막음소리와 덜막음소리
	  3) 목청 띤 소리와 아니 띤 소리
	-모음 중심의 음성상징론을 기술함. 예컨대 '펄펄 뛴다'와 '팔팔 뛴다'의 차이.
	-표기법: '님씨, 닛씨' 등 'ㄴ'으로 소리나는 단어에 한하여 두음법칙을 지키지 않고 원음을 밝혀 적음. 모음으로 된 접사나 어미가 붙을 때 '갚애, 흝어'와 같이 끊어적기를 실시.

『조선어전 초본』은 『조선어전』의 개정판 정도로 볼 수 있다. 문법 체계는 김두봉(1916, 1922)을 따르고 있었던 것으로 보인다. 따라서 여타의 1930년대 전반의 문법서인 박승빈 『조선어학강의요지』(1931), 박

상준 『개정철자준거 조선어법』(1932), 강매 『정선 조선어문법』(1932), 신명균 『조선어문법』(1933) 등과 전반적으로 비슷한 유형인 것으로 생각할 수 있다.[13)

4. 『조선어철자법강좌』에 대하여

장지영의 철자법에 관련된 가장 중요한 업적은 『조선어철자법강 좌』이다. 이는 조선일보 1930년 3월 18일자에 "철자법 강좌를 두게 됨에 림하야"라는 제목의 서론으로 시작하여, 4월 2일부터 6월 17일 까지 연재한 내용을 책으로 묶은 것이다. 『조선어철자법강좌』는 다 른 저술과는 달리 한글 위주로 서술하되 한자는 괄호 안에 넣는 식 으로 표기하였다. 신문에 연재되었다는 사실을 생각해보았을 때, 한 자를 모르는 일반인들도 두루 읽을 수 있기 위해서였을 것으로 보인 다. 아래에 제시한 『조선어철자법강좌』의 머리말에서 그러한 의식을 엿볼 수 있다.

> 우리글은 그 글자체가 아무리 아름답고 배우기와 쓰기가 쉬웁 지마는 탄생한지 몇백년에 이를 멸시하고 구박하여 언문풍월에 는 염도 아니본다는 생각으로 아무렇케나 쓰면 스는줄 알아서 한가지말을 열가지 스무가지로 써도 나물함이 없고 열사람 스무 사람이 제각금 다르게 써도 탓이 없었읍니다 그리하야 오늘까지 글의 법읽 서지못하매 바른길이 나서지 아니하야 바로쓰래야 그 길이 어떠하며 또는 어듸로 좇아 나아가야 될는지 모릅니다 그

러나 우리도 말을 하여야만 할것이며 우리도 글을 써야만 할때
가 우리의 덜미를 쳐서 왔읍니다 전날에는 글이란 팔자좋은 사
람들의 밥먹고나서 심심풀이하는 한가지 장난거리 비스름한데서
지나지못하였지마는 오늘와서는 우리가 살아가는데 없어서는 아
니될 필요품이 되였읍니다 밥이 있어야 살고 옷이 있어야 사는
것과 마챤가지로 우리는 글이 있어야 삽니다 그런데 우리에게는
글이잇읍니다 알기쉽고 쓰기쉬운 글이 있읍니다 그러나 우리는
이를 쓰러들지 않았기 때문에 바로 잡으러들지도 않고 저대로
그냥 내버려두었읍니다 그리하야 지금은 몹시도 거칠어졌읍니다
그러나 아니쓰래야 아니쓸수 없는 경우를 당한 우리는 이제서야
이글의 법을 찾으려합니다 이글의 바른길을 더듬노라고 부르짖
음이 바야흐로 높아가려 합니다 올부터는 보통학교 조선어독본
도 새로 작정된 새철자법으로 고쳐 박게 되였으며 몇몇분 문사
들의 지은바 이름있는 소설책도 새철자법으로 박히는중이라 합
니다 그뿐아니라 이 앞으로는 신문도 잡지도 그밖에 일반출판물
도 다 새철자법대로 고치려한다고합니다 물론 이와같이됨은 매
우 깃븐 일입니다 그러나 이에 따라서 일반 우리들 사이에는 갑
작이 한가지 공포심을 일으키는이가 있는 모양같은데 그 공포심
이란것은 대개 이러한것인듯 합니다 그동안 우리가 이 글을 써
서 나려오는동안 잘했든지 못했든지간에 반절한장만 익혀놓으면
그대로 쓰든것을 새삼스럽게 법이니 무엇이니 하면 모두가 갑작
이 글한줄 쓸수없이 될것이 아니냐 또 우리가 반절한장만 깨치
면 신문이고 잡지가 소설이고 그 대로 다 보든것을 새삼스럽게
새철자법대로 쓰게되면 갑작이 글한줄 읽지못하게 될것이 아니
냐 무식쟁이가 없어지도록 힘쓴다고 한편으로 떠들면서 돌이어
모든 조선사람을 무식쟁이로 만들자는 수작이 아니냐 이렇게 말
하는이가 있읍니다 그러나 전날에 방아ㅅ공이로 쌀을 찌어 먹는
사람들에게 새삼스럽게 정미기계를 쓰라면 갑작이는 서툴어서

오히려 방아공이를 그대로 쓰는것만큼 편치못할것 같을지며 전
날에 자긔손으로 기름을 짜서 마음대로 불을켜는 사람들에게 새
삼스럽게 전긔등을 켜라면 갑작이는 서툴어서 오히려 기름을 켜
는 것보다 까다로울것 같습니다 그러나 그럭저럭 써나고보면 물
론 정미기계가 방아ㅅ공이보다 전긔등이 기름불보다 편리할것이
아닙니까 이글도 오늘날 쓰는것과같이 되는대로 쓴다면 얼마큼
은 자유로울지 모르지마는 통일되지 못함으로 생기는 불편과 착
오가 얼마나 클것입니까 우리는 이때에 있어 아무조록 이글의
바른길을 찾아일정한 법측을 세우고저함과 한께 여러분의 갑작
이 쓸수없다 갑작이 볼수없다 하는 걱정을 조금이라도 덜어들일가
하는 생각으로 이 작은 책이나마 여러분앞 내어놓게 되었습니다

『조선어철자법강좌』는 1930년 2월에 개정·공표된 '언문철자법'의
보급을 위하여 저술된 것으로 알려져 있다. 이러한 철자법은 일반인
들에게는 당장에 익히기에 어려운 것이었고, 이 때문에 철자법 저서
를 간행하는 데에도 많은 반대에 부딪히기도 했다. 어쨌든 철자법은
개정되었고, 『조선어철자법강좌』는 이러한 시대적 요구에 부응하기
위해 출간되었다. 그 목차는 다음과 같다.

    (2) 『조선어철자법강좌』의 목차

1. 표준어	8. 모음의 조화
2. 자음의 경음	9. 토의 구별
3. 발음	10. 형용사와 동사의 불규칙
4. 실제발음	11. 자체변화
5. 받침	12. 언어의 생략
6. 동사의 시간	13. 관용상의 착오
7. 동사의 존비칭	

이제 『조선어철자법강좌』를 (2)에 열거된 목차별로 그 내용을 상세히 살펴보기로 하자.

① 표준어

"표준어" 부분에서는 먼저 표준어를 세우는 기준을 제시한다.

> (3) 가. 서울말로 표준을 삼음이 좋습니다.
> 나. 이 시대에 쓰는 말로 표준을 삼음이 좋습니다.
> 다. 학리에 맞고 규모가 있는 말로 표준을 삼음이 옳습니다.
> 라. 순연한 조선말을 억지로 한문에 붙여 쓰는 것이 옳지
> 않습니다.

(3가)는 한 나라의 수도(首都)는 문물의 중심지여서 어음(語音)이 비교적 정확하고, 문법도 비교적 통일되며, 말이 여러 지방에 통용되는 까닭에 내세운 기준이다. (3나)와 관련해서는, 시대의 흐름에 따라 사람들의 의식을 나타내는 말이나 어법, 발음이 달라지는데, 옛 말이 옳으므로 계속 쓴다는 것은 전기, 전화, 차기선 등 옛 사람이 쓰지 않는 것을 쓰는 것은 죄라고 하는 것과 마찬가지라 하였다. 현 시대의 문물을 인정하고 쓰는 것처럼 현 시대의 말을 인정하여야 옳다는 것이다. 그러면서도 외래어를 무분별하게 받아들이는 것을 경계해야 한다고 지적했다. 언어 사용 측면에서도 자주정신을 유지해야 한다는 장지영의 가치관을 확인할 수 있다. 아래는 『조선어철자법강좌』의 해당 부분을 인용한 것이다.

우리는 따라가기만하고 닮아가기만 한다면 우리는 언제까지
라도 자주라는 것은 없이 그저 남의 종노릇 하기에만 밭블 것입
니다 남의것을 가져올때에는 이것을 우리에게 맞게하자면 어떻
게 고쳐맨들어야 좋을까 생각하야 이말은 우리말로 무엇이라하
면 맞을까 이글은 우리글로 무엇이라고 쓰면 옳을까 이런 생각
을 어느때에든지 잊어서는 아니될줄앎니다 흖이 말하기를 우리
말은 형용사가 부족해 동사가 부족해 어듸 우리말로 외국말을
다 번역할수가 있어야지 이러한말을 서슴지않고 손쉽게들합니다
그러나 조금도 무엇을 생각지않고 값싸게 말을 하여서는 아니됩
니다 양말로 번역하려면 과연 다 번역할수 있겠읍니까 어떤 경
우에는 우리말의 형용사나 동사가 외국말보다 부족하기보다는
외국말의 형용사나 동사가 돌이어 우리말보다 훨신 부족한 것을
늦기게 될때도 많을것입니다 그저 말하자면 그따위말은 생각지
않은데서 많이 나올줄앎니다 우리는 늘 여긔에 뜻을 두어가지고
생각만 한다면 우리말이 그리 부족지 않음을 알게될것이며 모든
외국말이나 외국글을 우리가 알기쉽고 쓰기좋도록 우리뜻에 맞
고도 그 본뜻에 어그러짐이 없도록 번역해내게 될것이올시다

위에서 확인할 수 있듯이, 장지영은 외국어와 우리말의 차이점을
어느 정도 파악하고 있었다. 단지 외국어가 우리말보다 동사나 형용
사 표현이 많다고 할 수는 없고, 어휘에 따라 반대인 경우도 있음을
인식하였던 것이다. 그에 따라 우리말의 장점을 생각한다면, 외국어
의 번역 또한 충분하다고 생각하였다. 그의 우리말에 대한 자주의식
을 엿볼 수 있다.

(3다)는 우리말의 존속과 관련된 내용이다. 장지영이 우려하고 있
는 것은 "말이라든지 글이라는것은 아무렇게든지 그저 서로 뜻만 통

하게 된다면 그만이다 무슨학리이니 규측이니하야 어려웁게 생각할 것이 무엇이냐 그저 입에서 나오는대로 붓끝돌아 가는대로 쓰면 그만이 아니냐"와 같은 사고방식이었다.[14] 사라진 만주글이나 터키글을 예로 들어, 그 사례들을 경계하여 우리글을 값있게 사랑하는 마음을 가져야 한다고 주장하고 있다. 그러한 의식을 발휘해 학리에 맞고 규모가 서게 하여야 한다는 것이다. 고영근(1998: 227-228)에 의하면 (3가~다)는 언문철자법과 표준어 사정원칙과 큰 차이가 없는 것으로 이해된다.

(3라)의 예는 우리말을 굳이 한자로 쓰는 것을 말한다. 이는 (3다)에서 언급했던 내용과도 연관되고, (3다)에서 주장했던 내용의 일환으로 봐도 무방할 것이다. 크게 본다면 문화 사대주의를 가진 자들을 비판하는 내용을 담고 있다. 우리말에 있어서는, 예컨대 '생각, 대신, 대추, 구경'과 같은 우리말을 '生覺, 代身, 大鄒, 求景'와 같이 한자로 적는 일을 경계해야 한다고 하였다.

(3가~라)에서 제시한 표준어의 기준을 정리하자면, (3가)는 현대까지 보편적으로 적용되는 기본적인 표준어 사정 원칙을 당시에도 생각하고 따랐던 것으로 이해할 수 있다. (3나~라)에서 나타나는 공통적인 사항은 장지영의 우리말, 우리글에 대한 자주의식이었다. 일찍이 민영환의 사건에서 갖게 된 자주의식이 주시경 등을 겪으며 더욱 발달되었고, 우리말, 우리글에 대해서 갖고 있는 확고한 자주의식이 이 표준어를 세우는 기준에도 반영된 것이다.

---

14) 이와 관련해서 일본어의 가나를 잘못 쓰거나 영어의 발음 혹은 철자를 빼먹거나 잘못 썼을 때에는 나무라고 용서하지 않으면서 왜 우리말에 있어서는 상관하지 않는가에 대해서 강력하게 비판하고 있다. 이는 현대의 맞춤법 관련한 논의에서도 자주 언급되는 사항인데, 이미 100여 년 전부터 이러한 문제를 인식하고 있다는 사실이 흥미롭다.

② 자음의 경음

자음의 경음을 설명하는 부분에서는, 우선 경음이란 무엇인지 정의하고, 자음의 된소리를 쓸 때 지켜야 할 원칙을 내세우고 있다. 즉 같은 자음을 병서하는 방식을 옳다고 보고 된시옷 표기는 쓰지 않는 것이 좋다고 하고 있다. 종래까지 써 오던 된시옷 표기는 음리(音理)에 맞지 않고 원칙에 어그러진다고 주장하는데, 여기서 말하는 음리나 원칙이 무엇인지는 나타나 있지 않다. 해당 자모별로 예를 보이면 다음과 같다.

> (4) 가. '까 꺄 쩌 쪄 쇠 쇼 쭈 쓔 쓰 쎄 쏏'로 쓰든 것은 버리고 '까 꺄 꺼 꺼 꼬 꾜 꾸 뀨 끄 끼 끼'로 고쳐 씀이 옳습니다.
> 나. '짜 쨔 쪄 쏘 쑈 쭈 쓔 쓰 씨 쏏'로 쓰든 것은 버리고 '따 땨 떠 떠 도 뚀 뚜 뜌 뜨 띠 따'로 고쳐 씀이 옳습니다.
> 다. '쌔 쌰 쌔 쎠 쏏 쏏 쌱 쌲 쓰 쎼 쏏'로 쓰든 것은 버리고 '빠 빠 뻐 뼈 뽀 뾰 뿌 쀼 쁘 삐 빵'로 고쳐 씀이 옳습니다.
> 라. '짜 쨔 쩌 쪄 쪼 쓔 쓰 씨 쫏'로 쓰든 것은 버리고 '짜 쨔 쩌 쩌 쪼 쬬 쭈 쮸 쯔 찌 짯'로 고쳐 씀이 옳습니다.
> 마. '싸 쌰 써 쎠 쏘 쑀 쑤 쓔 쓰 씨 쏏'는 그대로 쓸 것입니다.

③ 발음

우리글을 읽을 때에 소리를 제대로 내지 않고 잘못 내는 경우가 있기 때문에, 후에 표기를 잘못 하게 되고 그로 인해 제 소리를 내지 않게 되는 일이 있음을 지적하였다. 여기서 제시한 방식 역시 주시경과 그의 후학에 영향을 입은 바 크다. 그 규칙을 아래에 제시한다.

> (5) 가. '댜 뎌 됴 듀 디'를 '자 저 조 주 지' 혹은 '쟈 져 죠 쥬 지'로 발음함은 매우 잘못이니 아무쪼록 그의 본음대로 발음하여야 할 것입니다.
>
> 나. '탸 텨 툐 튜 티'를 '차 처 초 추 치' 혹은 '챠 쳐 쵸 츄 치'로 발음함은 매우 잘못이니 아무쪼록 그의 본음대로 발음하여야 할 것입니다.
>
> 다. '댜 뎌 됴 듀'를 '다 더 도 두' 혹 '대 데 되 뒤'와 같이 발음함은 매우 잘못입니다.
>
> 라. '탸 텨 툐 튜'를 '타 터 토 투' 혹 '태 테 퇴 튀'와 같이 발음함은 매우 잘못입니다.
>
> 마. '샤 셔 쇼 슈'를 '사 서 소 수'와 같이 발음함은 매우 잘못입니다. 아무쪼록 '샤 셔 쇼 슈'의 본음대로 발음하기를 힘써야 옳습니다.
>
> 바. '쟈 져 죠 쥬'를 '자 저 조 주'와 같이 발음함은 매우 잘못입니다. 아무쪼록 '쟈 져 죠 쥬'의 본음대로 발음하기를 힘써야 옳습니다.
>
> 사. '챠 쳐 쵸 츄'를 '차 처 초 추'와 같이 발음함은 매우 잘못입니다. 아무쪼록 '챠 쳐 쵸 츄'의 본음대로 발음하기를 힘써야 옳습니다.
>
> 아. '라 러 로 루'를 말할 적에 첫머리로 발음하게 되면 '나 너 노 누'와 같이 발음하나니 이는 잘못입니다. 그도 본음대로 발음하도록 힘써야 옳습니다.

위에서 확인할 수 있는 바와 같이, '댜, 텨, 됴, 튜, 샤, 져, 쵸' 등을
단모음으로 발음하는 것 등은 잘못된 발음이라 지적하였고, 원발음
을 유지할 것을 당부했다. 그러나 주지하듯이 이러한 규칙이 잘 지켜
지지는 않았다.

④ 실제 발음

표준어를 세우는 기준에서도 알 수 있듯이, 장지영은 기본적으로
합리적이지 못한 관습적 사용에 대해 경계하는 태도를 취하고 있다.
고유어나 한자어의 음을 가리지 않고 모두 실제 발음을 쓰고, 역사적
표음은 버려야 한다고 하였다. '뎌것, 텰도, 셔울, 긔쟈'를 실제 발음
에 따라 '저것, 철도, 서울, 기자' 등으로 적어야 한다는 것이다. 아래
는 그 구체적인 내용을 제시한 것이다.

> (6) 가. '댜 뎌 됴 듀 디'로 써오든 말 중에 우리가 '자 저 조 주
> 지'로 발음하는 것은 그 실제 발음을 좇아서 쓰기도
> '자 저 조 주'로 해야 할 것입니다.
> 나. '탸 텨 툐 튜 티'를 로 써오든 말 중에 우리가 '차 처
> 초 추 치'로 실제 발음하는 것은 글로 쓸 때에도 '차 처
> 초 추 치'로 써야 할 것입니다.
> 다. '샤 셔 쇼 슈'로 써 오든 말 중에 우리가 '사 서 소 수'
> 로 발음하는 것은 글로 쓸 때에도 그 실제 발음을 좇아
> 서 '사 서 소 수'로 쓰는 것이 좋습니다.
> 라. '쟈 져 죠 쥬'로 써 오든 말 중에 우리가 '자 저 조 주'
> 로 발음하는 것은 글로 쓸 때에도 그 실제발음을 좇아
> 서 '자 저 조 주'로 쓰는 것이 좋습니다.

마. '챠 쳐 쵸 츄'로 써 오든 말 중에 우리가 '차 처 초 추'
로 발음하는 것은 글로 쓸 때에도 그 실제발음을 좇아
서 '차 처 초 추'로 쓰는 것이 좋습니다.

바. '긔듸리믜븨싀긔츼킈틔픠희'로 써 오든 말 중에 우리가
'기디리미비시지치키티피히'로 발음하는 것은 글로 쓸
때에도 그 실제발음을 좇아서 쓰는 것이 좋습니다.

사. 순수한 우리말이나 한문자의 음에 "ㆍ" 모음을 쓰든 것
은 이것을 쓰지 말고 지금 우리가 실제로 발음하는 것
을 좇아서 "ㅏ ㅓ ㅗ ㅜ ㅡ"들의 모음을 쓰는 것이 좋
습니다.

아. 원래 한문으로 된 말이라도 이제 와서 그 발음이 한문
자 본음과 아주 닳아진 것은 이것을 순수한 조선말과
같이 보아 지금 발음대로 쓰는 것이 좋습니다.

⑤ 받침

기본적으로 소위 7종성(ㄱ, ㄴ, ㄹ, ㅁ, ㅂ, ㅅ, ㅇ) 외에도 'ㄷ, ㅈ, ㅎ,
ㅋ, ㅌ, ㅊ'도 인정할 것을 주장하였다. 겹받침도 'ㄺ, ㄻ, ㄼ' 외에 다
양한 겹받침을 더 두어야 한다고 하고 예를 보였다.

먼저 "받침"과 관련하여 실제 발음과 철자법의 차이를 논하였다.
실제로 사람들이 '받아'를 발음할 때에는 [바대][15]와 같이 발음하면
서, 글에서는 '밧아'로 적는 괴리감을 지적하였다. 흥미로운 점은
'ㄱ'이나 'ㅂ'과 같은 자음은 잘 구분해서 쓰면서 'ㅅ'만큼은 유난히
다른 양상을 보임을 언급했다는 사실이다. 당시 언중들이 '벗어'와
같은 단어를 발음할 때에, '버서'라고 적힌 글자는 [버서]라고 발음을

---

15) '[ ]'는 발음을 나타내는 괄호로 사용하였다.

하면서, '벗어'를 읽을 때에는 [버더]와 같이 발음하여 'ㅅ'의 소리를 'ㄷ'의 소리로 바꾸는 경향이 있었음을 알 수 있다. 이러한 경향이 계속되어 말로 'ㄷ' 받침의 소리를 낼 줄 알면서도, 글로 쓸 때에는 이를 'ㅅ' 받침으로 쓰는 버릇이 크게 잘못되었다고 하고 있다.[16]

이렇듯 사람들의 실제 발음과 표기가 달라 생기는 문제들을 해결하기 위하여 발음 그대로 표기를 하는 방안에 대해 생각해 봄직하다. 장지영은 그러한 방안에 대하여는 문법이 틀리기 때문에 불가하다고 하였다. 같은 단어라도 사람, 세대, 지역에 따라 달리 발음될 수 있고, 그렇다고 하면 어떤 단어의 표기는 지나치게 많아지는 경우도 생길 수 있음을 지적한 것이다. 또한 한국어를 배우는 외국인의 입장 역시 고려하였다. 따라서 표준할 만한 발음을 하나 가리어 쓰는 것을 지향하여야 한다고 주장하였다.

이렇게 한 단어에 대해 일정한 발음을 정해야 하는 근거 중 하나로, 어떤 일정한 행동이나 관념을 말로 나타낼 때에는 일정한 발음이 있어야 함을 들었다. 그리고 그것을 글로 나타낼 때에는 일정한 자형(字形)이 있어야 한다는 것이다.

> (7) 가. 사람이밥을먹으니
>   나. 사라미바블머그니

(7가)처럼 써야 '사람'과 '밥'과 '먹'이 완전한 자형을 이루어, 조사, 어미와 어울려 일정하게 표현이 되는 것이고, 만약 (7나)처럼 쓴다면

---

16) 더 심각한 사례로, 현대 한국어 맞춤법으로 '맡-(任) + -으니'인 '맡으니'를 '맛흐니'와 같이 쓰는 것을 들었다. 발음을 [마트니]로 하면서도 쓸 적에는 '맛흐니'로 쓴다는 것은, 'ㅅ'과 'ㅎ'이 만나면 'ㅌ'이 된다는 것인데, 음리 상 그럴 수 없다고 하였다. 'ㅅ' 받침을 'ㄷ'으로 발음하기 때문에 이러한 표기상 오류가 나타난다고 지적하였다.

'사라'까지고 '사람'을 의미하는지, '사라미'까지가 '사람'을 의미하는지, '바블'이 '밥'을 의미하는지, '바'가 '밥'을 의미하는지 분명히 알 수가 없다고 한 것이다. 그리하어 다음과 같은 결론을 내놓았다.

> (8) 사람이밥을먹으니
> 이렇게 써야『사람』『밥』『먹』들은 각각 한 가지 관념을 표시하는 글자로 분명히 나타나게되고 그 아래 붙은『이』『을』『으니』들은 이러한 관념을 표시하는 글자들의 활용을 표시하여 주는 토로 똑똑히 분간이 나서게 될 것입니다

장지영이 말한 관념을 분명히 나타낸다는 것은, 곧 어휘적 요소와 문법적 요소를 형태적으로도 분명하게 철자법에 반영해야 한다는 의미로 이해된다. 예컨대 용언 활용형을 적을 때에는 어디까지가 어간이고 어디부터가 어미인지 분명히 보여야 한다는 것이다. 이러한 이치를 충분히 설명한 뒤에는 각 받침에 대한 철자법을 소개하였다. 먼저 홑받침 ㄷ, ㅈ, ㅊ, ㅌ, ㅍ, ㅋ, ㅎ이 들어간 용언 어간과 명사들 중 주로 일상에서 잘 쓰이는 것으로 보이는 단어들을 제시하여 그 활용형, 곡용형들의 철자법을 제시하였다. 그리고 겹받침 ㄺ, ㄻ, ㄿ, ㄳ, ㄵ, ㅀ, ㄾ, ㄽ, ㅀ, ㄿ, ㅁ, ㅄ, ㅅ, ㄲ, ㅆ에 대한 철자법을 제시하였다. 제시된 단어들에 대해 기본적으로 활용형의 철자법을 보였고, 좀 더 설명이 필요한 부분은 '독법'이나 '주의' 란을 추가하여 보충하였다.

⑥ 동사의 시간

이는 시제 체계와 관련된다. 동사에 시간표가 붙는다는 표현을 쓰

는데, 기본적으로 시제 체계를 과거, 현재, 미래의 3분 체계로 보았다. 동사 '가다'를 예로 보여 과거형은 '가'에 '앗'을 붙이고, 현재형은 '가'에 'ㄴ'을 붙이고, 미래형은 '가'에 '겠'을 붙인다고 하였다.

또한 동사가 '설명격'이 될 때와 '종속격'이 될 때로 나누어 설명하였다. 설명격은 단순히 동사 어간에 종결어미 '-다'가 붙는 형태를 의미한다. 기본적으로 현재의 활용형 설명과 크게 다르지 않다. 쓰는 용어의 차이는 조금 있다. 과거 시제는 과거완성, 과거의 과거, 과거미래로 하위 구분하였다. 과거완성은 '-앗-/-었-', 과거의 과거는 '-앗앗-/-었었-', 과거미래는 '-앗겠-/-었겠-'에 대응되는 용어이다. '하-'와 '되-'는 특별히 '-얏-, -엿-, -얏었-, -엿었-, -얏겠-'을 붙인다는 설명을 덧붙였다.

동사의 종속격은 동사 어간에 관형형 어미가 붙은 형태를 의미한다. 이를 과거미완, 과거의 과거로 나누어 설명하였다. 과거미완은 동사 어간에 어미 '-든'을 붙인 형태라 하여, '가든', '오든', '먹든', '읽든' 등을 예로 들었다. 이때 '-든'은 오늘날의 '-던'에 해당하는 것인데, 과거미완이라는 상적 의미로 본 점이 특징적이다.

⑦ 동사의 존비칭

이 부분에 대한 설명은 짧고 간단한데, 평칭은 동사 그대로 쓰되, 존칭은 높임법 선어말어미 '-시-/-으시-'를 붙여서 쓰는 것에 대한 철자법을 소개하고 있다. 예외적으로 동사 중에는 평칭과 존칭이 별개의 단어로 되어 있다고 하였다. '먹다'와 '잡수시다', '자다'와 '주무시다', '죽다'와 '돌아가시다', '이르다'와 '엿줍다'가 제시된 단어들이다.

⑧ 모음의 조화

모음 ㅏ, ㅑ, ㅓ, ㅕ, ㅗ, ㅛ, ㅜ, ㅠ, ㅡ, ㅣ, · 중 ㅏ, ㅑ, ㅗ, ㅛ, ·를 양성모음, ㅓ, ㅕ, ㅜ, ㅠ, ㅡ, ㅣ를 음성모음이라 하고, 양성모음은 양성모음끼리, 음성모음은 음성모음끼리 조화가 된다고 설명하였다. 또한 동사의 활용도 어미에 따른 분간이 있다고 하였다.

연결어미를 의미하는 연용토(連用吐)와 결합할 때의 모음조화, 시간표 즉 시제 관련 어미와 결합할 때의 모음조화, 명령형 어미를 의미하는 명령토(命令吐)와 결합할 때의 모음조화 규칙에 대해 설명하였다. 특히 동사 '가-'(去)와 '오-'(來)의 명령형은 '-아라'가 아닌 '-거라'와 '-나라'임을 주의를 주었다. 앞서 언급한 동사의 시제형에서도 그랬듯이, 여기에서도 동사 '하-'와 '되-'에는 특별히 '-야/-여', '-야서/-여서', '-야도/-여도', '-얐/-였', '-야라/-여라'를 붙인다고 하였다. 이상을 봤을 때, 현대 한국어의 모음조화 규칙과 거의 다를 바가 없음을 확인할 수 있다.

⑨ 토의 구별

"토의 구별"에서는 자음과 모음에 관계없이 쓰이는 토와, 관계를 맺고 쓰이는 토의 용법을 보였다. 자음과 모음에 관계없는 토는 '도', '만', '에', '에서', '다', '고', '지', '드라', '느냐', '-아', '-아서', '-아도', '-아라', '-어', '-어서', '-어도', '-어라', '-든', '-드니'를 명시해놓았다. 이들은 앞 글자에 받침 유무에 상관없이 한 형태만이 쓰인다고 한 것이다.

자음과 모음에 관계있는 토에는 '가', '를', '는', '르', 'ㄴ', '-니',

'-면', '-냐'는 앞 글자가 받침이 없을 때에 쓰는 것이라 하였고, '이', '을', '은', '-을', '-은', '-으니', '-으면', '-으냐'와 같은 토는 앞 글자에 받침이 있을 때에 쓰는 것이라 하였다.

⑩ 형용사의 동사의 불규칙

이는 형용사와 동사의 불규칙용언에 대한 표기를 나타낸 것이다. 유형별로 형용사와 동사의 예를 제시하였다. 우선 '두 가지 소리로 나는 것'에 해당하는 형용사는 '덥-'과 같은 'ㅂ 불규칙 용언'을 제시하였다. 이들은 '덥-/더우-'로 두 가지 형태를 가진다고 하였다. 같은 ㅂ받침을 가지고 있지만 한 가지 형태만을 가지는 '좁-'(狹)이나 '굽-'(曲)과 같은 형용사들을 유의해야 한다는 주의도 잊지 않았다.

'빠르-'(速)의 경우 '빠르-/빨ㄹ-'의 두 형태를 가지고 있다고 본 것이 특징적이다. 보통 '빠르-'를 쓰되, '-아', '-아서', '-아도', '-아라', '-어', '-어서', '-어도', '-어라' 등의 토를 달거나 과거 선어말어미 '-았-', '-었-'이 오면 '빨ㄹ-'로 활용한다고 보았다.[17] 다만 '푸르-', '누르-' 같은 경우 '-아', '-어'의 어미와 결합할 때에 '빠르-'처럼 '르'에서 'ㅡ'를 줄이지 않고 '르'에다가 'ㄹ' 하나를 더 받침에 붙인다고 하였다. 즉 '푸르러', '푸르러서', '푸르렀다' 따위로 적자는 것이다. 특히 제시한 '러 불규칙용언'의 활용형은 현대국어와 조금 차이가 있지만, '르 불규칙용언'과 '러 불규칙용언'을 구분하고자 하는 의식은 있었음을 알 수 있다.

그 외에 '소리가 줄어지는 것'으로는 '낫-'(愈)처럼 소위 ㅅ불규칙

---

17) 이 외에도 '무르- / 묽-'(軟), '마르- / 맑-'(乾), '다르- / 닭-'(異) 등을 제시하였다.

용언에 속하는 예와 '길-'(長)처럼 르불규칙 용언에 속하는 예들을 제
시하였다. 동사의 경우도 같은 활용을 하는 예들을 제시하였다.

⑪ **자체 변화**

"자체변화"라는 것은 어떤 품사를 다른 품사처럼 쓰는 것을 의미
한다. 명사되는 것, 형용사되는 것, 동사되는 것, 동사의 뜻바꿈까지
네 가지 유형으로 나누어 그 표기법을 제시하였다. 먼저 다른 품사들
이 명사로 쓰인 경우를 살펴보자.

> (9) 명사되는 것
> 형용사 +- ㅁ/-음: 큼, 작음, 힘, 푸름, 누름, 착함, 긺(長), 닮
> (甘), 잚(細田), 낢(舊落), 섦(不熟), 모짊(惡), 둥긂, 적음(少數)
> 형용사 + -아: 길이, 넓이, 높이, 깊이, 키(長身), 부픠, 무게, 두께
> 형용사 + -어기: 길어기(長)
> 형용사 + -억지: 길억지(長)
> 형용사 + -정: 검정(黑)
> 형용사 + -덩: 검덩(黑)
> 형용사 + -정이: 늙정이(老物)
> 동사 + -ㅁ/-음: 먹음, 봄, 잠, 함(事爲), 옴(來), 줌, 싸움, 배
> 움, 씀, 앎, 삶, 갊,
> 낢(形), 얼음, 믿음, 받음, 걸음(步), 걸음(肥料)
> 동사 + -엄: 죽엄(死), 묻엄(墓)
> 동사 + -에: 막에(栓), 쓸에(農具名)
> 동사 + -개: 덮개, 집개, 베개
> 동사 + -어기: 쓸어기(塵芥)

　동사 + -어지: 나머지(剩餘)

　이에 더하여 형용사에 '-기'나 '-지'를 붙여도 명사로 바뀌게 된다
고 하였고 해당 예들을 제시하였다. 흥미로운 점은 '-지'를 명사화소
로 파악하였다는 사실이다. 그 예로 '히지, 검지, 크지, 작지, 많지, 적
지, 어질지, …' 등을 들었는데, 아마도 '먹지를 못한다'에서처럼 쓰
이는 것을 중시한 결과인 것으로 보인다.

　그리고 짐승의 짖는 소리나 행동을 의미하는 말에 '-이'를 붙여,
그 짐승의 이름으로 삼게 되는 경우가 있다하여 '꾀꼴이, 벅국이, 기
럭이, 갖이, 까막이, 멍멍이' 등을 들었다.

　(10) 형용사되는 것
　　　명사 + -스럽- : 사람스럽-, 학자스럽-, 어른스럽-, 물건
　　　　　　　　　　　스럽-, 학교스럽-
　　　명사 + -답- : 사람답-, 학자답-, 어른답-, 물건답-, 학교
　　　　　　　　　답-
　　　명사 + -롭- :　슬기롭-
　　　명사 + -지- :　살지-(肥), 기름지-, 틀지-(有規模)
　　　명사 + -ㅂ- :　냅-(燻悶)
　　　동사 + -브- :　믿브-(可以信賴), 깃브
　　　동사 + -ㅂ- :　놀랍-

　(11) 동사되는 것
　　　명사 + -하- : 일하-, 쌈하-(爭), 자사하-, 질삼하-(紡織)
　　　명사 + -암- : 말미암-
　　　형용사 + -우- : 빛우-(照), 길우-(養)
　　　형용사 + -리- : 길리-(被養)

형용사 + -히- : 붉히-, 늙히-, 좁히-, 넓히-

형용사 + -이- : 높이-, 기울이-

형용사 + -후- : 늦후 (使晚)

(12) 동사의 뜻바꿈

   가) 자동사가 변하여 타동사로 되는 것

      자동사 + -이-, -히-, -우-, -기-, -리- : 줄이-, 축이-, 맞히-, 삭히-, 돋우-, 깨우-, 웃기-, 숨기-, 넘기-, 울리-

   나) 타동사가 변하여 자동사로 되는 것

      타동사 + -이-, -히-, -기-, -리-, -거리- : 쓰이-, 박이-, 잡히-, 먹히-, 밟히-, 감기-, 쫓기-, 쓸리-, 걸리-, 흔들거리-

(13) '-브-'가 붙는 형용사: 갓브-(疲困), 잇브-, 낮브-(낮음즉하다), 믿브-(可信), 밭브-(忙), 슳브-, 앓브-(痛), 곯브-(飢), 닳브-(困憊, 痛)

특기할 만한 점은 (13)에서 '앓브-'나 '곯브-' 같은 단어는 기원적으로는 '앓-'과 '곯-'에 '-브-'가 더하여 된 말이지만, 아주 독립한 말이라 하여 실제로는 '아프-', '고프-'와 같이 발음대로 쓴다고 명시하였다. 어휘화된 단어에 대한 표기를 현대 맞춤법과 같이 본 것이다.

⑫ 언어의 생략

축약을 포함한 준말을 생략이라 표현하였는데, 이 준말의 철자법을 다루었다. 다음과 같은 용례를 제시하였다.

(14) 아니먹겠다 - 안먹겠다   아니하겠다 - 않겠다
  관계하지아니한다 - 괜찬다   쓰어(用) - 써
  뜨어(浮) - 떠   따르어(隨) - 따러
  가아(往) - 가   보아(見) - 봐
  가아서 - 가서   오아서-와서
  늘이어(延) - 늘여   아니(副詞) - 안
  아니하(動詞) - 않   나는(我則) - 난
  이것은 - 이건   나를 - 날
  날날이 - 나날이   달달이 - 다달이
  여섯닐곱 - 예닐곱   넷다섯 - 네댓
  관계하지아니하다 - 괜찮다 가지어서(持) - 가져서
  막히어서 - 막혀서   넘치어서 - 넘쳐서
  하시어서 - 하셔서   견디어서 - 견뎌서
  버티어서 - 버텨서   가았다 - 갔다
  스었다 - 섰다   오았다 - 왔다
  주었다 - 줬다   하았다 - 했다
  되았다 - 됐다   가리었다(擇) - 가렸다
  하시었다 - 하셨다

 이러한 줄임말들은 학리에 맞지 않는다 하더라도 널리 쓰이고 있기 때문에 실용하는 것이 좋다고 판단하였다. 즉 글도 쉽고 재빠른 것이 좋다는 실용주의적 입장을 취한 것이다. 다만 학리를 가지고 이야기할 때에는 그 본형을 취하여야 한다는 주의도 잊지 않았다. 이때 학리를 가지고 이야기할 때라는 것이 양식(style)인지, 사용역 차원인지는 밝혀져 있지 않다.

⑬ 관용상의 착오

이 부분은 언중들이 글을 쓰면서 잘못 사용할 수 있는 단어들에 대한 철자법을 명확히 하고자 하였다. 특히 흔히 접할 수 있는 경우들을 유형화하여 그에 대해 올바른 철자법을 제시하였다.

> (一) ㄷ소리로 나는 말을 ㅅ소리로 써놓고 읽기는 ㄷ으로 하는 것
> 받으면(受) – '밧으면'으로 써놓고 읽기는 [바드멘으로 하는 것
> 걷으면(收) – '것으면'으로 써놓고 읽기는 [거스멘으로 하는 것
> 믿음 – '밋음'으로 써놓고 읽기는 [미듬으로 하는 것
> 같아서 – '갓하서'로 써놓고 읽기는 [가타세로 하는 것
> 밭(田)을 – '밧흘', '바틀'로 써놓고 읽기는 [바틀로 하는 것

(一)은 앞서 받침의 철자법을 논할 때에 언급했던 바 있는데, 당시 이와 같이 ㄷ, ㅅ과 관련된 표기 잘못이 흔했다는 것을 알 수 있다.

> (二) 존칭종지사(尊稱終止詞)의 'ㅂ니다'를 써야 옳을 것인데 'ㅁ니다'를 쓰는 것
> 합니다 갑니다 봅니다 먹읍니다 집읍니다 앉읍니다 먹습니다 집습니다 없습니다

비음화가 표기에 곧잘 반영되었음을 문제 삼는 항이다. '합니다'의 'ㅂ'이 뒤의 'ㄴ'으로 인해 'ㅁ'으로 발음되더라도, '합듸다'를 [함디다로 발음하지 않기 때문에 원래의 '합'을 그대로 표기하는 것이 옳다고 하고 있다.

(三) '만은'과 '마는'을 잘못 쓰는 것

현대국어에서도 '만은'과 '마는'은 같은 발음임에도 보조사 '만'과 '은'의 결합형인 것과, 어미인 것을 표기로서 구분하고 있다. 『조선어 철자법강좌』가 쓰여진 당시에도 장지영은 그렇게 구분하고자 하였으나 실제로 잘 지켜지지 않음을 지적한 것이다.

'이것만', '저것만' 하는 말에 '은' 토를 달면 '이것만은', '저것만은'. 이런 경우에는 '만은'이 옳고, '가지마는', '옳지마는', '보건마는', '그렇지마는' 이런 경우에는 곧 접속사되는 경우에는 '마는'이 옳습니다. 그런데 '이렇지만은', '저렇지만은'은 이렇게 쓰는 것은 잘못입니다.

(四) '데'와 '대'를 잘못 쓰는 것
하는데 보는데 가는데 먹는데
이런 경우에는 '데'를 쓰는 것이 옳고
볼진대 갈진대 하랴할진대 하건대 가건대 보건대
이런 경우에는 '대'를 써야 옳고
그리하되 보기는보되 글을읽되
이러한 경우에는 '되'를 쓰는 것이 옳습니다
그런대 오는대 가는대 가는대 먹는대
갈진데 할진데
그리호대 저리호대
이렇게 씀은 좋지 않습니다

(五) '아니'라고 쓸 것을 '안이'라고 쓰는 것
'아니간다', '아니먹는다' 하는 말의 '아니'는 부사로 그 말의

본형이 '아니'입니다. 그런데 '안이'라고 씀은 잘못입니다. '안간다', '안먹는다'의 '안'은 '아니'란 말을 줄인 약자(略字)이오 '인'이 본형이 아닌즉 '안이'라고 쓸 이유가 조금도 없습니다

(六) '하나'라고 쓸 것을 '한아'라고 쓰는 것

'하나'라는 말은 수사이오 한 사람 한 집의 '한'은 지정형용사(指定形容詞)로 그 어형이 다릅니다. 그런데 글로 쓸 때에 이 두 가지를 섞어서 '하나'라고 쓸 것을 '한아'라고 씀은 좋지 않습니다.

(七) '로'를 '노'로 쓰는 것

'종로로', '구리개로', '남대문으로' 이와 같이 방향을 말할 때나 '쇠로', '나무로' 이와 같이 사용됨을 말할 때에 '로' 토를 달다가, '길로', '뒷골로', '불로', '물로', '발로' 할 때에는 흔히 '노' 토를 달아 '길노', '뒷골노', '불노', '물노', '발노' 이와 같이 쓰는 것은 매우 잘못입니다. 이런 말에도 다 같이 (로) 토를 달아야 옳습니다.

'달려'(懸), '불려'(吹), '날려'(飄), '살려'(生之)들도 다 마찬가지로 '려'를 써야 옳고 '녀'를 써서는 아니 됩니다.

(八) '돌아가'를 '도라가'로 쓰는 것

'돌아가'는 '돌'에 '아' 토를 달고 '가'를 연속한 것이기 때문에 이를 '돌아가'와 같이 씀이 옳고 '도라가'라고 쓰는 것은 매우 잘못입니다.

갈아 말아 달아

다 마찬가지로 '가라', '마라', '다라' 이와 같이 씀은 매우 잘못입니다.

(九) '오르다'를 '올으다'로 쓰는 것

'오르다', '오르면'은 '오르-'에 토 '다'와 '면'을 붙인 것임으로 이를 '오르다', '오르면' 이와 같이 씀이 옳고 '올으다', '올으면' 이렇게 씀은 매우 잘못입니다.

> 고르다 바르다 흐르다 누르다 사르다
>
> 들도 다 마찬가지로
>
> 골으다 발으다 흘으다 눌으다 살으다

이와 같이 씀은 매우 잘못입니다.

'바라다', '자라다'들도 '바라', '자라'가 동사의 본형임으로 이를 '바라다', '자라다' 이와 같이 씀이 옳으니 '발아면', '잘아니' 이렇게 써서는 아니됩니다.

(十) '작'과 '적'

'작'은 '크다'는 말의 반대되는 말이니 '크'(大), '작'(小), '적'은 '많다'는 말의 반대되는 말이니 '많'(多), '적'(少) 이와 같이 '작'과 '적'이 분간이 됨으로 쓸 때에는 가려서 쓰는 것이 좋습니다.

(十日) '가르치'와 '가리치'

'가르치'는 '교육한다'는 말이요, '가리치'는 '지시한다'는 말이니 이도 가려 써야 합니다.

(十二) '깃브'와 '밥브'

우리말의 형용사 가운데 '브'가 끝에 붙는 말이 많이 있음은 전에 말씀한 것입니다. 그런데 '깃브', '밥브', '낫브' 이따위 말들을 '기쁘', '바쁘', '나쁘' 이와 같이 씀은 잘못입니다.

역사적으로 파생어였던 '기쁘-', '바쁘-', '나쁘-' 등에 대해 '-브-'

를 분석하여 표기할 것을 주장하였다. 이러한 어휘들에 한해서는 어원을 의식하여 형태소를 분석하고자 하였음을 알 수 있다.

(十三) '함에'와 '하매'

'일을 그러함에 대하야' 이 말에 보임과 같이 한 사실을 들어 말하노라고 '하'에 'ㅁ'을 붙여 명사로 만들고 '에' 토를 붙인 것이니 이런 경우에는 '함에'를 쓸 것이요, '그가 그러하매 나는 이리하였다' 이 말에 보임과 같이 내가 이리한 까닭은 그가 그리한 까닭이라고 까닭을 이야기하기 위하여 윗말 끝에 토로 '매'를 단 것이니 이런 경우에는 '하매'를 쓸 것입니다.

(十四) '삷히'와 '살피'

'살피'라는 말을 쓸 때에 보면 많이 '삷히' 혹은 '삷이' 이렇게 쓰는 일이 있습니다. 그런데 '察'이라는 말의 어근은 '삷'이거나 '삷'이 아니오, 그 어근이 '살피'입니다. 그럼으로 '살피다', '살피고', '살피면', '살피니' 이렇게 써야 옳을 것입니다.

(十五) '다만'과 '다못'을 잘못 쓰는 것

'다만'은 '但'이란 관념을 나타내는 말이오, '다못'은 '與'란 관념을 표시하는 말입니다. '다만 그것뿐'(唯彼物), '사람과 다못 소'(人與牛) 이러한 것인데 이제 흔히 '다만'이라고 할 말을 '다못'이라고 씀은 매우 잘못입니다.

현대에도 잘못된 맞춤법을 바로잡는 성격의 도서들이 많이 출간되는데, (一)~(十五)에 기술된 내용들도 대체로 그러한 성격을 띠고 있다.

5. 결론

이상으로 열운 장지영의 생애와 문법 저서들의 성격에 대해 살펴 봤다. 장지영은 일찍이 주시경과 교류하여 그 영향을 크게 받았다. 이후 교육활동에 많은 힘을 쏟았으나, 독립운동에 대한 열의도 상당 했다. 주시경 서거 후 동료들과 함께 '조선어연구회'를 조직하였는데, 이는 '한글학회', 곧 '조선어학회'의 출발점이라 할 수 있다. 이후 표기법 정리, 사전 편찬 등을 위해 헌신하였음은 주지하는 바일 것이다.

장지영의 문법 관련 저술은 『조선어문전』, 『조선어전』, 『조선어전강의』, 『조선말법』, 『조선어전 초본』 등을 중심으로 살펴보았다. 이 저서들은 전반적으로 김두봉(1916, 1922)의 체계를 따른 것으로 보이며, 1930년대 전반에 나온 박승빈의 『조선어학강의요지』(1931), 박상준의 『개정철자준거 조선어법』(1932), 강매의 『정선 조선어문법』(1932), 신명균의 『조선어문법』(1932) 등과 비슷한 유형인 것이라 할 수 있다.

『조선어철자법강좌』는 장지영의 중요한 업적 중 하나로서, 당시 시대적 요구에 부응하기 위해 출간된 것으로서 철자법에 대한 장지영의 인식을 엿볼 수 있다. 『조선어철자법강좌』는 당시 언문철자법의 보급과 관련하여 간행된 것이기 때문에 규범적 성격이 강하였다. 『조선어철자법강좌』는 당시 언중들의 문자 표기법상 문제되는 점들을 상세히 기술한 책인데, 장지영의 실용주의적인 어문관을 엿볼 수 있는 저서라 할 수 있겠다. 이 『조선어철자법강좌』를 바탕으로 현대 한국어의 맞춤법이 성립되었으며, 또한 『조선어철자법강좌』가 쓰여졌던 당시의 언중들 간에 통일되지 못했던 표기에는 어떤 것들이 있는지 알 수 있다는 점에서 귀중한 자료이다.

참고문헌

고영근(1997), 열운 선생의 문법 연구와 우리 어문관, 『새국어생활』 7-3, 21-57.

고영근(1998), 『한국어문운동과 근대화』, 탑출판사.

고영근(2008), 『민족어의 수호와 발전』, 제이앤씨.

고영근(2010), 『민족어학의 건설과 발전』, 제이앤씨.

김두봉(1916), 『조선말본』, 新文館. [『歷代韓國文法大系』(1979)에 재수록]

김두봉(1922), 『깁더조선말본』, 상해 새글집. [『歷代韓國文法大系』(1979)에 재수록]

김민수(1960), 『국어문법론연구』, 통문관.

김민수(1997ㄱ), 장지영 선생의 생애와 학문, 『새국어생활』 7-3, 5-19.

김민수(1997ㄴ), 장지영 선생의 전기에 대하여, 『어문연구』 96, 71-78.

박종국(1996), 『한국어 발달사』, 문지사.

이기문 편(1976), 『주시경전집 下』, 亞細亞文化社.

이현주(1997), 일제하 장지영의 민족 운동, 「10월의 문화인물」 1997-10, 국립국어연
    구원 , 91-107.

장지영(1924), 『「朝鮮語典」 抄本』, 중등말본책. [『歷代韓國文法大系』(1979)에 재수록]

장지영(1930), 『조선어철자법강좌』, 활문사.

장지영(1978), 내가 걸어온 길, 『나라사랑』 29. 21-43.

하동호(1978), 조선어전의 계보, 『나라사랑』 29, 71-90.

국어 민족주의자, 신명균의 활동과 사상

●

이 영 환

1. 들어가며

1932년 11월 7일, 동아일보사에서 주최하는 한글토론회가 열렸다. 조선어학회와 조선어학연구회의 대립이 있었는데, 조선어학회에서는 최현배, 이희승, 신명균, 조선어학연구회에서는 박승빈, 정규창, 백남규가 참여했다(이상각 2013: 120). 앞으로의 한글의 쓰임 문제를 결정할 중요한 대회에서 대표로 참가했다는 것은, 당대에 저명한 학자였다는 방증이 될 수 있다.

그런데, 조선어학회 대표로 참여한 이희승, 최현배와는 달리 신명균은 국어학을 공부하지 않은 일반인들에게는 잘 알려져 있지 않은 인물이다. 그러나 20세기 전반의 국어학 연구에 있어서 그는 빠질 수 없는 인물이다. 따라서 그가 어떤 인물이었고, 국어에 대해 어떠한 관점을 가졌었는지 살펴보고자 하는 데에 본고의 목적이 있다.

2. 국어 민족주의자 신명균[1]

일제 강점기에 조선어(국어)[2]를 연구했던 학자들은 기본적으로 민족주의자였다. '일본어'를 '국어'라고 칭하고 '조선어'를 약화시키거나 탄압했던 시기에, '우리말 우리글'을 연구한다는 것 자체만으로도 민족주의적 사상을 가지고 있었다고 할 수 있다.

신명균이 이른바 '국어 민족주의자'가 된 것은, 1911년 조선어강습원에서 주시경선생과 만난 것이 계기였다고 한다(박용규 2012: 299). 그로부터, 자결한 1940년까지 약 30년간 국어를 연구하고 보급함으로써 민족정신을 유지하려고 노력하였다. 그 외에도 교육활동 등 다양한 활동을 하였다.

2.1. 잡지·신문 발간 및 연구 활동

그가 본격적으로 활동한 것은 이극로를 중심으로 한 조선어연구회가 발족되면서였다. 뚝도공립보통학교[3]의 교원으로 있던 1921년 11월 26일, 조선어연구회의 발기회가 있었고 그 자리에 신명균도 참여하였다(한글학회50돌기념사업회 1971: 5). 특히, 조선어연구회가 조선어

---

1) 신명균의 생애에 대해서는, 박용규(2008, 2012), 이상각(2013) 및 동아일보를 참조하였다.
2) 본고에서 '국어'라는 용어는 당연히 '한국어'를 가리키는 말이다. 신명균이 활동했던 단체가 조선어연구회, 조선어학회였지만, 이는 당시에는 '일본어'가 '국어'라는 용어로 사용되었기에 구분을 위해 '조선어'라는 용어를 썼을 뿐, 민족주의의 의식에서 본다면 어디까지나 '한국어'를 '국어'라는 의식을 가지고 있었을 것이기 때문이다. 이를 기리기 위해 본고에서는 '한국어'란 의미로 '국어'를 사용한다.
3) 현재 서울시 성동구 성수동에 위치한 경동초등학교의 전신. 당시는 독도공립보통학교(동아일보 1921.9.19.), 뚝섬공립보통학교(동아일보 1920.7.11.), 뚝도공립보통학교(동아일보 1930.11.9.)라고 불리었다. 지금의 뚝섬이 당시 뚝도, 독도(纛島), 뚝섬 등의 이름으로 불렸기 때문인 것으로 보인다. 당시에는 경기도 고양군에 속해 있었다.

학회로 이름을 바꾼 뒤, 2대 간사장, 3대 회계 간사 등을 역임하면서 조선어학회가 발전하는 데 큰 역할을 하였다.

신명균의 국어 연구 활동 중 가장 큰 업적 중 하나는 기관잡지『한글』의 발행이다. 1932년 1월 9일 수표정의 조선교육협회 정기총회에서『한글』을 발간하기로 하고 신명균은 간사장을 맡게 되었다(동아일보 1932.1.11.). 이『한글』은 현재 300호가 넘게 발간되고 있는, 전통 있는 국어 연구지의 하나이며, 그 첫 호가 1932년 5월 1일에 발행되었다.

그런데 실제로는 이 이전에도『한글』이란 잡지는 있었다. 1927년 7월 25일에 그 창간호가 발간되어 1928년의 2권 2호까지 총 아홉 호가 발행된 잡지이다. 이『한글』誌는 1932년에 발행된 것과 달리 표지의『한글』이 오른쪽에서 왼쪽으로 쓰여 있지만, 권덕규, 이병기, 최현배, 정렬모 등이 투고한 것으로 보아 1932년의『한글』과 전혀 다른 계열의 것은 아니라는 것을 추정할 수 있다. 즉, 1927년의『한글』은 조선어연구회로서 발간한 것이고, 1932년의『한글』은 조선어학회로서 발간한 것임은 쉽게 추론해 볼 수 있다. 그리고 1927년의『한글』의 발행을 알리는 기사에도 신명균의 이름이 나오는 것으로 보아(동아일보 1927.2.21.),『한글』의 초창기부터 그의 역할이 컸음을 알 수 있다.

신명균은 간사장으로서 발간만 한 것이 아니라, 자신도 글을 싣는 모습도 보여주었다. 그가 조선어연구회와 조선어학회의 두『한글』誌에 투고한 글의 목록은 다음과 같다.

〈표 1: 신명균이 『한글』誌에 투고한 글의 목록〉

학회	발행년월일	권호	신명균 투고 글
조선어연구회	1927.02.08.	1-1	한글과 주시경 선생
	1927.03.20.	1-2	한자음 문제에 대하여
	1927.04.20.	1-3	한자음에 대하여(2)
	1927.06.20.	1-4	한자음에 대하여
	1927.07.20.	1-5	한자음에 대하여
	1927.08.20.	1-6	된시옷이란 무엇이냐
	1927.11.15.	1-7	된시옷이란 무엇이냐
	1928.01.14.	2-1	조선글 마침법(綴字法)
	1928.10.12.	2-2	조선글 마침법
조선어학회	1932.07.19.	3	마침법의 합리화
	1933.05.01.	8	박승빈 씨의 소위 경음이란 역사상 성음상 아무 근거가 없다
	1934.08.01.	15	한자음

신명균은 『한글』誌에 투고한 글 이외에도 국어에 대한 저작활동을 하였다. 신명균의 국어 관련 연구 저작은 『국어소학』(1930), 『조선어문법』(1933),[4] 『한글역대선』(1933), 『주시경 선생 유고』(1933), 『조선어철자법』(1934)가 있다(박용규 2012: 27).

또한, 그는 이극로, 이중건과 함께 주간(週間)신문인 「서울시보」를 발간하기도 하였다. 비록 1년여 만에 폐간되기는 하였지만, 노동자와

---

4) 주시경의 『조선어문법』과는 다른 책이다. 주시경의 『조선어문법』과 구성 등이 다른 것으로 볼 때, 주시경의 영향을 받기는 했지만, 신명균이 자신의 언어로 다시 쓴 책이라고 볼 수 있을 것이다.

농민, 그리고 부녀자가 읽기 쉬운 순한글 신문이었다(쉼표마침표,[5] 「우리말을 빛낸 인물들 17 출판업자 이중건」 참조). 이렇듯, 신명균은 출판 및 연구를 통해 국어를 널리 알리고자 하였다.

2.2. 국어 정비 및 사전 편찬 운동

조선어학회의 가장 큰 업적이라고 한다면, 1933년의 한글맞춤법통일안 제정이다. 이 철자법 개정에도 신명균은 빠질 수 없는 인물이었다.

총독부에서도 한글 철자법을 정하려고 하고 있었는데, 1930년에 조선어 철자법을 3차로 개정할 때, 조선어연구회의 주장을 받아들여서 매듭지었다(박용규 2012: 47). 신명균은 「改訂綴字法發表와 各方面 意見如何」(동아일보 1930.2.9.)라는 글에서, "총독부에서 창정한 조선어 철자법은 우리가 요구한대로 되지 않았음으로 유감된 바이나, 그만해도 다소간 진보된 것이라 할 수 있습니다. (중략) 극히 용이하게 보급될 줄 압니다. 중추원에 계신 이가 반대를 한다 하나 조선어에 해로운 것을 주장할 리는 없겠지요."라고 하였다. 이것이 신명균 개인의 의견인지 아니면 조선어연구회의 의견인지는 알 수 없지만, 총독부에서 먼저 철자법을 제시했다는 것을 인정할 수밖에 없는 상황이었다.

그러한 상황에서 자신들의 손으로 철자법을 제정하기 위한 노력이 필요하였다. 조선어연구회는 조선어학회로 그 이름을 바꾸고 철자법 제정 작업을 시작하였다.[6] 1930년 12월 13일 총회에서 한글맞춤법

---

5) 국립국어원에서 발행하는 웹진.

6) 박용규(2012)에서는 조선어학회로 이름을 변경한 이유가, 연구에만 목적을 둔 조선어 연구회로는 글의 정리와 통일 문제를 다룰 수 없기에, 이를 전담할 학회의 조직이 필요하였기 때문이라고 설명하고 있다. 이에 반해 이상각(2013)에서는, 총독부의 묵인 하에 伊藤韓堂가 세운 같은 이름의 조선어연구회 때문이라고 설명하고 있다.

통일안을 제정하기로 결의하고, 제정 위원 12인을 선정하였는데, 신명균도 이에 포함되어 있었다. 그리하어 2년간 작업을 하여 1932년 12월에 원안 작성을 마치고, 신명균을 포함한 10인이 수정 위원으로 참여하였다. 이후 1933년 1월에 수정안 소위원회를 조직하였을 때도, 신명균은 이극로, 김선기와 함께 선정되었다. 이후 정리 위원회 및 정리 소위원회를 통해 맞춤법 통일안이 완성되었다(박용규 2012: 48 ~50 참조). 신명균은 작성 단계부터 수정 단계까지 참여하였고, 다른 위원들과 마찬가지로, 철자법 제정에 중요한 역할을 하였다.

신명균의 철자법에 대한 기여는 한글토론회에서도 그 빛을 발하였다. 당시 조선어학회의 철자법은, 소위 '박승빈 파'라고 불리는 조선어학연구회와 의견 차이가 있었다. 이에 동아일보는 '한글토론회'를 개최하였는데, 조선어학회에서는 이희승, 최현배, 신명균이, 조선어학연구회에서는 박승빈, 백남규, 정규창이 대표로 나왔다. 이후의 한글 철자법을 정할 수 있는 중요한 자리에서 대표로 나왔다는 것은 그만큼 철자법의 조예가 깊었다고 할 수 있고, 신명균은 첫날 '된소리'에 대한 강연을 하는 등 열의 있는 토론을 이끌어 나갔다(동아일보 1932.11.11.참조). 여러 쟁점들에 대해서 한글토론회에서는 결론이 나지 않았지만, 조선어학회 측에서는 철자법 통일안 제정에 계속 힘써, 결국 1933년에 한글맞춤법통일안을 제시하였다.

다만 그 이후에는 한글맞춤법통일 작업에서 그는 큰 역할을 보이지 않았다. 조선어학회에서 개최한 표준어사정위원회의 사정위원을 마지막으로 더 이상 맞춤법 관련 작업에서 그의 이름은 보이지 않는다(박용규 2012: 70~75 참조).

대신, 신명균은 조선어사전편찬위원회에서는 간사장을 하는 등 중심 역할을 하였다. 이 사전 편찬 작업은, 1929년 조선어사전편찬위원회가 창립된 후(동아일보 1929.11.2.), 10년 넘게 작업하였고, 1942년 조선어학회 사건으로 중단되었다가 해방 후에 『조선말 큰사전』을 만들 수 있었다. 그런데 신명균은 1940년말에 자결함으로써 사전이 편찬되는 것은 보지 못하였다.

2.3. 교육 및 보급 활동

신명균은 1914년부터 1922년까지 뚝도공립보통학교에서, 1927년에는 보성전문학교에서, 1930~1934년에는 동덕여자고등보통학교에서 학생들을 가르쳤다(박용규 2012: 299). 교단에서 학생들을 가르치면서 교육에 힘썼다.

그의 교육 활동은 비단 교단에서의 활동에 그치지 않았다. 그는 한글강습회 등 국어와 한글을 보급시키는 일에도 참여하였다. 동아일보의 기사에서 찾을 수 있는, 그가 참여한 강습회의 목록은 다음과 같다.

〈표 2: 신명균이 참여한 강습회 목록〉

명칭	지역	일정	신명균의 강습 주제	동료 참여자
조선어강습회	울산	1926.08.07.~??	독본 및 교재연구	최현배, 정렬모
정음강습	苑洞7)	1926.12.26.~30.	(기사에 공개되어 있지 않음)	장지영, 최현배
철자법강습회	苑洞	1929.07.29.	철자법 개정과 교육적 영향	정렬모, 장지영, 최현배, 권덕규

부인강좌	京城	1930.04.19.~20.	조선어	안재홍 외[8]
한글강습회	동막[9]	1930.11.24.~29.	(기사에 공개되어 있지 않음)	이윤재, 최현배, 권덕규
제1회 조선어강습회[10]	각지[11]	1931.08.22.~28.	한글	이병기 등
제2회 조선어강습회	각지[12]	1932.08.09.~25.	(기사에 공개되어 있지 않음)	장지영 등
한글철자법 강습회(부녀자)	京城	1934.03.23.~28.	(기사에 공개되어 있지 않음)	이윤재

또한 그는 조선교육협회의 이사(理事)이기도 하였다. 동아일보 1922. 5.11.의 기사에는 이상재를 회장으로 한 조선교육협의총회이사에 '申明均'의 이름이 올라있고, 1922. 11.30.의 기사에서는 민립대학기성준비회의 일원으로 역시 '申明均'이 등장한다.[13] 또한, 1923.7.16.의 기

---

7) 지금의 서울시 종로구 원서동 일대.
8) 조선어를 가르친 것은 신명균뿐이었고, 그 외에는 역사, 국제정세, 논리학 등을 가르치는 대회였다(동아일보 1930.4.6.).
9) 지금의 서울시 마포구 용강동~대흥동 일대.
10) 동아일보 1931.8.25.의 기사에는 '第一回朝鮮語講習'이라고 되어 있는데, 그보다 앞선 1931.7.5.의 기사에는 '경제, 한글 兩講'이라고 소개되어 있다. 전자는 조선어학회 시점에서의 기사이고, 후자는 대구의 지역뉴스로서의 기사이다.
11) 이병기, 이상춘, 이극로, 권덕규, 이윤재, 신명균, 김선기 등이 전국을 분담하여 강의하였다. 신명균의 담당지역은 대구, 경주, 김천이었다.
12) 신명균, 장지영, 이병기, 권덕규, 이희승, 이갑, 김윤경, 이만규, 최현배, 이상춘, 이윤재, 김선기 등이 전국을 분담하여 강의하였다. 신명균의 담당 지역은 이리, 군산, 전주, 김제였다.
13) 민립대학기성준비회의의 회원 목록에는 '申明均'이라는 이름만 나와 있어, 동명이인일 가능성도 생각해볼 수 있다. 그러나 민립대학기성준비회의 대표적 인물로, 조선교육협회의 이상재 회장, 남궁훈 부회장, 장두현 이사 등이 포함되어 있는 것으로 볼 때, 민립대학기성준비회의와 조선교육협회는 연결고리가 있는 것으로 볼 수 있다. 그렇다면 민립대학기성준비회의 신명균(申明均) 역시 본고에서 다루는 신명균과 같은

사에 조선어강습이 있음을 알리면서 '조선어 초보 교수의 연구'를 강습하는 申明均을 '조선교육협회이사'라고 소개한 부분이 나온 것으로 볼 때 그가 교육 쪽에서도 활동하고 있었음을 알 수 있다.

2.4. 그 외 활동

그 외에 신명균은 대종교 신도로도 활동하였다. 동아일보 1924. 4.12.의 기사를 보면, 그가 중국 녕교탑[14]의 대종교총본산에서 열리는 의회에 참석하기 위해 교인대표로 갔다고 기술하고 있다. 박용규(2012, 300쪽)에서도 신명균은 대종교에 관여하였고, 자결 전 그의 서열이 지교(知敎)에 해당했다고 이야기하고 있다.[15]

한편 그는 아동문제에도 관심이 많았다. 그는 『신소년』 잡지의 초기 편집주간이었고(최덕교 2004 참조), 또한 방정환 등과 함께 어린이날을 준비한 적도 있다(동아일보 1927.4.13.). 그리고 『노동독본』(1928), 『조선역사』(1931)을 집필하는 등(박용규 2012: 27), 신명균은 다양한 분야에서 활동했음을 알 수 있다.

3. 신명균의 국어관

신명균은 철자법과 한자음에 대한 연구를 많이 하였다. 특히 철자

인물이라고 추론할 수 있다. 신명균이 민립대학기성준비회의 일원이었다는 것은 박용규(2008)에서도 언급된 바 있다.

14) 현재 중국 黑龍江省 牡丹江市 寧安市.

15) 대종교의 교인들은 5등급으로 나뉘며, 참교(參敎), 지교(知敎), 상교(尙敎), 정교(正敎), 사교(司敎) 순으로 올라간다(종교학사전편찬위원회, 1998)

법을 정리하는 데에 많은 노력을 기울였다. 철자법에 대한 그의 관점을 알 수 있는 기사가 동아일보에 실려 있다.

> <u>학습상 능률로 본다하면 종합식은 분석식보다 노력과 시간을</u> <u>덜 들이고 많은 효과를 거둘 수가 있는 것이다.</u> (중략) 분석적 상식이 부족한 사람들은 얼음-어름(氷), 벌이-버리(職業), 먹으니-머그니(食), 스미니-슴이니(漏), 푸르니-풀으니(靑)들과 같이 받침의 위치를 모르기 때문에 많은 고통을 느끼는 것이고 <u>이것을 알</u> <u>기 위해 적지 않은 시간과 노력을 허비하는 것이다.</u>
>
> -한글 整理에 對한 諸家의 意見 十五, 동아일보 1928.11.18.(현대어역)-

위 글을 보면, 신명균은 종합식, 즉 받침을 올려 쓰는 연철을 지지하였다.[16] 그리고 그 이유는 '노력과 시간을 덜 들이기 때문'이라고하였다. 이제부터 한글을 배워야 하는 사람들은 '분석적 상식'이 부족하고 때문에 배우는 데 많은 시간을 투자하지 않도록 해야 한다는 것이 그의 생각이다. 이런 생각은 다음의 기사에서도 볼 수 있다.

> 한글이 배우기 쉬운 점에는 일본 가나보다 못하고 보기 편한 점으로는 한문만 못하고 인쇄에 편한 점으로는 로마자만 못하여 불구(不具)의 글이다. 이것을 개량함에는 결국 <u>한문 글자를 없이</u> <u>하고 자모음을 떼어서 가로쓰도록 할 수 밖에 없다.</u>
>
> -世宗과 訓民正音, 동아일보 1927.10.26.(현대어역)-

위의 글에서 한 가지 확실한 것은 그가 '편함'을 추구했다는 것이다. 그런데 신명균의 생각에는 '자모음을 붙여서 세로로 쓰는 국한문

---

16) '종합식'은 '어름, 버리, 머그니'처럼 받침 뒤에 모음이 있을 경우 올려 쓰는 연철이고, '분석식'은 '얼음, 벌이, 먹으니'처럼 형태소를 밝혀 쓰는 분철을 말한다.

혼용체'는 불편하기 그지없으니, 순한글체·가로쓰기·연철을 해야 한다고 주장하고 있다. '편함', 즉 '실용'을 중시하는 것이다.

그런데 그는 왜 한글의 가치를 이렇게 낮게 평가했을까. 정확한 이유는 알기 어렵지만 아래의 글을 통해 추측해 볼 수 있을 것 같다.

> 오늘날 보통학교 모든 학과 가운데서 가장 성적이 불량한 학과도 이 조선어과이다. (중략) 날카로운 아동들은 불합리·불통일한 구석이 발견되면 발견하는 즉시 선생님! 하고 곧 질문을 한다. 이 질문을 받은 선생님의 처지야 참으로 곤란한 것이다. 교과서는 그것이 합리적이거나 불합리적이거나 교과서로서 상당(相當)한 권위를 가지고 있으며 아동은 아동으로서 불합리·불통일을 느끼는 터이니 여기에 대한 처리가 과연 맹랑하지 않느냐.
> ─조선글 마침법(綴字法), 『한글』2-1, 조선어연구회, 1928 (현대어역)─

이를 보면 맞춤법이 통일되지 않아 배우기가 힘들어서 성적도 나쁘다는 점을 지적하고 있다. 즉, 신명균이 한글을 가나, 한문, 로마자보다 못하다고 한 것은, 통일이 안 되었기 때문이 아니었을까 추측해 볼 수 있다.

> 우리가 글자를 운용하는 데에는 배우기(學習), 읽기(讀書), 박기(印刷), 세 가지의 이상(理象)이 있다. 맞춤법의 합리화는 이 세 가지 조건을 대상으로 하여, 이루어질 것이니, (후략)
> ─「맞침법의 合理化」, 『한글』 3, 조선어학회, 1932 (현대어역)─

위 글에서는 학습, 독서, 인쇄의 편의성을 위해 맞춤법의 합리화 원리와 규칙을 밝히고 있다. 그리고 그 목적을 위한 구체적인 운용

방안을 밝히고 있는데, 이는 다음과 같다.

1. 배우기를 쉽게 하기 – ① 말의 발음을 합리화 ② 받음의 통일과 발음의 표시를 간이화 ③ 글자의 표준을 세움 ④ 글자에 대한 모든 관습을 무시할 수는 없음
2. 읽기를 쉽게 하기 – ① 조선 글자를 뜻글자化 ② 어원을 글자에 표시 ③ 낱말마다 떼어 적기(띄어쓰기) ④ 글자의 특색을 마련함(형태음소적 표기)
3. 박기를 쉽게 하기 – ① 글자를 통일

위에서 보듯, 구체적으로 여러 방안을 마련해, 편히 쓸 수 있게끔 한글을 통일하자는 주장을 하였다. 그런데 그 구체적인 면면을 보면 재미있는 사실을 발견할 수 있다. '1–③ 글자의 표준을 세움'에서 볼 수 있다.

「같으니」와 같은 것은 「갓흔니」, 「가트니」, 「갓트니」 들의 갖가지로 적던 글자가 「같은니」의 한가지로만 통일이 되어, 글자의 표준이 서게 되면, 따라서 배우는 노력도 덜하여질 것이다.

이러한 논의는, 조선어연구회 시절 '종합식'을 지지하던 것과는 사뭇 다른 모습을 보인다. 그런데 조선어연구회 시절의 글에서 '종합식'을 지지하던 이유는 '분석식'을 쓸 경우 노력과 시간이 들기 때문이라고 했는데, 이 글에서 '같으니'를 쓰자고 한 것도 '배우기 쉽게 하기' 위해서라고 주장하였다. 구체적인 방안은 바뀌었지만, '배우기 쉽다'라는 목적은 그대로 유지하고 있다. 즉 그는, '편의'에 대한 관점이 바뀌어, 구체적인 방안을 바꾼 것이다.

이러한 관점은 된소리표기에서도 드러난다. 신명균은 동아일보 주최의 한글토론회에서 병서에 대해서 발표하기도 했을 정도로 병서 표기에 열의를 보였다. 그는 각자병서를 주장하였는데 그 이유는 다음과 같다.

> 원래 된시옷字는 된소리의 부호도 아니오, 이것은 시옷字로서 따로 의의(意義)가 있는 것이므로 지금 된소리字를 까자쌔짜와 같이 쓰는 것은 불합리한 것이니까 (후략)
> -된소리이란 무엇이냐, 「한글」 1-6, 조선어연구회, 1927 (현대어역)-

> (전략) 같은 부호를 쓸 바에는 불합리한 부호보다는 합리적인 부호가 좋을 것이 아니냐. (중략) '바'할 때보다는 '빠'할 때가 좀 단단하므로 같은 값이면 입을 다무는 字의 'ㅂ'을 병서하는 편이 합리적이겠다는 주장이다.
> -된소리이란 무엇이냐, 「한글」 1-7, 조선어연구회, 1927 (현대어역)-

위의 글을 보면, 합용병서 대신 각자병서를 쓰는 이유가, 시옷字가 다른 소리가 있으며, '단단한 소리'를 표시할 수 있는 '합리적'이기 때문이라고 주장하고 있다. 이는 곧, 혼동을 주지 않고 알기 쉬운 표기로서 각자병서가 합당하다는 것을 말하는 것이다. 된소리 표기에서 '편의'를 고려하여 주장하고 있다.

주산은 한자음 문제에도 관심을 기울였는데 그가 한자음 문제에 대해 주장한 내용은 다음과 같다.

> (전략) 소리는 같이 하더라도 次字의 기록만은 조선어음과 한자음의 구별을 세우도록 아동들에게 요구하고 있다. 원래 이러한

문제는 전문가들이나 알 일이고 일반적이 못 된다.

本흡이라는 것은 ㄱ 형체만이 자전에 남아있을 뿐이오 세상에
서는 그 본음이 무엇인지 모를만큼 그 자음(字音)이 변한 것이다.
　　　-한자음 문제에 대하여, 『한글』1-2, 조선어연구회, 1927 (현대어역)-

소위 역사적 자음(字音)이라는 것은 다만 죽은 형태가 묵은 기
록 속에 착착 갈무리해져 있어서 세상은 그 존재를 좇아 알지 못
하고 오직 현자음(現字音)만 활약을 하고 있을 뿐이니 (후략)
　　　-한자음 문제에 대하여, 『한글』1-5, 조선어연구회, 1927 (현대어역)-

위의 주장들을 보면 교육에 있어서 한자음과 조선어음을 구별하는
것이 교육상 어렵다는 것과, 과거의 음을 좇지 말고 현재의 음을 좇
자는 주장을 하고 있다. '현실음'을 중시하고 '교육의 편의'를 중요하
게 보는 관점이다. 역시 한자음에 있어서도 '실용'을 중시하는 그의
태도를 짐작해 볼 수 있다.

4. 나오며

지금까지 주산 신명균의 생애와 그의 국어관을 살펴보았다. 그는
일제강점기에 활약한 대표적인 국어학자이자 민족주의자였다. 무력
을 통한 독립운동은 하지 않았지만, 국어를 연구하고 보급하고 교육
함으로써 국권을 잃은 한반도에 민족의식을 심으려고 하였다. 잡지
및 신문을 발간하고, 강습회에 참여하고, 교단에서 학생들을 가르치
면서 그의 민족주의 운동은 이어져 갔다.

그런 주산의 국어관은 '편의와 실용'이었다. 배우기 쉽고, 읽기 쉽고, 출판하기 쉬운 글자를 사용하는 것을 주장하였다. 그 일환으로 순한글 쓰기와 띄어쓰기 등을 제안하였다. 또한 '편의와 실용'을 위해서라면 이전에 주장했던 내용을 철회하기도 하였다. 그만큼 주산은 국어의 연구와 계몽에 힘쓴 인물이었다.

일제강점기 시대의 국어 연구에 대해, 조선어학회 사건 때 끌려간 33인에만 초점이 맞춰지다보니, 그 이전에 자결한 신명균에 대해서는 많은 연구가 되어 있지 않다. 그러나 '국어 민족주의자'인 그는 국어 연구사에서 빠질 수 없는 존재인 것이다.

참고문헌

1. 신명균 저서

신명균(1927ㄱ), 「한글과 주시경 선생」, 『한글』 1-1, 조선어연구회
신명균(1927ㄴ), 「한자음 문제에 대하여」, 『한글』 1-2, 조선어연구회
신명균(1927ㄷ), 「한자음에 대하여(2)」, 『한글』 1-3, 조선어연구회
신명균(1927ㄹ), 「한자음에 대하여」, 『한글』 1-4, 조선어연구회
신명균(1927ㅁ), 「한자음에 대하여」, 『한글』 1-5, 조선어연구회
신명균(1927ㅂ), 「된시웃이란 무엇이냐」, 『한글』 1-6, 조선어연구회
신명균(1927ㅅ), 「된시웃이란 무엇이냐」, 『한글』 1-7, 조선어연구회
신명균(1928ㄱ), 「조선글 마침법(綴字法)」, 『한글』 2-1, 조선어연구회
신명균(1928ㄴ), 「조선글 마침법」, 『한글』 2-2, 조선어연구회
신명균(1932), 「마침법의 합리화」, 『한글』 3, 조선어학회
신명균(1933), 「박승빈 씨의 소위 경음이란 역사상 성음상 아무 근거가 없다」, 『한글』
　　　　8, 조선어학회
신명균(1930), 『조선어문법』, 三文社出版部
신명균(1934), 「한자음」, 『한글』 15, 조선어학회

2. 학술논문 및 서적

박용규(2008), 「일제시대 한글운동에서의 신명균의 위상」, 『민족문학사연구』 38, 민
　　　　족문학사 학회
박용규(2012), 『조선어학회 항일 투쟁사』, 한글학회
이상각(2013), 『주시경과 그의 제자들』, 유리창
종교학사전편찬위원회(1998), 『종교학대사전』, 한국사전연구사
최덕교(2004), 『한국잡지백년 2』, 현암사
한글학회50돌기념사업회(1971), 『한글학회 50년사』, 한글학회

3. 신문·웹진

동아일보(네이버 뉴스 라이브러리 이용)
국립국어원 웹진 쉼표,마침표

이규영의 문법론에 대한 고찰*

『온갖것』, 『말듬』, 『한글적새』를 중심으로

●

진하이진(金海錦)

1. 서론

본고는 검돌 이규영(1890~1920)의 저술 중 『온갖것』(1913), 『말듬』 (1913), 『한글적새』(1916~1919)를 중심으로[1] 이규영의 품사, 형태 및 문장에 대한 인식 및 그 변모 양상을 밝힘으로써 이러한 인식의 변화가 동시대의 다른 국어학자[2]들과 어떠한 영향관계 속에서 이루어

---

* 이 글은 2015년 1학기 기말보고서로 제출한 내용을 재구성·보완하여 2015년 5월 복단 대학에서 열린 한국 언어학 연구와 한국어 교육학회에서 발표한 것이다. 다만 오자, 내용 등을 약간 수정하기도 하였음을 밝혀 둔다. 이 글의 부족한 점과 보충할 내용을 지적해 주신 이현희 교수께 감사드린다.

1) 이규영의 문법 저술로는 이 세 저술 이외에도 『읽어리 가르침』(1918~1919), 『현금 조 선문전』(1920)도 있으나 이는 교안의 성격을 띤다고 김민수(1980: 64)에서 언급되었는 바 여기서는 제외했다.

2) 여기서 언급된 국어학자는 주시경, 김두봉, 김희상을 말한다. 김민수(1981, 1983, 1985a, b) 참조. 앞으로 주시경(1910) 『국어문법』, 주시경(1913) 『조선어문법』, 주시경(1914) 『말의 소리』, 김희상(1911) 『조선어전』, 김두봉(1916) 『조선말본』은 각각 주시경(1910), 주시경(1913), 김희상(1911), 김두봉(1916)으로 표기하겠다. 본고에서처럼 일관되게 저술명을 제시할 수도 있겠지만 여러 국어학자들의 영향 관계를 주로 파악하기 때문에 이와

졌으며 이규영 문법3)의 특성이 무엇인지를 드러내는 것을 목적으로
한다.

이규영의 생애와 저술에 대한 연구는 지금까지 일정한 양이 축적
되어 있다. 이규영의 생애는 김민수(1980), 정혜린(2011)에서 논의되었
다. 저술 중 하나인 『한글모 죽보기』에 대한 논의는 고영근(1983), 박
지홍(1996)이 있다. 이규영 문법에 대한 전반적인 논의는 김민수(1980)
에서 이루어졌으며, 정혜린(2011)은 『말듬』, 『한글적새』와 김두봉의 『조
선말본』세 저술의 문법 용어를 비교하면서 『한글적새』 문법의 어학
사적 위치를 조명한 논의이다. 『온갖것』을 『말모이』와 관련시킨 논
의로 김민수(1983)이 있다.

그러나 이규영과 동시대의 국어학자들과의 영향관계를 고찰하여
이규영 문법의 특성을 상세하게 기술한 논의가 이루어지지 않았다.4)
따라서 이 글에서는 『온갖것』, 『말듬』, 『한글적새』를 면밀히 검토하
여 이규영과 동시대의 다른 국어학자들의 문법 인식을 비교함으로써
이규영 문법의 특성을 드러내고자 한다. 이를 위해 이규영의 세 저술

같은 방법을 적용한다. 물론 필요시 저술명을 제시한다. 아울러 주시경(1908~1909),
주시경(1910), 주시경(1913), 주시경(1914), 김희상(1911), 김두봉(1916)에 대한 문법에
대한 내용을 일정한 정도 인식하고 있다는 전제하에서 논의를 전개한다.

3) 김민수(1980: 67-77)에서는 『온갖것』, 『말듬』, 『한글적새』의 어학사적 위치를 아래와
같이 언급하고 있다.
  -"『온갖것』은 『말모이』의 文法形態 22종의 분류와 일치되는데 그 뼈대는 주시경의 『말
  의 소리』(1914) '씨난의 틀'이나, 그 세부명칭과 용례는 김두봉의 『조선말본』(1916)과 거
  의 공통되므로 제3의 분류이다(김민수 1980: 67-68)."
  -"『말듬』은 주시경문법에서 파생된 검돌문법이다(김민수 1980: 75)."
  -"『한글적새』는 배못문법을 많이 가미하여 이룩한 제2의 검돌문법이다(김민수 1980: 77)."
4) 이 글은 2015년에 이루어진 것인데 출판날짜가 미루어져 이규영과 동시대의 국어학자
들과의 품사 분류 영향관계를 논의한 김해금(2016), 주시경 학문 이론의 체계성을 논의
한 자리에서 이규영의 문법에 대해 체계적으로 논의한 김해금(2017)과 논의가 겹치는
부분이 있음을 밝혀 둔다. 상이한 부분은 김해금(2016, 2017)을 참조하기 바란다.

별로 품사론, 형태론, 통사론의 체계 내적 특성과 이 저술들에 반영된 이규영의 문법 인식의 변모 양상을 살피겠다.

2. 『온갖것』,[5] 『말듬』, 『한글적새』의 문법 관련 내용

2.1. 『온갖것』의 문법 관련 내용

『온갖것』은 全1卷의 필사본인데, 일종의 備忘錄으로서 책의 제목 그대로 온갖 것(내용에는 온갖것)을 적어 놓은 것이다. 『온갖것』은 '하나', '둘', '셋"으로 나뉘어 있는데, 문법에 관련된 내용은 '둘'에 언급되어 있다. 문법 부분이 언급된 내용만 소개하면 아래와 같다.

> 우리말 씨몬음의 갈래(그림)
> 씨난틀의 자세한 것
> 듬난의 그림(풀어쓰기)
> 듬난의 그림의 틀(풀어쓰기)
> 짬듬 그림의 여럿 보람(풀어쓰기)
> 짬듬의 그림(풀어쓰기)
> 씨몬음의 여럿 보람(풀어쓰기)
> 「씨몬음」의 여러 듬
> 씨몬음 씨사기는 듬(풀어쓰기)

---

5) 김민수(1983: 34)는 『온갖것』의 분류는 이규영이 1913년 9월에 朝鮮光文會에서 『朝鮮語字典』의 편찬에 종사하면서 기록한 것인데 이것이 『말모이』 「알기」의 形態分類과 일치하고 더 자세하다고 언급하고 있다.

2.2. 『말듬』의 문법 관련 내용

『말듬』은 全1卷, 필사본으로 1913년경에 나온 간결한 국어문법책 (小文典)이다. 문법 부분이 언급된 내용만 소개하면 아래와 같다.

씨난갈	씨난틀		짬듬갈	말갈내
	씨난틀의 갈래			듬나틀
	씨난갈(씨의 여러 바탕)			듬난익힘
	씨난익힘			본드
				버금본드
				본모
				본미

2.3. 『한글적새』의 문법 관련 내용

『한글적새』는 全6卷, 필사본으로 현재 볼 수 있는 『한글적새』 첫재떼 말본 ㄱ, ㄷ 두 부분이다. 문법 부분이 언급된 내용만 소개하면 아래와 같다.

첫재떼 말본 ㄱ	첫재떼 말본 ㄷ
씨 씨갈래의 쓰임	ㄷ 모임씨
씨갈래의 보기	월 감갈래의 그림
ㄱ 몸씨	마듸갈래의 그림
	월갈래의 그림

이 관련 구성을 보면, 『온갖것』, 『말듬』, 『한글적새』는 문장보다

품사와 형태에 관련된 내용을 주로 언급하고 있음을 알 수 있다.

3. 『온갖것』, 『말듬』, 『한글적새』의 품사론

3.1. 『온갖것』, 『말듬』, 『한글적새』에서의 품사 분류

『온갖것』, 『말듬』, 『한글적새』에서는 동일한 개념에 대하여 다른 용어가 쓰인 부분이 있다. 『말듬』, 『한글적새』에 쓰인 문법 용어의 차이는 정혜린(2011)에서 다뤄진 바 있으므로 본고에서는 『온갖것』과의 차이를 중심으로 본다. 품사 체계에 대한 이 세 저술의 내용을 비교하면 아래와 같다.

〈표 1〉 세 저술의 품사 분류 비교

저술	품사 체계		
온갖것	몸	밋	임(제, 넛, 억, 언, 드), 움, 엇
		빗	입, 웁, 업
	토	밋	만(맺, 심), 금(둠, 갈, 손, 깁), 돕(잇, 둘)
		빗	때, 높, 솔
말듬	임, 움, 엇, 언, 억, 놀, 잇, 겹, 끗		
한글적새	몸	임, 움, 얻 (입, 웁, 업)	
	모임	언, 억, 늑	
	토	잇, 금, 만 (높, 때, 솔)	

<표 1>에서 보면『한글적새』는『온갖것』과 비슷한 하위분류를 채택했으나 일부 변화를 보인 점이 주목된다. 구체적으로 보면『온갖것』에서 '임'의 하위분류로 처리한 '언, 억, 드'를『한글적새』에서는 독립시켜 '모임씨'의 하위분류로 처리한 점이 다르다.[6] '언, 억, 드'를 '임'과 대등한 분류로 독립시킨 처리방식은『말듬』에서도 확인된다. 따라서『온갖것』과『말듬』,『한글적새』에 반영된 문법 인식에 차이가 있음을 알 수 있다.

이규영의 문법 인식을 담은 세 저술 중『온갖것』의 내용은『한글적새』에서 많이 수용되고 있는 반면『말듬』과는 다른 모습을 보인다.[7] 따라서 여기서는 제일 처음 나온『온갖것』에서 보이는 문법 인식이 후대로 가면서 어떠한 변모를 보이는지를 중심으로 살펴보기로 한다.

아래에서는 품사론에 대하여 살펴보는데, 각 품사별로 하위분류가 복잡하고 다양한 양상을 보이므로 품사별로 나누어 다루도록 하겠다. 저술의 분류대로 품사를 제시하되, 이해를 돕기 위하여 대응하는 학교문법의 용어를 괄호 안에 병기하였다.

3.2.『온갖것』,『말듬』,『한글적새』의 품사 하위분류

이 절에서는『온갖것』,『말듬』,『한글적새』의 품사 하위분류 및 그 용례를 소개하면서 비교·기술하겠다.

---

6)『온갖것』의 '언, 억, 드'는『말듬』의 '언, 억, 놀',『한글적새』의 '언, 억, 늑'에 대응한다.
7) 후술하겠지만 이 세 저술 중에『온갖것』는『말모이』『알기』,『한글적새』는 김두봉의『조선말본』,『말듬』은 주시경의『국어문법』,『조선어문법』의 내용을 수용한 부분이 많이 보이므로 이규영의 세 저술 간의 비교를 통해 주시경과 김두봉 문법의 공통점과 차이점도 함께 포착할 수 있을 것이다.

3.2.1. 임(명사, 대명사, 수사, 관형사, 부사, 감탄사)

‘임’에 대한 하위분류로 『온갖것』은 ‘제임, 넛임, 언임, 억임, 드임’을,[8] 『말듬』은 ‘제임, 대임’을, 『한글적새』에서는 ‘제임, 넛임’을 포함하고 있다. 따라서 임의 하위분류가 겹치는 ‘제임, 넛임’만 다루고 겹치지 않는 ‘언, 억, 드’는 해당 부분에서 언급하기로 하겠다. 세 저술의 구체적인 하위분류 및 그 용례를 보이면 아래와 같다.

〈표 2〉 세 저술의 ‘임’의 하위분류 및 그 용례

온갖것				말듬					한글적새		
임	제임	홀로	리순신평양	제임	넓은임씨	덩이있는임씨		나무, 돌, 쇠, 뫼, 새, 말	제임	두로	사람
						덩이없는임씨		바람, 노, 흙, 생각, 슬기			
						음즉이는임씨	기부침	쓰기, 보기		홀로	이순신
							이부침	먹이, 놀이, 덮이			
	두루	사람, 땅					개부침	덮개, 집개, 싸개, 뜨개		꼴있	한울

---

8) 주시경의 『말의 소리』(1914)에서 ‘언, 억, 늘’을 ‘임’에 편입시킨 점과 비슷하다.

					엇더한 임씨	ㅁ부침	꿈, 쌈, 박굼, 뜀, 둠, 무림		꼴없	한울님
						음부침	먹음, 갈음, 썰음, 풀음, 열음, 놀음, 웃음			
						기부침	크기, 푸르기, 노르기, 똑똑하기			
						이부침	높이, 좋이, 넓이, 길이			
						ㅁ부침	푸름, 큼, 힘, 씀			
						음부침	높음, 넓음, 길음, 길음			

넷임			대임				넷임		
				꼭둔임씨		한배, 합마뫼, 아세아			
	가르침이카름	이, 그, 저		사람의대임	첫재사람	나, 제		사람	나, 너, 저
		나, 너, 제			둘재사람	너, 자네, 당신, 어루신, 네		가르침	긔, 대, 그, 이, 저
	헴	하나, 둘, 셋			셋재사람	이, 저이, 그이, 저어룬			
					모름	누구, 아모			
	매임	이, 것, 줄, 바		몬의대임	가르침	이것, 저것, 그것		셈	하나, 둘, 열, 온
					모름	무엇			
				곳의대임	가르침	여긔, 그긔, 져긔			
	모름	누, 누, 무엇, 얼마			모름	어대			
				때의대임	가르침	이때, 그때		매임	이, 것, 줄, 바
					모름	언제			
				헴의대임	가르침	여럿, 몃, 하나, 둘		물음	무엇, 얼마, 누구
					모름	얼마			
				까닭매임		바, 수, 줄, 지, 이지			

<표 2>에서 보면 명사에 해당되는 '제임'을 『온갖것』과 『말듬』에서 보통명사, 고유명사로 크게 둘로 나누고 있다. 다만 『한글적새』는 『온

갖것』의 두 부류를 수용함과 동시에 『말듬』에서 보통명사의 하위분류로 처리한 '꼴있는임'과 '꼴없는임'을 독립시켜 명사를 넷으로 나누고 있다. 이 중에서 제일 상세하게 풀이하고 있는 『말듬』은 김희상(1911)의 명사의 종류와 일치한다. 즉, '덩이 있는 임씨(=유형명사)', '덩이 없는 임씨(=무형명사)', '움즉이는 임씨(형동명사)', '엇더한 임씨(형용명사)이다. 대명사에 해당되는 용어 '넛임/대임' 중 '넛임'은 『말모이』, 주시경(1913), 김두봉(1916), 『한글적새』(1916~1919)에서 사용된 용어이고 '대임'은 주시경(1910), 말듬(1913)에서 사용된 용어이다. '넛임/대임'의 하위분류 중 '가르침', '모름/물음'의 처리에서 『말듬』이 다른 두 저술과 차이를 보인다. 『말듬』에서는 '가르침', '모름/물음'을 '사람, 몬, 곳'의 대임의 하위분류로 처리하고 있다. 이와 반대로 다른 두 저술에서는 독립시켜 처리하고 있는 것은 주시경(1910, 1913)과 비슷하다. 다른 두 저술에서는 '가르침'을 사물대명사와 처소대명사를 아우르는 개념으로 쓰이고 있다. 이를 김희상(1911)에서는 사물대명사와 처소대명사로 구체적으로 분류하고 있어서 차이를 보이고 있다.

3.2.2. 움(동사)

'움'에 대한 하위분류로 『온갖것』은 '안움, 밖움'을, 『말듬』은 '제움, 남움'을, 『한글적새』는 '제움, 남움'을 포함하고 있다. 세 저술의 구체적인 하위분류 및 그 용례를 보이면 아래와 같다.

〈표 3〉 세 저술의 '움'의 하위분류 및 그 용례

온갖것			말듬			한글적새		
움	안	제로	자	제움	테 없는 움씨	울, 닷	제움	제로	자
		입음	맞		테 있는 움씨	닷, 걸리		입음	맞
	밖	바로	먹, 치	남움	홋짝제움	토하, 비지	남움	바로	먹, 치
		건너	시기, 먹이		뭇짝제움	쥬, 물리		건너	시기, 먹이

　　〈표 3〉에서 세 저술에서는 문법 용어에서 차이를 보이고 있는데
『온갖것』은 漢字語系統의 語法用語(이병근 1977: 79)을 쓰고 있는데 반
해,『말듬』과『한글적새』는 주시경(1910, 1913)과 같은 용어를 쓰고 있
다. 세 저술에서 동사를 자동사, 타동사로 2분하고 그 구체적인 하위
분류에서 같게 처리하고 있어서 차이를 보이지 않는다. 이와 같은 인
식은 주시경(1910, 1913)의 분류체계와 다를 뿐더러 김희상(1911)과도
다르다.『온갖것』에서 시작한 '움'에 대한 인식이『말듬』,『한글적새』
에서도 일관되게 이어지고 김두봉(1916)의『조선말본』에서도 확인된다.

3.2.3. 엇/얻(형용사)

　　'엇/얻'에 대한 하위분류로『온갖것』은 '갈엇, 골엇'을,『말듬』은
'넓은 엇씨, 혬의 엇씨, 못친 엇씨'를,『한글적새』에서는 '갈얻, 꼴얻,
때얻, 셈얻, 가리침얻, 물음얻'을 포함하고 있다. 세 저술의 구체적인
하위분류 및 그 용례를 보이면 아래와 같다.

〈표 4〉 세 저술의 '엇'의 하위분류 및 그 용례

온갖것			말듬			한글적새	
엇	갈	짓갈	어질, 착하	넓은 엇씨	붉, 높, 좋, 낮, 엷, 어엿부, 차, 더움, 밝, 홋, 겹	갈	어질, 무겁
		몬갈	무겁, 많	헴의 엇씨	꼭둔헴 / 저믄, 골, 온, 열	꼴	날래, 재, 둥글, 크, 작
	골	짓골	재, 날래		못친헴 / 멸, 여럿, 적, 많	때	이르, 늦
		몬골	둥글	못친 엇씨	무엇, 어듸	셈	많, 적
						가리침	이러하, 저러하, 그러하
						물음	어떠하

〈표 4〉에서 보면 『온갖것』의 '갈(性質)엇, 골(形狀)엇'과 『한글적새』의 '갈엇, 꼴엇, 때엇'은 『말듬』의 '넓은 엇씨'에 대응되는 개념으로 보인다. 『말듬』의 '헴의 임씨, 못친 엇씨'는 『한글적새』의 '셈, 물음'에 대응된다. 『말듬』에서 쓰이는 '꼭둔헴, 못친헴'은 김희상(1911)의 수량형용사의 하위분류인 '定數, 未定數'에 대응시킬 수 있다. '꼭둔헴'의 예로 든 '저믄(千), 골(萬),9) 온(白), 열(十)'과 김희상의 '하나, 둘, 세, 네, 다섯'을 주시경(1910, 1913), 김두봉(1916)에서는 '임'의 하위분

---

9) 김두봉(1916: 63)에서 셈넛임의 용례로 '하나, 둘, 셋, 온, 즘, 골, 잘(十萬)'을 보이고 있다.

류인 '셈넛임'에서 보이고 있다. 따라서 '하나, 둘, 세, 네, 다섯, 저믄, 골, 온, 열' 등은 '定數'로 이해하는 데 무리가 없을 듯하다. '못친헴' 의 예로 보이는 '몇, 여럿, 적, 많'은 김희상(1911)에서는 '몇, 여럿, 적 은, 많은'으로 제시하고 있어서 차이를 보이고 있지만 '未定數'로 대 응시킬 수 있겠다. 이로써 '못친 엇씨'도 '미정 형용사'로 해석할 수 있어 이해에 도움이 될 것이다. 아울러『말듬』의 '헴의 엇씨' 중에 '꼭둔헴'의 전부 용례와, '못친헴'의 '몇, 여럿'와 같은 용례는 뒤에서 언급될『말듬』의 '언'에도 귀속시키고 있다. 이와 같은 처리방식과 달리『한글적새』에 와서는 '많, 적'과 같은 형용사만 '셈'에 포함시키 고 있다. 이는 주시경(1910, 1913), 김두봉(1916)에서도 확인된다.

3.2.4. 언(관형사)

'언'에 대한 하위분류로『온갖것』은 '헴, 비롯, 뜻밖, 홀로, 덩이, 재 리, 가림, 모름'을,『말듬』은 '엇던 언씨, 움의 언씨, 헴의 언씨'를,『한 글적새』에서는 '가리침, 가림, 셈, 물음'을 포함하고 있다. 세 저술의 구체적인 하위분류 및 그 용례를 보이면 아래와 같다.

〈표 5〉 세 저술의 '언'의 하위분류 및 그 용례

온갖것		말듬		한글적새	
언	헴	한, 두, 세	엇던 언씨	이, 그, 저, 붉은, 큰, 얇은	가리침	요, 고, 조
	비롯	무릇	움의 언씨	가는, 오는, 먹은	가림[10]	올, 새, 외, 첫, 맨
	뜻밖	왼, 딴	헴의	몇, 열, 저믄,	셈	한, 두, 왼

홀로	다만	언씨	둘, 하나, 여럿	물음	어느, 웬, 무슨
덩이	왼(죤)				
재리	첫				
가림	새				
모름	어느, 무슨				

<표 5>에서 보인 바와 같이 『온갖것』은 비교적 상세하게 '언'을 분류하고 있다. 『한글적새』는 『온갖것』의 '헴, 가림, 모름'을 그대로 유지하고 있는데 이는 김두봉(1916)과 일치한다. 『온갖것』의 '덩이'에서 제시한 용례는 『한글적새』의 '셈'에 편입시키고, '재리'에서 제시한 용례를 '가림'에 편입시키고 있다. 『온갖것』의 '언'의 분류에 없는 '가리침'이 『한글적새』에서 보이고 있다. 세 저술에서 다 같이 설정하고 있는 '헴의 언씨'에서 『온갖것』과 『한글적새』, 『말듬』이 갈리고 있을 뿐더러 앞 두 저술에서 언급되지 않고 있는 부분이 『말듬』에서 언급되고 있다. 예컨대, '붉은, 큰, 얇은', '가는 오는, 먹은' 등이다. 이들을 김희상(1911)에서 형용사의 하위분류의 하나로 소개된 바 있다. '엇던 언씨'와 '움의 언씨'는 주시경(1910, 1913)에서도 확인되는데, 전자는 김희상(1911)의 보통형용사, 수량형용사; 후자는 행동형용사의 용례로 소개되고 있다. 『말듬』에서 "언씨는 거진 다 엇씨나 움씨에 ㄴ, 은, 는을 부치어 바구게 함"[11]이라고 하였다. 따라서 '엇,

---

10) 김두봉(1916: 138)에 '가림' 옆에 '分別'이라는 한자어를 덧붙이고 있어서 참조가 된다.
11) 이 글에서 주시경, 이규영 등의 저술 내용을 직접 인용할 때에는 편의를 위해 띄어쓰기와 문장부호를 표시해 둔다.

움'에 'ㄴ, 은, 는'이 붙어서 된 것은 '엇, 움'에 포함시킬 수 없다는 것을 암시하고 있다. 이와 같은 인식은 주시경(1910)과 다르다. '이, 그, 저'에 대해 주시경(1910)에서는 "이 저 그는 밋언이니 다른 기가 박구이어 언 몸이 된 것이 안이요 그 몸의 밋이 언이라 함이라"고 설명하고 있다. 김희상(1911)에서는 '이, 그, 저'를 대명지칭인 형용사 즉 대명형용사라고 칭한다고 하면서 용례로 들고 있다. 따라서 『말듬』에서 말하는 '언'은 '이, 그, 저'와 '엇, 움'에 'ㄴ, 은, 는'이 붙어서 된 것을 가리킨다고 말할 수 있겠다. 다만 주시경(1910, 1913)에서는 '엇, 움'에 'ㄴ, 은, 는'이 붙은 것 뿐 아니라 '을, 던, 앗던, 엇던'을 붙인 것도 '언'에 포함시키고 있다. 따라서 『말듬』은 주시경(1910, 1913)의 '언'의 범위를 줄여서 계승하고 김희상(1911)의 형용사에서 '보통형용사, 행동형용사, 대명형용사'를 분리해서 수용한 것으로 결론지을 수 있겠다. 세분화된 『온갖것』의 내용을 『한글적새』에서 부분적으로 수용하였는데 이는 김두봉(1916)과 일치한다.

3.2.5. 억(부사)

'억'에 대한 하위분류로 『온갖것』은 '견줌, 때, 헴, 막이, 어림, 꿍음, 짓골, 몬빗, 거듭'을, 『말듬』은 '엇던 억씨, 움의 억씨, 일인억씨, 때의 억씨, 곳의 억씨, 없안 억씨, 대답 억씨'를, 『한글적새』에서는 '견줌, 때, 셈, 막음, 어림, 짓꼴, 빛깔, 거듭'을 포함하고 있다. 세 저술의 구체적인 하위분류 및 그 용례를 보이면 아래와 같다.

〈표 6〉 세 저술의 '억'의 하위분류 및 그 용례

억	온갖것		말듬		한글적새	
	견줌	더, 더욱	엇던 억씨	매우, 잘, 썩, 너무, 몱이, 크게	견줌	더욱, 더
	때	곳, 늘, 각금	움의 억씨	가게, 오게, 먹게, 하도록	때	곳, 늘, 각금
	헴	거진, 겨우	일인억씨12)	불가불, 응당, 가히, 반닷이	셈	거진, 겨우
	막이	못, 왜, 엇지	때의 억씨	잇다가, 즉음, 발서, 장차, 임의, 이제	막음	왜, 못, 어찌
	어림	아마	곳의 억씨	저리, 이리, 그리	어림	아마
	끟음	아주, 꼭, 반드시	없안 억씨	아니, 못	짓꼴	왈각, 출렁
	짓꼴	왈각, 출넝	대답 억씨	예, 네, 응, 오냐	빛깔	얼룩
	몬빗	얼눅			거듭	또, 다시
	거듭	또, 다시				

    <표 6>에서 보면『온갖것』과『한글적새』는 '끟음'에서 차이를 보이고 있을 뿐 다른 분류에서 일치한다. 앞의 두 저술과『말듬』은 '엇던 억씨'와 '움의 억씨'에서 현저한 차이를 보이고 있다.『말듬』에서 "억씨는 거진 움씨나 엇씨에 게 도록 고저 들을 부치어 박구임과 임

---

12) '일인억씨'는 김희상(1911: 45)의 '事實副詞'와 대응되는 개념이다.

씨에 에서 으로 에게 들을 부치어 바구임이 잇나이다"라고 해석하고
있다. 따라서 '엇, 움'에는 '엇, 움'에 '게, 도록, 고저'가 붙어서 된 것
을 '엇, 움'에 포함시킬 수 없을 뿐더러, '임'에는 '임'에 '에게'가 붙
어서 된 것을 '임'에 포함시킬 수 없음을 암시하고 있다. 이와 같은
인식은 주시경(1910, 1913)과 다르다. 이는 주시경(1910, 1913)에서 제
시한 '억'의 용례 중에 앞서 말한 '억'씨가 다 용례로 제시되고 있기
때문이다. 따라서 『말듬』의 '억'에 대한 인식은 주시경의 영향을 많
이 받은 것이다. 이 외에 주시경(1910, 1913)에서는 제시되지 않았지만
'곳의 억씨, 대답 억씨'를 '억'에 포함시키고 있는 김희상(1911: 45-46)
의 영향도 받은 것으로 추정된다. 이는 『말듬』의 하위분류가 김희상
(1911)와 일치하기 때문이다.

3.2.6. 드/놀/늑(감탄사)

세 저술에서 각기 다른 문법 용어를 쓰고 있다는 점에서 특이하다.
『온갖것』은 '드'를 '늣김, 부름, 이름, 여김'으로, 『말듬』은 '놀'을 '넓
은 놀씨, 붙는 놀씨'로, 『한글적새』는 '늑'을 '늑김, 녀김, 부름, 이름'
으로 하위분류하고 있다. 세 저술의 구체적인 하위분류 및 그 용례를
보이면 아래와 같다.

〈표 7〉 세 저술의 '드/놀/늑'의 하위분류 및 그 용례

	온갖것 〈드〉		말듬 〈놀〉		한글적새 〈늑〉	
드/놀/늑	늣김	아, 하	넓은 놀씨	아, 암, 에구, 허어	늑김	아, 하, 유유
	부름	구구, 돌돌, 오래	붙는 놀씨	랑, 구나, 구려	녀김	글세, 암

	이름	예, 오냐, 어이		부름	여보, 구구, 오래오래
	여김	글세, 임, 글엄		이름	네, 오냐

<표 7>에서 보면『온갖것』과『한글적새』는 일치한 분류를 보이고 있다. 이들에서 '이름'을 나타내는 감탄사는『말듬』에서는 '억'에 분류되고 있다.『말듬』에서 '넓은놀씨'는 "이씨는 다른 말 우에 두는 것이라", '붙는놀씨'는 "이씨는 다른말 알에 두는 것이니라"라고 해석하고 있다. 이 해석을 미루어 볼 때 앞 두 저술의 내용은『말듬』의 '넓은놀씨'에 대응되는 것들이다. 즉『말듬』의 '넓은 놀씨'는『온갖것』과『한글적새』의 '늣김/늑김, 부름, 이름, 여김'을 아우르는 상위개념이다. '붙는 놀씨'에 속하는 '랑, 구나, 구려'는『말듬』에만 보이는데 이는 끗씨에 해당된다.『온갖것』의 '늣김'은『한글적새』에서 그대로 수용되고 김두봉(1916)에서 '깃븜 늑씨, 놀람 늑씨, 걱정 늑씨'로 세분화된 모습을 보인다.

3.2.7. 만(조사, 어미)[13]

세 저술에서 보이는 '만/만이' 중에 '만이'는 주시경의『국어문법』(1910)에서 '겻'의 하위분류할 때 사용한 문법 용어이다. '만이'는 뒤에서 보게 될 '금이'와 '겻'을 이룬다. 세 저술에서도 주시경의 문법 용어인 '만이', '금이'을 쓰고 있다.『온갖것』,『한글적새』에서는 '만'

---

13) 본고에서는 논의의 편의상『온갖것』,『말듬』,『한글적새』등 저술에 나오는 조사와 어미, 접사에 '-'을 표기하지 않을 것임을 밝혀둔다.

과 '금'을 독립적으로 처리하고 있는 반면에 『말듬』에서는 주시경 (1910)에서처럼 '만이'와 '금이'를 묶어서 '곁'의 하위분류로 다루고 있다. 이는 분명히 같은 문법 용어가 다른 의미로 해석되고 있음을 알 수 있다. 이와 같은 처리방식은 '만/만이'에 대한 주시경(1910), 『말모이』「알기」語法關係의 分類項目 설명, 세 저술의 하위분류 및 그에 대한 제시 용례 등을 통해 그 차이점을 확인할 수 있다. 주시경(1910) 의 '만이'에 대한 해석을 가져오면 다음과 같다.

> 만이: 임이와 씀이의 만의 다름, 곳 임이와 씀이의 직권의 분 별. 곳 임이나 씀이가 되는 표. 곳 임기의 직권이 엇더함을 보이 는 것. (『국어문법』 74)

> 『말모이』「알기」의 설명에서 '만'을 직접적으로 설명하지 않 고 있지만 하위분류인 '심'과 '맺'에 대한 설명에서 파악할 수 있 겠다(김민수 1983: 32)

> 만 심 [主語 되게 하는 토]
> 　맺 [說明語 되게 하는 토]

이처럼 '만'을 주시경에서는 '임이와 씀이'의 기능으로 파악하고 있는데, 『말모이』「알기」에서는 '주어와 설명어'의 기능으로 파악하 고 있어 차이를 보인다. 따라서 주시경의 '만이'에 대한 인식을 수용 한 『말듬』과 『말모이』「알기」의 인식방식을 수용한 『온갖것』 및 이를 받아들인 『한글적새』에서 '만/만이'에 대한 하위분류 및 그 용례를 자세하게 보이면서 차이점을 밝힐 것이다.

〈표 8〉 세 저술의 '만/만이' 하위분류 및 그 용례

온갖것				말듬				한글적새			
만	심	다만	이, 가, 게서	곁	만이	임이만	가, 이	만	심	다만	이, 가, 께서, 께압서
		부름	아, 야, 시여, 여			씀이만	를, 을			부름	아, 야, 시여, 이시여
		덩이	에서			넓은만	도, 는, 은, ㄴ들, 인들, 라도, 이라도, 든지, 이든지, 나, 이나, 야, 이야, 만, 아, 야, 여			덩이	에서
		나빔	서							같음	도
										다름	는, 은
										홀로	만, 야
	맺	홀로	도다	끗	이름	다, ㄴ다, 는다, 앗다, 엇다, 겟다, 리라, 으리라, 앗으리라, 엇으리라, 요, 오, 소, 이다, 라, 이라, 지요			맺	물음	냐, 나니까
										홀로	도다, 로다

	물음	냐, 나잇가	물음	냐, 뇨, 요, 소, 잇가		이름	니라, 니다
	이름	니라	시 김	아라, 어라, 오, 으오, 옵소서			
	시김	아라, 어라, 소서, 어다	홀 로	다, 고나 도다, 지, 냐, 야, 뇨, 랴		시김	아라, 어라, 소서

<표 8>에서 보면 『온갖것』과 『한글적새』에서는 '만'을 독립적으로 처리하면서 그 하위분류에서도 일치를 보이고 있다. 반면에 『말듬』에서는 '만이'를 '곁'의 하위분류로 처리하고 있으며 그 용례도 주시경(1910)과 비슷하다. 『말듬』에서 쓰이는 '만이'는 다른 저술의 '심'에 대응하는 개념이다. 세 저술의 하위분류 및 그 용례에서 다소의 차이를 보이지만 전체적으로는 비슷하다고 볼 수 있다. 『온갖것』, 『한글적새』에서 '심'과 함께 '만'을 이루는 '맺'은 『말듬』에서는 '끗'에 대응하는 개념이다. 이들의 하위분류 및 그 용례도 비슷하다. 다만, 이 두 저술에서는 '맺'을 '만/만이'의 하위분류에 포함시키고 있으므로 '맺'을 독립시켜 처리하고 있는 주시경, 김희상, 김두봉 등 동시대의 국어학자들과 인식의 차이를 보인다.

이상을 종합하면 이규영의 '만/만이'에 대한 인식은 주시경(1910)의 영향을 받았지만, 나름대로 독특한 인식을 보여주고 있다. 이는 동시대의 김희상(1911), 김두봉(1916)에서 찾아볼 수 없는 것이다.

3.2.8. 금(조사, 어미)

세 저술에서 보이는 '금/금이' 중 '금이'는 주시경의 『국어문법』 (1910)에서 '것'의 하위분류를 시도할 때 사용한 문법 용어이다. 앞서 살펴 본 '만이'와 함께 '것'을 이룬다. '금이'에 대한 인식에서도 앞서 살핀 '만/만이'처럼 『온갖것』과 『한글적새』는 비슷한 점이 많으나, 『말듬』과는 차이를 보이고 있다. 그 차이는 '만/만이'처럼 현저하지 않지만 부분적인 차이를 보이고 있다. 이는 '금/금이'에 대한 주시경(1910), 『말모이』「알기」의 語法關係의 分類項目, 세 저술의 하위분류 및 그 용례 등을 통해 그 차이점을 확인할 수 있다.

주시경의 '금이'에 대한 해석을 가져오면 다음과 같다(『국어문법』 38).

> 금이나 자리: 남이의 자리를 금하는 것. 곳 움즉임의 자리를 가르치는 것. 곳 임기의 알에 더하여 억기 몸. 곳 금이가 되게 하는 것.

『말모이』「알기」의 語法關係의 分類項目에서 '만'을 직접적으로 설명하지 않고 있지만 하위분류인 '둠'과 '갈', '손', '깁'에 대한 해석을 통해 파악할 수 있겠다(김민수 1983: 32).

> 금 둠 [名代를 언 되게 하는 퇴
> 갈 [形動을 언 되게 하는 퇴
> 손 [名代를 副詞 되게 하는 퇴
> 깁 [形動을 副詞 되게 하는 퇴

상술한 주시경(1910)에서는 '금이'를 서술어를 한정하는 '부사어'

기능을 하는 정도로 파악할 수 있겠다. 『말모이』「알기」를 수용한 『온갖것』과 『한글적새』에서는 '손'과 '깁'을 선행 성분을 '형용사, 관형사, 부사' 되게 하는 토로 인식하기 때문에 문장 안의 서술어와 직접적인 연관을 맺는 것이 아닌 형태론적 구성으로 파악할 수 있겠다. 이와 같은 인식이 세 저술에서 어떻게 반영되는지 아래에서 확인하겠다.

<표 9> 세 저술의 '금/금이' 하위분류 및 그 용례

온갖것				말듬		한글적새			
금	둠	둠이	의	겯	금이 (에, 에서, 로, 으로, 까지, 쯤, 게, 에게, 서, 다려, 마다, 와, 과, 엔들)	금	굿	둠이	의, 엣, 인
	갈	엇던	ㄴ, 은					그림	ㄴ, 은, ㄹ, 을
		시김	으란				돕	깁음	에, 로, 보다, 를, 을
	손	자리	에, 에서						
		부림	으로					꾸밈	게, 어, ㄹ스록
		견줌	보다, 처럼, 리						
		씀이	을, 를						
	깁		어, 아						
		거짓	면, 거든						
		박굼	다가						
		하람	러						
		엇던	게						
		사못	도록						

<표 9>에서 보면 『온갖것』에서 하위분류로 둔 '둡, 갈, 손, 깁'은 『한글적새』에서 대체로 그대로 수용되었다고 볼 수 있다. 그렇지만 『온 갖것』과 『한글적새』의 '깁'에 대한 인식이 다름을 지적해야 할 것이 다. 『온갖것』에서 상위개념으로 존재하던 '깁'은 『한글적새』에 와서 '꾸밈'이라는 용어로 변화함과 동시에 '둡'의 하위개념으로 존재한다. 이뿐만 아니라 용례를 통해 『온갖것』의 '손'은 『한글적새』의 '깁음' 에, 『온갖것』의 '깁'은 『한글적새』의 '꾸밈'에 대응되는 개념임을 알 수 있다. 다른 저술인 『말듬』에서 '금이'를 더 이상 분류하지 않았지 만 제시한 용례로 보아 이는 『온갖것』의 '손', 『한글적새』의 '깁음'에 대응되는 개념임을 확인할 수 있다. 『온갖것』의 '깁'과 『한글적새』의 '꾸밈'은 김두봉(1916)의 꾸밈토(修飾吐)와 비슷한 면을 보이고 있고, 『온 갖것』의 '손'과 『한글적새』의 '깁음'은 김두봉(1916)의 깁음토(補語吐) 와 비슷한 면을 보인다. 이를 통해 『온갖것』의 '손, 깁'과 『한글적새』 의 '둡'은 김두봉(1916)의 '매임토(關係吐)'와 같은 것임을 확인할 수 있 다. 『온갖것』의 '금'에 대한 인식은 김희상(1911: 49)의 '轉成토'와 비 슷한 점이 많다.

또한, 세 저술의 용례를 자세히 검토해 보면, '을, 를'의 처리방식 에서 차이가 있음을 확인할 수 있다. 이는 '만/만이', '금/금이'에 대 한 인식의 차이에서 비롯된 것이다. 주시경(1910)에서는 '만이'를 '임 이나 씀이'에 '직권'을 나타내는 것으로 파악하고 있으므로 '을/를'을 '만이'에 귀속시키는 반면, 『온갖것』에서는 '만이'를 '주어'를 되게 하는 토로 인식하므로 '을/를'을 '만/만이'에서 배제시키고 '금이'에 편입시킨 것이다. 이와 같은 인식은 통사론에서도 평행되게 처리되 고 있다. 따라서 이규영의 '금/금이'에 대한 인식은 주시경(1910)의 영

향을 받았지만, 김두봉(1916)과 같은 인식을 하고 있음을 확인할 수 있다.

3.2.9. 잇(어미, 조사)

'잇'은 세 저술에서 동일하게 보이는데『온갖것』에서는 '돕'의 하위분류로 파악하고 있지만『말듬』과『한글적새』에서는 '잇'을 독립시켜 다루고 있다. '돕'이라는 용어는『온갖것』과『한글적새』에서 다르게 쓰임을 앞선 논의를 통해 잠간 언급하였다.『한글적새』에서는 '금'의 하위분류에 포함시키고 있지만『온갖것』에서는 '잇'과 '둘'의 상위개념으로 설정하고 있다. 구체적인 하위분류 및 그 용례를 보이면 아래와 같다.

〈표 10〉 세 저술의 '잇' 하위분류 및 그 용례

온갖것			말 듬			한글적새		
돕	잇	새일	고	임이 잇씨	와, 과, 밋	단	홀밑	와
							닿밑	과
		함계	면서	잇어 잇씨	한 일	아, 어, 아서, 어서, 면서, 으면서	잇	둘	홀밑	고, 나, 며, 면서
					딴 일	고, 다가		닿밑	이고, 으나, 이며, 이면 서

가닥	니, 매	풀이 잇씨	ㄴ데, 는데, 인데, 은데, 니, 으니, 이니, 에, 어서, 어, 아, 아서	
덩이	와, 과	뒤집 잇씨	나, 이나, 으나, 되, 아도, 어도, 라도, 어라도, 이라도, 거늘, 어늘, 이어늘, 고도	
		거짓 잇씨	면, 으면, 이면, 거든, 어든, 이거든, 이어든	
		홀로 잇씨	아야, 어야	
		하랴 잇씨	러, 으러	

		와, 과		
둘	더불	와, 과		
	같음	도		
	다름	는, 은		
	도로	ㄴ들		
	섞임	든지		
	때침	야		
	홀로	만		
	모도	마다		
	미침	까지		
	더욱	사록		
	알니	완대		
	기닥	므로		
	풀이	ㄴ데		

<표 10>에서 보면 『온갖것』의 '잇'은 『한글적새』의 내용과 일치한다. 『말듬』은 앞 저술보다 상세하게 제시하고 있다. 여기에서 제시된 용례는 주시경(1910, 1913)의 내용과 많이 비슷하다. 앞서 언급된 '겻'의 내용도 주시경(1910,1913)의 내용과 일치한 점을 미루어 보면 '잇'도 주시경(1910, 1913)을 많이 의지한 것으로 보인다. 이와 반면에 '잇'과 함께 '돕'을 이루는 '둘'은 『말모이』「알기」에서 [범위를 한정

하는 퇴로 설명하고 있다. 여기서 보이는 용례는 주시경(1910)에서는 '만이'에서 다루고 있고 김두봉(1916)에서는 '돕음토(補助토)'에서 다루고 있으므로 이규영괴는 다른 문법 인식을 갖고 있음을 확인할 수 있다.

3.2.10. 때(시제)

세 저술에서 '때'에 대한 내용이 언급되고 있다. 『온갖것』과『한글적새』는 하위분류로 '이때, 오때, 가때'를 설정하고 있는데 구체적인 용례에서 차이를 보인다. 『말듬』은 '잇씨', '끗씨', '언씨'로 나누어서 '이때, 올때, 간때'를 설명하고 있다. 구체적인 하위분류 및 그 용례를 보이면 아래와 같다.

〈표 11〉 세 저술의 '때' 하위분류 및 그 용례

온갖것		말듬				한글적새	
			잇씨	끗씨	언씨		
이때	아야, 어야	이때	(으)니, 는데	오, 다, 이다	는	이때	는, ㄴ
오때	아	올때	겟으니, 겟는데	겟다	ㄴ, 은	오때	ㄹ, 을, ㅁ
가때	앗, ㄴ, 든	간때	앗으니, 엇으니, 앗는데, 엇는데	앗다, 엇다, 엇엇다	ㄹ, 을	가때	ㄷ

<표 11>에서 보면 『온갖것』과『한글적새』는 용례에서 차이를 보

인다. 전자는 '이때'를 '어야, 아야'로, '오때'를 '아'로, '가때'를 '앗, ㄴ, 든'으로, 후자는 '이때'를 '는, ㄴ'으로 , '오때'를 'ㄹ, 을, ㅁ'으로, '가때'를 'ㄷ'로 각각 제시하고 있다.『말듬』는 '잇씨', '끗씨', '언씨'로 나누어서 설명하고 있다. '잇씨'와 '끗씨'에서는 공통적으로 '이때'는 'Ø', '간때'는 '앗/엇, 엇엇',[14] '올때'는 '겟'이 발견된다. 이는 '때'를 '잇씨'와 '끗씨'의 일부로 보고 있음을 추정할 수 있다. '언씨'에서 '이때'는 '는', '간때'는 'ㄴ, 은', '올 때'는 'ㄹ, 을'을 제시하고 있다.『말듬』에서처럼 '앗/엇', '겟'을 '잇씨'와 '끗씨'의 일부분으로 설명하는 태도는 주시경(1910)을 수용하고 있음을 확인할 수 있다(남기심 1989: 163-164).『온갖것』과『한글적새』에서는 구체적인 용례를 제시하지 않았지만 전자는 '가때'에서『말듬』의 '잇씨', '끗씨', '언씨'와 비슷하고, 후자는 '언씨'의 '때'에서『말듬』과 비슷하다. 세 저술 중에『말듬』이 체계적이고 정제된 모습을 보이고 있다.

3.2.11. 높(높임법)

세 저술에서 '높'에 대한 내용이 언급되고 있다. '높'을 셋으로 나누고 있는『말듬』과 달리『온갖것』과『한글적새』에서는 둘로 나누고 있다.『온갖것』은 '두로'와 '남끗'으로 나누는데 전자는 '시', 후자는 '읍, ㅂ, 압'을 제시하고 있다.『한글적새』는 '임밑'과 '풀끝'으로 나누고 '시', 'ㅂ'을 제시하고 있다. 이는 주시경(1910)에서처럼 '높'에 '잇'과 '끗'을 포함시켜 다루고 있으므로 주시경의 영향을 받았다고 볼 수 있다.『말듬』은 '높음', '같음', '낮음'으로 셋으로 나누고 각각 'ㅂ니다, 십데다', '오, 시오', '다, 느라'을 제시하고 있다.『말듬』에

---

14) '엇엇'은 '잇씨'에는 제시되지 않고 '끗씨'의 '간때'에만 제시되고 있다.

제시된 용례는 주시경(1910)의 '높'에서 다루고 있을 뿐더러 '높'을 '곳씨'에 포함시키고 있으므로 이는 주시경(1910)의 영향을 받았으리라 추정된다.

3.2.12. 솔(매개모음)

세 저술 중에서 『온갖것』과 『한글적새』는 '솔'을 설명하고 있지만 『말듬』은 생략하고 있다. 비록 생략되어 있지만 용례에서 확인할 수 있듯이 '잇씨'의 쓰이는 곳에서 '움씨'의 알에 '으', '임씨'의 알에 '이'가 제시되어 있어서 앞 두 저술에서 설명하고 있는 '이. 으'와 같게 인식함을 알 수 있다. 주시경(1910)의 '잇기의 쓰이는 곳'에서도 '움기, 엇기' 알에 '으', '임기' 알에 '이'의 쓰임을 보이고 있어 이 또한 주시경의 영향을 받았다고 추정할 수 있다.

3.3. 소결

『온갖것』에는 이규영의 인식이 많이 들어 있고, 『말듬』은 대체로 주시경의 문법 인식을 수용하고, 부분적으로 김희상의 해석을 참조한 점이 주목되지만(김민수 1983), 『한글적새』는 『온갖것』의 내용을 많이 수용하고 있으면서도 『조선말본』과 내용 면에서 밀접한 관련을 보이고 있었다.

품사 체계를 다룸에 있어서 품사 관련 문법 용어의 공통점과 차이점은 거의 고려되고 있지 않지만 이규영의 세 저술에서 쓰이는 문법 용어가 비교적 간략하게 풀이되고 있어서 이들과 밀접한 관련이 있어 보이는 『말모이』 「알기」, 『국어문법』, 『조선어문법』, 『조선말본』

을 의지하여 파악하는 방법을 부분적으로 채택하였다. 예컨대『온갖것』,『한글적새』에서 쓰이는 용어 '만', '금', '잇'에 대한 인식차이를 통해 동시대의 국어학자 주시경, 김두봉에서 풀이되는 해석과 이규영 자신이 풀이하고 있는 해석에서 공통점과 차이점이 확인되는데 이와 같은 용어에 대한 인식은 이규영이 여러 학자들의 용어를 다 분명히 이해하고 있다는 결론을 얻을 수 있었다.

또한 품사의 구체적인 하위분류에서『온갖것』,『말듬』,『한글적새』 중『온갖것』과『한글적새』에서 비슷한 점이 많이 포착된다. 다른 점은『한글적새』가『온갖것』에서 '임'의 하위개념으로 설정한 '언, 억, 드'를 독립시켜 '모임씨'라는 상위개념을 더 설정하고 있는 점이다. 이처럼 '언, 억, 드'를 독립시켜 처리한 점은『온갖것』과 다르고『말듬』과 비슷하다. 이밖에 '돕'을『온갖것』에서는 '잇, 둘'의 상위개념으로 사용하고 있지만『한글적새』에서는 '금'의 하위개념으로 사용하고 있다.『한글적새』의 '돕'은『온갖것』의 '손, 깁'과 대응되는 개념인 동시에 김두봉(1916)의 '매임토(關係吐)'와 같은 것임이 확인되었다.『말듬』은 주시경(1910, 1913)을 많이 수용하고 있지만 '임'의 하위분류의 하나인 '제임'과 '억'의 내용은 김희상(1911)을 참조하고 있는 점이 확인되었다.『온갖것』의 '금'에 대한 인식은 김희상(1911)의 '轉成토'와 비슷한 점이 많았다.

4.『온갖것』,『말듬』, 한글적새』의 형태론

이 세 저술에서 형태론에 해당하는 부분은 '씨난틀'[15]을 다루는 자리에서 다루고 있다. 여기서는 주로 조어법에 해당하는 내용만 언급하고자 한다. 여기서 다룰 조어법에는 세 저술에서 공통으로 나타나는 단일어 파생법 이외에 『한글적새』에서만 확인되는 합성어의 파생법, 몸씨와 모임씨의 파생법, 합성법, 품사의 통용 등이 포함된다. 각각의 조어법에 대해 절로 나뉘어 표를 제시함과 동시에 논의를 전개해 나가겠는데 그림으로 간략하게 제시하면 다음과 같다.

〈표 12〉 『온갖것』, 『말듬』, 『한글적새』에서 보이는 조어법

조어법		온갖것	말듬	한글적새
파생법	단일어의 파생법	있음	있음	있음
	합성어의 파생법	해당 내용 없음		있음
	몸씨와 모임씨의 파생법			있음
합생법		해당 내용 없음		있음
품사의 통용		해당 내용 없음		있음

4.1. 파생법

먼저 파생법에 대해 살펴보겠다. 파생법은 다시 단일어 파생법, 합성어의 파생법, 몸씨와 모임씨의 파생법으로 나누어서 살피겠다.

---

15) 품사 갈래를 이규영의 세 저술에서는 '씨난틀'이란 용어를 쓰고 있다. 주시경은 일관된 용어를 쓰고 있지 않다. 『국어문법』에서는 '기난틀', 『조선어문법』, 『말의 소리』에서는 '씨난틀'이라고 쓰고 있다.

4.1.1. 단일어 파생법

4.1.1에서는 세 저술에서 보이는 '단일어 파생법'에 대하여 살펴보겠다.

<표 13> 『온갖것』, 『말듬』, 『한글적새』의 단일어 파생법

조어법	온갖것		말듬			한글적새		
파생법	단일어의 파생	접미파생법 입	접미파생법	임	움즉이는 임씨	접두파생법	움움	
					엇더함 임씨			
		웁		억	엇던 억씨			
					움의 억씨			
		업		언	엇던 언씨	접미파생법	임	임임
								움임
		손			움의 언씨			얻임
							움	임움
								움움
								얻움
		깁					언	임언
								움언
								얻언

<표 13>에서 보이는 『온갖것』, 『말듬』, 『한글적새』의 단일어 파생법에 대하여 자세하게 풀이하면 다음과 같다. 『온갖것』에서 보이는 '입, 웁, 업'은 현행 학교문법에서 '파생명사, 파생동사, 파생형용사'를 각각 표시한다. 흔히는 '뜻바꿈, 몸바꿈'이라 하였던 것이다(이병근 1977: 80). 이는 『말모이』 「알기」의 語法關係의 分類項目들에서 확인

할 수 있다.

> 입은 [名詞를 뜻바꾸게 히든지 形動을 名詞되게 하는 몸]
> 웁은 [動詞를 뜻바꾸게 하든지 名形을 動詞되게 하는 몸]
> 업은 [形容詞를 뜻바꾸게 하든지 名動을 形容詞되게 하는 몸]
> 손은 [名代를 副詞 되게 하는 토]
> 깁은 [形動을 副詞 되게 하는 토]

'입, 웁, 업'에 대한 해석에서 이들은 '뜻바꿈, 몸바꿈'으로 이루어졌음을 확인할 수 있었다. 『온갖것』의 '입'에는 '뜻바꿈'하는 '들, 뿐'과 '몸바꿈'하는 'ㅁ, 기, 이, 들레'가, '웁'에는 '뜻바꿈'하는 '이, 이지'와 '몸바꿈'하는 '으리, 지'가, '업'에는 '뜻바꿈'하는 '차, 앟'과 '몸바꿈'하는 '롭, 스럽'이 있다. '손'과 '깁'에 분류되는 토 용례를 제시하고 있지만 구체적으로 '名, 代, 形, 動'의 예를 들어 제시하지 않고 있다. 이와 비슷한 해석이 주시경(1910), 김희상(1911)에서 부사의 용례로 제시되고 있는데 그 중에서 김희상(1911)의 용례를 가져오면 아래와 같다.

> 김희상(1911: 46-47) 添成副詞
> 명사: 동에서, 북으로, 사람에게
> 대명사: 이것에서, 이것으로, 저이에게
> 동사: 가게, 오게, 되도록, 가고저
> 형용사: 붉게, 희게, 길도록, 넓도록

특기할 점은 『온갖것』에서는 '손', '깁'을 '금'의 하위분류로 다루면서 '억'의 하위부류에는 편입시키고 있지 않지만 이를 주시경(1910,

1913), 김희상(1911)에서는 '부사'의 하위분류에 편입시키고 있다. 이와 같은 인식 차이는 『온갖것』의 '손', '깁'을 이규영은 선행 성분을 '형용사, 관형사, 부사' 되게 하는 형태론적 구성으로 파악한 데서 비롯된 것이다.

『말듬』에서는 주로 '몸바꿈'을 언급하고 있다. '움씨'와 '엇씨'가 '몸바꿈'을 통해 '임씨, 억씨, 언씨'로 바뀌는 것을 언급하고 있다. '임씨'의 하위분류에 '움즉이는 임씨', '엇더함 임씨'를 두고 있다. '억씨'의 하위분류에 '엇던 억씨, 움의 억씨'를 두고 있다. '언씨'의 하위분류에 '엇던 언씨, 움의 언씨'를 두고 있다. '움즉이는 임씨'는 '움'에 '기, 이, ㅁ(음), 개'를 붙인 것이고 '엇더함 임씨'는 '엇'에 '기, 이, ㅁ(음)'을 붙인 것이며 '엇던 억씨, 움의 억씨'는 '엇'에 '게', '움'에 '게, 도록'을 붙인 것이고 '엇던 언씨, 움의 언씨'는 '엇' 또는 '움'에 'ㄴ(은), 는, 은'을 붙여 변화시킨 것이다. 용례를 가져오면 아래와 같다.

> 움즉이는 임씨: 쓰기, 보기, 먹이, 놀이, 덮이, 덮개, 집개, 싸개,
>   뜯개, 꿈, 쌈, 박굼, 뜀, 둠, 무림, 먹음, 갈음,
>   썰음, 풀음, 열음, 놀음, 웃음
> 엇더함 임씨: 크기, 푸르기, 노르기, 똑똑하기, 높이, 좋이, 넓
>   이, 길이, 큼, 힘, 씀, 높음, 넓음, 깊음, 길음
> 엇던 억씨: 크게
> 움의 억씨: 가게, 오게, 먹게, 하도록
> 엇던 언씨: 붉은, 큰, 얇은
> 움의 언씨: 가는, 오는, 먹은

여기서 '엇던 억씨', '움의 억씨', '엇던 언씨', '움의 언씨' 전체를 단어로 파악하고 있는 점은 주시경(1910, 1913), 김희상(1911)과 같다.

이는『온갖것』에서 '손', '깁' 자체를 형태론적 구성으로 파악하는 인식과 다르다. 따라서 이는 이규영의 문법 인식을 반영한 것이 아닌 주시경(1910, 1913), 김희상(1911)의 해석을 그대로 수용했다고 볼 수 있다.

『한글적새』에서는 접두파생법과 접미파생법의 용례를 제시하고 있다. 학교문법에서 말하는 접두파생법과 접미파생법을 '빛 있이 몸뜻바꿈(1)'과 '빛 있이 몸뜻바꿈(2)'로 나타내고 있다. 접두파생법은 '움움'의 용례만 제시하고 있지만 접미파생법은 명사, 동사, 형용사를 파생하는 접미사를 다양하게 제시하고 있다. 명사파생의 예로 제시한 것들을 통해 명사를 형성하는 방법으로 동사, 형용사에 'ㅁ(음), 기, 개, 이'을 결합한 경우와 파생접사 '질, 장이' 등뿐만 아니라 '들, 뿐'과 같은 '만이'에 속하는 '조사'를 결합한 것이 있음을 알 수 있다. 동사파생의 예로 제시한 것들을 통해 동사를 형성하는 방법으로 명사에 '하, 이'등을 결합한 경우, 동사 어간에 사·피동접미사 '이, 히, 리, 기, 우, 구, 추'외에 '치, 거리, 아지, 터리'를 결합한 경우가 있음을 알 수 있다. 여기서 사·피동 접사를 파생접사로 인식한 점은 주시경(1910)을 계승한 것이다. 주목할 점은 현행 학교문법에서 서술격조사로 보고 있는 '-이'를 접사로 보고 있는 점이다. 형용사파생의 예로 제시한 것들을 통해 형용사를 형성하는 방법으로 명사에 '스럽, 답, 지'을 결합한 경우, 동사 어간에 '업, 압'을 결합한 경우, 형용사 어간에 '업/겁, 겁, 앟/엏, 스름하, 죽죽하, 으레하'를 결합한 경우가 보인다.

4.1.2. 합성어의 파생법

4.1.2에서는 '토 없이 어울러 빛 달아 몸뜻바꿈'으로 제시한, 학교문법에서 말하는 합성어의 파생법에 대한 살펴보겠는데,『온갖것』과

『말듬』에서는 해당 사항이 없으므로 『한글적새』에 관해서만 살피겠다.

〈표 14〉 『한글적새』에서 보이는 합성어의 파생법

조어법	온갖것	말듬			한글적새
파생법	합성어의 파생	해당 없음	해당 없음	임	임임	사면발이
				움	임움	모래묻이, 손잡이, 옷걸이, 굽달이, 빗접꽂이, 시돌이, 속박이, 발싸개, 불돋우개, 상투조르개, 귀먹어리, 산돌이, 씀쓰이, 살림살이, 살붙이, 살적밀이, 살잡이, 보지ㅁ
					움움	집짓ㅅ이, 불넘ㄹ기
					언움	두르말이,
				언	임언	열닫ㄹ이, 밀닫ㄹ이
					언언	섞바꾸ㄱ이

〈표 14〉에서 제시한 품사 '임', '움', '언'의 용례를 보면 이들은 각각 '임임', '임움, 움움, 언움', '임언, 언언'으로 이루어진 합성어이다. 여기에 다시 파생접사 '이', '개'. 'ㅁ'가 결합된 용례를 합성어의 파생법으로 제시하고 있다.

4.1.3. 몸씨와 모임씨의 파생법

4.1.3에서는 몸씨와 모음씨의 파생법에 관해 살펴보겠는데, 『온갖 것』과 『말듬』에서는 해당 사항이 없으므로 『한글적새』에 관해서만 살피겠다. 이는 주시경(1910), 김두봉(1916)에서도 확인되지 않는 내용 이다.

〈표 15〉『한글적새』에서 보이는 몸씨와 모임씨의 파생법

조어법		온갖것	말듬	한글적새		
파생법	몸씨와 모임씨의 파생	해당 없음	해당 없음	빛달아모 이씨됨	임언	무엇어은
					움억	지적, 들석, 들입더, 꼽으랑
					얻억	쑤시이억
				모임씨가 빛달아 몸바꿈	언임	검슬, 검웃, 맑숙,
					언얻	짜르으막
					억얻	새삼

<표 15>에서 제시한 용례를 보면 몸씨에 속하는 '임, 움, 얻' 사이 에서 파생이 일어난 것이 아니라 몸씨(임, 움, 얻)와 모음씨(언, 억) 사이 의 파생으로 이루어진 것들이다. 이는 『한글적새』에서만 확인되는 내용이다. 또한 제시된 용례를 『표준국어대사전』에서 확인한바 '새 삼'만 부사로 제시되고 나머지는 찾을 수 없는 것들이다.

4.2. 합성법

이 절에서는 '토 없이 어우림'이라 제시한, 학교문법에서 말하는 합성법에 관해 살펴보겠는데,『온갖것』과『말듬』에서는 해당 사항이 없으므로『한글적새』에 관해서만 살피겠다.

<표 16>『한글적새』에서 보이는 합성법

조어법	온갖것	말듬			한글적새
합성법	해당 없음	해당 없음	임	임임	수수밥, 물불,
				움임	다섯섯16)여섯, 여섯섯일곱 불르손
				얻임	빅수, 들메끈, 돌띄, 꽂감, 열쇠,17) 낚대, 감발, 묵밭, 접감
			움	임움	늦벼
				움움	애쓰, 나비끼
				얻움	돌보, 보살피, 들부수, 파묻, 바라보, 빌붙, 받들, 들뜨
			얻	임얻	오르나리, 뛰놀, 날뛰, 나들, 넘나들, 잡죄 열르닫, 들르나들
				얻얻	무르녹, 돋보, 번나, 낮보, 설삼

---

16) 여기서 보이는 '섯, ㄹ, ㅎ, 움, 어, 이' 등은 품사가 바뀔 때 줄어들거나 더해지는 부분을 표시한 것이다. 이와 같은 처리방식은 김두봉(1916)에서도 확인된다.
17) 최낙복(2009: 592)에서 '열쇠'를 주시경(1910)에서는 파생관형사로 인식함을 지적하고 있다.

<표 16>에서 보면 동일한 품사가 하나 이상 합성하여 이루어진 것, 다른 품사끼리 합성된 것까지 다루고 있다. '욺욲', '언욲', '얻읻' 등 합성법에서 제시된 용례 중에서 '바라보'와 같은 '-아/어-'에 의한 통사적 합성어보다 '돌보, 뛰놀, 검붉' 등과 같은 비통사적 합성어가 압도적으로 많이 제시되고 있다. 합성법에 대한 인식은 주시경(1910)에서 계승된 것으로 보인다.[18] 주시경에서는 '같은 씨끼리의 어울림'만 다루고 있지만 이규영은 '같은 씨뿐 아니라 다른 씨과도 어우르는' 합성법도 다루고 있어 발전된 모습을 보이고 있다. 이는 김두봉(1916)에서도 확인된다.

4.3. 품사의 통용

이 절에서는 '빛 없이 몸뜻바꿈'이라 제시한, 학교문법에서 말하는 품사통용에 관해 살펴보겠는데, 『온갖것』과 『말듬』에서는 해당 사항이 없으므로 『한글적새』에 관해서만 살피겠다.

〈표 17〉 『한글적새』에 보이는 품사의 통용

조어법	온갖것	말듬		한글적새
품사의 통용	해당 없음	해당 없음	임임	눈, 귀
			움임	돌, 신, 띠, 생각, 가리, 옴, 되, 빗, 사리, 꾸리, 뺨

---

18) 최낙복(2009: 602)에서는 주시경(1910)에서 '기몸헴' 중 '임기의 모힌몸', '엇기의 모힌몸', '겻기의 몸' 부분에서 다루어지고 있는데 이는 국어문법 연구사에서 처음으로 의식된 것이라고 언급하고 있다.

		임움	돌, 신, 띄, 생각, 가리, 옴, 되, 빗, 사리, 꾸리, 뺌
		얻임	가믈
		임얻	가믈
		움움	먹
		얻움	번
		욷얻	크, 돌
		얻얻	검, 맵

<표 17>에서 보이는 '빛없이 몸뜻바꿈' 즉 품사통용은 하나의 단어가 하나 이상의 문법적 성질을 함께 가지고 한 품사에서 다른 품사로 바뀌는 것을 말한다. 그 중에서 '움임', '임움', '얻임', '임얻'에서 제시된 용례는 '그대로 바꾸임', '본형 그대로' 몸바꿈 또는 품사의 통용으로 설명되는 용례들이다.[19] 이 용례들은 김두봉(1916)에서도 부분적으로 제시되고 있는데 홍기문(1927/1947: 90-94), 정인승(1956), 최현배(1937/1984: 719-721) 보다 이른 시기에 이를 인식하고 설명하려 시도했다는 점에서 탁견이다.

---

19) 유형선(2004: 44)에서 '가믈'을 '영 파생(zero derivation)'의 개념으로 인식했다는 점을 들어 김두봉의 큰 업적이라고 지적하고 있다. 본고에서도 같은 입장인데 다만 학교문법의 용어를 사용하고 있기 때문에 '영 파생'을 '품사 통용'으로 표현하고 있다는 점에서 유형선(2004)와 용어의 차이를 보일 뿐이다. '품사통용', '영파생' 등 용어의 사용과 관련하여 『한글적새』에서는 품사통용을 '빛 없이 몸뜻바꿈'이란 용어로 제시하고 있지만 접사파생법을 '빛 있이 몸뜻바꿈'이란 용어로 제시하고 있다. 이는 학교문법에서 사용하고 있는 용어인 품사통용을 이규영의 용어대로 인식한다면 '영파생'이라고 지칭해도 무방함을 시사해준다.

5. 『온갖것』, 『말듬』, 『한글적새』의 통사론

이 세 저술에서 모두 듬난, 짬듬에 대한 설명을 시도하고 있다. 이 밖에 『한글적새』에서는 절의 유형, 문장의 유형에 대해서도 설명하고 있다. 저술별로 듬난, 짬듬, 마듸, 월의 구체적인 내용을 다루겠는데 먼저 세 저술에서 나타난 '듬난'에 대한 인식을 살펴보겠다.

5.1. 『온갖것』, 『말듬』, 『한글적새』의 듬난

이 절에서는 『온갖것』,[20] 『말듬』, 『한글적새』의 듬난에 대한 내용을 <표 18>과 같이 제시하겠다.

〈표 18〉 세 저술에서의 듬난에 대한 풀이

		온갖것	말듬		한글적새	
듬 난	언	① (ㅣ, ㅜ, ㅓ, ㅏ, ㅗ)+ㄱ ㅣ	금이결	임이금, 씀이금, 남이금	붙음	딸림
	억	② (ㅣ, ㅜ, ㅓ, ㅏ, ㅗ)+ㅎ ㅜ, ㅓ				매임
	드	③ ㅣ[(ㅜ, ㅓ)ㅚ] + ㅂ ㅣ ㅣ,ㅓ,ㅜ,[(ㅣ ㅜ,ㅓ)ㅏ]+ㅁ ㅔ	금이결	임이금, 씀이금, 남이금	붙음	딸림
						매임

---

20) 이규영이 자신의 그림에 이용된 약자를 아래와 같이 보인다.
  몸씨의 보람: 임=ㅣ, 움=ㅜ, 엇=ㅓ, 앗=ㅏ, 옴=ㅗ
  토씨의 보람: 둠+갈=굿, 손+깁=휘, 뽐=ㅂ. 맺=ㅁ, 굿=ㄱ, 휘=ㅎ, 때=ㄷ, 솔=ㅅ, 넓=ㄴ

			줄기결	임이, 씀이, 남이	으뜸	임자
						풀이
			만이결	임이빗, 씀이빗, 남이빗		

<표 18>을 보면『온갖것』의 '언'과 '억'은『말듬』의 '금이결'과『한글적새』의 '붙음'에 대응되는 개념이임을 확인할 수 있다. 아울러 '드'의 예시를 검토해 보면『온갖것』의 그림이『말듬』의 '줄기결'과『한글적새』의 '으뜸감'에 대응되는 개념임을 알 수 있다. 차이점은『온갖것』과『한글적새』에서는 '임이'와 '남이'의 둘로 나누는데 반해,『말듬』에서는 '임이', '씀이', '남이'의 셋으로 나누고 있다는 것이다. 이처럼 세 저술을 통해 이규영의 듬난에 대한 인식을 살펴본 결과『온갖것』과『한글적새』는 김두봉(1916)[21]의 인식과 같이하고,『말듬』은 주시경(1910)의 인식과 같이함을 확인할 수 있다.

5.2.『온갖것』,『말듬』,『한글적새』의 짬듬

세 저술에서 문장 구조를 파악하는 방식에 대하여 표를 제시하면서 살펴 나가겠다.

---

21) 김두봉(1916: 160-161)에서는 감의 갈래를 먼저 으뜸감과 붙임감으로 나누고, 다음으로 으뜸감을 임자감과 풀이감으로, 붙임감을 딸림감과 매임감으로 나누고 있으며, 마지막으로 임자감, 풀이감, 딸림감, 매임감을 자세하게 하위분류하고 있다.

〈표 19〉 세 저술에서의 짬듬에 대한 풀이

	온갖것	말듬	한글적새
짬듬	언의 자리= 〈, 억의자리= 《, 드잇과 씨잇=∞ 곬+은. 봄+ㅅ〈 = 언·잇 언덕+에. 웃둑-하+게 《 =억·잇	임이 자리= —— 씀이 자리= == 남이 자리= ⊐ 금이 자리= —— 드잇= ∞ 직능 변화= ~	임이 자리= —— 남이 자리= ⌐ 언의 자리= ∞ 억의 자리= ≈ 드잇= ∞

〈표 19〉에서 보이는 그림들은 세 저술에서 문장 구조를 파악할 때 그림을 적극적으로 활용하고 있음을 보여준다. 구체적으로 세 저술의 내용을 살펴보면『온갖것』은 예문을 그림과 함께 제시하지만 해석이 없고,『말듬』은 예문을 그림과 함께 제시할뿐더러 해석도 덧붙이고 있으며,『한글적새』는 그림만 제시하고 있어서 조금씩 차이를 보이고 있다. 이밖에 세 저술에서 '금이걸'에 대한 그림 제시 방식이 다르다. '금이걸'은 한 성분이 해당 문장에서 다른 성분과의 수식 관계를 말하는데 '관형어'와 '부사어'가 이에 포함된다.『온갖것』에서는 '관형어'는 '〈'로 '부사어'는 '〈〈'로 나타내고『한글적새』에서는 '관형어'는 '~'으로, '부사어'는 '≈'로 즉, '관형어'에 해당하는 성분을 한 겹으로, '부사어'에 해당하는 성분을 두 겹으로 나타내고 있다.『말듬』에서는 '관형어'와 '부사어'를 불문하고 가로선 '-' 하나로 나타내고 있다.

또한『말듬』이『온갖것』이나『한글적새』와 같이 문장 구조를 계층적으로 보고 있다는 점은 같지만,『말듬』에서는 '임이', '씀이', '남이'를 한 층위에서 다루고 있고,『온갖것』과『한글적새』에서는 '임이'와

'남이'를 한 층위에서 다루고 있다는 점에서 차이를 보이고 있다. 이는 『말듬』은 주시경(1910)과, 『온갖것』과 『한글적새』는 김두봉(1916)과 문장 구조를 비슷하게 인식하고 있음을 재차 확인할 수 있다.

5.2.1. 『온갖것』, 『말듬』, 『한글적새』의 마디의 갈래

5.2.1에서는 마디의 갈래에 대한 내용이 언급되지 않은 『온갖것』과 『말듬』을 제외하고 『한글적새』의 마디의 갈래에 대해 살펴보겠다.

〈표 20〉 『한글적새』의 마디의 갈래

```
마디- 홋- 홀로
      -조각: 임자, 풀이
      -붙음: 딸림, 매임
      -으뜸: 등걸, 줄기
      -거듭-줄: 홀로마디가 둘 더 거듭하되 그냥 마디로 있는 것
            -겹: 임자마디와 풀이마디가 둘 더 거듭하되 그냥 마디로 있는
                 것
            -덧: 딸림마디와 등걸마디나, 매임마디와 줄기마디가 둘 더
                 거듭하되 그냥 마디로 있는 것
```

〈표 20〉에서 보이는 마디의 갈래를 『한글적새』에서 구체적으로 살펴보면 제시하고 예문 없이 그림 및 그에 대한 해석을 제시하고 있다. 여기에 반영된 통사론적 인식은 김두봉(1916)와 비슷하다. 즉, 마디의 갈래와 그에 대한 정의, 그림 제시 방식이 같다. 포착되는 차이는 김두봉(1916: 170)에서는 마디의 하위분류를 한 평면으로 제시하고 있는데 반해[22] 『한글적새』에서는 입체적으로 제시하고 있다.[23] 『한

글적새』의 제시방식은 거듭마디는 홋마디로 이루어진 마듸임을 일목요연하게 제시하고 있다. 특히 덧마듸를 "딸림마디와 등걸마디나, 매임마디와 줄기마디가 둘 더 거듭하되 그냥 마디로 있는 것"으로 정의내리고 있어 붙음마디와 으뜸마디 중에 어느 둘이 더 거듭되는 지를 잘 보여준다. 이규영이 마듸의 갈래에 대한 인식은 김두봉의 '마디'에 대한 인식을 충분히 알고 있는 기초 상에서 이루어졌을 가능이 큰 것으로 보인다. 여기서는 마듸에 대한 김두봉(1916: 166-168)의 해석을 가져와서 제시하기로 하겠다.

> 홀로마디: 모든 마디가 서로 같은 값(同等)으로 갈서(並立)는 것을 다 따로따로 이름이니.
> 조각마디: 월의 한 임자(主語)나 풀이(說明語) 노릇하는 마디들을 이름이니.
> 붙음마디: 몸씨(體言)에 딸리어 쓰이거나 씀씨(用言)에 매이어

22) 김두봉(1916: 169)의 그림을 제시하면 아래와 같다.

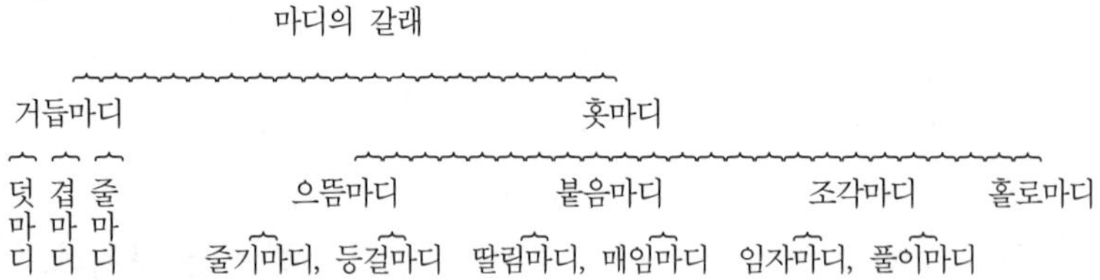

23) 『한글적새』(1919: 10a)

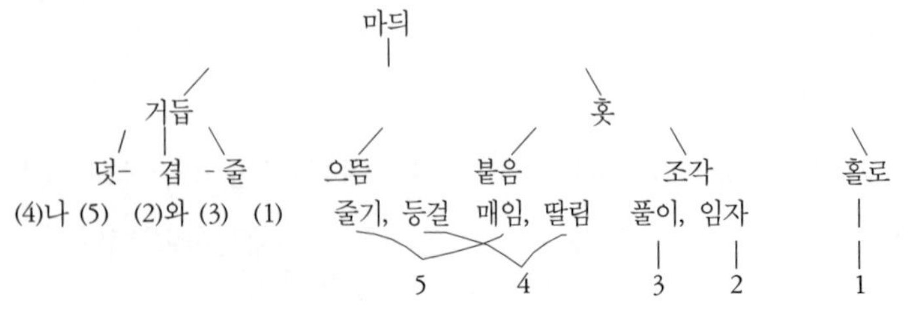

　　　　　쓰이는 마디들을 이름이니.

　　　으뜸마디: 붙음마디를 둔 으뜸되는 마디를 이름이니.

　　　줄마디: 홀로마디가 거듭하여 끝 못난 말.

　　　겹마디: 조각마디가 거듭하여 끝 못난 말.

　　　덧마디: 붙음, 으뜸마디가 거듭하여 끝 못난 말을 덧마디.

　　　우에 네 가지는 홋마디라 하고 이 세 가지를 거듭마디라 하나
니라.

　김두봉(1916: 166-168)에서 위와 같이 마디에 대한 분류와 정의를
내리고 있다. 이규영이 구체적으로 제시한 '임자마듸, 풀이마듸, 딸림
마듸, 매임마듸, 등걸마듸, 줄기마듸' 등 용어를 김두봉(1916)에서는
용례를 설명하는 가운데서 언급하고 있다. 이로 보아『한글적새』는
김두봉(1916)의 많은 영향을 받은 것이다.

5.2.2『온갖것』,『말듬』,『한글적새』의 월의 갈래

　5.2.2에서는 마디의 갈래에 대한 내용이 언급되지 않은『온갖것』과
『말듬』을 제외하고『한글적새』의 월의 갈래에 대해 살펴보겠다.

〈표 21〉『한글적새』의 월의 갈래

월 － 홋월
－ 줄월
－ 겹월
－ 덧월
－ 모월

　<표 21>에서 보이는『한글적새』는 월의 갈래를 구체적으로 살펴

보면 예문 없이 그림을 제시하고 있다. 여기에 반영된 통사론적 인식은 김두봉(1916)와 비슷하다. 즉, 월의 갈래와 그에 대한 정의, 예문 제시, 그림 제시 방식이 같다. 포착되는 차이는 김두봉(1916: 170)에서는 월의 하위분류를 한 평면으로 제시하고 있는데 반해[24] 『한글적새』에서는 입체적으로 제시하고 있다.[25] 이와 같은 제시방식은 『한글적새』에서 모월을 홋월, 겹월, 줄월, 덧월들로 이루어진 월이라는 인식을 일목요연하게 보여준다. 더 나아가 이는 이규영이 월의 갈래에 대한 인식이 김두봉(1916)의 영향을 많이 받았음을 보여준다. 월에 대한 김두봉(1916: 170-200)의 해석을 가져와서 제시하기로 하겠다.

> 홋월(單文): 다만 월의 감만 갖호고 월의 마디는 갖호지 아니한
>   월을 이름이니.
> 줄월(重文): 둘로 붙어 둘 더되는 홀로마디들이 서로 줄달아 이
>   루인 월을 이름이니.
> 겹월(複文): 조각마디를 갖혼 월들을 이름이니.
> 덧월: 붙음마디와 으뜸마디를 갖혼 월들을 이름이니.
> 모월(混文): 줄마디를 다시 홀로마디나 조각마다나 붙음마디나

---

24) 김두봉(1916: 170)의 그림을 제시하면 아래와 같다.

  월의 갈래
  ⌢⌢⌢⌢
  모 덧 겹 줄 홋
  월 월 월 월 월
25) 『한글적새』(10a)

으뜸마디로 삼든지, 겹마디를 다시 홀로마디나 조
각마디나 붙음마디나 으뜸마디로 삼은 여러 가지
월들을 다 이름이니.

김두봉(1916)에서는 모월에 대한 정의를 다시 그림으로 풀이하고
있는데 제시하면 아래와 같다.[26]

〈표 21〉 모월의 유형

훗마디 노릇을 함 / 거듭마디가		홀로	조각		붙음		으뜸	
			임자	풀이	딸림	매임	등걸	줄기
줄								
겹	임자							
	풀이							
덧	임자							
	풀이							

〈표 21〉과 각주에 제시한 『한글적새』의 모월의 유형은 같아 보인
다. 다만 차이점은 이규영에서는 유형별로 그림을 제시하되 그림 안
에 번호를 매기어 그에 대응되는 모월의 유형을 그림으로 설명하고

		홀로	조각		붙음		으뜸	
			임자	풀이	딸림	매임	등걸	줄기
줄		1	6	7	12	13	18	19
겹	임자	2	8	9	14	15	20	21
	풀이	3						
덧	임자	4	10	11	16	17	22	23
	풀이	5						

있다는 점이다. 김두봉(1916)에서도 부분적으로 예를 제시하면서 설명하고 있지만 『한글적새』만큼 상세하지 않다.

5.3. 『온갖것』, 『말듬』, 『한글적새』의 문장에 대한 이해

이 절에서는 앞선 논의를 바탕으로 세 저술의 문장에 대한 이해를 종합적으로 살펴볼 것이다. 먼저 세 저술에서 단문의 예문을 제시하여 문장 구조에 대한 인식 양상을 살펴보겠다. 다음으로 주시경의 인식을 많이 반영한 『말듬』과 김두봉의 인식을 많이 반영한 『한글적새』에서 제시한 예문을 통해 두 저술에서의 복문에 대한 인식을 진일보로 파악하겠다.27)

5.3.1. 세 저술에서 단문에 대한 파악 방식

5.3.1에서는 비슷한 문장 구조를 가진 예문을 제시하여 단문 구조에 대한 인식 양상을 살피겠다.28)

---

27) 『온갖것』에서는 예문 하나만 제시하고 있어서 더 이상의 논의가 불가능하므로 아래에서는 『말듬』과 『한글적새』에 나타난 용례를 분석하겠다.

28) 『한글적새』에서 '홋월'에 대한 분류만 소개하고 도해를 보여주지 않았다. 따라서 여기서는 '홋월'의 예문과 도해는 대상 자료에서 제외한 『현금 조선문전』(1920)을 참조한다. 『현금 조선문전』은 김두봉(1916)의 '월' 부분에서 제시한 예문 및 이에 대한 해석을 많이 수용하고 있어서, 『현금 조선문전』은 김두봉(1916)의 영향을 많이 받았다고 판단이 된다. 아울러 이 저술은 김두봉(1916)과 밀접한 영향 관계를 보이는 『한글적새』보다 몇 년 후에 출판된 문법서로서 이규영의 문법 인식이 일관되게 반영되었을 것이라는 전제 하에 『현금 조선문전』의 예문과 해석을 빌려서 기술·설명하기로 하겠다. 예문 (1c)은 『현금 조선문전』(1920: 74)에서 제시한 예문인 "한참 젊은이들아 좋은 글을 잘 배우게"를 부분적으로 변개해서 제시하였다.

(1) a. 누른 소가 푸른 풀을 잘 먹소.   『온갖것』(1913: 31)

　　b. 저 소가 푸른 물을 잘 먹소.   『말듬』(1913: 47b)

　　c. 젊은이들아 저 좋은 글을 잘 배우게.

　『현금 조선문전』(1920: 74)

(1a) 누른 소가 푸른 풀을 잘 먹소

　　누르-ㄴ　소-가　푸-르-ㄴ　풀-을　잘　먹-소

　　　　　　　　　　푸르+ㄴ＜

　누르+ㄴ＜　　　　　　　풀+을　잘+ㅅ≪

　　　소+가 |　　　　　　　　먹+소‖

그림 (1a)에서는 '임이'와 '남이'를 1차적으로 다루고 이들을 수식
하는 성분을 '씀이'와 같이 2차적으로 다루고 있으며 '씀이'를 수식
하는 성분은 3차적으로 다루는 계층적 구조를 엿볼 수 있다.[29] 다시
말하면 이규영은 '주어'와 '서술어'만 주성분으로 인식하고 주시경
(1910)에서 언급하고 있는 '가지결'과 '씀이'를 같은 층위에서 공존하
는 부성분으로 인식하고 있다.

(1b) 저 소가 푸른 물을 잘 먹소

　　저 소-가 푸르-ㄴ 풀-을 잘 먹-소

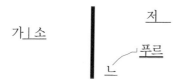

---

29) 김민수(1980: 68)에서 이규영『온갖것』의 씨몸음의 갈래와 씨난틀의 분류를 들어 주
시경, 김두봉과 다른 제3의 체계의 분류라고 언급하고 있는데 이는 통사론에서도 확
인된다.

을ㅣ풀

소ㅣ믹

잘

그림 (1b)에서는 주시경(1910)에서처럼 기본선을 세로로 굵게 한 줄로 내려 긋고 '줄기결'과 '만이결'은 굵은 선의 왼쪽에 배치하고, '금이결'은 오른쪽에 배치하였다. '줄기결'인 '임이'는 한 선, '씀이'는 두 선, '남이'는 세 선으로 줄기결에서 가지로 가늘게 그어 구분하였다. '금이결'은 '임이', '씀이', '남이'의 위쪽에 가로선으로 나타내고 있다. 이는 문장 구조에서 필수적인 줄기결과 부수적인 가지결로 나누어 인식하고 있음을 보여주는데, 다시 말하면 '임이', '씀이', '남이'를 필수적인 줄기결 즉 주성분으로 인식하여 1차적으로 분석하고[30] '금이'를 부수적인 가지결 즉 부성분으로 인식하여 2차적으로 분석하는 계층구조임을 보여준 것이다. 또한 '푸르 ㄴ'의 '푸르'와 'ㄴ' 사이에 곱슬 줄로 직능 변화를 나타내고 있다.

(1c) 젊은이들아 저 좋은 글을 잘 배우게

　　 젊은-이-들-아 저(ㅅ)[31] 좋-은 글-을 잘 배우-게

---

30) 주시경(1910: 39-41)의 본드ー, 본드二의 풀이를 보면 주시경의 문장 구조에 대한 인식을 엿볼 수 있다.

　본드ー. 아기가 자라오.　본드二. 아기가 젓을 먹소

본드ー의 (알이)에서는 "이 말은 임, 남 두 듬으로 다 된 다 니라. 다 된다는 아모리 적어도 이 두듬은 잇나니라"고 언급하고 있고, 본드二의 (알이)에서는 "이 말은 임, 씀, 남 세 듬으로 다 된 다니라. 다 된다는 아모리 크어도 이 세듬에 더함이 없나니라."고 언급하고 있다. 이는 주시경이 한국어의 문장 구조를 아무리 적어도 '임이'와 '남이'가 최소 성분으로 필요하고, 아무리 커도 '임이', '씀이', '남이' 세 성분이면 된다는 것으로 파악한다는 결론을 내릴 수 있다. 즉, 주시경(1910)에서는 문장 구조를 (1) '임이'+'남이', (2) '임이'+'씀이'+'남이' 인 것으로 파악한 것이다. 이와 같은 인식은 문장 구조를 '임이'와 '남이'만을 필수성분으로 인정하는 이규영, 김두봉과는 다르다.

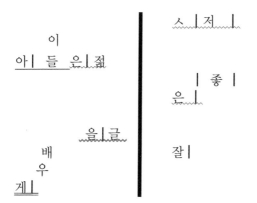

그림 (1c)에서는 주시경(1910)에서처럼 기본선을 세로로 굵게 한 줄
로 내려 긋고 '으뜸감'은 굵은 선의 왼쪽에 배치하고, '붙임감'은 굵
은 선의 오른쪽에 배치하고 있다. 사용하고 있는 기호로 보아 '글을'
을 '매임감'과 같게 취급하고 있는 점이 확인되나 으뜸감 부분에서
다루고 있다.

이상 (1a-c)에서 도식화한 내용을 바탕으로 세 저술에서 문장 구조
를 다음과 같이 인식하고 있다는 결론을 내릴 수 있다. (1a)와 (1c)는
'임이'와 '남이'를 1차적으로 다루고 이들을 수식하는 성분인 '씀이'
를 2차적으로 다루고 있는 점이 같으나 '씀이'를 '붙임감'에 넣어서
다루느냐 다루지 않느냐 에서 차이를 보이고 있다. 말하자면 (1a)에서
는 '씀이'를 '매임감'과 '딸림감'과 같은 층위에서 다루고 있지만 (1c)
에서는 '씀이'를 '매임감'와 같게 취급하고 있으면서도 세로 그은 굵

---

31) 주시경(1910)에서 어떤 생략된 성분이 있음을 표시하는 기호로 사용된 'ㅅ'은 김두봉
(1916)에서도 확인된다. 주시경(1910)의 예문을 거의 그대로 수용하고 그에 대한 해석
을 부분적으로 생략한 『말듬』과 김두봉(1916)의 많은 영향을 받은 것으로 보이는 『한
글적새』에서 'ㅅ'의 인식은 주시경(1910), 김두봉(1916)의 인식을 반영한 것으로 보아
주시경, 김두봉을 다루는 자리에서 언급할 것이므로 여기서는 제외한다.

은 선의 왼쪽에서 '씀이'를 '으뜸감'을 수식하는 성분으로 처리하고 있는 점에서 차이를 보인다. (1b)와 (1c)는 세로로 굵게 한 줄보 '줄기결과 만이걸/으뜸삼'과 '금이결/붙임감'을 2개로 나누어서 문장 구조를 이해하고 있는 점이 같다. 그렇지만 '씀이'를 '임이'와 '남이'처럼 같은 층위에서 다루는 여부에 따라 (1a, c)와 (1b)는 차이를 보이고 있다.

이와 같은 문장 구조에 대한 차이는 (1a), (1c)는 이규영이 '씨난틀'에서 '만'을 '심'과 '맺'으로 2분하고 '심'은 '주어를 만드는 토', '맺'은 '설명어를 만드는 토'로 '을/를'을 '금'에 포함하고 있는데서 비롯된다. (1b)는 주시경(1910)의 '임이와 씀이'를 '만이'에 포함하고 있는 내용을 그대로 수용한 데서 비롯된 것이다. 따라서 『온갖것』과 『한글적새』는 주시경(1910)과 확연히 다른 인식이지만 김두봉(1916)과는 비슷한 인식이 포착되나 차이점을 보이고, 『말듬』은 주시경(1910)과 같은 인식을 갖고 있다. 이어서 『말듬』과 『한글적새』에 반영된 단문 이외의 문장에 대한 인식을 살펴겠다.

5.3.2. 『말듬』과 『한글적새』에 반영된 복문에 대한 인식

『한글적새』(8b-9b)에서 제시하고 있는 그림을 문자화하여 표현할 경우 『현금 조선문전』의 예문과 같게 포착된다. 따라서 이 절에서는 『한글적새』 대신 『현금 조선문전』과 『말듬』에서 보이는 예문을 통하여 두 저술에서 표출되는 동일한 복문 구조에 대한 인식을 살펴보겠는데 여기서 복문 중에서도 '겹월'[32]에서 차이를 보이고 있음으로 이에 대한 논의만 진행하겠다. 두 저술에서 보이는 예문과 도식을 제시

---

32) 여기서 제시한 '겹월'이라는 용어는 『말듬』에서 분명히 제시하지 않고 있어서 『한글적새』의 것을 따랐다.

하면 다음과 같다.

(2) a. 그 사람이 마음이 착하오.　　『말듬』 본드 ＋

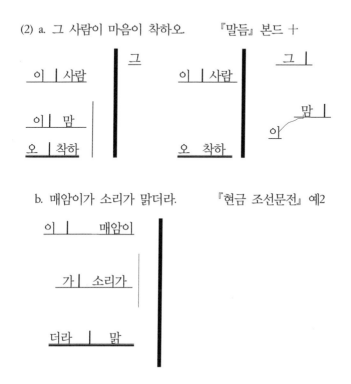

　　b. 매암이가 소리가 맑더라.　　　『현금 조선문전』 예2

　　(2a)와 (2b)에서 제시한 예문은 주격중출구조를 보여주고 있다. 이들에서 '맘이 착하다'를 하나의 서술어로 보고 이를 다시 '임이듬/임자감'과 '남이듬/풀이감'으로 나누어 그림을 그리고 있는 점이 같다. 그러나 (2a)에서는 이와 같은 인식 외에 '맘이'를 '착하다'의 수식어인 것으로 그림이 그려져 있다. 즉 단문의 형식으로도 파악하고 있다는 점이다. (2a)와 (2b)의 도해 방식을 보면 (2a)는 주시경(1910)의 것과, (2b)는 김두봉(1916)의 것과 같게 풀이하고 있는 점이 확인된다.

5.4. 소결

통사론에서『온갖것』,『말듬』,『한글적새』는 '듬난', '짬듬'에 대해 해석하고 있는데 '짬듬'에서『온갖것』과『한글적새』는『말듬』과 다른 인식을 보인다. 제시한 용례를 보면『온갖것』과『한글적새』는 '임이'과 '남이'를 1차적으로, 이들을 수식하는 '금이'와 주시경(1910)에서 보이는 씀이 '을/를'을 2차적으로 처리하는 계층 구조를 취하고 있었다. 이는 주시경(1910)에서처럼 세로 그은 굵은 선의 어디에서 다루느냐에 따른 차이를 보이고 있다. 다시 말하면, 오른쪽에서 '씀이'를 '남이'를 수식하는 성분으로 보느냐 아니면 왼쪽에서 '금이'와 같이 '남이'를 수식하는 성분으로 처리하느냐에 따른 차이를 보인다.『말듬』은 주시경(1910)에서처럼 '임이빗', '씀이빗', '남이빗'을 1차적으로 보이고 '임이, 씀이, 빗이'를 수식하는 '금이'를 2차적으로 보여 주었다. 이와 같은 인식상의 차이는 이규영이 세 저술에서 '만'과 '금'에 하위분류시킨 조사에서 비롯된다. 즉,『온갖것』과『한글적새』에서 '만'을 '심'과 '맺'으로 2분하고 '심'은 '주어를 만드는 토', '맺'은 '설명어를 만드는 토'로, '을/를'을 '금'에 포함하고 있는 반면『말듬』은 주시경(1910)에서처럼 '임이와 씀이'를 '만이'에 포함하고 있는 데서 비롯된다.

『온갖것』과『말듬』에서 보이지 않는 월의 갈래를『한글적새』에서는 명시하여 풀이하고 있는데 그 내용은 김두봉(1916)과 대동소이하지만 이규영에서는 그림으로 일일이 제시하고 있다는 점이 주목된다. 또 그림으로 나타낼 때 '금이결'에 대한 제시 방식이 다르다.『온갖것』과『한글적새』에서는 문장에서 '관형어'에 해당하는 성분은 한 겹으로, '부사어'에 해당하는 성분은 두 겹으로 나타내고 있지만,『말듬』

에서는 '관형어'와 '부사어'를 불문하고 가로선 하나로 나타내고 있다.

세 저술에서 동일한 예문을 통해 단문에 대한 인식을 살펴본 결과 『온갖것』은 주시경(1910)과 확연히 다른 인식이지만 김두봉(1916)과는 비슷한 인식이 포착되나 차이점을 보이고, 『말듬』은 주시경(1910)과 같은 인식을 갖고 있으며, 『한글적새』는 김두봉(1916)과 같은 인식을 갖는다고 결론지었다. 『온갖것』에는 예문 하나만 제시하고 있어서 더 이상의 논의가 불가능하므로 『말듬』과 『한글적새』에 나타난 복문에 대한 인식을 살펴보았다. 『한글적새』(8b-9b)에서 제시하고 있는 그림을 문자화하여 표현할 경우 『현금 조선문전』의 예문과 같게 포착되어서 『한글적새』 대신 『현금 조선문전』과 『말듬』에서 보이는 예문을 통하여 두 저술에서 표출되는 동일한 복문 구조에 대한 인식을 살펴본 결과 '겹월'에서만 차이를 보이고 있는데 '겹월'은 현대한국어의 주격중출구조를 보이고 있는데 이를 복문과 단문으로 인식하고 있는 『말듬』은 주시경(1910)과 같은 인식을 갖고 있으며, 이를 복문으로 보고 있는 『한글적새』나 『현금 조선문전』에서는 김두봉(1916)과 인식을 같이 한다.

6. 결론

지금까지 이규영의 세 저술 『온갖것』, 『말듬』, 『한글적새』에 관해 품사론, 형태론, 통사론의 체계내적 특성과 이들 저술들의 변모 양상이 동시대의 국어학자들과 어떤 영향 관계 속에서 표출되는지, 이규영 문법의 특성이 무엇인지를 살펴보았다.

먼저 품사론에서『온갖것』은 주시경(1910, 1913), 김두봉(1916)과 다른 모습을 보여 주고 있지만 '임'의 분류에서 주시경(1914)와 비슷한 면이 있고, 문법 용어에서 김두봉(1916)의 문법 용어와 비슷한 면이 있다. 한편,『말듬』은 주시경(1910, 1913)을 그대로 수용하되 주시경(1910, 1913)보다는 간략하게 다루고 있는데 주시경(1910, 1913)과 다른 내용들은 부분적으로 김희상(1911)을 참조한 흔적이 보인다.『한글적새』는『온갖것』을 많이 수용하고 있지만 '임', '만', '금', '잇'에 대한 인식을 달리 하고 있다. 이밖에,『한글적새』에서 김두봉(1914)과 비슷한 내용이 많이 포착되었다. 이는 이규영이 주시경, 김두봉에서 풀이되는 해석을 충분히 이해한 기초 상에서『온갖것』을 진일보로 발전시킨 것으로 이해된다.

다음으로 형태론에서『온갖것』과『말듬』은 파생법,『한글적새』는 합성법, 파생법, 품사의 통용, 합성어의 파생, '명사, 동사, 형용사' 그룹과 '관형사, 부사, 관형사' 그룹간의 파생법이 설명되고 있다.『한글적새』는 앞 두 저술보다 더 다양한 조어법을 제시하고 있다. 특기할 점은 같은 품사뿐만 아니라 다른 품사 사이에서도 합성법의 존재를 보이고 있는데 이는 주시경(1910, 1913)보다 발전된 모습을 보이고 김두봉(1916)과 인식을 같이 하고 있다. 또한, 품사의 통용을 보다 이른 시기에 인식하고 설명하려고 시도한 점도 높게 평가된다.

마지막으로 통사론에서『온갖것』과『한글적새』는『말듬』과 다른 계층구조를 설정하고 있다, 전자는 '임이'와 '남이'를 주성분으로 다루고 '씀이'를 부성분으로 다루는 계층구조를 취하고 있었지만 후자는 주시경(1910)에서와 마찬가지로 '임이', '남이', '씀이'를 주성분으로 다루고 있다. 또한『말듬』과『온갖것』은『한글적새』에서처럼 월의 갈래를 설정하지 않았다.『말듬』에서 보이는 예문 및 해석은 전적으로 주시경(1910, 1913)을 수용하였지만,『한글적새』에서 보이는 '감갈래, 마듸갈래, 월갈래'와 같은 문법 용어를 김두봉(1916)에서도 확인된다. 다만 김두봉(1916)과 달리 복잡하고 다양한 그림을 제시하여 문장의 구조를 설명하고 있는 점이 포착되었다.

요컨대, 김민수(1980)에서 지적한 바와 같이 이규영 문법은 주시경 문법에서 파생되어 김두봉 문법에서 영양분을 많이 섭취하여 이루어진 제3의 문법이다. 이처럼 제3의 문법 인식을 담은 이규영의 세 저술 간의 비교는 이규영과 동시대의 국어학자들과의 영향관계와 이규영 자신의 문법 특성을 자세하게 드러냈다는 데 의의가 있다. 이뿐만 아니라 이규영의 문법과 주시경, 김두봉의 문법의 공통점과 차이점을 상세히 밝혔다는 점에서도 의의가 있다고 할 수 있겠다.

끝으로 이규영이 살았던 시대에는 문법을 음운, 형태, 통사 셋으로 나누어서 다루었는데, 본고에서는 품사론, 형태론과 통사론에 한정시켜 다루었으며, 음운론을 다루지 못하였다. 지면의 한계로 이규영의 문장 구조를 밝히는 그림에 대해 깊이 있게 다루지 못했다.

참고문헌

1. 논저

고영근(1982), 주시경 문법이론에 대한 형태·통사적 접근, 『국어학』11, 25-46.

고영근(1983), 개화기의 국문연구단체와 국문보급운동, 『한국학보』9-1, 일지사, 83-127.

高永根·李賢熙 校注(1986), 『주시경 국어문법』, 탑출판사.

김명호(1997), 주시경 문법의 의미·논리적 의존성에 대한 연구, 경성대학교 국어학 연구회.

김민수(1980), 이규영의 문법연구, 『한국학보』6-2, 일지사, 57-86.

김민수(1983), 『말모이』의 편찬에 대하여, 단국대학교 동양학연구소, 『동양학』 13-0, 21-54.

김병문(2012), 『주시경의 근대적 언어 인식에 대하여』, 연세대학교 박사학위논문.

김병문(2013), 『언어적 근대의 기획-주시경과 그의 시대』, 소명출판.

김해금(2016), 영향관계로 본 이규영의 품사 분류, 『동양학』62, 19-38.

김해금(2017), 『주시경학파의 문법 연구에 대한 고찰』, 서울대학교 박사학위논문.

남기심(1989), 『조선어문법(주시경)』과 『깁더조선말본(김두봉)』 '씨'에 대한 비교·검토, 『한힌샘 주시경 연구』 2, 149-168.

박지홍(1996), 『한글모 죽보기』에 대하여, 『한힌샘 주시경 연구』9, 19-36.

유형선(2004), 근대 국어국문학자의 재조명: 김두봉의 문법관에 관한 연구, 『우리어문연구』87, 29-51.

이병근(1977), 最初의 言語辭典 『말모이』(稿本) 「알기」를 중심으로, 『언어』2-1, 67-84.

이현희(1991), 주시경의 사상과 그가 후세에 남긴 영향, 『주시경학보』8, 205-256.

정승철(2003), 『국어문법』(주시경)과 English Lessons, 『국어국문학』134, 73-97.

정혜린(2011), 稿本 『한글적새』 문법의 어학사적 위치에 대한 일고찰, 『국어학논집』 제7집, 역락, 77-106.

최규수, 서민정(1996), 주시경의 부호에 반영된 문법적 인식, 숨은 뜻과 속뜻의 해석을 중심으로, 『우리말연구』6, 1-33.

최낙복(2009), 『개화기 국어문법의 연구』, 역락.

한영목(1988), 『한국어 구문 도해 연구』, 충남대학교 박사학위논문.

2. 자료

김두봉(1916), 『조선말본』(『歷代文法大系』1-22), 탑출판사.

김희상(1911), 『조선어전』(『歷代文法大系』1-19), 탑출판사.

이규영(1913), 『온갖것』(『歷代文法大系』1-112), 탑출판사.

이규영(1913), 『말듬』(『歷代文法大系』1-113), 탑출판사.

이규영(1916-1919), 『한글적새』ㄱ (『歷代文法大系』1-114), 탑출판사.

이규영(1916-1919), 『한글적새』ㄷ (『歷代文法大系』1-115), 탑출판사.

이규영(1920), 『현금 조선문전』(『歷代文法大系』1-27), 탑출판사.

정인승(1956), 『표준중등말본』, 신구문화사.

주시경(1910), 『국어문법』(『歷代文法大系』1-11), 탑출판사.

주시경(1913), 『조선어문법』(『歷代文法大系』1-12), 탑출판사.

주시경(1914), 『말의 소리』(『歷代文法大系』 1-13), 탑출판사.

최현배(1937/1984), 『우리말본』, 정음문화사.

홍기문(1927/1947), 『조선문법연구』, 서울문화사.

저자 소개

이현희 서울대학교 인문대학 국어국문학과 교수, 규장각한국학연구원 원장

시에리(謝禮) 서울대학교 국어국문학과 국어학 전공 박사 졸업, 중국 中山大學 國際翻譯學院 研究員, 東亞研究中心 研究員

김태우 서울대학교 국어국문학과 국어학 박사 졸업, 인하대학교 한국학연구소 연구원

최 진 서울대학교 국어국문학과 국어학 전공 박사과정 수료

김정주 서울대학교 국어국문학과 국어학 전공 박사과정 수료

최보람 서울대학교 국어국문학과 국어학 전공 박사과정 수료

요시모토 하지메(吉本一) 일본 東海大學 國際教育센터 교수

김태인 서울대학교 국어국문학과 국어학 전공 박사 졸업, 한남대학교 국어국문창작학과 조교수

김송희 서울대학교 국어국문학과 국어학 전공 박사과정 수료

장후이젠(張會見) 서울대학교 국어국문학과 국어학 전공 박사 졸업, 중국 南京大學 外國語學院 한국어학과 전임강사

김수영 서울대학교 국어국문학과 국어학 전공 박사과정 수료

린위팅(林昱廷) 서울대학교 국어국문학과 국어학 전공 박사과정 수료

최종원 서울대학교 국어국문학과 국어학 전공 박사과정 수료

이영환 서울대학교 국어국문학과 국어학 전공 박사과정 수료, 서울대학교 언어교육원 한국어 교육센터 강사

진하이진(金海錦) 서울대학교 국어국문학과 국어학 전공 박사 졸업, 중국 湖南理工學院 外語學院 한국어학과 전임강사

한국어학사의 인물을 찾아서

초판 1쇄 인쇄 2020년 11월 16일
초판 1쇄 발행 2020년 11월 26일
지은이 이현희·시에리(謝禮)·김태우·최진·김정주·최보람
　　　　요시모토 하지메(吉本一)·김태인·김송희·장후이젠(張會見)
　　　　김수영·린위팅(林毓廷)·최종원·이영환·진하이진(金海錦)
펴낸이 이대현

책임편집 임애정 | **편집** 이태곤 권분옥 문선희 강윤경 김선예
디자인 안혜진 최선주 | **마케팅** 박태훈 안현진
펴낸곳 도서출판 역락 | **등록** 1999년 4월 19일 제303-2002-000014호
주소 서울시 서초구 동광로46길 6-6 문창빌딩 2층(우06589)
전화 02-3409-2060(편집부), 2058(영업부) | **팩시밀리** 02-3409-2059
전자우편 youkrack@hanmail.net
홈페이지 www.youkrackbooks.com

ISBN 979-11-6244-474-0 93710
정가는 뒤표지에 있습니다.